影響力のマネジメント

リーダーのための「実行の科学」

MANAGING WITH POWER

ジェフリー・フェファー
Jeffrey Pfeffer
奥村哲史
［訳］

東洋経済新報社

訳者まえがき

組織の意思決定は、人々が不確実性に向き合いながら行なう選択の合理性や正当性を求める課題として、その歴史は有史以前にさかのぼる。漢字学者の故白川静氏がたどった漢字の起源は、甲骨文（骨に刻された占いの文字と卜文）から神の託宣を得ようとした人々の姿を描き出す。神の託宣という正当性を要するのは、一般庶民の個人的なものよりも、その決定のインパクトが共同体に及ぶ意思決定者のものが多かったであろうことは想像に難くない。

現代の経営論でも意思決定は主要課題である。この課題については、チェスター・バーナードやヘンリー・ミンツバーグが組織のトップの中心職能のひとつとして、ゲーム理論が経済合理性を突き詰め、ハーバート・サイモンが諸制約と情報の関係を、クルト・レヴィンやアービング・ジャニスが集団内力学を、また比較的新しいところではダニエル・カーネマンらが認知バイアスの作用を科学の対象としてきた。優れた意思決定を下すというニーズは、情報技術の進歩とあいまって、さまざまな意思決定支援システムとツールを生みだしている。

しかし、どんなに優れた意思決定もそれだけでは何の変化ももたらさない。決定は実行されてはじめて形になるのだ。だが、言うは易し行なうは難し、は組織行動にもあてはまる。

しかるべき蓄積のある「意思決定の科学」に対し、ジェフリー・フェファーが本書で展開する議論を「実行（implementation）の科学」と呼んでよいだろう。

現状を変えようとする改革はもとより、新製品開発やマーケティングなど構想が革新的であればあるほど、未知への不安や内在する不確実性から有形無形の抵抗も大きくなる。正式な職位に備わる公式の権限だけでは、その職務の遂行には不十分だ、あるいは公式権限の執行を許さない空気が流れている、といったことに直面したことのある人は少なくないはずだ。分業制や階層別に合理的にデザインされているはずの組織にも、遅かれ早かれ、組織の境界線を曖昧にする業務が生まれたり、非公式の規範、空気、風土が生じ、勝手に作用し始める。我々が仕事をしていく場には、そうした性質もあるのだ。

フェファーがキーワードにしているは影響力とパワーである。そして、影響力もさることながら、パワーや権力という言葉にはかなり手垢がついている。組織の政治的側面や「人を動かす」という言い方にさえ嫌悪感をもつ人もいよう。では、組織における関係性とか人に動いてもらう、という表現なら受け入れやすいのだろうか。重要なのは、組織で仕事をするということ、そこには立場の違い、見解の違いからなるコンフリクトが潜む、そのリアリティを直視することだ。

フェファーと故ジェラルド・サランシックが一九七八年の共著（*The External Control of Organizations: A Resource Dependence Perspective*）で論じた相互依存性と資源でとらえる組織論は、経営学に大きな足跡を残している。これは資源依存モデルと呼ばれる彼らの組織理論が、オープン・システム観を本格的に（名目的に組織はオープンシステムだという類ではなく）吸収し、組織の相互依存性と希少資源のコントロールから派生する事象の諸特性を踏まえて、「物事を実行する」というマネジメントの本義と向き合っているからである。

権力には濫用という語がほぼ自動的に結びつく。もちろん権力の濫用は許すべきではない。しかしフェファーが指摘する、権力を委ねられている者の「怠慢」という現代の問題も看過してはならない。阪神・淡路大震災の日に日本の指導者たちのとった選択も言動もその象徴的事例であり、他にも、これまでに必要だったはずのさまざまな改革に対して「何もしない」という不作為は、事実上の責任回避と保身でしかない。他方、明確なビジョンと意欲によってしかるべき立場に選出された人たちが、その構想を実現するために必要な影響力をつくりだせなくて、あるいは、つくりださねばならないことを知らないために、国や地域に貢献する改革が後退している。

欧米のトップ・ビジネススクールには「交渉」の講義がおかれている。見解の相違や利害の対立を解きほぐしながら、潜在的可能性を具現化していくという、ビジネスには必須のスキルのひとつだからだ。しかし、この交渉という単語にも、自分の利益のために人を操って同意させる、といった芳しくないイメージがついている。そこで、コミュニケーションと呼びかえるところもある。だがそれでは、交渉機能が要求される、利害の衝突という組織のエッセンスが希薄になってしまう。権力や組織政治といった用語に抵抗のある方も、本書が組織の現実にアクセスしようとしている、という視点から読んでくださることを願っている。

翻訳の企画段階、編集段階でそれぞれ勝木奈美子氏、黒坂浩一氏にたいへんお世話になった。心から感謝を申し上げる。

二〇〇八年七月

奥村哲史

第3部 パワーを効果的に用いるための戦略と戦術
Strategies and Tactics for Employing Power Effectively

第4部 パワー・ダイナミクス：パワーはどう失われ、組織はどう変わるのか

Power Dynamics: How Power Is Lost and How Organizations Change

CONTENTS

装　丁　竹内雄二
本文デザイン　マッドハウス

第1部

組織におけるパワー

Power in Organizations

CHAPTER 1

第1章 決定と実行

Decisions and Implementation

何が正しいことかを知っているだけではリーダーとして不十分だ。リーダーはその正しいことを実行する能力がなければならない。

一九八九年一〇月一七日午後五時四分、カリフォルニア北部を大地震が襲った。この地震によって、高速道路が数カ所崩落し、多数の出入り口が損壊して使用不能になっただけでなく、サンフランシスコ・ベイ・ブリッジにも被害が出た。この橋の損傷部分とイースト・ベイの崩れ落ちた高速道路の衝撃映像が、被害の象徴として世界中に流された。大多数の人は、橋の修復がただちに始まり、徹夜続きの作業によって、約六週間後には復旧したことを覚えている。だが、一八カ月がたってもなお、サンフランシスコ・ベイ・ブリッジの再開以外は修復が終了していないことは、サンフランシスコ地域に住んでいる人も含め大半の人が認識していなかった。地震後一年、一年半とたっても、壊れた高速道路に付随する建造物、出入り口、崩落した部分のうち修復が完了したものはひとつもなかった。それどころか、地震によって閉鎖されていたオークランドの通称サイプレス・ストラクチャーとサンフランシスコのエンバーカデロ・フリーウェイの主要部分については、どこを、どのように修復するのか、あるいは修復するのかしないのかさえ決まらぬままだったのだ。

技術的ないし土木工学的な複雑さが、この遅延の理由ではなかったし、また、その他何にも手をつけずベイ・

ブリッジだけが修復された理由でもなかった。この地震に対するサンフランシスコ市とカリフォルニア州の対応は、公共部門の組織でも民間の組織でも繰り返し見られる麻痺状態、つまり、行動をとるために必要な政治的支持と資源を動かす能力の欠如という無能ぶりを象徴していた。この地震の場合なら問題に直面してということだが、別の場合なら恵まれた機会に遭遇しても、組織がタイムリーな形で物事を実行できないということは、しばしば起こる。この不作為は深刻な結果をもたらしうる。高速道路のオークランド部分が閉鎖されている間の損害は、迂回するためにかかる諸費用とガソリン代で年間二三〇〇万ドルにもなる。だが、サンフランシスコ全体の高速道路と出入り口の復旧について決定を下さないことによる損失は、この大都市が失ったビジネスで換算すると、比べものにならぬ膨大な額になるのだ。

決定すべき事項が、道路の路線計画や補修のように性質的な曖昧《あいまい》さがある場合は、遅延や不決定は驚くべきものではないかもしれない。しかし、生きるか死ぬかのような場合は、政治的指示を効果的に発動し、物事を実行できないと重大な結果になる。

輸血によるエイズ感染が知られてから、これについてしかるべき措置をとるまでに時間がかかったことで何が起こったかを振り返っておこう。

一九八一年三月、サンフランシスコのアーウィン血液バンクで、ある「Ｒｈベイビー」が四七歳の献血者の輸血を受けた。

同年七月、医療関係者の多くは、疫学的証拠から、ゲイの癌《がん》と呼ばれていた病気は伝染性のものであり、性交だけでなく輸血によっても感染するという結論に達した。

同年九月、輸血を受けた小児の容態は悪化し、免疫不全にさいなまれるようになった。献血した男性も発病したのだが、彼はほぼ同じころ病院に行き、担当医に自分が定期的に献血していたことを告げた。

同年一二月、ＣＤＣ（疾病対策予防センター）の疫病学者ドン・フランシスが血液バンクへの警告を出すよう求めた。彼は、もしこの病気が肝炎のように広がるなら、輸血による感染だろうと主張した。

一九八二年一月、ＣＤＣは血友病患者がゲイ社会で広がっていたものと似た症状の病気で死亡しており、感染が輸血によるものらしいことを知った。

同年八二年一一月、サンフランシスコ市公共衛生部のCDC副局長のセルマ・ドゥリッツ医師が、血液供給の信頼性を心配し、そして、少なくとも自分個人としての義務を果たすために、輸血によるエイズ感染の最初の症例を文書にしていた。(1)

血液バンク業界の反応は否定的だった。「エイズの感染が輸血による可能性があるとの最初の公式声明は、東部の血液バンクからの怒りを招いた。米国血液バンク協会の役員だったジョセフ・バヴ博士は全国放送のテレビ番組に出て、輸血がエイズの感染源だとする証拠はまだないと断言した。一部の血液バンクは、表立っては主張しないものの、これはCDCが可能性を誇張し、注目されることで、予算を増やそうとしているのだろうと考えていた」。(2)

一九八三年一月四日（エイズが輸血によって感染しうるとした懸念が表明されてから一年以上もたって）、合衆国公共衛生サービスの臨時顧問委員会の会合で、CDCのドン・フランシスは再びこぶしをテーブルにたたきつけながら怒鳴った。「一体何人、死ななければならないのか。何人死ねばわかるのだ。何が起こっているか信じるために必要な死亡数があり、そこまで死者が出れば行動を起こせるというのなら、その数をはっきり出してくれ」。(3)

同年三月、CDCが求めた肝炎抗体のスクリーニングは、リスクの高い提供者を除こうという目的で導入しようとしたにもかかわらず、血液バンクの反対により却下された。

同年五月、スタンフォード大学病院が、エイズ感染の証拠のために血液検査を始めると決定したアメリカで唯一の主要医療センターになった。「他の血液産業は衝撃を受け、これはサンフランシスコ中の病院からエイズ・ヒステリーの患者をスタンフォードに集めるためのまやかしだという者もいた」。(4)

一九八四年一月、血液バンク業界は依然として頑なだった。エイズ・スクリーニングの費用は高く、しかも、業界はこの費用が、献血者からの供給と非利益団体の血液バンクの血液需要にどんな影響をもたらすか不安だったのだ。「一月初め、公衆衛生部副長のエド・ブラントは血液バンク業者とCDC役員を招集し、エイズ問題を議論する会議を開いた。この会議の結末は、米国食品医薬品局に何も新しい政策がないということだった。この段になると血液バンク側も、問題を調査するための特別委員会を立ち上げることに合意した」[5]。慎重に読んでくださっている方は、この段階で、輸血によるエイズが診断されてから二年が、そしてドン・フランシスが「一体何人、死ななければならないのか」と発言してから一年が経過していることにお気づきだろう。

　一九八四年の終わりまでには、エイズが輸血によって感染するかどうかについては、もはや討論の余地などなくなっていたにもかかわらず、肝炎や他の血液異常の本格的なスクリーニングはまだ始まってはいなかったのだ。

「CDCが血液バンク業界に、この病気の感染予防のための行動を要請し、無視されてから、推計一万二〇〇〇人のアメリカ人が主に輸血によってエイズに感染している。『一体何人、死ななければならないのか』とフランシスが血液バンクに問うたのは、八三年の初めだった。その回答が、いまやはっきり出されたのだ。千人単位で」[6]。

　科学者と血液バンク業者の間の戦いは、対等な試合とはほど遠かった。血液バンク側は言語、シンボル、および対人影響力のあらゆるテクニックの洗練された使い手だった。この産業の存立基盤の鍵は、アメリカ赤十字などの組織の仕事を支えようとするボランティアの動機づけにあった。だから、血液バンクや関連団体には、メディアとの長年にわたる経験があった。同じように、ワシントンの権力回廊、特に政府の健康衛生担当の既成権力組織との仕事経験も豊富だった。これに対して、科学者や疫病学者たちはデータがしっかりしてさえいれば真実が勝つと思っていた。だが、彼らにはエイズ政策を変えさせるという格闘を支配するには何よりも必要な影響力《レバレッジ》がなかったのだ。対照的に、血液バンク業界は連携し、リスクを無視できるように思わせる言語を駆使し、自分たちの損になるような政策を滞らせ、遅らせるためにあらゆる資源を投入したのである。もちろん、この戦いの初期からかかわってきた人々や、特にゲイ社会の人々も、政治的な側面を学習してきた。今日では、しっかりした調査結果と公共政策上の注目もあり、エイズと戦っている人たちも、政治的なスキルや戦術を習得している。事実、エイズ研究のための調査資金を獲得するここ数年の成功は（まだ成功にはほど遠いという人もいるが）、かつてはエイズがゲイの病気だからとして、当局がはじめから動こうともしなかったこともさることながら（これも大きなことであるが）、むしろ伝統的な医療体制と戦うという政治的な意思も専門知識もなかったのも一因だということを示唆している。改革を起こそうとする決意と、その実行方法の知識の両方を培うにつれて政治的な努力の結果も変化してきたのだ。

　次のように言う人もいるだろう。これは痛ましい悲劇だが、こうしたことは民間の組織で間に合わせることであり、結局は賢明で合理的で、タイムリーな決定を下すための収益インセンティブがあるかどうかのことなのではないのか、と。

　例えば、今日、私たちの知っているパソコンを最初に発明した会社をご存知だろうか。同じように、文書作成ソフト、マウス、画面上のウインドウというアイデア、コンピュータを動かすのにコマンド入力ではなくアイコンを使うこと、パソコンの広告を初めてテレビで流した会社をご存知だろうか。アップルコンピュータ（現アップル）と答えた方は、一部正解である。

　たしかにアップルがつくり、販売したマッキントッシュは、これらの特徴を備え、商業的に大きな成功を収めた初めてのコンピュータである。しかし、実際は、これらの機能をすべて完成させたのはゼロックスのPARC（パロアルト研究所）であり、しかもそれはマッキントッシュが世に出る一九八四年よりも、リサが登場する一九八三年よりもはるかに早い、一九七〇年代の半ばのことだったのだ。[7] このように、ある技術を最初に発明したり開発した会社が、その技術の経済的恩恵にあずかれるとはかぎらないことは誰でも知っている。ビデオテープレコーダーの技術を開発したアンペックスも同じようによく引用される例である。

　こうした革新的な技術を商品化し損ねること、つまり、現実に実行できないことは、サンフランシスコの道路の再建や米国の血液供給を保護するという事例で見てきた、物事を成し遂げられない事態と同一のケースだ、ということを我々はあまり理解していないのである。組織の中で革新や改革を達成するには、技術的な問題や分析的な問題を解決する以上の能力が要求される。革新はほとんどの場合、現状を脅かすため、必然的に政治的な活動になるのだ。

物事を成し遂げたり、構想をもったり、決定を実行するという能力の欠如が今日の組織に蔓延《まんえん》している。それに公共部門の組織でも、民間の組織でも、この問題は事態をどんどん悪化させているように見える。そのため、より優れたリーダーシップが要請され、多くの領域でリーダーシップの欠如が嘆かれるのだ。この実行力とは、政治的な意思と専門知識を育てること、つまり、反発があろうとも、物事を成し遂げようとする強い意欲、およびその実現を可能にする知識とスキルを育てることにまつわる諸問題であり、本書の主題になる。

現代はかつて以上に、パワーを研究し、パワーを巧みに使うことを学ぶべき時代である。これがなければ、組織における個人の成功も組織自体の成功も期待できないからである。リチャード・ニクソンは次のように述べている。

「何が正しいことかを知っているだけではリーダーとして不十分だ。リーダーはその正しいことを実行する能力がなければならない。正しい決定を行なうための判断力や認識力のないリーダーには、ビジョンもない。正しいことが何かを知っていても、無力であれば、正しいことを実現することはできない。優れたリーダーには、実現させる能力が不可欠なのだ」(8)。

組織におけるパワー

政治学者ノートン・ロングは次のように言う。「政府が組織だということは誰しもすぐに認めるだろう。だが逆に、組織は政府である、というのも真実なのだが、こちらはめったに考慮されない」(9)。組織、特に大型組織は、根本的に政治的統一体であることを考えれば政府のようなものなのだ。

政治性を理解するためには、組織政治学を理解する必要がある。政府を理解するには、行政学、政治学を理解しなければならないのと同じである。

現代は、人々がこの課題と向き合おうとしない時代だ。ある日、私は書店を歩いているとき、ビジネス書の書棚も「新世代《ニューエイジ》」思考であふれていることに驚きを覚えた。この新世代という言葉には、いろいろな定義があるのだろうが、私が目を見張ったのは次の二つの要素だ。①個人を孤立させるように見える自己同化と自己焦点化、そして②コンフリクトはだいたいが誤解によるものだから、人はコミュニケーションを増やし、辛抱強く忍耐力を鍛えれば、多く（またはすべて）の社会的問題は解消するはずだという思い込みである。このテーマは夫婦関係の上手な進め方から組織の運営方法まで、さまざまな書物に見られる。個人の自己実現を焦点とするのは大切だが、自我をあてにしているだけでは、他の人々と協力したり、他者を動かして物事を実行しようという意欲、つまりマネジャーや指導者になろうという意欲を促すことはない。これでは「リーダーシップを発揮する必要のない人里離れた場所でしか優秀性を発揮できない」。[10]この意味では、（元ＨＥＷ長官でコモンコーズ〈一九七〇年に結成された市民団体で、国民の要求に応ずる行政改革を目指す組織〉の創設者）ジョン・ガードナーのコミュニティについての懸念は、組織と組織において物事を成し遂げることに関する一連の懸念の本質を言い当てている。[11]組織生活からの世捨て人としてなら十分に安心し、十分に幸せで、十分に満ち足りていられるかもしれない。だが、個人の影響力は大きくはならず、相互依存的な行為が要求される大きなことを成し遂げる可能性はほぼ消滅している。

大型組織の政治学について懐疑的な人たちは、より小さな組織がベターな選択肢であると結論づけるかもしれない。事実、米国における大企業の平均サイズは小さくなりつつあるという証拠がある。これは単に、アメリカが製造業中心の経済からサービス産業中心の経済に移行しているからというわけではない。製造業においても体制や企業の平均規模は縮小しているのである。最大の企業は数千人、時には、数万人単位で従業員を削減している。これには中間管理職だけでなく、現場の作業員、あらゆるタイプのスタッフ、もう外注されるようになった仕事を以前行なっていた従業員も含まれる。相互依存関係や見解の相違から生まれるパワーや影響力をめぐる闘争の結果、苦境に立たされたマネジャーや従業員は、より小さく、よりシンプルな組織の世界に移動している。こちらのほうは、組織内の相互依存度が低く、内部の多様性も少ないので、結果的に政治性も小さくなる。もちろん、こうした構造変化は組織内の相互依存関係やコンフリクトが減らすのだが、これは組織と組織の間の相互依存関係は増やすことになる。

この動向は、人的資源管理の分野でも同様に見られる。今日の企業の多くが、人員をカットするという形で人事の諸問題を処理している。従業員を効率的に管理し、生産性を上げるように導けない場合は、その作業を他の組織に移す、というのが合理的に見えるのである。労働力は人材派遣業者や契約社員を使えば補完できるし、離職、補償、選抜、訓練といった諸問題も業者に処理させることができるのだ。

これは個人の強調と合致する魅力的な解決である。個人主義はアメリカの文化で常に重視されてきたし、近年はさらに強まっている。大型組織が長期雇用協定を破りつつあるのを見て、そんな組織を信頼できるだろうか。できれば、自分自身で、自分の能力や才能、自分の活動をコントロールできる中で安定や安全を求めたほうがましなのだ。

しかし、組織のパワーや影響力についてこのような考え方をするのには、ひとつ問題がある。パワーや影響力という社会的現実を遠くに追いやり、無視することによって、または社会的構造を単純化し、相互依存性がないように見たてようとすることによって、より効率的な組織、あるいはずっと強力な存続価値をもつ組織を形成できるかどうかははっきりしていないのである。大型組織が消滅することがあるのも確かだが[12]、小さな組織がもっと高い率で消え、生存能力がはるかに劣ることもまた事実なのだ。組織におけるパワーと影響力の問題を無視しようとすると、このように重要な社会的プロセスを理解し、マネジャーがそれを解決できるように訓練するチャンスを失うことになる。

パワーや影響力は存在しない、あるいはあってはならないというような態度は、私やジョン・ガードナーなどが指摘しているように、今日、特に米国の企業をはじめとする多くの企業が直面している大問題を引き起こす。行動をとり、物事を実行する最上層のマネジャー以外のあらゆる従業員の、訓練され育てられたかのような無能力という問題である。

企業のエグゼクティブ向けの講座で教えるときの私と同僚の経験では、まったく同じ話を何度も何度も聞かされる。こうした講座では、ある構想が上級エグゼクティブに提示され、それが彼らの会社にどのような意味があるかをグループで考えさせる。こうしたエグゼクティブの経験と知識には本物の強さがあり、彼らは自分たちの組織を改善するため、洞察に満ちた考えと提案に至ることが多い。彼らは、部署が違えば存在する効率性にも大きな違いがあることを発見し、業績をどう改善するかという構想を共有する。また、自分の組織が扱っている市場とテクノロジーをより包括的に理解するようになり、効率性を促進する内部志向の変革と外部志向の変革の両方のための戦略を開発するのだ。ただし、これは実はさほど大したことではない。このようなセッションでは「私の上司がここに来るべきだ」という感想を非常によく耳にするからだ。しかも、刺激的な研修を終え、自分の職場に戻ってみると、研修中に豊かな洞察力で議論した改革を実行に移す能力や判断力をもったマネジャーがほとんどいないのである。

北カリフォルニアの日用品市場で巨大なシェアをもつ、大型スーパーマーケット・チェーンの店長との話が思い出される。彼が任されていたのは年間売上げ二〇〇〇万ドル超の店舗で、この会社の平均的店舗を考えると、彼が就いているのは、しかるべき責任のある管理職だったと言える。しかし、他の多くの組織と同じように、ここでも中間管理職の責任は大幅に制限されていた。例えば、この店舗のあるショッピングセンターの入り口に設置される大きな共同看板塔にスーパー名を載せるかどうか、という問題があった。費用は約八〇〇〇ドルで、同店の売上げの約四時間分相当だった。この小さな投資を回収するためには、何人の買い物客を呼びこむ必要があるか、その数はショッピングセンター前の交通量の何パーセントかといった分析がなされた。店長は看板塔に店名を載せたかった。だがもちろん、上司の承認がなければ、この金額を使うことは許されていなかった。北カリフォルニア事業部のトップは、長い会議を経て、この支出は不必要と決定した。

この例には、過剰な集権化の弊害だとか、人的資源管理方針が「ボトムアップ」ではなく「トップダウン」のケースだなど、他にも多くの学習ポイントがあるかもしれない。だが、特に興味深いのは、この店長の応答である。ちなみに、彼には店舗の利潤について責任があるにもかかわらず、そのための行動についての裁量権はほとんど与えられていない。共同看板への掲載は不要との決定について聞くと、答えは次のようなものだった。「ええ、たぶん、本社の人たちが高給を食《は》んでいるのはこれが理由なんじゃないんでしょうか。店長クラスが知らないことを知っていなければならない、ってことです」。店長は自分の考え、しかもとても控えめな提案を通そうとしたのか？　もちろん、答えはノーだった。上層部のマネジメントから下りてくる指示が何であれ、好機を待つしか進めようがないのだ。

筆者はこうした状況をいろいろな形態でいく度もいく度も目にしてきた。組織が何のイニシアチブも取ろうとしないと文句を言う上級役員と話したこともあるし、勤めている会社を改革することなどできない、あるいはその気がないと言う上級マネジャーとも話したことがある。その改革が組織の成功や生き残りに、不可欠ではなくとも非常に重要だということを認識している場合でもそうなのだ。改革や変化を起こすには政治が関与する。だから、組織におけるパワーと影響力を受け入れる努力をし、物事を実行するスキルは何をすべきかを考えだすスキルと同様に重要であることを認めないかぎり、我々の組織はどんどん後れをとることになる。多くの場合、問題は洞察力や組織におけるインテリジェンスの欠如にある。受け身になるという問題に加え、ジョン・ガードナーはこの現象を次のように分析している。

この国をはじめ他のほとんどの民主国家では、パワーにはひどいイメージがついており、大多数の善良な人々が自分は関係をもちたくないと、自らに言い聞かせている。そうした倫理的な懸念も直感的な心配もよくわかるが、人はパワーを放棄できないのが事実なのだ。ここで論じるパワーとは単純で……、他者の行動に自分が意図した特定の結果をもたらす能力のことである。……民主社会では、我々は細かな目的別に誰かにパワーを委ねている。委ねられた人が信条的理由や気分的理由でパワーの行使を拒否する場合は、別の人に任せなければならない。たとえていうなら、パワーに心を奪われているリーダーとは、相手が返せないようなボールを打つことに夢中になっているテニス選手のようなものだ。もちろん、リーダーたちはパワーに夢中になる！　問うべきは、どんな手段を使って彼らがパワーを獲得するのか、どのようにパワーを行使するのか、そしてどんな目的でパワーを行使するのか、である。[13]

リーダーシップにパワーと影響力を開発し行使するスキルだけでなく、それを実行する意思も含まれるのなら、米国の組織における、いわゆるリーダーシップの危機の原因のひとつは、このパワーという課題を避けようとすることだといえるのではないか。この見方は、リーダーたちを研究し、リーダーシップについて記したウォーレン・ベニスらの主張と軌を一にしている。例えば、ベニスとバート・ナナスは、今日の組織が直面している大きな問題のひとつは、あまりにも大きなパワーを行使する人が多すぎる、ということではなく、その逆の面にあるという。

近年目立つのは、パワーの不在である。危機に直面していながらの無力ぶり、複雑性に直面しての無力ぶりである。パワーが切り崩され、制度が硬直しているか、怠惰か、気まぐれなのだ。[14]

彼らはさらに、リーダーシップを理解するための概念として、そして、組織を生産的かつ効率的に機能させる道具として、パワーの重要性を論じている。

しかし欠けているものがある。パワーである。これは意図を実現させる行為を起動し維持する基本的動力源なのだ。この資質なくして、リーダーは人や組織を率いることはできない。パワーは人類の進歩に最も必要でありながら、最も不信感をもたれている要素である。パワーが行為を起動し維持するのに必要な基本的動力源というのは、言い換えれば、意図を現実へと変え、現実を持続させる能力という意味である。[15]

このようなパワーの観察は学者によるものだけではない。政治指導者も、パワーを構築し、使いこなそうという意思が政治家人生の成功の前提条件だと認めている。リチャード・ニクソンによるパワーとリーダーシップの考察では、本書の主題と一致する観察が示されている。

パワーは、歴史に新たな方向性を呼び起こし、生みだし、築くための機会そのものである。

こうしたことに関心のある人たちにとって、機会とつり合う満足はほとんどない。だが、機会は偶然の幸せではない。幸せを求める人はパワーを手に入れようとしないし、手に入れても十分に活用しようとしないものだ。

こんなことを言う傍観者もいる。法律とソーセージを愛する者は、それがつくられるところを見るべきではない、と。

まったく同じように、我々はリーダーが成し遂げたことは賞賛するが、成し遂げる方法には目を閉じたがることが多い。

現実の世界では、政治は妥協であり、民主制は政治である。ステーツマン《政治家》たろうとする者は誰でも、まずポリティシャン《政治屋》として成功しなければならない。同じように、指導者は人民と国家を、あるべき姿としてではなく、いまある姿のまま、対処しなければならない。結果として、リーダーシップに求められる資質は、我々が自分の子どもにまねさせたいと思うものでは必ずしもないのだ。もっとも、自分の子どもを指導者にしたい場合は別だ。

指導者を評価する際の、指導者の行動特性に関する重要な問いは、行動が魅力的かどうかではなく、行動が有効かどうか、である。[16]

パワーに関する相反感情

パワーについて我々が相反する感情をもっていることは無視されるべきではない。ロザベス・カンターは、パワーが効果的な管理者の行動には不可欠だということを認めつつ、次のように記している。「パワーはアメリカ最低のダーティ・ワード《汚いことば》だ。パワーについて語るくらいなら、金について語るほうがやさしいし、セックスについてならもっと簡単だ」[17]。ジェフリー・ガンツとビクター・マレーが四二八人のマネジャーを対象にした調査は、組織におけるパワーに関する相反感情《アンビヴァレンス》をうまく表している。[18] 強く同意された項目が表1－1である。

パワーという概念と組織内政治という概念は関係している。私も含め多くの人々が、パワーを潜在的強制力だ

表1-1　職場の政治に関するマネジャーの感覚

質問項目	同意が「強」から「中」とした回答の比率（%）
職場政治の存在は大多数の組織に共通する	93.2
成功する経営幹部は優れた政治家でなければならない	89.0
組織の上にいくほど、政治的な風土が強まる	76.2
パワーのある経営幹部は政治的に行動しない	15.7
組織で出世するには政治的にならなければならない	69.8
トップ･マネジメントは組織内の政治を排除しようとすべきだ	48.6
政治は組織が効果的に機能するのを補助する	42.1
政治から解放された組織は政治ばかりの組織より幸福だ	59.1
組織内の政治は効率性を損なう	55.1

出所：Gandz and Murray（1980）, p.244

としつつ、組織政治はパワーの行使または活用であると定義している。表1－1で、回答者の九〇％以上が職場の政治は大多数の組織に共通で、八九％が成功する経営幹部は優れた政治家でなければならず、七六％が組織の上にいくほど政治的になるとしていることに、注目していただきたい。しかし、同じ回答者の五五％は組織内政治が効率性を損なうとし、ほぼ半数がトップ・マネジメントは組織内政治を排除する努力をすべきだとしている。これは、パワーと政治が存在することを知っており、しかもそれが個人の成功に必要だということをしぶしぶながら認めつつ、そのいずれも好んでいないということである。

組織におけるパワー形成と行使に対するこうした相反感情は、完全な蔑視を除けば、複数のところで生じている。第一は、目的と手段の問題である。先に引用したリチャード・ニクソンの言葉にあるように、我々は物事を成し遂げるには不可欠な方法を考えたがらないことがよくある。目的と手段についても相反する感情があるのは、求める結果をもたらすであろう戦略とプロセスが、我々が好ましくないと考える結果をもたらすのにも使えるためである。第二は、我々が学校で教わるいくつかの基本的教訓が、パワーと影響力を大切に考える気持ちを実質的に隠してしまうことだ。これに関連し、第三は、組織の決定が社会や世界の現実に対する正義に反していることがしばしばある、と判断する視点である。

目的と手段

一九七六年九月二五日土曜日、ある人物のためにサンフランシスコで仰々しい謝恩夕食会が開かれた。彼の公職はサンフランシスコ住宅局理事会コミッショナーでしかなかった。だが、招待客のリストは圧巻だった。市長ジョージ・モスコーン、選挙で任命された黒人としては当時最も職位の高かった副知事マーヴィン・ディマリー、検事局長ジョー・フリータス、カリフォルニア政界でおそらく最も強力で畏れられていた民主党州議会議員ウィーリー・ブラウン、共和党上院議員ミルトン・マークス、サンフランシスコ郡会議員ロバート・メンデルソーン、朝刊紙の編集長、著名弁護士。つまり、民主党、共和党の隔てなく、まさしく北カリフォルニア政界が顔をそろえたのである。彼らが集い、敬意を表した人物は、少し前には大統領夫人ロザリン・カーターと個人的にも会っていた。だが二年ほどたって、今度は世界中がこのときの主賓について注目させられることになる。南米にあるガイアナのジャングルで衝撃的で恐ろしいことが起きたからだ（カルト集団〈人民寺院〉による集団自殺。九〇〇人以上が死亡）。一九七六年九月の夜に主賓を務めた人物、ジム・ジョーンズは、本書で述べているものとまったく同じ戦略と戦術を用い、そのサンフランシスコのパワー・サークルに入り込んでいった。[19]

パワーと影響力がよこしまな目的のために獲得され行使されうるのも真実だ。たしかにほとんどの薬は用量を誤れば死に至る可能性があるし、毎年多くの人が交通事故で亡くなり、核の力は動力源にも大量殺戮《さつりく》兵器にもなる。しかし、化学製品、自動車、そして原子力でさえ、危険があるからといって我々はこれらを捨て去ることはしない。むしろ、危険性をインセンティブとし、これらの力を生産的に使えるように、情報を集め訓練を施すことを考える。だが、パワーについても同じ実利主義で潜在的なリスクと利点を考えようとする人はあまりにも少ない。パワーに関する議論は避けたがり、まるで「私たちが考えなければ、パワーも存在しないのだ」と言わんばかりである。それではいけないのだ。『サンフランシスコエグザミナー』紙政治部の新しい編集者ジョン・ジェイコブスは、ジム・ジョーンズに関する本の著者のひとりで、一九八五年にその一冊を送ってくれた。ジェイコブスの見解では（私も同意見だが）、パワーと影響力のプロセスを無視するのではなく、その使い方を認識し、防御策もとれるようにしっかりと教えこむことによって、また必要ならば、しっかり磨き上げた道徳価値をつくり上げることで、ジョーンズタウン（人民寺院がガイアナにつくった集落）のような悲劇は防ぐことができるのだ。

手段とは、目的が何であれ、何かを遂行するためのメカニズムでしかない。その何かとは、素晴らしい壮大なものもあれば、グロテスクなものもあろう。そして大多数の人にとっては、その中間にあるものではないのだろうか。目的は必ずしも手段を正当化しないかもしれないが、目的が自動的に手段を汚すように使われるのでもない。組織におけるパワーと政治的プロセスは、素晴らしいことを達成するのに使われることもある。いつもそうだとはかぎらない。しかし、だからといって、パワーと政治的プロセスを手放すべきではない。面白いのは、我々はパワーを自分たちのために使うときは、それを善良な力とみなし、もっともちたいと考えることだ。他人がこちらに対抗して使うとき、特にこちらの目標や野望を妨害するのに用いるときは、それを悪とみなす。もっと洗練された現実的な視点があれば、パワーの実態がわかる。つまり、相互依存的なシステムで物事を実行するために、必要とされることが多い重要な社会的プロセスなのであると理解したほうがよい。

エイブラハム・リンカーンが偉大な大統領だったことは多くの人が認める。そして、彼の成し遂げたことを理想化する傾向もある。連邦政府に仕え、奴隷を解放し、歴史に残るゲティスバーグ演説を発表した。だが、彼も政治家で実利主義者だったことは簡単に忘れられている。例えば、奴隷解放令は南部連合国の奴隷は解放したが、リンカーンが支援を必要としていた連邦政府側に残った境界州（南北戦争中に奴隷を容認しつつ、奴隷解放を進める連邦政府にとどまった州）の奴隷は対象ではなかったのだ。彼は憲法で認められているパワーの範囲をはるかに超えた措置も多数とっている。事実、アンドリュー・ジョンソンは、リンカーンが始めた措置の多くを継続していたことで弾劾されている。リンカーンは従属を宣誓した法律を破るのを、どのように正当化するかを説明したこともある。

憲法を守るという私の誓いは、この憲法が基本法であるところの政府、国家を、あらゆる手段によって守るという避けられない義務を私に課した。国を失っても憲法は守られるなどということがありえようか。私は思う。手段は、たとえ憲法にそぐわぬ場合があっても、国家を守るために不可欠となれば、合法たりうる。[20]

捨て去るべき学習

パワーに関する相反感情は、学校の授業からも培われている。一番目のレッスンは、人生とは個人の努力、能力、達成からなるということだ。つまり、学校で原価計算、計算方法、電気工学など複雑なことを習得するとき、自分の両側に座っている人たちができずに落第しても、それは自分の成績に影響しない。もちろん自分が彼らの答案を写す気がなければであるが。教室という環境では、相互依存性は最小限になる。課題は個人対題材になるのだ。当人が題材を習得すれば、期待を達成することになる。協力が不正行為とみなされることさえあるかもしれない。

これは組織には当てはまらない。自分は組織の戦略を知っているが、同僚は知らないという場合は、何を実行するのも難しくなるだろう。教室では非常に有効な私的な知識やスキルも、組織では不十分なのだ。組織における個人の成功が、他の人たちと仕事をすること、および彼らを通じて仕事をするということが鍵になる場合がとても多く、組織の成功は個人がそうした諸活動をいかに調整できるかにかかっていることが多い。組織における状況のほとんどは、ゴルフよりフットボールに近い。会社が就職希望者の履歴書を見るとき、個人的な達成事項だけでなく、チームで役割を担って仕事をするというスキルを備えているかどうかも検討するのは、このためなのだ。組織における成功を実現する際には、「パワーによって個人的関心が調整された諸活動に変換され、価値ある目的が達成されるのである」。[21]

学校で教わる二番目のレッスンは、答えには正誤がある、ということだ。この点は意識して捨てるのがより難しいかもしれない。我々は問題の解き方を教わり、問題ごとに正しい答えがある、また、少なくとも、ある解法は他よりも正しいということを教わった。もちろん、ここでの正しい答えとは、教師が正しいと言うことや、問題集の巻末の解答集にあるもの、あるいは教師用マニュアルの中に隠されているもののことだ。一度正しい解き方や答えを示されると、その答えが実際に正しいのだということがすぐに自明のものとなるので、人生はいわゆる「わかった！《ユリーカ》」問題のオンパレードのようなものになる。

正しい答え、真実を導きだすための知的分析力の潜在的な影響は、必ずというわけではないが、しばしばはき違えられている。

ヘンリー・キッシンジャーは自分の受けた政治教育について次のように語っている。「ジョン・ケネディの顧問に就任する前までは、ほとんどの学者同様、こう思い込んでいた。意思決定プロセスはきわめて知的なもので、やるべきことはただひとつ、大統領執務室に出向き、自分の見解が正しいということを大統領に確信させることだ、と。私がすぐに理解したのは、これを一般化するには危険で未熟だということだった」[22]。キッシンジャーは、簡単な決定、つまり分析によってすぐに識別できる正誤の解答があるような課題は、大統領に届くことはなく、低位のところで解決されるという。

我々が生活している世界では、物事が明快ではっきりしていることなどめったにない。解き方をすぐに直してくれる問題集や教師がいないだけでなく、我々が直面する問題には複数の次元があることが多い。そうした問題には評価方法も複数のものが必要になる。自分の下した決定の帰結は、ずっと後になってからしかその本当の姿が現れないし、依然として状況が曖昧《あいまい》なままことが多いのである。

意思決定のもうひとつの見方

意思決定プロセスを考えるための別の道を示しておきたい。決定については忘れてはならない三つの要点がある。

第一に、決定はそれだけでは何も変えないということである。新製品の発売、就職希望者の採用、新工場の建設、業績評価システムの変更など、決めることはできる。しかし、決定が自動的に効力をもつわけではない。個人的なありふれた例なら、あなたも含め友人たちが、一体何度、禁煙を「決めた」か、あるいは、もっと運動しよう、もっとリラックスしよう、健康によいものを食べよう、体重を落とそうなどと決めたかを思い出してほしい。こうした決意が、何の結果も出ぬうちに挫折することのいかに多いことか。だから我々は、決定の科学の知識のほかに、「実行の科学」についての知識を得る必要があるのだ。

第二は、決定がなされた時点では、決定内容が良いのか悪いのかは、たぶん誰にもわからないということだ。決定の質は、結果によって測られる、つまり、結果が出たときに初めて決定の良し悪しがわかるのだ。我々は、決定が実行に移され、その結果が明らかになるまで、待たなければならないのである。

第三は、おそらく最も重要なことなのだが、我々はほぼ例外なく、決定を行なうのにかける時間より、決定の結果とともに生活する時間のほうが長い、という事実である。企業を買収するかどうか、補償制度を改革するかどうか、組合運動と対抗するかどうかといった組織の決定にも、どの学校に行くか、どの仕事を選ぶか、専攻は何にするか、誰と結婚するかといった個人的な決定にも共通することがこれなのだ。組織と個人いずれの場合も、決定にいくら時間や努力を投入したとしても、その影響と向き合う時間は、それより長いことが多いはずだ。事実、この単純な点から、人間は（合理的ではなく）合理化する動物だ、という社会心理学者もいる。[23] 例えば、我々の態度と行動の適合関係は、自分の過去の行為とその結果をつき合わせた事実に、態度のほうを調整することからもたらされていることが多い。[24]

決定だけで何も変わらないというのは、決定が下された時点では、その結果はわからないということであるし、いずれにせよ、決定にかけた時間より長い時間をその結果と過ごすことになる。とすると、多くの管理者研修や実務で強調されている内容には見当違いも少なくない。意思決定プロセスにやたらと時間や労力をかけるより、決定の実行と決定から派生する成り行きに対処するのに時間をかけるほうが有益なのではないだろうか。そうなら、優れたマネジャーとは、分析力ある意思決定者というだけでは足りなくなる。ずっと大切なのは、自分の決定の結果を管理するスキルを培うことなのだ。「優れた指導者には、自分が過去に下した決定でだらだら悩む者はいない。明日下さなければならない決定に正しく集中するのを可能にする唯一の道は、昨日決めたことをきっちり忘れることだ」[25]。

これを物語る事例は実に多い。例えば、石油会社シュラムバーガー社による半導体メーカー、フェアチャイルド社買収のケース。[26]この買収の論理は、フェアチャイルド社のエレクトロニクス技術を石油サービス事業に応用しようという、もっともなものだった。例えば、シュラムバーガー社が求めていたのは、より優れた採掘装置を開発し、石油サービスと掘削機材にエレクトロニクスを活用することだった。残念ながら、この買収は、期待されたシナジーは何ももたらさなかった。

シュラムバーガー社が、これまでの他の事業部と同じ方式でフェアチャイルドを管理しようとして、多くの問題が発生した。研究開発部は諸資源が自由にならなかったため、フェアチャイルドがかつてもっていた技術的優位を失う結果になった。クリエイティブな技術関係者が組織を去りだし、会社は新たな技術的向上を追求しようにも、技術チームを編成できないまでになっていた。[27]

三一件の買収事例に関する調査では「買収後には予期しえなかった問題がいずれ発生する。シナジーも問題点も積極的に管理しなければならない」[28]と結果が出ている。しかも、買収が財務的メリットを獲得する手っ取り早い方法だと考える企業は、合併を実行し、合併後に優れた業績を出すのにどれくらいの時間と労力が必要になるかに無頓着なことが多い。合併相手の選択と買収条件ばかりを強調するあまり、合併が完了してから起こる諸活動のもつ重要性から目が離れてしまうのだ。

新製品発売の決定にも同じことが言える。その決定が利益を生むか損失になるかは、単に発売時点の選択がどうだということではないことが多い。この成否も、選択の実行と同時に製品の再設計、販路の変更、価格調整のような、後に続く決定内容にかかっている。だが、組織でよく見られるのは、一度決定が下されると、後は決定の結果を改善しようというよりも、過去の決定を正当化したり、非難したりするほうに多大な労力がかけられる事態なのだ。

このような考え方を解説するには、ホンダがアメリカ市場に参入したプロセスが最高の事例だと思う。ホンダはまずオートバイから入り、次いで今日では一大ブランドになった自動車、そして芝刈り機が続いた。ホンダは一九五九年に米国に子会社を設立し、一九六〇年から一九六五年の間に米国での売上を五〇万ドルから七七〇〇万ドルに伸ばした。一九六九年には米国オートバイ市場でのシェアは六三%になった。[29] その七年前のシェアはゼロだったのにである。この市場占有率は第二位以下のヤマハとスズキのほぼ六倍で、かつての雄、ハーレー・ダビッドソンのシェアは四%に落ちこんでいた。パスカルはこの突出した成功が主に「計算ミス、セレンディピティ、組織学習」によるもので、通常の成功の鍵とされる合理的なプロセスによる計画と予測によるものではない、とした。[30]

本田宗一郎本人は、事業の構築よりレースとエンジン設計に関心があったが、パートナーの藤沢武夫の説得により、その才能が安全で安価なオートバイの設計に向けられた。このバイクは片手でも運転でき、配達に使われ、日本の市場ではすぐさまヒット商品になった。では、ホンダはなぜ、輸出市場に参入し、米国で販売することを決定したのだろうか。当時米国ホンダ社長だった川島喜八郎は、パスカルに次のように語っている。

本当のところ、米国で何かを売ることができるのか、なんとかやってみようというアイデア以外、別に戦略などはなかった。まさに新しいフロンティアだったし、本田宗一郎が培ってきた「あらゆる困難に挑戦する(success against all odds)」というホンダ文化にぴったりだった。私が報告していたのは、経験と勘による目標で、数年間で米国の輸入オートバイ市場の一〇%を、というようなもので、我々は、損益分岐の利潤や期限は議論していなかった。[31]

本社はこの新規事業への投資は承認したが、日本の大蔵省が承認した通貨の持ち出しはわずか二五万ドルで、しかも、現金はその半額以下で、大半がオートバイや部品という扱いだった。ロサンゼルスで始めた最初のオートバイ販売は惨たんたる結果だった。日本と米国では距離感がまったく違ったのである。ホンダのオートバイは当初の設計で想定していたより、はるかに長い距離をずっと早い速度で走らなければならず、エンジンの故障は当たり前で、大型バイクでは特に故障が目立った。

ホンダは当初、大きめの二五〇ｃｃから三五〇ｃｃのバイクに販売資源を集中する計画で、五〇ｃｃのスーパーカブは小さすぎて市場がないと思い、考えることさえしていなかった。

業務用としてホンダ五〇ｃｃを市内で乗り回していると、ずいぶん注目された。ある日、百貨店のシアーズのバイヤーから電話があり、シアーズが関心をもっていることがわかった。だが五〇ｃｃのバイクを出すと、マッチョ志向の大型バイク市場でのホンダのイメージを損ねるのではないかという懸念から、力を入れるのをためらっていた。しかし、大型バイクの売上げが伸びないとなると、選択の余地はなかった。五〇ｃｃを前面に出していったのである。すると驚いたことに、売りたいといってきた小売業者はオートバイ販売店ではなく、スポーツ用品店だったのだ。(32)

「ホンダに乗った素敵な人に出会う（You meet the nicest people on a Honda)」というコピーによるホンダの広告戦略は、ＵＣＬＡ（カリフォルニア大学ロサンゼルス校）の講義中のプロジェクトとして学生がデザインしたものだったが、ホンダは最初、難色を示した。さらに、ホンダの販売戦略、オートバイ販売店ではなくスポーツ用品店や自転車屋による販売も、ホンダ「が」つくったのではなく、ホンダ「のために」つくられたものだった。つまり、この小型バイクの成功はまったく予期せざるものだったのである。これは環境条件の組み合わせによって起こったものだ。ホンダの従業員がこの小型バイクを使っていたのは、上級車に乗る金がなかったためだった。だが、このバイクを見た人たちの反応はとても好意的だった。そして、大型バイクのほうは米国市場で失敗していた。

ホンダは決定分析も戦略プランニングも使っていなかった。事実、代替案を準備する、目標と市場の状態を吟味して選択肢にウェイトづけをする、というような形では、少なくとも、ホンダが何らかの決定を下したとはいえない。ホンダの成功は、決定を下してからの、その決定が正しくなるようにとの努力、柔軟性、学習と適応によるものだ。自分たちがよく理解していなかった市場に、合わない商品をもって乗りこんではきたが、会社の窮地にあってスケープゴートを探すようなことに時間をかけることはなかった。むしろ、ホンダの社員たちは、状況を自分たちのメリットになるよう変えるべく精力的に働いたのだ。その働き方は創造的であると同時に、進めながら機会をつかまえようとする姿勢だった。

大切なのは、組織という世界の中での決定は、学校での決定のようにはいかないことだ。テストなら回答を書き、提出すれば、ゲーム終了になる。組織での人生はそうではない。重要な行為は最初の選択ではないかもしれない。むしろ、その結果として起こることに対して、どんな行為をとって物事を動かしていくかなのである。これは非常に重要である。なぜならば、決定を下したときにはその内容には心配しすぎる必要はなく（本当のことはなかなかわからないものだから）、その後の展開から学習する情報に、新しい決定と行為を適応させるほうをもっと意識する必要があるからだ。ホンダが立案ではなく、偶然と試行錯誤の学習によって、多くの米国市場で首位に立ってきたように、組織のメンバーは、逆境にぶつかったときにも堅持する不屈の精神と、状況をいかにして転換させるかの洞察力を培うことがきわめて重要なのだ。最も大切なスキルとは、決定の後に起こる事態を管理する技術だと言えよう。だから、行為がとりにくいことの多い組織にあっては、重要な能力とは物事を実行に移す力なのだ。

物事を実行する方法

かくも多くの組織で物事をやり遂げることが難しいのはなぜなのか、そして、決定内容を実行する能力がますます薄れているようなのはなぜなのか。この問題を考え、実行過程におけるパワーと影響力の役割を検証するひとつの方法は、物事を実行するために考えられるいくつかのやり方を検討することである。

物事を引き起こす方法のひとつは、階層による権限を使うことである。多くの人は、パワーとは単なる公式権限の行使ではなく、これから考察するように、それ以上のものだと考えている。組織の中で働いている人はみな、階層によって権限が行使されるのを見ている。階層の上の人間が、自分が後ろ盾になる者の採用や解雇、行動の測定や報酬の決定、指令を下すパワーをもっている。階層による指令は正式なものとみなされるのが普通である。階公式権限が多様な形をとることは、組織生活の一部として当然視されるようになっているからである。したがって、「上司が求めている」「社長が求めている」と言われて、疑問や異議が挟まれることはあまりない。イラン・コントラ事件の聴聞会でオリバー・ノース海軍中佐が証言した様子を覚えている人も多いのではないか。指揮官に命じられれば、苦しくても逆立ちを続けるような強固な意思、直属の上司の命令には一度たりとも背いたことがないという態度である。

階層によって物事を実行することには三つの問題点がある。第一は、あまり重要ではないかもしれないが、このやり方がかなり流行遅れになってきたことである。教育水準が高くなり、あらゆる決定プロセスの民主化が進み、参画型経営が至るところで提唱される時代になり、(33)特にベトナム戦争やウォーターゲート事件のような出来事が、多くの人々に権限の諸制度に対する不信感をもたらした国では、命令や指令による実行は、問題をはらむ。子どものいる読者なら、親の権限が一九五〇年代といまではどう変わったかを思い起こしていただくだけで、私の意味することが理解いただけると思う。親としての権限だけで、子どもに何かをさせることができた経験が何回あるだろうか。

第二はより重大で、我々はみな何らかの職位に就いているが、自分の職務をやり遂げ、目標を達成するためには、自分の直接の命令圏に属さない人たちとの協調が必要になることだ。言い換えれば、我々は自分のもつ権限の及ばない、つまり命令したり、賞罰を与えたくても、そうした関係にない人たちに依存している、という事実だ。生産部門のライン・マネジャーならたぶん、採用については人事部と、新製品の市場機会を測定するには財務部と、製品の販売や配送なら販売部と、製品の仕様、マーケティングや価格戦略の決定なら市場調査部と協力しなければならないはずだ。自分の組織の外部に、物事を実行する能力をコントロールするグループが存在するため、経営責任者の権限も絶対的ではない。国際線をもっている航空会社が、国際線の就航権を別の国内航空会社に売却するには、交通省と司法省の協力が不可欠だし、外国政府の同意も必要だ。薬や医療機器を市場に出すためには、食品医薬品局から承認を取らなければならない。製品を海外に輸出するには、財務証明と輸出免許が必要になるだろう。どんな経営者や行政官の階層上の権限にも限界があるし、自分の職務を効果的にこなすために必要な範囲を考えれば、大多数の人には、ごく狭い権限しか与えられていない。

階層による権限だけで、あるいはもっぱら権限に依存して実行プロセスをとることの第三の問題は、次の点である。階層のピラミッドの頂点にいる人間の命令に他の全員が従うとき、その人物が正しくなかったら、という場合だ。権限がひとりの人間に与えられているときに、その人物の洞察力や指導力がおかしくなれば、組織は壊滅的な困難にぶつかるはずだ。ロバート・フォモンがCEO（経営最高責任者）だったときのE・F・ハットンが、権力を集中した厳格な階層構造で企業を支配していたときに起こったのがそれだ。

フォモンの指導者としての強みは、当人の弱みでもあった。会社に指示を出すとき、彼はCEOを超越した君主のような形でそれを行なった。自分の周りには、いずれもE・F・ハットンの部長や役員になりたいと思っている取り巻きやイエスマンばかりを置き、彼らはフォモンを現実の世界から切り離していった。[34]

フォモンは自分の階層による権限を築くのにあまりに長けていたことが、会社が一九八〇年代に他の証券会社と同様にぶつかっていた新しい現実に目を向けさせるよう意見具申する者を社内にいなくさせていた。[35] その結果、証券業界が変わってもハットンは旧態のままで、とうとう独立した企業としての存在に終止符を打たざるをえなくなった。

物事を実行するもうひとつの方法は、しっかりと共有されたビジョンないし組織文化を育てることである。

人々が同一の揃った目標を共有していれば、何をすべきか、それをどのように遂行すべきかについての視点が同じになり、使う言葉も共有できるので、互いの行動も調整できる。そうなれば、命令や階層的権限はさほど重要ではなくなる。人々も会社の上からの命令を待たずに協力的に仕事ができるようになるだろう。共有ビジョンや強力な組織文化による経営は、組織に人気の処方箋になっている。[36] 多数の論文や書物が、コミットメントと共有ビジョンを構築する方法や、個人を社会化する方法を語っている。特に、組織に入るときにそれらを実施しておけば、何を行なうべきか、どのように行なうかについての言語、価値観、前提を共有できる、[37] とする考え方である。

ビジョンや文化には効力があるし重要なのだが、これらによって実行プロセスが進められることにも問題があることを認識しておく必要がある。第一に、共通する世界観を構築するには時間と労力がかかる。例えば、組織が危機に陥っていたり、どう対応するかについて共有前提を育てている時間がないような状況にぶつかっているときは間に合わない。だからこそ、軍隊は忠誠心や団結心を築く技法[38]だけでなく、階層による指令の連鎖と命令遵守の伝統を徹底するのである。

第二は、既存の強固な文化は合わない新たな構想を、どうしたら浸透させられるのか、という問題である。強固な文化が実質的に組織のパラダイムを構成する。これが、物事をどう見るか、問題解決に適切な方法と技法は何か、重要な課題や問題が何なのかを規定する。[39] 科学の諸領域では、何をどんな順序で教えるべきか、どう調査すべきか、適切な方法論は何か、最も強調すべき調査課題は何か、新しい学生をどう訓練するかについて、しっかりと開拓されたパラダイムが指針になっている。[40] しっかりしたパラダイム、あるいは強固な文化は、それがデータを考慮しなかったり、新しい発見を導けなくても、これを転換するのは非常に困難が伴う。[41] 同じように、組織のパラダイムは、世界をどう考え、どう模索していくかの方向を示すので、不確実性を減らし、効果的な協力行動をもたらすが、パラダイムにのらない検討プロセスを見過ごしたり無視することにもなる。強固な文化によって、集団浅慮つまり支配的な見解への同調圧力も簡単に生まれる。[42] ビジョンは意識を重視するが、その焦点から具体性が外れていることもしばしばあるのだ。

伝道的とも言えるほど強力な文化ゆえに、素晴らしい成功とともに問題にぶつかった組織がアップルである。アップルが創業されてからまもなく、会社に数多く入ってきたのがカウンター・カルチャー的なコンピュータ・ハッカーたちだった。彼らのビジョンは、コンピュータという形での「パワー・トゥー・ザ・ピープル《人民にパワーを与えよう》」、すなわち「一人に一台のコンピュータを」、だった。このころはＩＢＭが、企業の集中電算処理部門との密接な関係によって市場シェアを保っていた。ＩＢＭは安全な選択だった。例えば、ＩＢＭを選択して解雇された人はいません、というように。アップルⅡの成功は、企業のデータ処理担当のマネジャーの周りを忙しく駆け回るのをやめ、エンド・ユーザーに直接販売することからもたらされたのだが、「一九八二年の終わりには、パソコンの企業戦略は一本にするのがよいという考え方が始まり、その戦略をコーディネイトするのに適任に見えたのがデータ処理担当マネジャーだった」[43]。しかも、コンピュータはどんどんネットワークにリンクしていったので、データの共有と互換性は、千台単位でパソコンを購入する組織では重要な課題だった。そうした企業は、ソフトウェアの購入費や研修やプログラミングの費用を節約するため、一般的なソフトウェアで動くコンピュータ・セットを求めていた。アップルの当初の「一人に一台」という構想が、互換性というニーズに目を向ける障害となったのである。結果は次のようになった。

アップルⅡはＩＢＭ ＰＣのソフトでは動かず、ＩＢＭ ＰＣはリサのソフトでは動かず、リサはアップルⅡのソフトウェアでは動かない。そして、マッキントッシュはこの三つのどれでも動かない。スティーブ・ジョブズのおかげで、アップルは互いに口をきかないコンピュータ家族をもってしまったのだ[44]（アップルⅡは一九七七年、リサは一九八三年、マッキントッシュは一九八四年に発売）。

アップルの強固な文化と共通ビジョンは、新製品アップルⅢ（一九七九年に発売）の失敗の一因にもなった。ビジョンは「一人に一台」だけでなく、誰でも設計、改造、改良できるマシンでもあった。ユーザーとパソコンの間にオペレーティング・システムが立ちはだかることになったが、アップルの文化はオペレーティング・システムを軽視したのだ。

オペレーティング・システムの問題は、こだわりのある者の目線からは、コンピュータの内部に入りこみ自分のスキルを見せつけるのを難しくさせるものだった。これがユーザーとパソコンの間の障壁となっていた。パソコン、つまりパーソナル・コンピュータは「パワー・トゥー・ザ・ピープル」を意味していたはずなのに、オペレーティング・システムがそのパワーのかなりの部分を奪っていたのである。これは設計の問題ではなかった。自由な人々のもつ、奪うことのできない権利への脅威だった。[45]

アップルⅢは、ソフィスティケイテッド・オペレーティング・システム、通称SOSという、マイクロソフトがIBMのパソコン用に開発したシステム、MS‐DOS（マイクロソフト・ディスク・オペレーティング・システム）と実質的に大変よく似たものを搭載していた。違いといえば、いくつかの点でMS‐DOSより優れていることだった。しかし、アップルはオペレーティング・システムをパソコンにおける標準、あるいは少なくともひとつの標準とすることにあまりにも慎重になりすぎた。その結果、会社としては実に多くの重要なビジネス・チャンスを逸したのである。アップルのために働こうという強烈な熱意と熱狂は、まるで信仰に篤い十字軍のごとく、労働者から信じられぬレベルの献身を引き出したのだが、それゆえに、会社としてパソコン市場における変化を認識し、対応することができなくなっていたのだ。

組織で物事を実行する第三のプロセスが、パワーと影響力の行使である。パワーと影響力が強調するのは、構造よりも方法である。必ずしも公式権限をもったり用いたりすることなく、パワーと影響力を使いこなすことは可能なのだ。また、強力な組織文化や、これが意味する広範な同質性に頼る必要もない。もちろん、パワーと影響力による実行プロセスにも、固有の問題がないわけではない。本書の最終章がこの問題とその対処の試みを論じている。ここで大切なのは、パワーと影響力を物事の実行のためのひとそろいの方法のひとつとして、つまり唯一の方法ではなく、ひとつの重要な方法としてとらえることである。

ここまでの議論から、実行が難しくなっている理由を次のように考えることができる。①社会規範の変化と組織における相互依存性の拡大によって、伝統的な公式権限がかつてのような効力を失ってきたこと。そして、②共通のビジョンを育てることが、異質性の高い、つまり人種や民族、性別、言語や文化という点で異質な成員から構成される組織では、どんどん難しくなっていることである。同時に、パワーに対する我々の相反感情の存在やパワーを活用するための訓練がほとんど普及していない事実は、組織のメンバーが自分の公式権限ではパワーや影響力という「非公式の」プロセスで補完できないことが多いことを意味する。その結果、組織はきしみ、成功確実なプロジェクトも離陸できずに終わる。パワーによって経営する方法を学習することがかくも重要だという理由がこれなのだ。

●マネジメント・プロセス：パワーからとらえる

パワーと影響力の視座からは、実行プロセスには以下に概略するようにひとそろいの段階がある。本書はその諸段階の詳細に関するものである。ここで、まずそのプロセスの概観を示しておこう。

①あなたの目標は何か、あなたが何を達成しようとしているのかを決めよ。

②依存と相互依存のパターンを診断せよ。あなたの目標を達成する際に、影響力がある重要な人物は誰なのか。

③そうした人たちの見方はどうなりそうか。あなたが行なおうとしていることについて、彼らはどう思いそうか。

④彼らのパワー基盤は何か。彼らの下す決定については、誰の影響力が強いのか。

⑤その人のパワーと影響力の基盤は何か。置かれている状況をよりコントロールできるようになるために、

あなたがつくりだせる影響力の基盤は何か。

⑥パワー行使のための多種多様な戦略と戦術の中で、あなたが向き合う状況に、最も適切で効果的だと考えられるものはどれか。

⑦すでに述べた①〜⑥に基き、物事を実行するための具体的な行動シナリオを選択せよ。

第一のステップは、自分の目標を決めることである。例えば、ニューヨーク州アルバニーからテキサス州オースティンに車で行くなら、いきなりアルバニーで車に乗り、あてずっぽうに運転するより、道順がわかっているほうが簡単である。こんなことは当たり前のようだが、ビジネスの現場では見落とされていることが多い。自分が何を達成しようとしているかについて明確な構想がないまま、会議やカンファレンスに出ていたり、誰かと電話で話していたことが、一体どれくらいあるだろうか。手帳にスケジュールがびっしり埋まっていても、一日が進む中では想定外のやり取りが起こるものだ。自分にしかるべき明確な目標がなければ、そして主要な目的が何かを自覚していなければ、何かを成し遂げようにもしようがないはずだ。トム・ピーターズが早くから著作で展開したテーマのひとつが、目的を一貫させることの大切さだった。つまり、明確なスケジュールをもち、明確な言語で、何を基準に、何を交渉するか、を決めていること。これらはすべて組織が成し遂げようとしていることの焦点である。[46]そして、個人についても同じことが言える。つまり、どの会議、どのカンファレンスで、誰とどこまでやり取りするか、を同じ対象に向けておくことで、その対象の実現性が高まる。

目標が心の中で固まったら、その目標を達成する際に重要なのは誰かを診断する必要がある。そうした人たちの間の依存関係と相互依存関係を明確にし、自分が行なおうとしていることを彼らがどう考えそうかを見出さなければならない。この診断では、出来事がどのように展開しそうかを理解し、その過程でのパワーと影響力の役割を計算することも必要である。物事を実現させるためには、これからゲームが始まり、ゲームにはプレイヤーがいて、それぞれにポジションがある、という感覚をもつことが非常に大切である。バスケットのユニフォームを着てフットボールをしたり、オフェンスとディフェンスの区別を知らずにプレーすると大ケガをするだろう。私はこれまで、本来は知能が高く優秀なはずのマネジャーが、状況の政治的性質を認識しなかったがゆえに、あるいは想定外の立場にいる人や有力者たちに弱点を突かれるなどで、問題に巻きこまれていったのを、あまりにも多く目にしてきた。

このゲームについての明晰な展望をもてたら、自分自身の潜在的なパワーの源泉と実際のパワーの源泉、および他のプレーヤーのパワー基盤を突き止めることが重要である。これによって、他のプレーヤーの強さとともに、自分の相対的な強さを確定できる。こうしたパワーの源泉を理解することは、組織で何が起ころうとしているのかを診断し、自分がとるべき行動を準備する上できわめて重要なのだ。

最後に、いろいろな戦略を慎重に検討することになろう。控えめな言葉でいえば、自分が使える戦術と、プロセスにかかわってくる相手が使うかもしれない戦術の検討である。これらの戦術はパワーや影響力を効果的に活用するだけでなく、相手が行使するパワーに対抗するのにも役立つ。

本書は、パワーの定義を、行動に影響し、出来事の流れを変え、抵抗を乗り越え、これがなければ動かない人々に物事を実行させる潜在的能力、とする。[47] 政治や影響力は、この潜在的なパワーを活用し実現することからなるプロセスであり、行為であり、行動である。

本書の第1部の次の二つの章は、パワー行使がかかわることになる状況の範囲を診断することと、主だった政治的プレーヤーが誰であり、彼らの見方がどうなりそうかを想定する補助となるものだ。

本書の第2部は、パワーはどこから生まれ、ほかよりもパワーの強いユニットや人々がいるのはなぜなのか、という問いへの回答である。したがって第2部は、もっとパワーをと思う読者に、それをどう手に入れるか、を考えるための参考になるはずだ。

第3部は、パワーと影響力を活用した戦略と戦術を検討する。我々は、パワーがどこから生まれるかだけでなく、どのように利用されるかも理解すべきなのだ。

本書の第4部は、パワー・ダイナミクスという課題、特にいったん獲得されたパワーがいかにして失われるか、を述べる。またプラスの意味でもマイナスの意味でも、パワーが組織にもたらす結果と、実行と変革のプロセスにおけるパワーのバイタルで必要な役割についても検討する。最後に、パワーをうまく使った人たちとそうでない人たちの事例をまとめる。

CHAPTER 2

第2章

パワーはいつ使われるのか

When Is Power Used?

組織の本質は相互依存性である。だから、職務を成し遂げるには、みんな誰かの助力を得なければならない。

パワーは組織の活動の中で重要な役割を演じるが、組織内のすべての決定や行為に同じようにパワーが絡むわけではないし、パワーの衝突もあらゆる組織で同じように見られるわけではない。自分の計画を効果的に実行すべき場合には、置かれている状況を認識し、診断する能力が重要になる。その状況にどれくらい政治が作用しているかがわかっていないと、不必要なときにパワーや影響力を振るい、行動規範を侵すだけでなく、諸資源の浪費になり、またパワーを使うべき範囲を正しく評価していないと、実行という仕事をしそんじることになる。

政治的側面を管理できず、パワーを使い損ねるとどうなるかが、ゼロックスのケースに示されている。ゼロックスは自社の発明したパソコン技術の市場を開拓し損なった。PARC（パロアルト研究所）はまさにアイデアの宝庫であったが、優れた研究と売れる商品開発の間にはギャップがあった。PARCが開発した技術をより効果的に商品化しようとする試みのひとつとして、ゼロックスは当時、医薬品メーカーのシンテックスとの共同開発を進めるエキスプレスという名称のプロジェクトを設立した。研究者のチームがマーケティング部員と商品開発部員、それに顧客であるシンテックスとの作業によって、医薬品産業のニーズに合わせたシステム開発を立ち上げ、これを一気に進めようとしていた。

この仕事の大部分は、技術的調整だと見られていた。つまり、適切な組織構造を見出し、開発に向けた共有の視点を生み出すことが主要な課題だと思われていたのだ。しかし、このプロジェクトは実現可能性が特に高かったがゆえに、きわめて政治的になっていた。関連部署が有利な立場を求めて策動しているのに、その政治的な動きはあまり認識されておらず、管理もうまくされてはいなかった。

マーケティング部は当初このプロジェクトにかかわっていなかった。というのも、まず人員不足で手が回らず、この共同開発の試みをただの実験だとみなし、重視していないからだった。だが、プロジェクトの実現性が高まり、上層部も成果に強い関心をもっているのが明らかになった時点で、マーケティング部も本腰を入れだした。遅れて参入する場合は、自分のところがいかに重要かを、何らかの形で正当化しなければならぬものだ。さもないと、将来のこうしたプロジェクトから外されかねない。だから作業がすでに順調に進んでいるのに、マーケティング部はこの製品が他の医薬品産業の領域でもより広く販売できるかどうかの調査を行ない、この製品の収益性を評価するための事業計画まで出したのである。もちろん共同開発グループは、こうした作業はすませていた。しかしマーケティング部は市場への浸透力と利益について異なった前提を立て（共同開発グループが使ってきた評価基準は、もともと当のマーケティング部が提供していたにもかかわらず）、当然のことながら、違った結論を引っ張りだしていた。マーケティングの連中が遅れて乗りこんできて引っ掻き回しているのだが、正当性と当然視されている専門性のもつパワーをきかせているのだ。つまり、結局はマーケティング部以上にマーケットに詳しいものなどいるのか、というわけである。このプロジェクトの異質性（いろいろな部署からの寄り合いチームが顧客と共同開発を行なうという性格）によりすでに神経質になっていた会社の上層部を説得した。これ以上、資金を投入する前に開発を中止すべきだ、と。このエピソードは、新製品開発とイノベーションプロセスの政治的性質が、ゼロックスでは十分に理解されず、うまく管理されなかったことを示している。パワーの重要性を知らず、個々の状況でそれをどう活用するかにも疎かったために、プロジェクトの主役がプロジェクトを失うことになったのだ。

この章は、組織生活においてパワーの重要度が上がったり下がったりする諸条件、そしてパワーが自分自身のキャリア・マネジメントにどのような意味をもつかについて検討する。パワー行使のための諸要件が、自分の利益や能力とフィットするかを知ることは、個人的な成功と自分が支えるプロジェクトの成功の鍵なのである。(1)

パワーの発生と影響行動

限定的ながら、パワーが用いられる諸条件を論ずる枠組みとなる実証データがある。これは主に二種類の研究によるものだ。ひとつは実際の意思決定の検証であり、もうひとつは組織におけるパワーや影響行動に対する管理職や経営者の意識調査である。

ある調査は、一一の企業における三三の購買決定を分析し、この種の意思決定における影響力の重要性に関する有益な背景情報を提供している。(2) この調査ではまず、三三の決定事例のうち二七で、その意思決定プロセスでかなりの意見対立があり、その解決が必要だったこと、そして決定が重要になるほど、より多くの人が関与していたことが明らかになった。重要度が中ほどかそれ以上だった場合には、平均二〇人がかかわり、低い場合には平均八人だった。大きな決定に多くの人間がかかわれば、見解の相違が生じるのも驚くべきことではない。しかし、この数のもつ本当の意義は次のことである。二〇人ほどの人間が関与する決定に影響を与えようとする作業を考えれば、政治的な縄張りを慎重に見取り、それぞれの視点を理解し、プロセスにエネルギーと時間を投入することが重要になるのは明白なのだ。かかわる人間の数が少なければ、影響する作業は、場当たり的であってもまだ成功の可能性がある。

カナダのビジネススクールの調査では四二八人の学生を対象に、最もパワーと影響力が絡むのはどんなタイプの意思決定だと考えられているかを調べている。(3) 表2-1は、部門間調整、昇進や配転決定、施設設備配分に関する決定にパワーの関与率が高いと見られていることを示している。対照的に、業務考課、採用決定、人事施策、不平苦情管理には、あまりパワーが絡むとは考えられていない。

同じ調査が、組織階層別に要求されるパワーと影響力の量に関する面白い情報も示している（表2-1）。当然ながら、組織階層が上になるほどパワー行使が頻繁になり、政治的風土も強くなる。

もう一つ、三〇の組織のCEO、人事ないし人的資源担当の最高責任者、および下位管理職の三人への聞き取り調査がある。[4] このデータからは、表2-2のように、パワーと影響力が使われる頻度によって、職能領域と状況を順位づけできる。

表2-2は、マーケティング、取締役会、販売が最もパワーの行使される三領域であり、会計と財務、生産などの職能はパワーがさほど重要ではないということを示している。状況別のパワーの重要度では、組織再編、人事改革、予算配分にはパワー行使が絡むことが多く、個別の業績標準設定と規則や手続きの変更にはパワーや政治的活動がかかわる頻度は少ない。

これらの資料はすべて、組織の上層で行なわれ、組織再編や予算配分のような重大な課題がかかわる主要な意思決定、ラインの生産業務よりスタッフのように業績評価が難しくなる領域、そして、不確実性が高く、合意しにくいような場でパワーがより重要になることを語っている。我々はこれらの条件がパワーや影響力の行使に関係しているように見える理由を知る必要がある。この課題を追究する中で、組織におけるパワーと影響プロセスのもつニュアンスが見えてくるだろう。

相互依存性

相互依存度が高くも低くもない中程度の状況ほど、パワーがより頻繁に活用される。相互依存性が希薄だったり、ない場合は、パワーを形成したり、影響力を行使したりする必要もない。同じ理由で、相互依存性が強い場合は、人々は協力して作業し、共通目標を強化し、それぞれの仕事を調整しようとするインセンティブがある。そうしたインセンティブを無視すると、組織や集団は失敗するだろう。

同僚のジェリー・サランシックと筆者は、相互依存性を次のように定義している。

表2-1　組織階層と最もパワー行使が絡む決定に関する調査

場　面	パワーの行使が常にまたは頻繁に絡むと思われる場面に関する割合（%）
部門間調整	68.4
昇進と配転	59.5
施設設備配分	49.2
不平苦情	31.6
人事施策	28.0
採　用	22.5
業務考課	21.5

階層別の政治行動

階　層	パワーの行使の割合 3＝常に　2＝頻繁に　1＝時々　0＝ない
上位管理層	1.22
中間管理層	1.07
下位管理層	0.73

出所：Gandz and Murray（1980), pp.242-243

表2-2　最もパワーの行使が必要となる職能と決定

職能領域	組織政治の量
マーケティング·スタッフ	4.27
取締役会（役員会）	3.88
販売	3.74
製造担当スタッフ	3.05
人事	3.01
購買	2.67
研究開発	2.62
会計と財務	2.40
生産	2.01
状況別	**組織政治の量**
組織再編	4.44
人事改革	3.74
予算配分	3.56
大型購買	2.63
個別の業績標準設定	2.39
規則と手続	2.31

注：「組織政治の発生頻度はどれくらいか」という質問への回答で、「非常に低い」を1、「非常に高い」を5としている。
出所：Madison et al., pp.88-90

人が望むだけでは何も起こらない。それは相互依存性のためである。原因がひとつではなく、複数の要因に左右される事象はすべて、それらの相互依存による結果である。相互依存性は、ひとりの人間がある行為を実現するために、つまり、その行為で求める結果を得るために、不可欠の諸条件をすべて完全にコントロールすることはできない場合に存在する。[5]

組織の本質は相互依存性である。だから自分の職務を成し遂げるためには、みんな誰かの助力を得なければならない。これは別に新しいことではない。新しいのは、相互依存性が存在するときは、物事を成し遂げるための能力として、依存している人たちに影響を及ぼす能力とパワーを形成することが要求される、ということだ。この必要性がわからず、あるいはわかっていても具体的な方法を知らないために、パワーや影響力をつくりだせなければ、誰も自らの目標を達成できないだろう。

第1章では、初めてパソコンを発明したのはゼロックスのPARCだったことを紹介した。しかも、「初めてのグラフィック方式のモニター、子どもにも使えるくらいシンプルな初めての手動『マウス』、初めての素人ユーザー向けワープロ、それに初めてのローカルエリア・コミュニケーション・ネットワーク、初めてのオブジェクト方式プログラミング言語、初めてのレーザー・プリンター」を開発していたのもPARCだった。[6] ゼロックスがこうした発明技術を商業化できなかったのには、もちろん多くの理由があるのだが、根本的な問題のひとつは、PARCの研究員とゼロックスの他の部署との関係にあった。新製品を市場に導入するのには、会社の多くの部署との相互依存的な活動が必要なのだ。PARCではこの相互依存性が認識されておらず、認識されていたとしても、関係者にパワーや影響力を築く必要性は見えていなかった。開発された技術が素晴らしければ、その技術が存在しているだけで黙っていても優れた製品となり、市場に導かれると思われていたのである。

PARCは地理的にもゼロックスの他部門からは離れていた。ゼロックス本体はニューヨーク州ロチェスターとコネチカット州スタムフォードにあった。PARCの研究者たちもずいぶん傲慢《ごうまん》になっており、ゼロックスの他部門に対して、「我々対彼ら」的な態度となり、本社がコンピュータ事業を補強するために買収したコンピュータ会社のSDSにも同じ姿勢が向けられていた。

PARCのシステム科学研究部門のマネジャーのひとり、バート・サザーランドは「PARCの問題は傲《ごう》慢《まん》すぎることだった」と語る。「相手が自動的に理解できなければ、それは『バカ』だからだ、と。こうなると聞く耳はもてなくなる」[7]。

新製品開発に絡む相互依存性とその相互依存性を仕切るのに必要なスキルを十分に理解していなかったため、PARCの研究者たちはコンピュータの世界を大きく変えるという大志を実現できず、ゼロックスも大きな経済的機会を失った。

自分と相互依存関係にある人たちが、自分とは異なる見解をもっていて、そのため自分の望むようにしてくれない場合には、パワーと影響力を創出することが特に重要になる。例えば、複数の大型州立大学の計四〇学部の学部長選出プロセスを調べた調査では、相互依存性が強いほど、教授会での政治的行動が増えることを示していいる[8]。しかし、相互依存関係にある教授陣が同じ方向を向いているときは、政治的行動は多くなかった。これは、相互依存性は影響力行使の必要性を増すが、影響力の行使が重要になるのは、主に自分と相互依存関係にある人が、どうしても自分の求めるような行動をとらない場合だということである。

相互依存性は、組織のどこで最もパワーが使われるかを示した表2－1、2－2のデータの理解を助けてくれる。組織の上位ほど相互依存性が高いのは、そこでの仕事は単純でも自己完結的なものでないことが多いからである[9]。スタッフ職で相互依存性が高い傾向があるのは、彼らが自分の仕事をやり遂げるには、ほとんどの場合、ラインの管理職の協力を取りつけなければならないためだ。部門間の調整が、きわめて相互依存性の高い状況になるのは明らかで、組織再編に関する諸決定には、普通、多数の部門がかかわるものだ。職能部門はさまざまな形で他の部門と相互依存関係にあるが、なかでも販売やマーケティングが、技術部や製品開発部といった部門と生産や製造に関する部門の間に位置するというケースは多い。

●資源の希少性

相互依存性は業務の編成方法をはじめ、多くの物事からもたらされる。相互依存関係の性質と量に作用するきわめて重要な要因のひとつが、資源の希少性である。資源の余剰は相互依存性を低減させ、不足はこれを強める。昇進はその一例である。組織が急成長中で昇進機会が多ければ、昇進のための競争はさほど激しくあるまい。個々人は、自分の昇進のチャンスは、職場の他の人たちの業績より、主に自分自身の業績で決まると思うだろう。しかし、組織の成長が止まり、昇進機会が減少すると、対象者は自分たちがいわゆる「ゼロサム・ゲーム」に置かれていることに気づく。誰かの利得が他の人の損失となる状況である。だから昇進競争で自分の身に起こることは、競争相手がどうなるかという条件に左右されるようになる。つまり、相互依存度が強まるのだ。

この例は、大多数の人が資源の潤沢な状況を好む理由を説明している。自分が求めるものを得るチャンスが増えるというだけでなく、相互依存度が弱まることで、その状況でパワーや影響力を行使する必要性が減るのである。全員とは言わないが、多くの人はパワーを増したり影響力を行使するという作業を難しく感じたり、心地よく感じなかったりするため、相互依存性ができるだけ小さい状況のほうを好むのである。

イリノイ大学での調査は、複数の学部にとって希少性と重要度が違う、四つの資源の配分に対するパワーの効果を調べている。[10] この調査では、学部が使うパワーをあらゆる尺度から見て、学部のパワーの関与は、最も希少な資源の配分には最も強く、希少性の最も低い資源へは最小だった。事実、客観的規準を統計的にコントロールすると、希少性が最も低い資源の配分と学部のパワーとの関係は小さいことが予測された。この結果を端的に解釈すると、有力な学部は、最も少ない資源をすでに大幅に獲得しており、その残りが弱小学部に行くだけなので、実質的には競合になっていないのである。

他の資料も、希少性が組織の意思決定におけるパワー利用を増すという主張と一致する。ミネソタ大学で行なわれた調査は、学部への予算配分を長期にわたり調べている。[11] この調査では、資源配分に対する学部のパワーは、資源が希少なときほど効果が大きくなる傾向が示された。カリフォルニア大学の二つのキャンパスの学部への資源配分の調査では、一方のキャンパスでは一九六七年から一九七五年の間に総予算が五二%増加し、教員のポストは一一・九%減少した。もうひとつのキャンパスでは、予算は約八〇%増加し、教員ポストもわずかながら増加していた（〇・四%）。[12] ここでも、資源が少ないほうのキャンパスでの資源配分に学部のパワーがより強く関係していることが観察されている。[13]

表2-2の調査で報告された聞き取りでも、予算配分が最も政治的な決定のひとつと考えられている。ほとんどの組織が常態的に直面しているのは、資源が潤沢な状況より希少な状況であることを考えれば、資源配分にパワーと影響力の行使がかかわるのは当然である。

見解の相違

人が相互に依存しているという事実だけでは、組織の中でパワーや影響力の行使が生まれる説明にならない。例えば、スポーツチームの選手たちは相互依存関係にあるが、試合の時計が進んでいる最中に立ち止まり、互いに交渉するのを目にすることはあまりない。全員が共通の目標をもち、その目標を達成する方法について同じ前提を共有していれば、対立する可能性は最小限に抑えられる。何を、どうすべきかについてのコンセンサスがあれば、どんな状況でも、他のメンバーが自分の求めるよう動いてくれるので、彼らを動かすためのパワーをつくりだしたり、影響力を行使したりする必要がない。[14]

だが、具体的にどう動くかについての合意はきわめて重要である。目標があるというだけでは、与えられた状況における政治的行動の確たる指針にはならない。単純に見ると、目標はあらゆる行為の基礎であり、目標についての見解の相違は、必然的にパワーと影響力の行使につながると考えられるかもしれない。総合的な証拠はないが、観察では、それが必ず正しいというわけではないことが示唆されている。利益を上げるという目標について合意しているはずの企業でも、しばしば強度の政治的行動がある。逆に、目標は相反していても、いくつかの目的を達成するために同じ手段が使われ、取引がまとめられる国政の場では、誠実な妥協が頻繁にある。

組織における作業の専門化が進むほど、見解の不一致も多くなる。理由は単純で、仕事がいろいろな専門や部署に分割されると、経歴や訓練歴の違いにより、状況を違う視点でとらえる人が増えるためだ。弁護士はひとつの方向から世界をとらえるように訓練されるし、技術者の見方はそれとは異なり、会計士の見方はさらに異なるものだ。しかも、組織の特定の地位にいれば、その立場に入ってくる情報を通して世界を見ることになる。市場での売買を担当する人は、売上げやマーケット・シェアという数値を使い、生産担当者は製造コストや在庫水準に準拠するものだ。それに、立場が違えばインセンティブも違うことが多い。売上げの最大化、コストの最小化、イノベーション、予算厳守などインセンティブの違いが世界のとらえ方の違いのベースになるのだ。この状況を表現するのに私がよく使う格言がある。「立つ場所は、座っていた場所によって決まる」。

デイヴィッド・ハルバースタムの描くフォード自動車の歴史は、人の学歴や職歴が当人の環境のとらえ方をいかに条件づけるかを生き生きと表している。[15] フォードの技術部と財務部の間の対立の本質は（他の自動車会社と同様に）、世界観の対立だった。基本的に技術者は、自動車やエンジンは技術的な挑戦であり、当然つくるべきものとして見る。関心はライバル企業に対する技術的優位を築き、一番乗りで新技術を導入することにある。エンジニアリング的に優秀だという要素のある車を設計し、つくりたがるのだ。財務部は、美しさや技術的な素晴らしさより、投資回収期間、投資収益率、新型車の発売やエンジンやトランスミッションへの新技術導入にかかる資金量といった財務用語によって車を分析する。この二つのグループは、同一のプロジェクトを別々の視角から見ているから、多くの場合、出てくる結論は大きく異なるのだ。フォードは前輪駆動をはじめ、実に多くの革新的技術を開発してきたが、そうした革新性を実際に車に搭載するのは業界で一番後、ということが少なくなかった。まったく新しいトランスミッションの導入や、それに伴う車の再設計には大きなコストがかかるが、そうした資金投入が投資を上回る収益をあげ、会社の利益になることを証明できず、少なくとも一九六〇年代から一九七〇年代は、技術部が財務部に負けることが多かったのである。

明確な目的が欠けている場合や、サブユニット（構成単位のさらに下のレベルの単位）を結束して協業させるほど社外からの脅威や社外との競争が激しくない場合には、視点の違う人たちの意見衝突が深刻化する可能性が高まる。一九六〇年代と一九七〇年代は、GMが自動車産業の中心だった。一九五〇年代後半のGMは独占禁止運動の最大の標的で、いまでも信じがたいが、競争に耐え切れるかどうか、破産するかどうかの瀬戸際にいた。外部からの競争圧力の欠落は、分業化された大規模構造と相まって、組織内の政治的行動を助長する環境をもたらしていた。ジョン・デロリアンは、次のように記している。「役員の業績評価には、必ずしも客観的評価が使われているわけではなかった」[16]。評価が高いのは、よきチーム・プレーヤーであり、出すぎず、自分の上司に忠実であることらしかった。デロリアンは、上司に忠実であることを証明しようと躍起になっていく詳細な事例をたくさんあげている。いわく、ホテルの窓を外すためにクレーンをレンタルしてくる。GMのある役員が使う部屋に、ドアからは搬入できないくらい大きな冷蔵庫を入れるためである。その冷蔵庫は、その役員の好物の夜食を入れておくためのものである。空港に上司を迎えに行くのは当然で、はたまた上司の視察旅行に随行する一団を組織するときには、食事の調理法についての上司の好き嫌いを見つけだし、あらゆる好みや欲望が満たされるようしっかり手配する、といった次第である。

本格的な競争圧力がない中で発生する政治行動が組織の成功を後押しすることはまずない。だから、率いるのが国家であれ組織であれ、政治リーダーは共通の敵や外部の脅威を探し、組織市民には内部の相違点を脇に置かせ、一緒になってより効果的に働かせようとするのも驚くべきことではないのだ。アップルにとってそれは長い間IBMだったし、かつての日本のコピー機メーカーにとってはゼロックスであり、米国の自動車業界にとっては日本メーカーなのである。日本企業の競争力が増すにつれて、米国の自動車メーカーにおける職能間コミュニケーションと調整が増えてきたのは偶然ではない。

課題の重要性

パワーは貴重な資源であり、でたらめな使われ方はしないものだ。むしろ、パワーのある人は重要な課題のためにそれを温存しておくのが普通だ。前に引用した調査では、資源分配にパワーを行使する際の希少性の効果が述べられているが、決定の重要度がパワーの行使に対してもっている影響を分けて評価することはできなかった[17]、当然ながら希少性と重要度は相関するので、何かが重要な場合は多くの人がそれを求めることになり、さらに希少性が強まる。

ただし、重要性には実質的な要素と象徴的な要素があることは区別しなければならない。我々は、自分のオフィスの場所や大きさといった、さほど重大には思えない決定に、なぜかくも大きな努力とエネルギーを費やすのかと戸惑うことがある。パシフィック・テレフォンがサンフランシスコ市外に社屋の建設を始め、市内のオフィスのいくつかを閉鎖したときは、役員の多くが、本社ビルに残り、郊外に追いやられぬよう画策するのに膨大な時間を費やした。これから検討するように、パワーの外観が実際にパワーをもたらしうるので、パワーの象徴を維持するこのような努力に意味が出るのだ。

重要な決定はパワーと影響力のプロセスを起動するので、また、少なくとも一部の人はパワーや影響力をひどく嫌うので、重要な課題を避ける組織やサブユニットがあるのは決してありえないことではない。例えば、『ニューヨークタイムズ』紙に関する研究で、クリス・アージリスは本紙の新しい特集についての決定がなぜ四年近くも遅れたかを述べている。[18]本紙の経営陣は、誰がそれを仕切り、誰が紙面のスペースを失ったり増やしたりすることになるか、といった政治的な問題のふたを開けるのをおそれたのだ。これらにかかわる対立を避けるため、決定が遅らされ、特集の掲載は先延ばしにされた。『ロサンゼルスタイムズ』紙の政治報道に関する研究でも同じ現象が見出されている。[19]本紙は政治報道でも特に総選挙に関する報道の調整が整わずにいた。普通この話題は、全国ニュースのデスクと大都市圏のニュースのデスクにまたがるものだからである。選挙報道の全責任を担う政治デスクを新設しようという提案は、紙面のスペースとステータスをめぐる対立で遅らされたのだ。結局、政治デスクは置かれたのだが、その選挙が終わると同時に解散させられてしまった。縄張りにかかわる問題と向き合わなかったことで、ロサンゼルスタイムズ紙は、政治報道の調整と質を向上させるイノベーションの機会を失ったのだ。

キャリアプランニングへの意味

一九七六年九月一日水曜日、断熱材や屋根材のメーカーであるジョンズ・マンヴィルの社長兼CEOリチャード・グッドウィンが辞任させられた。ニューヨークでの取締役会に出る準備のさなか、三人の社外取締役から、会社の九人の社外取締役が自分の退任を求めていると告げられ、彼は絶句した。この出来事は、マンヴィルが抱えていたアスベスト訴訟問題とそれによる破産を早め、当人はもとより多くの人に衝撃を与えた。彼のリーダーシップの下で、一九七〇年から一九七五年に会社の収益は九一％上昇し、純利益は一九七〇年から一九七四年に一一五％伸びていたし、一九七六年前期の売上げは、会社の史上最高を記録していたのである。[20] 二人の社内取締役も驚いた側だった。上級役員たちは明らかにグッドウィンが好きだったし、彼も組織に新しい息吹を入れようと本社をコロラド州デンバーに移転するなど、多くのことを実行していた。

グッドウィンがこの職を維持できなくなった理由を知るヒントは、本人がこの地位に上りつめる過程にあった。彼はスタンフォード大学で実験心理学（学習の原理を解明するため動物を使った実験を中心にするので「ねずみの心理学」と呼ばれることもある）の博士号を取得し、ランドコーポレーション（元々は米国の軍隊に調査・分析を提供していたシンクタンク）およびそこからスピンオフしたシステム・デベロップメント（世界で初めてのソフトウェア会社）に一〇年間勤務した。ジョンズ・マンヴィルに雇われて戦略プランニングのコンサルテーションを行なっていたとき、自分のコンサルティング会社を経営しつつ、ニューヨーク大学ビジネススクールの夜間コースで教壇に立っていた。このコンサルティングが大きな成功を収めたことで、経営戦略担当の常勤副社長の地位をオファーされ、この職を約二〇カ月務めた後、社長に任命された。この経歴を見れば、高学歴で非常に優秀な人物であることは間違いない。と同時に、彼は職業生活の大部分を、単独での仕事か自分のための仕事、あるいはきわめて知的な職務（例えば、戦略航空司令部の指揮統制システムの設計とソフト開発）で過ごしている。この経歴、経験、訓練の中に、取締役会との関係や大企業の政治という、何でもありの世界をマネージするという仕事の準備になることはひとつもなかったのである。当時、モルガン・ギャランティ・トラストの副社長で、社外取締役のひとりとしてリチャード・グッドウィンと会い、退任を求めたジョン・シュローダーがこの点を突いていた。

「あのときの我々の問題は、会社の最終責任を担う一団の人間とは一緒に働いた経験のない人物にあった」「彼はジョンズ・マンヴィル社に来るまで、一個人として働くのが普通だった。取締役会と一緒に仕事をすることに無理があったのだ」(21)

ジョンズ・マンヴィルのグッドウィンの状況と対照的なのが、米国のメーカー、ベンディクス社のウィリアム・アギーである。一九八一年、素晴らしい財務業績にもかかわらず、アギーも取締役会と格闘していた。しかし、結果はかなり違うものだった。「社外取締役のひとりが八月に退職する前に、アギーはミシガン州サウスフィールドのベンディクス本社で実に巧みに工作し、残りの社外取締役三人を退任させた。『深夜の皆殺し』と呼ばれる出来事である」(22)

彼はハーバード・ビジネススクール卒業で、ベンディクスに入社する前にいた製紙メーカー、ボイス・カスケードの財務部門で急速に頭角を現した。こうした経歴と経験から、彼は組織の権力闘争をうまく処理するための準備ができていたといえる。

上級管理職の組織を移る能力から見ると、総合経営職《ゼネラル・マネジメント》がさほど総合的な力をもっていると言えないかもしれない理由のひとつは、パワー・ダイナミクスが組織によって違い、特に組織のタイプが違うときに差異が大きくなることである。ある環境に適した能力とスキルを培うことは、まったく違う状況での業務をこなす適性を育てていないことだとも言えるのだ。例えば、企業の上級役員がビジネススクールの学長になって惨憺《さんたん》たる結果になったという、よく知られた例が二つある。ひとつは、鉄道会社コーンレイルの社長がコーネル大学ビジネススクールの学長になったケースで、もうひとつは、効率経営の模範として有名な大手メーカーのＣＥＯが、やはり有名ビジネススクールの学長になったケースである。いずれも、経営者の出身は階層上の権限の行使が当たり前の企業組織だった。フラット型の同僚統治的な組織を経営する経験は、両者ともにもっていなかった。ひとりは、強硬な行動をとったので、教授陣からの反発を買い、結局退任することになった。もうひとりは、煩雑な業務と複雑な政治的関係に圧倒され、効率的な経営を実現するどころではなかった。この二つの事例に共通するのは、状況が要求する特定のパワー形態に対処するスキルも経験もなかったため、物事を実行する力が彼らになかったことだ。

これらの例は、かなり一般的なことを説明している。つまり、組織における個人の成功は、知的能力、勤勉さ、運といったことだけでなく、当人の政治的スキルと置かれた地位が要求することとの適合関係にも左右されるのである。人によってパワーを形成し、使うための考え方が違うように、そうしたスキルも違うのだ。パワーと影響力に関する適性が自然にあり、これを楽しみ、かつ使うのが上手な人もいれば、非公式の影響力を使うといった考え方やパワーの源泉を心配したり、それをどうつくりだすかといった作業を呪わしいもののように感じる人もいる。だから、スキルや適性が状況の要求条件と適合しなければ、自分の仕事で成功しにくいのも当然なのである。[23]

筆者の個人的経験では、ほとんどの人は、仕事と自分の適合関係という側面をあまり振り返らず、あっても適合如何で自分の行動を修正することもあまり現実的に考えていない。人は、自分の得意とする知的能力や関心が使えるとか重視される、というようなポジションを探すのだが、パワーや影響力から職務を分析することはめったにしない。

それに、多大な政治的適性を要求する職務が、必ずしも報酬が高いというわけではない。コンサルティング、税務・法務、投資銀行業務といった領域がそうであるように、分析能力が主体となる個人的な仕事で、べらぼうな報酬が約束されているものも多い。大切なのは、パワー問題に苦慮する状況と引き換えに高報酬を得るということではなく、自分が最も能力を発揮できる場所を見つけること、である。

CHAPTER 3

第3章

パワーと依存関係を診断する

Diagnosing Power and Dependence

ものの見方が違わず、衝突が存在しないときは、パワーは使われない。

組織の中で物事を首尾よく成し遂げるためには、さまざまな関係者の相対的なパワーを診断し、相互依存関係のパターンを把握することがきわめて重要になる。ゲームだけでなくプレーヤーも知り、理解する必要があるのだ。アンドリュー・ペティグルーは、英国のある組織のコンピュータ購入にかかわるパワーと影響力を調査し、「当人が生活している社会的な場のパワー分布を正確に認識することは……自分の要求への強力な支持を求める者にとって不可欠の必要条件だ」[1]と言う。本書の第2部ではパワーの源泉について述べるが、パワー分布に関する知識は、その知識自体がパワーの重要な源泉になる。

小さな創業型企業におけるパワーについての調査が、助言や影響力の実際のネットワークについて正確な情報をもっている社員ほどパワーがあることを見出している。[2]イリノイ大学の各学部への資源配分についての調査も同じ結論になった。つまり、学内のパワー分布を正確に認識している学部長ほど、自分の学部により多くの資源を獲得できていたのである。予算のような資源の獲得能力にプラスになる知識は、パワーの劣る学部の長にとっては特に重要だった。こうした人たちこそ、連合体を組むためにパワー分布を知り、使えるテコを効果的に活用する方法を知る必要が最もあったのである。[3]

組織におけるパワー分布を検討するには三つの作業がいる。第一に、関係するサブユニット（構成単位のさらに下のレベルの単位）やサブディビジョン（事業部や部門などより下の単位グループ）をはっきりさせること。次に、しかるべきパワー指標を見つけだし、確認したユニットにそれを当てはめ、ユニット間の相対的なパワー序列を検討する。これらの作業には特定状況に関する知識だけでなく、判断力と経験がいるが、一般的な概念で役に立つものもある。そして最後に、ユニットと相対的なパワーを明確にしてから、効果的な行動方針を決めるため、ユニット間の依存パターンと相互依存パターンを検討する。本章では、この三つの作業について述べる。

●意味のある政治的サブユニットを明らかにする

ここで、一九八〇年代初めの証券会社E・F・ハットンの社員の立場に立って、組織の政治的構造を考えてみたい。第一の作業は、最も重要な政治的ディビジョン《区分》あるいはサブディビジョン《下位区分》を明確にすることだ。ここでいう最も重要とは、組織内で進行していることを理解する力を与えてくれるという意味で、である。他の多くの組織と同様に、ハットンでも多くの選択肢があった。ある一群のサブユニットは地理的に表せた。つまり、いろいろなオフィスや支店の所在地による区分である。別のサブユニットは年齢や勤続年数によるもので、中高年や永年勤続の社員と若者や採用されてまもない社員といった区分である。ほかにも、縦割で見てリテール部門、投資銀行部門、あるいは会社のさまざまな総務管理部門といった政治グループで分けることもできる。また別の方式なら、本社および管理部門と収益を生むライン組織に二分できる。さらに、役員、中間管理職、そして末端の労働者のような階級によって定義される政治的ユニットもある。また、かつてのハットンよりも組織に属するものたちが統計的に多岐にわたる組織では、性別や人種別、また、おそらく学歴の違いや経験区分の違いも下位区分となるだろう。

ハットンの例では、時期と項目により、関連する組織を分割する方法は変わっていた。本当のトップ・マネジメントへの昇進を見ると、かつては信仰という区分は重要で、少なくとも最初の基準だった。

この会社の歴史を通じて不文律だったのは、ユダヤ人をトップに就かせないことだった。シルバン・コールマンが偽名を使い、聖公会のメンバーであることを隠れ蓑にして、ユダヤ人であることを隠し、このルールをすり抜けた。……「目をつぶるしか見逃す方法がないほど反ユダヤの傾向があった」と、ブローカーのニューベルガー&バーマンの現パートナーであるゴールドバーグは言っている。(4)

だが、ハットンは地理的な区分でも特徴づけられた。

ウェリン社長体制で一気にリテール事業を拡大させたとき、暗黙に長年あった東西の分裂が表面化した。……社内で「カリフォルニア・マフィア」と呼ばれていた派閥は、リテール網が着実に拡大するのをこれまでも支援してきたが、このときの戦略で拠点を示す地図上のピンが増えていくのは、西海岸ではなく東海岸だった。これが自分たちのパワー基盤を弱めるとおそれたのである。(5)

このような宗教的、人種的、地理的区分はハットンでは最も重要だった。伝統的に強かったリテール仲介が依然として会社全体を支配し、挑戦を許さぬ時代だった。一九八〇年代後半になると、リテール業務は投資銀行業務、ファイナンスや資本調達市場での新しい活動《ビジネス》とぶつかるようになっていった。こうした新しい領域への人員配置のために支払われる給与についても対立がもちあがった。どちらの部門が重要かという競い合いは、不協和音の元になった。例えば、資本調達市場部長は「リテール部門が彼に支払いをなさないかぎり、リテール部門の便宜を図るようなポジションはとる気はない」(6)と言った。結局、この会社が傾きゆく日々に、現場の多くの人間が会社はしゃれた新しい本社と過剰な管理経費に資源を浪費していると思っていた時期の政治的区分は、現場と本社の境目にあったのだ。

このように政治的地図を描く方法が各種ある中で、最も適切なものはどう決めるべきだろうか。いろいろな組織を横断するどころか、単一の組織の中でもこの問題には最終的な解答はない、と認識することが第一歩である。第二に、社会的行動を理解するために分類とラベルの重要性を認識することである。我々はみな環境の中で、少なくともいくつかの分類を使って他の人たちと交流しているものだ。分類の主な役割は、環境を系統立て、行為を促すことにある。

分類は、グループ間の相互行為に影響する。例えば、ある分類を共有している人たちは、互いに同類だと判断するだろうし、分類の違う人たちは、その内容を知らなければ、余計に異質性を強調するだろう。[7] 分類は個人の自己イメージにも影響する。マリリン・ブルワーとロデリック・クレイマーは、グループ間行動の文献調査から、「グループのメンバーシップは、我々が自分自身と他者の行動、意図、そして価値観に関して属性とみなしているものに影響する」[8]とした。ただし、分類に関する調査では、さまざまな分類の中でどれが優勢かという課題はまだ十分に解明されていない。

どの分類に意味があるかは対象となる政治的課題による。例えば、プロスポーツのように、選手を代理する組合やエージェント、オーナーとの間で繰り返される交渉を考えてみよう。この場合、年齢と能力が分類項目として明確になる。ベテラン選手が解雇条項のない複数年契約を求めるのは、けがや技術の衰えに対する保障が欲しいからであり、いずれも年齢と相関する。若い選手は年俸の下限や、できるだけ早くフリーエージェントの資格を取って昇給交渉するための条項を重視する。スター選手が給料の下限設定にはあまり関心がなく、チームを移籍する際の自由度やコントロールには関心が高いのに対し、平均的な選手の関心は引退後の年金の権利や内容、あるいは他の賃金外の補償にあることが多い。

ある課題にとって重要な政治的区分を明確にする最良の方法は、①できるかぎり包括的で、②検討対象に関係する内部同質性が基準となる分類項目、を選択することである。政治的分類を明確にするとは、言い換えれば、塊にまとめることであり、検討対象に関連する見解や選好の同質性を最大化するという基準で、人々をグループにすることなのだ。まとめられた集団の間の相違点が、政治的グループとして区分できるほど重要かどうかを識別するためには判断が要求される。

政治的区分を明確にするより正式な方法は、社会ネットワーク分析を用いるものだ。これは社会的行為者間の結びつきが明確に測定され、そうした結びつきの構造が、入手可能なネットワーク分析のアルゴリズムのひとつを使って明らかにされる。政治的グループの形成と分析では、利益だけでなく、社会的結びつきも重要なのだ。政治的利益が友好関係のパターンと一致することもよくあるが、友好関係や社会的結びつきが自己利益と相反する場合は、社会的つながりや友好関係のほうが行為を予測するよい指標になるだろう。

区分は偶然にできるだけでなく、意図的に創出されることも多い。例えば、個人間の縦横の区別がごく少ない組織もあれば、そうした区別がやたらと多い組織もある。これらの区別は、個人にランクを意味する職務名称や特定の職務を与えたり、サブユニットに別の名称をつけたり、サブユニットを離れた場所に置いたり、報酬に差をつけるといったことで創出される。ニューユナイテッドモーターズが、GMがもっていたカリフォルニア州フリモントの工場を買収したとき、経営陣が最初に行なったことのひとつは、全米自動車労働組合と交渉し、分割された職務階級の多くを消去することだった。さらに、工場のトップは専用ダイニングルームを手放し、一般従業員と同じ場所で食事し、管理職の階層も減らされた。従業員を別々の区分に分けるシンボルが取り払われた場は、仕事をする労働者のモチベーションとコミットメントをはっきり向上させた。従業員はずっと協調的で共通した考え方をするようになり、対立の発生や政治工作も減少した。

区分も実際は、個人が政治的戦略の一部としてとる行為によって目立ち方が変わってくる。マルクス主義者にとっての成功とは、人民におかれている階級的地位を気づかせることだし、ジェンダーの政治学なら、職場などの社会的領域で自分の身に起こることは女性であるがゆえのことなのだと認識させることだ。部門間で張り合う場合には、E・F・ハットンのリテール部門やアップルコンピュータのアップルⅡ事業部がそうだったように、人は階級、性別、経歴の違いではなく、組織図上のカテゴリーでの自己認識を促すことだ。また、政治的戦略は、必然的に差別化や部門の違いを押しだそうとするものだ。プロスポーツ業界でオーナー側が選手側と交渉するときには、選手組合がストライキを打つことになれば、ストで失う賃金が一部の選手は他の選手より大きいことを強調し、賃金水準の違いによって選手側を分断しようとする。だから、グループやユニットをどう括るか、それら括りのどこにいるかという点そのものが、時により、政治的闘争で使われる影響力戦略の目的になるのだ。

サブユニットのパワーを測定する

ものの見方が違わず、衝突が存在しないときは、パワーは使われない。こう考えると、パワーは、大きな意思決定に注目すると最も診断しやすい。大きな意思決定には相互依存的な活動が絡み、意見の不一致が発生し、金、地位、仕事、あるいは組織の戦略的な方向や焦点などの希少資源の配分も必要とするものだからだ。

組織の行為者のパワーを診断しようとする際に心に留めておくべき第二の教訓は、パワーのニーズと見通しを区別すべきということである。何が起こっているかがわかっていて自分の支持する立場を選択するのなら、それは大変な先見力だと言えるのだが、これはパワーではない。パワーとは、反対意見を抑えて、自分の求める結果を出す能力のことだ。どうなりそうかをいい加減に予測し、その結果を肯定することではない。

組織の関係者のパワーを分析する際には、次に述べるような複数の指標や尺度を使うことが大切だ。単一事例や単一尺度だけで見ると、何らかの不備があるものだ。しかし、多数の事例を検討し、多くのパワー指標を検討すると、対象セクションがもつパワーのかなり正確な評価につながるだろう。

評判指標

組織の中で誰にパワーがあるかを見つける方法のひとつは、人々に実際に聞いてみることだ。マーケティング、生産、財務・会計、研究開発の各部門のパワーについて製造業一二社を対象に、社内の上記四部門をパワーの強い順に並べるよう社員に質問した調査がある。[9] カナダの醸造会社で社内の部門パワーを調べた研究でも同様の質問をしており、こちらではさらに詳しいインタビューと質問手続きをとっている。[10] イリノイ大学とカリフォルニア大学での学部のパワーに関する調査では、学部長を対象に、各学部にどれくらいのパワーがあると思うかを聞いている。[11] 一一社を対象に購買決定における影響力を調べたマーティン・パッチェンの調査は、特定の製品の購入決定の際に最も影響力のあった人たちに聞いている。[12]

聞くことによるパワー測定のプロセスで重要なのは、この手続きで、信頼できる正しい情報がもたらされるかどうかである。つまり、質問された人全員が、パワーを同じように定義し測定しているかが鍵となる。引き出された情報の質を表す指標のひとつは、回答者間のコンセンサスの有無である。イリノイ大学の研究では、各学部長は七ポイント尺度で対象全学部のパワーを得点化するよう求められた。パワーという概念で何を意味するか、定義について質問があったのはひとりの学部長からだけだった。しかし学部長全員が他学部についてよく知っていたわけではなく、本人が知らない学部を空欄にしたものもあった。だが、回答には強力な一貫性があった。全体評価の上位三位以内に入った学部は、誰も下から三位以下にランクしていなかった。同じように、全体で下位三位以内に入った学部は、誰も高い点をつけていなかったのである。こうした共通認識は少なくとも、パワーの意味と尺度の両方について、何らかの社会的定義が共有されている証拠である。

情報が信頼できるかどうかの決定には、手続きへの反応作用《リアクティヴィティ》についても考えなければならない。質問する行為自体が、調査対象を形成する現象につながるという考え方である。コミュニティ・パワーの研究者ネルソン・ポルスビーは次のように言う。個人はいろいろな社会的行為者のもつパワーについて聞かれると、「まったく答えたくないというのは別として、どの回答も、社会成層論の『パワー・エリート』に似た印象を調査をしている側に与える」。[13] だからイリノイ大学では、実際には、パワー格差がなかったかもしれないのに、質問過程自体がパワーの違いがあるという前提を形成していたとも言えるのだ。

もうひとつの潜在的問題点は、パワーについて質問する際、対象者が①組織のパワー分布についての知識があり、②その知識を共有しようという意欲があるという前提に立たねばならないことだ。この前提はどちらも絶対正しいとはいえない。政治に熟練した行為者が、自分のもつパワーを隠しておこうとするのはよくあることだからだ。つまり、知識がある人ほどパワーがある可能性が高いので、組織のパワー分布について自分が知っていることを明かそうというインセンティブは最も小さいはずなのだ。しかも、パワーを求めること自体が、特に合理性に関する社会規範を考えれば、トラブルメーカーだとかマキャベリ的な権力策謀志向があるというラベルを張られる可能性がある。だから、パワーの評判指標を使うのが向いているのは、政治的な行動が常識となっている場で、パワーがはっきり目に見え、パワーについて議論することに制約のない環境ということになる。

肩書指標

パワー関係の情報を得る方法として、いつも評判指標だけで十分だというわけではない。前述のように、パワーについて聞くこと自体に雑音が混入しかねないし、質問されている人が、自分の組織内のパワーについて、正確な情報を提供する能力や意欲があるとはかぎらないからだ。また、評判指標から収集したパワーや影響力が正確な場合でも、それはあくまでもその時点でのことだ。だから、組織におけるパワーや影響力が時の経過とともに移行することを考えれば、他の方法も必要になる。

肩書指標は、影響力のある取締役会や委員会のメンバーのような組織の重要な役割、ないし重要とされる管理職や役員職の中での政治的区分をはっきりと示すものだ。人々の経歴や所属が組織の記録で確認されるかぎりは、この情報で、組織におけるパワーの測定とパワーが時間とともにどのように展開してきたかを見ることができる。

肩書指標がパワー指標として役に立つのは、職位には、資源を握るか、情報を握るか、意思決定の公式権限を握るかなど、職務についている人に固有の明確なパワーを付与するものがあるからだ。言い換えれば、こうした職位にある人には、周囲に広く自分のパワーを認めさせ、表示する能力が与えられているのだ。組織での重要な役割を確認できれば、その役割に就いている人物がわかり、パワー分布を確認するのにこの情報が使える。

E・F・ハットンでリテール仲介業務グループがパワーを失ったときは、組織の最上層の経営職にこの変化が表れていた。CEOはもうリテール部門出身者ではなく、取締役や他の上級管理職にもリテール出身者はほとんどいなくなっていたのである。ある大手公共事業会社でパワーが技術系から財務や法務系にシフトしたときも、トップの経営職の経歴だけでなく、組織の役員会や重要な委員会の構成にも変化が見てとれた。病院の上級管理職が医師ではなかったり、医師の場合でもビジネスや病院経営のトレーニングを受けることが多くなっていること、また病院の理事会にもビジネスやマネジメントのスキルがある人たちの比率が増え、それ以外の職種の人が減ってきていることを観察すると、病院でもビジネススキルの重要性が増していることがよくわかる。大学における各学部のパワーも、予算や昇進や任用を扱うような重要な委員会への学部の代表者をチェックすることで、測定できる。(14)

このやり方でパワーが診断できるのは、組織の政治的区分だけではない。肩書指標は、年齢、階級、訓練に関する情報としても役に立つ。一九七〇年代初めのイリノイ大学では、経営学部の四学科から投票で選出される役員会には、ひとつのポストを除いてすべてに助教授が入っていた。対照的に、同時期のカリフォルニア大学バークレー校では、同じような役員会は、選挙ではなく学部長の指名によるもので、助教授はひとりも入っていなかった。こうしたデータは、それぞれの環境における階級や年齢別グループの相対的なパワーに関する情報になる。アップルコンピュータは若い会社だ（少なくとも、そうだった）と言えるだろうし、その内容はアップルの上級経営職の年齢を調べると実証できるはずだ。社内の学閥なども同じである。学歴や訓練の重要さを測る方法のひとつは、要職にある人たちの経歴をチェックしてみることだ。

例えば、北カリフォルニアで事業を行なっているPG&E（パシフィック・ガス&エレクトリック）を例にして、近年、電力やガスといった公益企業で弁護士がパワーを獲得してきたのを検討してみよう。これについてはインタビューをしなくても、年次報告書を取り寄せて、役員や上級管理職にいる弁護士の数を調べ、その数がどう推移してきたかを見るとよい。PG&Eの場合は表3-1のようになる。

この資料からは、一九五〇年から一九六〇年の間は、会社の統治構造には見るべき変化はないが、一九六〇年から一九七〇年にかけて、弁護士が実質的に社内の多大なパワーを獲得し、一九七〇年代にそれがほぼ安定することがわかる。また、弁護士は二つのルートからパワーを獲得していったことも観察できる。ひとつは、技術や

表3-1　1950年から1980年のPG&Eの役員および上級管理職の弁護士数

年度	CEO	社長	取締役会の他の役職	執行副社長	副社長	主任顧問	上級顧問	合計
1950	0	0	0	0	1	1	1	3
1955	0	0	0	1	0	1	2	4
1960	0	0	0	1	0	1	2	4
1965	1	0	0	1	1	1	9	13
1970	0	0	1	1	2	0	9	13
1975	0	0	2	0	4	0	8	14
1980	1	0	0	5	3	0	9	18

出所：各年の年次報告書

業務畑だった人たちが就いていた既存のポストに入っていったもの、もうひとつは、上級顧問のような役職の数を増やして、そこに入っていったものである。他の公益企業の資料と比較すると、PG&Eで起こったプロセスが、どこまで他社でも生じているかがわかるはずだ。もちろん、データがあれば、他のどんな組織でも同種の分析をすることができる。

もたらされる帰結の観察からパワーを診断する

パワーはアクションをとるために使われる。誰にパワーがあるかを決めるひとつの方法は、組織のアクション、特に競合するような決定や行為から、誰がどんな恩恵を受けているかを観察することだ。もちろん、組織のパワー闘争の勝者も敗者も、自分の成功や失敗を知らしめるのが利益になるのはまれだ。影響力を競い合ってうまくいかなかった人にとっては、失敗を公表しても自分の評判が落ちたのを肯定するだけだし、それを強調してしまえば、落ちた評判がずっと長びくことになる。闘争に敗れることは、メンツを失うことであり、そうした敗北の公表で同盟を動かそうというのでないかぎりは、失態を表面化させることで得られるものはほとんどない。たとえ、より影響力があって、資源闘争からメリットを十分に得る人でも、その成功を公にすることから得るものはほとんどない。ひけらかせば見苦しいと思われるだろうし、それ以上に、他の人からうまくやりやがったと見られれば、彼らが団結して対抗勢力になったり、軽くても、戦利品の分け前を要求されるような事態になるかもしれない。

かくして、組織影響力の成果は隠され、結果からパワーを診断するのはさらに難しくなる。

しかしそれでも、組織のパワーと政治の帰結の多くが目に入ってくる。面白いのは給与で、特に部門が違うとよく見えてくる。私の学生のひとりが、ある大手消費財メーカーの異なる部門から三つのオファーを受けた。それぞれの条件はかなり違っており、最も高いところと最も低いところとでは約五〇％の差があった。こうしたことは、人事部にとってはきわめて好ましくないものだったかもしれないが、この学生にとっては、部門間のパワー格差を如実に示す事例となったわけである。一九八〇年代のＥ・Ｆ・ハットンは、投資銀行部門が伝統的なリテール業務部門を食ってパワーを伸ばしており、この変化はもちろん給与に表れていた。

ハットンの財務部がウォール・ストリートに耳を傾けることはほとんどなく、役員たちは巨額の給料を競り上げていくのをやめなかった。……例えば、一九八四年にはジム・ロップ（企業ファイナンスの責任者）は給与として二六万二四六一ドル、それにボーナスとして八〇万ドル、合計一〇六万二四六一ドルを得ていた。このときのジェリー・ミラー（リテール仲介業務の責任者）のそれは……六六万五〇〇〇ドルだった。[15]

給与は組織の上下構造における各階層のもつ相対的なパワーを診断するのに使える。Ｔ・Ｌ・ウィスラーらは、組織における給与の集中度は、パワーの集中度を表す代理的尺度だと言う。[16] 大学というのはパワーや権限があまり集中しておらず、ひとつの学部内での教員給与の高低差は、せいぜい二、三倍程度だが、企業ではこれが一〇倍近くになる。ウィスラーらの洞察は的確で、給与データが得られれば、政治区分を横断するパワー分布を知る手がかりになる。

給与の差は、組織内部のより非公式なパワー分布も教えてくれる。PG&Eにおける影響力の分布が技術者から弁護士に移ると、給与額も同じようにシフトしていた。例えば、カリフォルニア公共事業委員会の保存資料によれば、一九八二年には副社長の肩書のある弁護士の給与が平均一四万八七五五ドルだったのに対し、同じ肩書でも技術者出身だと平均一一万一一八ドルだった。しかも、同年の全社員二万五〇〇〇人のうち弁護士はわずか九〇人だったが、PG&Eの給与上位階層における弁護士の数は、同じ給与階層にいる技術系の役職者や管理者の数を上回り、他の領域の人の数も上回っていた。

給与は市場メカニズムを反映するので、組織の中のパワー分布についてそれほどの意味があるのか、と考える読者がいるかもしれない。だがここで大切なのは、組織を横断して給与を比較し、いろいろな集団が権力関係にあるという感覚をつかまえることだ。同じ経営学専攻でも、MBAは学部卒より給与は高いが、その差は組織によって違う。MBA取得者の給与が相対的に高い環境では、彼らの影響力やパワーも高い傾向がある。ビジネススクールの教員は比較的不足気味なので、他の人文科学系学部の教員より給与が高いのだが、これも組織によって違いがある。例えば、カリフォルニア大学バークレー校では、ビジネススクールの教員の給与は他の社会科学系学部よりもわずかに高いだけだが、他大学（特にハーバードやスタンフォードのような私立）での給与差はもっと広がる。このことから、こうした私立大学のビジネススクールには相対的に大きなパワーがあると推察するなら、この推論は正しいと言えると思う。大学によっては、学長よりフットボール・コーチの給与のほうが高いところもある。コーチが学長よりパワーがあるという意味では必ずしもないが、そこまで高給ではない他校のフットボール・コーチと比較すると、やはり相対的なパワーをたしかに反映している。スタンフォード大学のNCAA（全米大学体育協会）教員代表で、フットボール・コーチの採用を担当していた同僚と話したことがある。スタンフォード大学が提示するような低い給与では著名なコーチを雇うのが難しいとのことだった。

コーチにはテレビ出演、広告、メーカーからのギフト、講演など、いろいろな副収入があるし、そうした所得が正規の給与よりはるかに大きいことが少なくないのではないか、と思ったので、断られる理由を聞いた。だが、応募者は皆知っているのだそうだ。つまり、スタンフォード大学のフットボール・コーチ（あるいはスポーツ・ディレクター）の相対的給与水準が、自分たちが享受するパワーや裁量権について示唆することを。

もちろん、いろいろな政治的ユニットのパワーに陰影をつけるように配分される資源は、給与だけではない。拡大のための資金、事業予算、業務予算などの配分あるいは肩書の配分さえも、どの集団の影響力が強いかの測定に使うことはできる。

パワーの象徴

どんなパワーや影響力が組織の意思決定や行為にどれくらい作用しているか。これを人々は隠そうとすることが多いのだが、パワーの象徴はいつも簡単に隠せるわけではない。このようなシンボルも組織内のパワー分布を測る尺度として使える。例えばあるとき、かつての教え子でサンフランシスコにあるカリフォルニア銀行の管理職教育を任されている人物に会いに出かけたことがある。彼がいるのは本社ビルだと、当然のように思っていた。しかし、通知されたのは別の住所だった。しかも彼のオフィスに着いてみると、そこは本社からかなり距離のある、ずいぶん古い建物だった。見た瞬間にわかることは、少なくとも当時は、この銀行の教育訓練課のパワーはとても小さいことだった。

物理的空間はパワーをかなり簡単に識別できるシンボルのひとつである。専門職型の会社は、少なくとも専門職のオフィス配置は対等主義的な形式が多いが、これは同僚同士が相互交流するという職場環境の性格が表れたものである。しかし多くの組織では、オフィスの大きさ、場所、快適さが、いろいろなグループの相対的なパワーについて何らかのことを語っている。ソロモン・ブラザーズでは、「エクイティ部門は主役のトレーディング部門のいる四一階ではなく、ひとつ下の階にある。その四〇階は天井が低くて窓はなく、動力室に飾りがついた程度のものだった」。[17] しかも、使うエレベーターまで別だった。トランスアメリカ・ピラミッド（金融機関トランスアメリカがサンフランシスコに建てたピラミッド型のビル）では、会社の上下関係がもっと強烈に表れており、ビル自体が上にいくほど細くなる形で、もちろん、上級経営職のオフィスほど上層階に置かれていた。

パワーの物理的指標には建物の高さ、眺望、オフィスの大きさに加えて、装飾もある。事実、場所取りをめぐるしつこい交渉が続くのを避けるために、地位をオフィスの内装で表す方針や規則を取り決めている会社もあるほどだ。サンフランシスコのある会社では、一定の地位以上の管理職には、カーペットつきのフロアが与えられ、それ以下の社員はリノリューム張りである。フロアが共有される場合、カーペットつきの肩書の社員がいたスペースに、対応する肩書のない社員が移動してくると、その部分のカーペットがはがされる。これで地位とカーペットの有無がきちんと対応するわけだ。このエピソードはいろいろな場所で紹介したが、他社の人たちからも、これはきっと自分の会社のことを話しているのだろうといわれることがしばしばだった。つまり、かくも露骨な慣習が決して珍しくないということだ。ＰＧ＆Ｅの組織開発部門に着任した管理職の新しいオフィスに友人が訪れたときの話がある。数週間後に再び訪れると、かなり入念なつくりのオフィス家具のいくつかが撤去され、ずっと小さく平凡な机に変わっていた。赴任したこのマネジャーの肩書は、前任者に与えられたオフィス家具ほどの階級ではない、という意味なのだ。

一九六〇年代から一九七〇年代のＰＧ＆Ｅでは、弁護士が勢力を伸ばし、技術系や業務系が権力を失っていったが、こうしたパワー分布の変化は、物理的な側面にも表れている。一九七一年に新しい本社ビルができたときは、法務部にはトップ・マネジメントのすぐ下の階が与えられた。一九八三年までに、デザイン・エンジニアリングと製図部の社員は全員、本社から遠いサンフランシスコ郊外の新しいスペースに移された。エンジニアリング部のステータスがさらに低下し、財務や法務の重要度が強まり、後者が本社ビルのスペースをさらに要求していった結果なのだ。

階層的権力の象徴として、軍隊や航空会社が使っているような勲章やバッジが使われることも多い。その他パワーの象徴には、社用リムジンやジェット機、ゴルフの会員権などもある。どの部署やランクにこのようなパワーの象徴が与えられているかがわかれば、その組織にあるいろいろなグループの相対的な地位について多くのことが学べる。

マルチ指標の活用

どのパワー指標も、ひとつだけでは個別の事例に誤解を招きかねない。給与は組織内部の政治力学より、むしろ市場価格を反映しただけかもしれないし、社内のオフィスの場所も、昔からそうだったというだけで、特定の意図はなく設けられていることもある。だから、組織におけるパワーを診断するための最良の方法は、マルチ指標を用いることだ。例えば、ある企業内部のさまざまな部門のもつパワーの相対的関係を検討するためには、次のような指標を考えることになろう。

- 全社的な経営職の代表する部門：トップ階層の全管理職の部門別比率
- 取締役会の部門別代表
- 各部門の役員給与
- 部門別の初任給
- 各部門共通の職位（例えば秘書）の、比較可能な経験別での給与
- 当該部門が本社ビル内にあるかどうか
- 当該部門が社屋のどこに位置し、またその部門に働く人に与えられているオフィスの平均的サイズ
- 各部門の最近の人員の数の伸び
- 部門の公式の報告階層
- 新製品開発や、資本配分、戦略策定など、重要な部門横断的なタスクフォース、チーム、委員会の代表者
- 他の部門と比べての当該部門の職員の昇進率
- 社内の影響力に対する評価
- 予算配分

自分の組織でもこれらをチェックすると、面白いパターンが見つかるかもしれない。完全ではないが多くの指標が緊密に相関しており、最も影響力のある下位区分のもつ明確なパターンを見つける可能性が高いはずだ。

文化差とパワーの検討

文化が違う中でパワーを診断する場合は、米国で用いられているのと同一の指標をそのまま輸入したり、少な

くともその指標を同じに解釈しないように気をつけなければならない。日本の同僚、桑田耕太郎から提供された情報がこれをよく表している。日本の大企業では、同等の米国企業に比べ給与差がずっと小さいことや、社内にパワーが広く分散されているのはよく知られている。しかし、給与差が大きくないからといって、必ずしもパワーが集中化されていないわけではない。

日本の社会や企業では、平等に見えることが大事なのであり、パワーや影響力に言及することがタブーというだけなのだ。米国では、パワーも給与も個人の地位や能力とリンクしている。ジョン・フレンチとベルトラン・レイヴンは、専門知識がパワーの源泉のひとつだといった。一一の組織での三三の購買決定における影響力の研究では、専門知識が影響力の二番目に重要な要因だった。[18]しかし、日本の組織では、パワーと給与の配分はかなり異なる基準に従っており、互いに独立している。給与は、当人の年齢、在職期間、個別職務でほぼ決まるが、職務による差は非常に小さい。パワーについては、日本企業も米国企業と同様に、個人の専門性が基準になる。したがって、上位の職にある年長の経営職の給料は、パワーや専門知識はないが能力が上回り実質的権限のある若い社員より高くなる。この状況では、年長の経営職は、事実上のパワーが小さくても、メンツが保たれるので、給与や階級に満足する。逆に若手の経営職は、給与は高くないが、より実効的なパワーをもつ。だから、パワーと給与は相関するというより、おのおのが相対的に平等と感じるための交換をつり合わせるために使われ、平等性は別の形で達成されるのだ。

大多数の日本の組織では、物理的空間の配分もきわめて均等であり、ある意味、給与配分もそこから類推される形になる。つまり、実質的なパワー分布を隠せることにもなるわけである。日本の組織ではスペースは違った意味合いになる。この国では、ポジションは特定の状況、特に当人と他の人との間の関係によって決まる。他の人と空間を共有することが自分を示すひとつの方法なのだ。もちろん、空間の共有は結果的に人々の情報の流れをよくするが、実際は、開放型オフィスの配置はそれを意図したものではない。開放型オフィスの慣例ができたのは、第一に日本の地価と家賃の高さであり、第二に他の人との関係から自分の役割とアイデンティティを明確にする必要があるためだ。平等を基盤とする空間の共有は、実際のパワー分布をカムフラージュし、その平等性が事実ではなくとも、職員間に平等の感覚を保たせる。しかも、空間共有がもたらす情報へのオープン・アクセスは、パワーのある人が公式権限に頼らずに、より多くの情報にアクセスするのを可能にするのだ。

したがって、給与、階級、オフィス空間が表示する公式の区分を見ることは、日本企業におけるパワーを診断するには最良の方法ではない。これらは、年齢や在職年数ではほとんど差がないだけで、多くの場合、それらは実質的なパワー分布を隠すために意図的に設計されている。特に意思決定における協議の重要性を考えると、最良の診断ツールはむしろ、決定に関与する個人間の相互行為のパターンである。つまり、誰が相談を受け、それはどの段階で、どんな結論になるかが、パワーがどこにあるのかを明らかにする情報となるのだ。

ここで示した日米の文化比較は、権力について複数の指標を使うことの重要性と、組織内のパワー診断をする前に、地位や権力を取り巻く社会と組織文化の区別を理解することが不可欠だということを語る。

依存パターンと相互依存パターンの診断

組織のいろいろなメンバーとサブユニットのパワーを知ることが大切なのと同様、自分の目標を達成するためには誰の補助が必要かを理解することも重要だ。相互依存パターンを適切に検討していなければ、あなたにもあなたの組織にも致命的な問題をもたらしかねない。

他の組織を顧客とする業務で成功している販売担当者は、自分がセールスを行なう相手の組織内部の政治構造を診断する大切さを理解している。購買プロセスで鍵となる意思決定をする人にねらいを定めるためには、まずその対象を識別できなければならない。例えば、ゼロックスは、自社の担当者には顧客組織の内部の予算配分決定に影響力がある人はもとより、誰が技術的な推薦をするかを識別するように訓練している。顧客組織内の技術的イノベーターや特定の部門がゼロックスの製品を求めていても、その製品に予算を割り当てる人物を納得させなければならない。これを販売にあたる人間が理解しなければならないのだ。これを実行するためには、有能な担当者なら、予算を配分する人物が誰に助言を求めるかを調べ、これに影響力のある助言者が、ゼロックスの意向にあった決定をしてくれるように働きかけるはずだ。

依存パターンとパワーのネットワークを効果的に診断できることが重要なのは、ゼロックスのエキスプレス・プロジェクトでも明確だった。ある顧客組織との「共同生産」イノベーションで、ゼロックスは技術改革の導入が組織全体にどう響くのかを完全に理解するための相互依存パターンを診断する必要があった。このような診断は、その努力の価値を納得させるべき対象が誰かを明確にし、顧客企業における必要な資金とサポートを獲得するためにも重要なのだ。

販売担当者とまったく同じように、エキスプレス・プロジェクトの主役も顧客組織内部の重要な意思決定者と依存関係に敏感にならなければならなかった。間違ったレベルで動いたり、当該プロジェクトへの資金提供の責任者が重要ではないと考える問題に手間をかけたり、パワー・ダイナミクスに対するプロジェクトの効果に敏感でいられなければ、プロジェクトを失敗に導く運命になる。

こうした問題は、ゼロックスがシンテックスと共同で新しいテクノロジーを迅速に市場に出す、という新製品開発努力であるエキスプレス・プロジェクトでの固有の病だった。この共同生産グループは、シンテックス内部の相互依存パターンを適切に診断していなかった。そのため、このグループが作業していたのは、シンテックスの情報処理部門にいるあまり力のない人たちであり、しかも焦点は、経営上層部が重要だとは見ていない顧客ニーズに置いていた。エキスプレス・グループはシンテックスでの重要なパワー関係、例えば臨床情報処理課が医療研究部門に予算配分を依存している、といったことを確認していなかった。エキスプレスは、シンテックスでは決定がどのように下され、医療研究グループの中枢マネジャーにとって最も緊急の組織課題が何なのかといったことも十分に理解していなかった。分析するどころか、シンテックスもゼロックスと同じはずだと単純に思い込んだのである。いわば、「ゼロックス製」のレンズを通してシンテックスを見ていたのだ。だから、プロジェクトは顧客問題の核となる部分の実用的な技術的解決を見つけていたかもしれないのに、その重要性はシンテックス内の中心的な意思決定者に伝わっていなかった。

彼らの支援がなければ、プロジェクトが資金やサポートを維持することは難しかったのである。

相互依存関係の診断のときと同じような問題が新しい経営情報システムの実行にも暗い影を投げかけがちだ。製品であれプロセスであれ、どのようなイノベーションも必ずパワー構造を変えるし、サポートを動員することが必要になる。相互依存パターンに注意を払わない革新者は、ごくまれな幸運に恵まれないかぎり、失敗するはずだ。相互依存性を診断するためには、以下のようにかなりストレートな問いを投げかける必要がある。

①自分が意図していることを達成するためには、誰の協力が必要なのか。適切な意思決定を下し、実行するためには、誰の支援が必要なのか。

②自分が実行しようとしていることを遅らせたり、妨げうるのは誰の反対か。

③自分が達成しようとしていることで影響を受けるのは誰か。影響の先は、(a)その人のパワーや地位か、(b)彼らの評価のされ方や報酬の受け方か、(c)彼らが自分の仕事をするやり方か。

④自分の目から見て、影響力がある人々の中で友人や同盟者は誰か。

自らの予測は控えめに考えることだ。自分が考慮しなかった人や集団によって、ぎりぎりの段階で驚かされるよりは、潜在的な依存関係を過大評価するくらいのほうがよい。最良の驚きは、驚かされないことなのだ。

自分が向き合う相互依存パターンを理解することは、問題発生を予測し、先手を打つのに役に立つ。ハットンに都市債権業務や投資銀行業務のような新しい機能が導入されたときに起こった対立のほとんどは、先ほど紹介した問いが適切になされていれば回避できたはずだ。新規導入のような仕事が社内の他部門に与える影響を予測し、その予測を計画と実行に活かすことができたらよかった。[19] アップルでも、開発されたさまざまなコンピュータと周辺機器の間の相互依存性がもっと適切に認識されていれば、社内の対立はずっと少なく、製品開発はもっと効率的だっただろう。一人に一台というセオリーを踏襲し、相互依存よりも独立性を強調するアップルの文化は、システム志向がずっと進んだ市場での競争に乗りだしたときにトラブルの原因になったのである。

本書の第1部の焦点は、なぜパワーが重要なのか、どんな条件の下でパワーと影響力が組織の大きな問題になるのか、そして、政治的サブユニット、相互依存関係のパターン、組織内で個人がもつ相対的パワーをどう診断するかにある。課題は、状況、つまりゲームを理解し、プレーヤーを特定できるようになることだった。

第2部は、パワーがどこから生まれるのか、一部の人々やサブユニットが他より強いパワーをもつのはなぜかを検討する。これは、自分自身のためにパワーと影響力を獲得する方法に関する暗黙のレッスンになる。

第2部

パワーの源泉

Sources of Power

「適切な」場所にいることがパワーを生む。だが、適切な場所とは何なのか。よい場所や立場とは次のことを与えてくれるところをいう。①予算や具体的な施設のような資源をコントロールし、同盟や支援者を形成するのに利用できる地位。②情報をコントロールする、あるいは広く情報にアクセスできる地位。対象となるのは組織の活動や他者の優先項目や判断、何が起こっていて、誰が行なっているか、に関する情報である。③公式権限。適切な場所にいるということの大半は組織の適切なサブユニットにいることである。

組織の中に、パワーを育て、行使するのに都合のよい場所にいる人と、そうではない人がいるのはなぜなのか。根本的な言い方をするなら、人が地位をつくるのか、地位が人をつくるのか、である。昔から飽くことなく論じられているこの問いは、個人特性を変えることなのか、パワーを獲得するのに最も効果的な状況にそうした人材を置くことなのかに関心と努力を集中させている。我々が世界をどう見るかには基本的な認知バイアスが作用するので、この二者択一は誤解を生みやすい課題である。

ここではパワーの源泉を検討するが、個人特性と組織における位置のどちらがパワーの源泉として重要なのかをはっきりさせることが最初の作業になる。個人特性は大切だが、私は適切な場所にいることのほうがより重要とみている。この課題を検討してから、組織の位置のもつパワーの創出の要因を検討する。つまり、資源のコントロール、情報のコントロールと情報へのアクセス、公式の地位である。次に、これらの重要なパワー源の一つひとつが、それぞれを取り巻く周囲のサブユニットからどのように影響を受けるかを考える。まず、一部の人にパワーがある理由を理解し、その洞察を活用して、一部のユニットがパワーをもつ理由を説明し、それから、そうしたユニットにいることがどのようにパワーをもたらすかを検討する。

組織における自分の立場を最大限に活用するのに、さらに言えば、有利な状況に持ち込むのに、誰もが同じように有能だというわけではない。組織の中で有利な立場に到達し、手に入る資源を最大限に活用する能力を示す個人の特性を概略して、第2部を結ぶ。

CHAPTER 4

第4章 パワーはどこから生まれるのか

Where Does Power Come From?

状況要因が変われば、影響力があり有能であることに要求される特性も変わる。

ガラスやセメントメーカーからミニ・コンピュータ業界に及ぶ、さまざまな業種の企業について長期にわたって行なわれた研究が「成功している会社の大多数は、何年にもわたり仕事を着実に実行する安定した状態を維持しているが……、環境が動いたときには……、キレのある広範な変化を起こし、展開する能力も備えている」[1]と示している。いわゆる不連続で、枠組みを破壊するような変化は、常にパワー分布を変える。その結果、組織革新は、必ずではないが、抵抗を抑えるのに必要なパワーと影響力の獲得を伴うことが多い。

組織革新を成功させるには、パワーがどこから発生するかを理解する必要がある。潜在的な同盟相手や出てきうる抵抗勢力をはじめ、他のプレーヤーがもつパワーを分析できるかどうかはきわめて重要である。これから向き合おうとしている相手が何者かを知ることが大切なのだ。パワーがどこから生まれるかを知ることは、各自のパワー形成を助け、行動をとる能力を増強する。例えば、新製品の導入にはパワーと政治が関与しうることを認識し、いろいろな関係者の相互依存パターンと視点を理解しておくのが役に立つ。しかし、有能たりうるためには、パワー源のつくり方、および、そのパワーを戦略的、戦術的に用いる方法を知っていることも必要である。

我々はみな、パワーがどこからもたらされるかについて暗黙の理論をもっており、折々にその理論を使って行動している。例えば、「パワー・ドレス」（服装や髪型などで権威や有能さを演出すること）の本にある助言を読み、黄色のネクタイは流行か流行遅れか、サスペンダーはパワーのシグナルかどうかといったことを考えて身につけることがあるかもしれない。美容整形業界が盛況な理由のひとつには、少なくとも、老けだした外見がパワーや活力を失い始めたと見られるのではと気にするエグゼクティブはいる。アサーティブネス（説得力ある話し方）訓練を受けたり、心理療法に通ったり、スピーチ研修を受ける人たちにはいろいろな理由があるはずだが、共通するのは、よりパワフルで、ダイナミックで、影響力をもつ者でありたいという欲望である。

パワーの発生源についてのこうした持論の多くは、個人特性や性格の重要性を強調するものだが、これらは超人的な努力をもってしても、なかなか変えるのが難しい。一方、もっと直接的な影響力をもっていそうな状況要因の重要性が看過されていることがある。組織で有能な存在であろうとするのなら、さまざまな認知バイアスに対して敏感になるのと同時に、パワーの源泉に関する持論を正しく評価できる必要がある。この章では、社会を観察し、パワーのいろいろな源泉の診断を試みるときに考えるべきいくつかの課題を概略する。そしてこれを導入部として、後の章ではパワーの源泉としての個人特性と状況要因を考察する。

パワーの源泉としての個人特性

組織に足を踏み入れて、まず目に入るのは人間であり、状況ではない。人が語り、動き回り、物事を行なっているのだ。人間にはこちらの目を引き、興味をもたせるような個性があり、特異性があり、癖がある。会った人のもつ目立つ部分への思い込みは、心理学者の言う「基本属性判定のエラー」にもなる。人やその特徴にある要素を過大評価してしまい、状況要因の重要性を過小評価する一般傾向である。[2] この現象は至るところに浸透しており、多くの事例に見られる。同僚の実証研究では、人を評価するときに状況要因を無視する傾向が明確に表れる例のひとつが示されている。[3] この調査は、話し手のパフォーマンスを評価するものだが、状況は我々が組織の中で対面する人たちのパワーを測定することととてもよく似ている。この研究では、測定する側にプラスかマイナスのバイアスのかかった質問をすることが求められ、後で、本人が質問をした時点でそのバイアスを意識していたかどうかが問われた。測定者はバイアスがかかった質問が引きだした回答で、自らが影響を受けていた。彼らは「不自然な質問で強要した可能性のある回答から結論を導く際に、（その状況の）自分自身の態度が影響していた可能性を省みなかった」のである。[4] 測定者は自分が影響を与えた行動の診断値を調整せず、情報をそのまま使って相手のパフォーマンスも（他の研究での）態度も評価していた。言い換えれば、我々は、観察している行動が状況要因に強く影響を受けているのを知っている場合でも、その行動を基準にして相手の特性と評価を安易に決めてしまうのだ。

人はパワーを個人特性に過大投射するだけでなく、パワーの源泉だと思い込む特性が実は、パワーの結果だということが多いのだ。南カリフォルニアにある電機関連企業三〇社の八七人の管理職（CEO三〇人、上級スタッフ二八人、管理者二九人）へのインタビューでは、人々の個人特性に関する思い込みが、組織政治の利用やパワーの行使にあっては最も効果的だと考えられることが示された。[5] 全回答者が言及したさまざまな特性の比率が表4-1である。

ここで、こうした特性にパワーと政治的な効力があるというのを置いておき、特性の一部が少なくとも、パワーをもった経験からもたらされている可能性を考えてみよう。人は大きなパワーをもったときに、明晰になり、バランス感覚を身につけ、人望を集めるのではないか。外向的性格がパワーをもたらすのと同じように、パワーがあるから外向的になるとも言えるのではないのか。パワーがあり、政治的実力があるがゆえに、有能だと思われるのではないか。ある種のパワーや政治的技量は、より自信のある行動、時にはアグレッシブな行動さえもたらしうるはずだ。そして、人は実現しうることに対して自らの野望を釣り合わせるということを考えれば、パワーのある人ほど野望をもち、結果的にそうみなされることになるのではないか。

この因果関係の順序がなぜかくも大きな学術的関心に

表4-1 効果的な政治的行為者を性格づける個人特性

性格志向	割合（%）
明晰さ	29.9
感受性	29.9
社交的熟練	19.5
有能	17.2
人望	17.2
外向性	16.1
自信	16.1
アグレッシブ	16.1
野心的	16.1

出所：Allen et al., p80. Copyright 1979 by The Regents of the University of California. Reprinted from the *California Management Review*, Vol. 22, No.1. By pemission of The Regents.

なるのか。我々にはパワー獲得につながる特性をつくりだそうとするところがあり、そうした特性に効果がなかったり機能しないと、困ったことになるから、というのが答えである。実力以上にパワーがあるとか重要な存在だと錯覚して「分不相応な」行動をする人物には、誰にでも心当たりがあるはずだ。そのような行動は支援を失い、当人を無力にするだけなのだが、同じ行動もパワーのある人が演じる場合は受け入れられ、その人の実効性を高めてしまう。

個人特性から推論するときの第三の問題は、人が各状況に無作為に割り当てられることなどほとんどないという事実にある。外部要因が一個人の成功や失敗に直接関係していることが多いのに、パワーに関する研究の多くがこれを考慮していない。デビッド・ウィンターはリーダーの有効性を示すさまざまな指標に対して、パワー動機、達成欲求、所属親和動機という三つの個人的な気質がいかに作用しているかを調べた。このリーダーの有効性尺度には、パワーの一般的な定義と密接に関連する、任命権を使ったり、イニシアチブによって自分の好きなようにする能力も含まれている。[6]

ウィンターの研究対象は合衆国の歴代大統領であり、無作為標本ではない。大統領一人ひとりの個人的な気質は、おのおのの就任演説を得点化し、隠れた動機を代理する比喩的表現から測定されている。この調査結果は、三つの個人的な気質の度合いと、再選、裁判官と内閣の任命承認、参戦や戦争回避などの執務結果項目に相関性がある、とした。(7) 大統領に選出された人物のタイプは選挙のときの時代背景や条件と無関係ではないし、動機のプロフィールだけでなく、そうした要素も参戦や戦争回避といった結果に関係するはずなのだが、この分析ではその可能性は考慮していない。

この種のエラーは常に起こっている。例えば、自己誓約保証保釈プログラムの評価調査では、このプログラムが自己誓約保証をした囚人を誰でも保釈するのではなく、危険性の低い者から保釈されているという事実が忘れられている。(8) 保釈金なしで仮出所した人が再び犯罪を起こさないという傾向は、このプログラムを全囚人に拡大しても同じ結果が得られるということではないのだ。ここで大切なのは、人がいろいろな状況でどのような結果になるかを理解し、この情報を彼らのパワーや実行力の評価に活用することが必要だということである。一般的に、個人特性をパワーの源泉として分析するときは、特にその分析結果に基づいて行動するつもりならば、かなり慎重にならなければならない。

構造にあるパワーの源泉

構造の観点からパワーを見る人たちは、おのおのが組織の分業とコミュニケーション・システムのどこに立っているかによってパワーが生じると主張する。組織における分業は、サブユニットと差別化された役割を形成し、サブユニットと職位が細分化された利益と責任をもつ。さらに、おのおののサブユニットや職位は組織の諸資源を要求する。(9) 資源の争奪では、自分が所有ないしコントロールする資源と同様に、資源配分に影響力のある人たちと形成する結びつきを基盤にする者が格段に有利になる。(10) 資源に対するコントロールや、組織で任される部署の重要性は、分業から発生している。分業が特定の職位やグループに重要な職務や強い権限を与え、資源へのアクセスをもたらす。(11) つまり、パワーは資源に対するコントロール、パワーのある人たちとの結びつき、当人が組織階層に占める位置についている公式権限からもたらされるのだ。

例えば、三三社の調達部門に関する調査では、調達決定に影響があるとして最も多くあげられた特性が、選択の作用だった。

楽器を製造している会社でのトラックの選択は、運輸部門の管理者が最も影響を与えているということだった。このことを教えてくれた人によれば、「これは彼の現場だ、だから選択権は彼にあるのだ」。[12]

ひとつの決定が誰に作用するかは、明らかに分業が決めている。この調査の聞き取りでは、製品を使う部署の正式な責任者や製品の性能や生産の責任者も影響力があるとみなされていた。聞き取り対象者は「最終的権限が誰にあるかにかかわらず」最も影響力のある人を判定するよう求められていたのだが、調達という状況における影響力の源泉としては、権限と責任が一番多く語られたのである。[13] 権限と責任も、組織の公式の構造における職位が与えるものである。

パワーが調達担当者にあることが多いことも考えておこう。[14] 彼らは、社内の技術、生産計画、マーケティングと、社外の売り手の間に位置している。この中継的な位置を活用し、他の部門に対してかなりの影響力を獲得する調達担当者もいる。こうした他部門は、多くの場合、彼らよりも公式地位が高く、権限も強い。調達規則や手続き（彼らがつくっていることが多いのだが……）を根拠に、担当者は他部門が規則や手続きに従わざるをえない状況をつくりだすのだ。その結果、これらの部門は、便宜を提供し、引き換えに購買担当者から優先的な扱いを受けようとする。

パワーの源泉が状況にあることで大切なのは、権限のある地位、不確実性を解決する場所、社内のさまざまなサブユニットと社外の取引先の間を仲介する立場などにいることにより、その人物の個人特性とはほぼ関係なく、ただそこにいる、ということがパワーをもたらすことである。権限と責任は地位に帰属し、仲介能力は相互作用構造に占める位置によってかなり左右される。もちろん、同じ状況でもそこには個人差がある。例えば、いろいろな企業のパワーへの動機が同じように高い購買担当者の間でも、自分の部署のパワーや地位をうまく強化できる人とできない人がいるのは、政治的スキルの差だということが多い。このことは、状況が重要であると同時に、状況を利用する能力も重大な意味をもっていることを示唆している。

状況要件と個人特性との適合

パワーの重要な源泉のひとつは、スタイル、スキル、能力と状況が要求することの間の適合関係にある。例えば、ある開発研究部門の専門職三〇四人の影響力に関する調査で、組織における影響力についての質問がなされた。影響力と主に関係しているのは、①対内コミュニケーション・スター。研究部内で広範な接点をもっているが社外の情報源とのリンクはない人物、②対外コミュニケーション・スター。外部の情報とは強いつながりがあるが自分の部署とはあまりリンクしていない人物、③バウンダリー・スパナー《境界連結者》。自分の部署の人とも外部の情報源ともつながりをもっている人物、のどれかというものだった。[15] 影響力は、技術上の決定力、予算上の決定力、人事上の決定力から測定された。わかったことは、影響力のある人物のタイプはプロジェクトの性質によって違うということだった。仕事の不確実性が低い技術系のプロジェクトでは、対内コミュニケーション・スターが最も影響力があり、応用研究系のプロジェクトでは、バウンダリー・スパナーに最も高い点がついた。

状況と個人特性の状況適合のもうひとつの例は、オフセット印刷装置を購入した一七の組織についての調査から、影響力を検討したものである。[16] これが新規購入で、まったく不慣れな組織もあれば、既存の装置の入れ替えや追加だという組織もあった。不確実性の度合いは明らかに異なり、新規購入のところではわからないことが多く、既存装置と同じものを購入するだけの組織には大したことではなかった。個人的な経験が最も影響力に関連したのは、装置の追加購入のケースだった。新規購入の決定の影響力に最も関係していたのは、社内コミュニケーションと助言を得られる情報源の数だった。追加購入に最も影響力があったのは、ニーズの認識に影響を与えることができる者だったが、新規購入の状況では、外部の情報を収集できる者に最も影響力があった。他の調査と並び、この二つの調査は、次のことを明示している。

決定に関するサブユニットや個人の影響力は、次の事項との相関で決まる。①組織が直面する不確実性の種類、②組織の不確実性を低減できる特定の性質や能力、③特定のサブユニット（ないし個人）がどれくらいその特性をもっているか。意思決定の状況がさまざまであるように、組織の不確実性の源泉も変わり、そのため、組織の意思決定における影響力の根拠も変わるのである。[17]

個人特性と状況とを合わせて検討しなければならないのは、企業経営だけでなく政治でも同じである。かつての映画俳優ロナルド・レーガンは、テレビメディアを中心とするマスコミュニケーションがきわめて重要な時代に合衆国大統領になった。レーガンに細かいことを操る技術はなかったが、彼は「グレート・コミュニケーター」だった。リンドン・ジョンソンがパワーを広げていた時代は、テレビはいまほどではなく、党組織のほうが強力だった。だから、些細なところまで気を配る能力と、同僚と有権者への便宜供与をいとわぬ気持ちが鍵だった。レーガンとジョンソンの時代を入れ換えれば、どちらも大統領には選ばれなかっただろう。自分の政権期に成長したテレビメディアにジョンソンがなかなか対応できなかったのは、マスコミュニケーションの時代を手際よくさばく能力はなかったことの証である。レーガンにしても、旧来の党派政治が要求する瑣末なことへの意識を持続するのには向いていなかったはずだ。時代や背景によって、鍵となる特定の知識や技術が異なるというだけでなく、個人特性の重要度も変わるのである。

●カリスマ性は移転できるか

状況と個人特性の間の適合を最もよく説明するのは、カリスマ性かもしれない。カリスマという概念は、神学での「神によって授けられた非凡な美質や能力」という意味が社会科学に転用されたものだ。[18] カリスマ的な指導者は、圧力や危機にさらされている時代に出現することが多いものだ。彼らは他の人々と（純粋に道具的というより）情動的な絆を生みだす。英雄的な特質を現しつつ、従う人々にイデオロギー的な諸価値を訴えかける。[19] ケネディ大統領、キング牧師、ガンジーらはカリスマ的人物の典型である。

カリスマは、パワー、達成、所属欲求とともに、パワー行使を抑制する力を基礎とした個人特性だという人もいる。[20] また、カリスマ性とパーソナリティは、合衆国大統領のように、指導者の有能さを説明するときにも言及されるものだ。[21] ミネソタ州で行なわれた長期にわたる慎重な調査は、カリスマ的特性と状況的制約の相互作用についていくつかの面白い結果を示している。[22]

ミネソタ州のある広域学校区の教育長をしていた人物にはカリスマ性があり、能力も高かった。メディアも行政も彼女の仕事に注目した。彼女は「しっかりと大衆の心をつかまえるプログラムを実行に移し、大幅な人員削減という『犠牲を払わず』に、二四〇万ドルもの予算削減を実現したことで各方面から賞賛されていた」。[23] インタビューを受けた学校職員たちも「この学区にかつてない衝撃的な変革をもたらした……、人々を動かす力とビジョンを備えた本物の実行力のある人物で、誰もが彼女の素晴らしい才能を信じている」[24] と評した。彼女は歴代の教育長にはない、圧倒的な忠誠心のある部下を育てていた。学区改革には多くの人を巻きこみ、学区の方針や予算問題を検討する特別チームをつくり、将来のビジョン策定のワークショップを指揮するコンサルタントを採用し、さらには学区教育局の職務を削減し管理組織の再編を進めた。現場での彼女のインパクトは強烈だった。

予算削減は、とげとげしい反論を浴びることなく進んだ。簡潔な話し合いをすませただけで、学校の役員会はこの教育長の予算削減案を満場一致で承認した。彼女の提案は、補助業務も予算もカットするものだったのに、教師たちは一斉に立ち上がって彼女を称えたのである。革新的構想は学区の職員に浸透していた。……教育長としての二年間の任期が終わるまでに、この学区は三〇〇以上もの提案を革新事業として実行に移すほどになっていた。[25]

ミネソタ州知事がこの実績を買い、彼女を州教育庁の長に任命した。彼女はこの新しい職に、前職で用いたものと同じ方式をもちこんだ。つまり、「ミッションとビジョンによって進む方向を示し、現場レベルからビジョンへの協力と意欲を生みだし、……教育庁の構造を改革して、革新的プログラムに関心とエネルギーを注ぎ込もうとした」のである。(26) 着任から一年をかけ、彼女は州内の四三五の学区すべてに足を運んだ。三八八の公立学校区でタウン・ミーティングを開始し、一万五〇〇〇人あまりの住民が集った。彼女は世論調査を後援した。教育庁のトップにいた五人の副理事を解任し、教育以外の分野から招いた九人のメンバーからなる直属のチームを置いた。(27) さて、こうした努力はどのような結果になっただろうか。

教育庁内の構造改革と人事異動は、それまで既存の体制でうまくやってきた人たちから即座に反対されたことは容易に想像がつくだろう。新任の副理事のうち五人は、一年もたたぬうちに解任されたり、辞任することになった。(28) 意欲の低下、有能な中間管理職の離職、通常業務や職務配置の混乱は、まもなく新聞社の耳に入った。長期的視野に立った改革には集中できず、彼女は「前例重視で日々のこまごまとした官僚秩序に縛られていった」。(29)

ひとつの学区レベルではあれほど顕著だったカリスマ性は、州レベルの新しい職位にはまったく通用せず、思うように生みだすこともできなかったのである。

彼女が学区レベルで成功したのは、そこでは教育問題に対してずっと大きな自主性とコントロールが与えられていたからである。学区をまとめていたころは、自分が影響を与えたい人たちと距離も近く、より個人的な関係ももてた。知事から政治的な意図で任用されたとき、彼女は自分のとる行動が彼にどんな意味をもたらすかをよく考えるべきだった。州レベルの大きな組織の長になるとは、「州議員、州官僚、関係者団体、利害関係者とネットワーク、州政府や連邦の教育関係者の間のきわめて複雑な関係の網の目に埋めこまれる」ことだった。(30) 行動の自由は制限され、個人的な接触の意味は格段に落ちた。かくして、官僚政治への依存度を増さざるをえず、得意だったはずの情緒的アピールは役に立たなくなったのである。

状況要因が変われば、影響力があり有能であることに要求される特性も変わる。自分がもっているスキルや利益に合致する政治的要請のある地位を見つけるだけでなく、直面する状況に自分の行動を合わせることが重要だという理由がここにある。とにかく、個人特性、状況がもたらす優位性、そして自分自身と置かれている状況の適合関係がパワーの源泉となる、と理解してよいのではないだろうか。

CHAPTER 5

第5章

資源、提携、新しい行動基本原理

Resources, Allies, and the New Golden Rule

実質的に何もないところから資源をつくりだす技術は、知れば知るほど驚くべきものだ。

雑誌『ライフ』が二〇世紀に最も影響力のあった人物一〇〇人を写真入りで特集したとき、ルーズベルト、チャーチル、ガンジー、アインシュタインといった政治、科学、芸術各分野の著名人に混じって、公園管理局長ロバート・モーゼスという名があった。どうだろう、強大な影響力を行使する立場をあげよと言われて、公園管理局長の職務を出す人がいるだろうか。しかし、ロバート・モーゼスは二〇世紀の合衆国における最も強力な公務員だったといえるかもしれないのだ。彼は四四年の在任期間中、ニューヨークに一二の橋、三五の高速道路、七五一の運動場、一三のゴルフ場、一八のプール、そして合計二〇〇〇エーカー以上に及ぶ公園をつくった。これらの公共事業によって引っ越しを余儀なくされた人々は五〇万人を超える。(1) 表5-1は、その事業の中でも目立つものをいくつかあげたものだ。モーゼス自身が直接手がけた事業もさることながら、こうした事業は国内外の都市計画担当者や開発専門家には世代を超えた影響を与えている。世界中の公共事業が、彼の考え方の影響を受けたと言えるのだ。

この章で議論するパワーある人物たちと同じように、モーゼスも、いわゆる新しい行動基本原理《ゴールデンルール》の本質、すなわち、黄金を所有する者がルールをつくる、ということ

表5-1 ロバート・モーゼスによる公共事業の一覧（抜粋）

●公共建造物
リンカーン・センター
国連本部
シェイ・スタジアム（野球場）
ニューヨーク・コロシアム
ニューヨーク・ワールドフェア　1939年
ニューヨーク・ワールドフェア　1964年

●橋脚とトンネル
トライボロー・ブリッジ
ヴェラザノ・ナロウズ・ブリッジ
スログネック・ブリッジ
ブルックリン・バッテリー・ブリッジ
ヘンリー・ハドソン・ブリッジ
ブロンクス・ホワイトストーン・ブリッジ
クイーンズ・ミッドタウン・トンネル
ロバート・モーゼス・コーズウェイ

●道路
クロス・ブロンクス・パークウェイ
クロス・アイランド・パークウェイ
ヘンリー・ハドソン・パークウェイ
ロングアイランド高速道路
メイジャー・ディーガン高速道路
グランド・セントラル・パークウェイ
サザン・ステイト・パークウェイ
スタッテン・アイランド高速道路
ヴァン・ウィック高速道路

●ビーチ
コニー・アイランド
ロッカウェイ
ジョーンズ・ビーチ
オリエント・ビーチ

を認識していた。彼らは、提携をはじめ実に多彩な資源が、パワーの源泉としてきわめて重要なことを知っていた。これは特筆に値するほどの新事実には見えないかもしれない。だが、パワーを形成するために、どうしたら資源を創出できるのか、どうしたら資源に対するコントロールを獲得し、維持できるのか、ひいては資源を少しずつ配分したり、一時的に配分を止めるといった方法の理解につながるとき、大きな意味をもつのだ。

●資源を創出する

実質的に何もないところから資源をつくりだす技術は、知れば知るほど驚くべきものだ。このスキルの鍵は、ある状況に置かれている人々が、つきつめて言えば何を求め、必要とするかを認識し、その上で、それらにアクセスし、コントロールできる資源をつくりだす能力にあるようだ。多くの事例がこの能力を示しているが、何もないところから何かをつくりだすということで最も鮮明なのは、リンドン・ジョンソンがつくり、活用した「ミニ下院《リトル・コングレス》」ではないだろうか。

ジョンソンが下院議員リチャード・クレバーグの秘書として一九三一年にワシントンに来たとき、このミニ下院の価値はないに等しかった。

それは形だけの休眠組織だった。一九一九年、秘書たちに弁論経験と国会手続きの知識を与える目的で設立され、下院を模し、下院規則にのっとって討論する場だった。しかしいつしか、散漫な会合をもつ程度の形式的なクラブに退化し、……出席する秘書の数もせいぜい十数人くらいしかいなかった。(2)

しかし、ジョンソンはこれに可能性を見出していた。報道陣は重要課題がどう決まるかについての情報を、毎日少しでも早くとりたがっていた。深刻な大恐慌のさなか、きわめて大きな立法措置が検討されているころのことである。政治家たちも、取材されメディアに取り上げられることはもちろん大歓迎だった。他の下院議員の秘書たちは、ジョンソンほど野心的でもアグレッシブでもなかったが、それでもしょっちゅう、一歩先んじ、名を売ろうとしていた。

ジョンソンは、選挙でまずこのミニ下院の議長になった。もともと誰も関心のない組織だったから、仲間で選挙委員会を固め、票をまとめてしまったのだ。ひとたび選出されると、彼はこのミニ下院と議長の地位を重要な資源へと改造した。月例だった会合を毎週開催とし、いろいろな課題に関する討論だけでなく、「著名人」による講演も組みこんでいった。(3) そのための講演依頼を機に、彼は招請窓口として有力な政治家に会うチャンスを得た。

さらに大きかったのは、そうした有力者たちと会う機会が、自己紹介の口実になっていったことだ。ジョンソンは、法案に対する公式討論会を組み、賛否双方の講演者をそろえ、下院のルールで討論を仕切り、その法案に対する非公式の世論調査まで行ない、報道陣を招き討論を取材させた。記者たちはすぐにこの討論会が重要課題に対する下院議員たちの立場を宣伝する場だと気がついた。彼らが来るようになれば、議員たちに足を運ばせることは簡単で、この組織に参加することに関心をもつ人がどんどん増えていったのである。

まもなく二〇〇ないしそれ以上の議員補佐職が、毎週、集会室に詰めかけるようになった。……リンドン・ジョンソンは、出世が下院の勤続年数に従うしかなかった組織で、あまたいる無名の議員補佐職の中から驚くほど短期間に自分を劇的に引き上げたのである(4)。

ミニ下院はジョンソンによって重要な資源となり、本人の確固たるパワー基盤の始まりとなった。しかも、そんなテコとして使うにはまったくふさわしいとは思えないポジションからの始まりだった。報道陣は情報とアクセスを求め、政治家は取り上げられることを求め、補佐職たちは名を知られることと政治の一翼を担っているという感覚を味わいたい。ジョンソンはこれを認識していた。ミニ下院という道具を使う方法を考えだしたことで、自分の知名度を上げ、その恩恵を一手にし、しかもどのグループにも欲しがっているものを与えたのである。

では、公園管理局長から始まったロバート・モーゼスは、その影響力をどのように蓄えたのか。まず、彼は、当初はほとんど重要に見えない職歴を重ねていった。第二次世界大戦が終わると、モーゼスは次のようなポストを歴任、時にはいくつかを兼務していった。①ニューヨーク州立公園会議議長、②ロングアイランド州立公園理事長、③ジョーンズ・ビーチ・パークウェイ局長、④ベスペイジ州立公園局長、⑤ニューヨーク市立公園部長、⑥ニューヨーク市計画委員会委員、⑦トライボロー・ブリッジトンネル局長、⑧ニューヨーク市建築コーディネイター、⑨ニューヨーク州電力局長、⑩一九六四～六五年世界博覧会《ワールドフェア》会長、⑪リンカーン・センターエリア開発プロジェクト・ディレクター、⑫連邦住居計画会長、などである。いずれの職務にも建設事業が絡み、建設には実際の建築契約、保険購入や目標達成保証契約など法律や金融の活用が必要になる。巨額の公的資金が投入されるのだ。しかも、道路が建設される場所や取り壊されるスラム地域の内情に通じているモーゼスの知識は、企業家たちに伝えられれば、彼らを儲けさせることができた。ただし、モーゼスは自分の経歴を通じ、情報や契約を利用して賄賂《わいろ》を取ることはなかった。死後に残したのは、ごく小さな不動産だけだった。しかし、情報や契約を使って彼が得たものこそ、パワーだった。モーゼスからのギフトを頼る何万もの組合員、建設会社、法律事務所、銀行が軍団を形成し、彼の言いつけに喜んで従った。もちろん、得た職位のいくつか、例えばトライボローブリッジの職務などは、彼に諸資源への直接的な支配力を与えた。つまり、橋やトンネルの通行料や、多額の債務を得るのに必要となる起債権である。モーゼスは、実に多くのポストに就き、それぞれのポストに違ったパワーが備わっていたため、人々はたとえどこであろうと、彼とは争いたくなかった。仮にそこで勝てても、どこかほかのところで落とし前をつけられることがわかり切っていたのだ。モーゼスの才能は、公園、道路、橋のために投入される多額の支出の機会を握ることに開花し、このような開発資源を活用して、いち公務員の生涯としては前代未聞のパワーを獲得したのだった。

公園局やミニ下院に共通するのは、これらがパワー構築に使われた当時は、いずれも政治が停滞しており、有力者たちの関心を引くようなものは何もなかったことだ。製品市場では、競争のないところに出るのが効果的な戦略だという場合がよくある。政治市場でも同じ原則が生きる。パワー形成の始まりが、ほぼ無競争のニッチがベースになるケースである。組織の中で影響力のある地位を獲得した段階で、その組織をどう使えば、実質的で意味のある資源を獲得できるかを考えだすのだ。そのためには、資源を創出する方法を決め、他の人々が求めるものをいかに自分に依存させるかが必要になる。

企業でも同様のプロセスが起きる。型にはまった見方しかしない人は、自動車を製造している会社で最も重要な職能が財務だといわれてもぴんと来ないはずだ。財務部が自動車をデザインするわけでも設計するわけでもなく、生産工程での問題を解決するわけでも、配送し販売するわけでもないからだ。それにフォードやＧＭでも、財務部によって支配されて健全だということはほとんどなかった。[5] 両社で財務部が権力を握るようになったのは、この職能がまず計画、資金配分、オペレーションズ・リサーチ・プロセスに対するコントロールを手にし、次いで、こうした諸職能が会社の業務にとってきわめて重要なものだと社員を納得させられたからだ。フォードが一九五〇年代に株式を公開し、同じ時期に独占禁止法が施行されると、化学メーカーのデュポンが、保有していたＧＭの株をかなり売却せざるをえなくなった。このとき財務部は、これらの企業は投資家のコミュニティを育て、外部の資本を引きつけ、自社の株価を維持する必要があると主張した。

建設契約からメディアへの露出まで、システムや分析をコントロールするために価値があると認知されるものはほとんど資源だといえる。ゼロックスが製品導入の遅れ、品質問題、大幅な予算超過に直面したとき、その対応は当然のように、追加計画、追加予算、追加検査、追加スケジュールといった手を打つことだった。これらのどのプロセスも、財務担当や財務経験者のコントロール下にあった。(6) 工作機械メーカー、バーグマスター・マシーン・ツールでは、高値でよく売れていた工作機械の製造に問題が生じ、納期を守れなくなったときの対処は、原材料計画システムと原価管理システムを入念につくり直すことだった。(7) これらのシステムを設計し、動かしていた者の大半は工作機械をつくったことも工場を動かした経験もなく、少なくともこの場合、システム改善は百害あって一利なきものに見える。しかしながら、外部の利害関係者が特定の資源に関心をもっているのを見つけだす能力が、さほど重要ではないもの、つまり製造し販売している製品ではなく、予算、システム、計画検討などを重要な資源に変えるのに役立ったのだ。そしてこの変換が、資源をコントロールする者に大きなレバレッジ《影響力》を与えたのである。

●資源配分のコントロールと活用

諸資源の管轄権もパワーの重要な源泉だが、これはその資源と使い方をコントロールする範囲に限定されている。例えば、社会保障制度の理事が米国で最も権力のある政府官僚のひとつだとみなす人はめったにいない。しかし、社会保障税は連邦政府の大きな収入源で、社会保障信託基金や老後の給付金支払いの問題は公的課題の主要項目中、おそらく最も重大で、社会保障支出は国家予算の最も額の大きい項目のひとつのはずだ。他の例として、一九八四年から翌年にかけての、アップルの売上げと収益の大部分はアップルⅡを生産していた事業部からもたらされていた。しかし、アップルⅡ事業部より圧倒的にパワーがあったのはマッキントッシュ事業部で、アップルⅡ事業部は社内でパワーを欠き尊敬もされていなかったことから、大量の離職者を出すことになった。人件費がコストの大部分を占める組織は多いが、給与課や人事部が最も権力のある部署ということは少ないのも同じである。

どの事例でも、これらの部署は監督している資源へのコントロールがないため、パワーが相対的に小さかった。社会保障制度は理事が大きな官僚組織を運営しているが、給付金の支払いは法律が定める方式に従っている。この官僚組織には、ここを通過する巨額な金に対する裁量権はほとんどないのである。同じように、給与課や人事部にも給与の支払いに対するコントロールはほとんどないことが多い。できたはずだが、アップルⅡ事業部はこの機種の売上げや利益に対する支配権をつくりだし、行使しようとはしなかった。資源がパワーの源泉となるためには、いくつかの条件が満たされなければならないが、資源に対するコントロールは最も基本的な要件なのだ。ひとつの資源を支配するためにはいくつかの基盤がある。

資源をコントロールする基盤はそれを所有することだ。……しかし……所有権は間接的裁量の形態であり、これは人間関係と政治的な考え方および強制力のある社会的コンセンサスに左右される。……コントロールのもうひとつの形態は、資源へのアクセスである。資源を所有しなくても、そこに通じる道を規制することはできる。……コントロールのもうひとつの基盤は、資源を実際に使うことと誰がその使用をコントロールするかを決定することである。……そして、最後は、資源の所有、配分、使用の規則をつくる、あるいはそれを規制する能力、またその規制を執行する能力から生まれる。(8)

パワーを獲得するためには、資源をただ所有するだけでなく、コントロールすることも重要なので、資源に対する裁量権や行使権をめぐり組織の中で反発の叫びが大きくなることも多い。米国の大企業でも、昔は職長には、誰からも制約されずに採用や解雇を決める権力があり、賃金を勝手に決める権限さえあった。彼らが握っていたきわめて重要な資源である仕事は、自分の友だちや親戚のえこひいきに使われたり、時には、よい仕事やよい賃金を求める人から賄賂《わいろ》などの便宜を得るために使われた。労働者はいつも、職長が独断的で気まぐれにパワーを行使すると感じ、この反感が組合の結成や他の対抗力を形成する動きにつながっていった。[9] 他方、オーナーは、職長が必ずしも会社の最高の利益になるようには裁量権を使っていないと心配していた。職務や有利な賃金を売るのが職長たちの儲けにはなっても、それで会社に残されるのは、モチベーションも技術も低い労働者になっていたためである。こうした懸念から、下位の監督レベルでの裁量の範囲を定める規則や規制を整えられるようになり、人事管理制度の策定が進み、人事専門職も導入されていった。[10] いまでも、業務外注など仕事の割り当てや規律の問題をめぐる裁量には、多くの労働紛争が発生している。いわゆる官僚制的統制が進むことで、労働者に仕事人生への保証と安定性がもたらされ、所有者には企業に対するより効率的な統制力をもたらすことになるのだが、当初は特権を失いたくない職長たちからの猛反発にあったのだ。今日では、職長は所有者と労働者の間に挟まれる形になり、一八〇〇年代の後半に比べると、手にする給与は下がっている。

公務員に関する規制は、政治家が自分の友人のために仕事を取ることや、貸しと借りのネットワークをつくる手段として役職を与えるようなことを難しくさせている。だから、政府でも民間でも採用手続きを公式に定めると、それで職務という重要な資源に対する裁量権を失うことになる人たちからの強硬な抵抗に合うことが多いのだ。米国郵便公社総裁は昔から、政府で最も強力な役職のひとつだった。郵便公社はかつてもいまも、政府最大の雇用の場のひとつであり、現在も七五万人以上の職員を有する。郵便局の仕事が私的な任命権でコントロールされていたときは、この組織を統括する人物のもつ資源は膨大であり、その地位には強大なパワーが付随していたのだ。

物理的な空間のコントロールも、大きなパワーを与えうる資源である。例えば、会社の組織図上での公式の大きなパワーが施設課にあることはあまりない。しかし、彼らがとてつもない影響力を行使することが頻繁に起こる。社屋についての大きな予算とその配分、および施設の使用管理を握っているからである。筆者の知るある会社は経費削減のため、管理業務の担当部署の多くをサンフランシスコから郊外に移転させようとしたことがある。もちろん、本社機能はまとめて、シンボルであるサンフランシスコの中心部に残すつもりだった。ところが移転のときが近づくと、サンフランシスコに残す予定だった部署全部を本社ビルに入れることが実際には無理なことが判明した。ここで、どの部署をそこに残し、どの部署を別の賃借したスペースに送るかの決定に主要な役割を演じたのが施設課だった。

ジム・ライトが一九八六年に下院議長になったときの行動は、物理的空間を握り、パワーづくりに使った好例である。[11]「ライトのとった第一歩は、彼の周囲にあるものを物理的に抑えることだった」。[12]下院議長には国会議事堂の五つの執務棟にあるすべての部屋、廊下、付属するクローゼットの裁量権があり、国会の下院側の部分を直接にも間接にも統制しているのだ。

地所のコントロールは、下院議長の権力の象徴という以上のもので、それこそパワーなのだ。なぜなら、情報にはパワーがあるが、下院の会議場がある階に近いかどうかが情報の流れに影響するからである。……議事堂内に場所をもてるのは、大統領と上院下院の議長と最も権力のある委員会の一握りの有力議員たちだけで、どれも同じ階になる。……下院議長の執務室のある議事堂二階。そして、ひとつを除きこの二階にあるオフィスのすべて、……すなわち、一区画すべてに及ぶこの巨大な建物からなる下院側の東正面部分が、すべて下院議長に属する。[13]

歴代の下院議長は、このスペースのすべてを取り仕切ることはなかったが、自らの権力を強化しようと決意したライトは、これを使うことにした。それまで院内幹事が占めていた部屋を接収し、これを「民主党政策運営委員会スタッフ室とし、自分に仕えるスタッフを置いた。……以前なら彼らは数百メートルも離れたところにいた」。[14]ライトは規則委員会の部屋も接収し、自分の部下と自分が握っている役職の担当者を下院議長執務室の最も近い場所に置いた。彼はパワー形成に物理的空間という資源を活用したのである。

この地所、地所を占めている人材はすべて、ライトの存在を拡張し、情報と運営の前哨部隊となり、思考と知性のベースとなり、目と耳の役割を果たした。これらはライトの法則のコイルであり神経端末だった。[15]

アル・スミスがニューヨーク州知事のときのロングアイランド州立公園理事長だったロバート・モーゼスは、自分の正式な管轄範囲の外にも多くの資源を握っていた。例えば、公園計画には知事のお墨つきがあったので、他の部局の職員についてもかなりのコントロールを発揮することができた。彼は州の役人としてパワーを使うだけでなく、州のもつ資源、特に法的資源へもアクセスしていた。モーゼスが自分の計画に反対する人たちとの法的な戦いを乗り切れた理由のひとつは、闘争に遅延戦術や長期戦術を使えたからである。法的闘争にかかる費用を負担するのは州であり、自分の懐が痛むわけではなかった。逆に、相手は個人的な資源で費用をまかなわねばならず、ついには争議に疲れ、あきらめざるをえなかった。だから、資源について重要なのは、それを効果的にコントロールすることだが、このコントロールは、所有や正規の責任とは必ずしも完全にリンクするわけではないのである。さらにいえば、パワーを最も効果的につくりだし、行使する人たちは、コントロールすべき資源が何であるかに機敏に反応し、物事を実行する中でこれを活力源として利用する。

パワーは他人から依存されることで生まれる。そしてその依存度は、相手がこちらの握っている資源をどれだけ必要とするか、および、その代替資源がどれだけあるか、によって決まる。[16]

したがって、パワーを形成するためのもうひとつの戦略は、こちらがコントロールしている価値ある資源の代わりとなるものを潰すことである。例えば以前は、多くの企業の情報処理部門には、計算や情報システムへの影響力があったため、強大なパワーがあった。会計システムとデータベースがメインフレーム・コンピュータに搭載され、そうした計算関連資源の運用とアクセスが中央でコントロールされるようになると、情報処理部が一気に重要性を増した。情報処理とデータベース管理が成功の鍵となるような企業では、特にこの傾向が強かった。しかし、パソコンやネットワークによる分散型の計算システムが誕生すると、中央情報処理部門のパワーは縮小していった。中央情報処理部門が、当初、パソコンを歓迎せず、パソコンが押し寄せてきたときにはハードウェアの調達もソフトウェアの調達もそのコントロールを手放そうとしなかった理由がこれだ。同じような現象は、複写部門にも起こり、小型で安価なコピー機の登場が、中央複写部門の重要性もパワーも消していった。大切なのは計算やコピーが以前より重要でなくなったのではなく、技術革新によりそれまで同じ機能をコントロールしていた中央部門に頼ることなく、同じ仕事を行なう別の方法が提供されたことなのだ。

資源はどのように重要になるか

これまで見てきたように、パワーを強化する方法は資源のコントロールを握ることだけではなく、すでにコントロールしている資源の価値を高めることでもある。組織にとっての資源の重要性を理解する際の基本概念は、予算の政治学とコミットメントの社会心理学である。例えば、規模の小さな額でも、戦略的に活用することによって、はるかに大きな資源のプールに効果的なコントロールを生みだせる、といったケースはこの政治学と社会心理学が説明してくれる。

予算は増えていくものだ。今年度の予算を最もうまく予想する値は前年度の予算額であり、このことは国家予算から大学の予算まで至るところで見られる。[17] 事実、前例のもつ影響が大きすぎて、奇妙な組織矛盾も表れる。例えば、大多数の組織では、昇給分の予算が各部門に割り当てられるときは、現状の給与ベースで率が決まるのが普通だ。予算の範囲内で、上乗せ分がさまざまな職員に配分される。では、組織として給付できる額が、ある部門で素晴らしい業績をあげた職員全員に報いるには足りない、といった場合はどうなるか。多くの場合、予算の制約が先に立つ。しかしながら、他の組織から人を採用する場合は、その人が前の職場で得ていた給与より高い額を提示することが担当者に認められているものだ。その部門の総予算には制約があっても、この場合は別扱いになることが多く、制限も緩められやすい。だから、十分な昇給を認めてしまえば、そのときの給与水準では職員への支給ができないような部門が、社外から市場価値に見合う給料を得ている人材を採用する場合には、その補充人員には現行基準より高い給料を出すことが可能になってしまう。これではまるで、組織が人員を引きとめるより、新規採用を優先するのを公示するかのような、なんともおかしな姿になる。実際にそんな会社もある。

だが、予算が増えると思われている場合なら一〇％の昇給より、社外からの新規採用に同額を費やすほうがよく見えることもある。前例のもつパワーがゆえに、（臨時ボーナスや単発的給付などでなく）その予算ベースに何が当てはまり、何が当てはまらないかを主張することが非常に重要になってくる。利害は複合して作用するので、増額基準は一定尺度で決めることもある。

我々の目的で重要なのは、組織の各部署が、現在の基準を受け入れうる最低ラインとみなすことである。カーネマンとトヴァスキーによるリスクと意思決定の研究が、現状からのマイナスを損失に、プラスを利得とみなすときのインパクトの違いを証明している。[18] 彼らは、人間が利得と損失を対称的にはとらえず、そのため、資源の再配分は、既得資源を享受している人たちからそれを取り上げるがゆえに、非常に難しくなることも証明している。したがって、新しい活動のために漸増する資源を提供する方法は、人々がすでに期待しているのに加えての、新しい資源をシステムの中に導入するしかない、という場合が多い。

別の言い方をすると、引くより足すほうがはるかに容易だということだ。このことは、給与、人員配置、予算など何にでも当てはまるはずだ。

この観察が示唆するのは、どの組織でも最も貴重な資源とは漸増型の資源であり、まだ他の人が気づいていなければ、組織の現在の問題を解決するのに利用できる。そうした問題は、既存の資源を使うには再配分にコンフリクトが絡むため、使うとすること自体が非常に難しいものだからである。大学でパワーを研究する中で、筆者がこれまで何度も目にしてきたのは、政府補助金がどの学部にパワーがあるかの目安になることだ。これは公立大学で特に顕著である。[19] このことは、補助金や委託金が総予算に占める割合が小さくても、例えば、州からの配分額や授業料収入に比べて額が小さい組織でも同じである。補助金や委託金がかくも重視される理由は、それらが固定費を支える、つまり、助成金を受けた研究者が当人の調査のためにその資金を使う前に大学本部が一部を「税金」のように取り、管理費に充当するからだ。もちろん、こうした管理費は任意のものだから、他部門への再配分に使え、組織の余剰資金という重要な源泉の一部となる。ほぼ同じ理由で、大学は特定目的に使途を定めた基金でも嬉しいのだが、それ以上に何の制約もない寄付金を喜ぶ。使い途の自由な寄付は、その資金をコントロールする人たちの裁量で新しいイニシアチブに使える。ほとんどの大学がこのような裁量を外部の組織はもとより、学部にではなく管理部門に帰属させている。用途指定のない資金の裁量の源は、寄贈された基金である。特に遺言や信託基金として提供される寄付金である。寄贈基金は、いったん与えられると、重要な元本となり、寄贈者の管理から離れる。故人となった寄贈者からの基金は、あまり追跡されなくなるため、さらに使いやすい。

　したがって、漸増型の資源のおおもとの裁量権を所有しているかぎり、大きな組織の運営を握ったり、かなり大きな影響を与えることが可能になるのだ。これに関する実例をあげる前に、資源消費の二番目の特徴、責任ある使い途を理解しておく必要がある。かつては贅沢品《ぜいたく》だったものもすぐに必需品になるものだ。こうしたことは大多数の人が、普段の生活の中でずいぶん前に学習しているが、同じ原理が組織にもある。資金のような漸増的な資源は、はじめは、素晴らしいボーナスのように感じられ、例えば追加設備の購入、人員増強、新しい試みの実行など、それまでは考えるだけだった機会の拡大を認めてくれるもののように感じるものだ。しかしまもなく、実際はあっという間に、こうした資金も、新しい設備、職員、活動や試みも、生活必需品のように、なければ組織はいっときたりとも生き残れないものになる。人間がそうであるように、組織も依存体質なのだ。だから、人でも組織でも漸増的な資源をもつと、その資源が継続して配分される組織に対して強大なパワーを握ることができる。その資源が事実上、相手を自由にコントロールするかぎり、このパワーは持続する。

　この点を詳しく説明するために、大学と企業の事例をあげる。前者は、いろいろな学問領域の相対的な規模や発展に対して、政府が行使するレバレッジ《影響力》に関係する。研究に大きな重点を置いているスタンフォードのような大学では、授業料収入は年間の大学運営予算の約五〇％で、年によって変わる寄付金や年間贈与が二〇～三〇％である。そして年間総予算の約二五％のみが、国からの助成金や委託研究費などで、間接諸経費を入れればこの比率はもっと低くなる。大多数の大学では、年間予算に占める政府からの研究助成費の比率はさらに低く、実質的には予算としての研究費がない大学も多い。しかし、少し前の調査では、学内での任意資源の配分は減少という以上に悪化しており、特定の理工系の科学（特に防衛関連の領域）には政府予算がかなり助成されているのに、他の理工系や社会科学は不平等に扱われていることが示されている。[20] しかも、この影響は政府予算がほとんど配分されていない大学でも見られるのだ。ディマジオとパウエルはフレーズ《句型》・ミメティック《擬似》・アイソモルフィズム《同形》という、イミテーションとかコピーを意味する気取った言葉を使い、客観的な基準が抜けたまま制度化された環境では、組織が互いに真似し合いながら何をすべきかを決定するものだ、と述べている。[21] 規模が大きく、権威があり、研究重視の大学が目に見えるモデルとなって他の大学がこれにならい、その結果、国からの助成金（高等教育の総費用からしてみたらごくわずかにすぎないのに）が学内の助成優先順位だけでなく、膨大な数の研究細目から選択される調査研究課題自体に、いびつな影響を与えているのである。

　しかも、影響はそこで止まるわけではない。はじめは、政府は学術研究への助成を、大学に研究能力を育成するための手段で、社会の技術基盤のためになると見ている。しかし時間がたつと、外部から消耗品を買うのと同じように、研究を買う、とみなすようになってくる。しかるべき質と量の科学研究を最小限のコストで買うという目標の、調達問題とみなすようになるのだ。そのため全米科学財団は、所得が年間支給額七万五〇〇〇ドルになるレベルで助成金に上限を設定するようになり、政府当局は助成金や委託研究費に適用されうる間接費の比率や管理経費の比率に大いに干渉するようになった。

　一番目の制限は、大学が教授の給与を引き締める新たなインセンティブとなった。第二の介入は、大学が固定管理費を大幅に削減する強力な誘因となった。例えばスタンフォード大学では一九九〇年の春学期に、間接費回収率の懸念に対して、一二〇〇万ドルの予算削減計画（対象となる総予算は約一億七五〇〇万ドル）を発表した。教授会は固定管理費を大学側が決め、大学を通して申請されるすべての研究助成や契約に自動的に適用することで、研究助成金に対する競争力が阻害されると不満を述べた。

　私は管理費アップを支持する気はない。しかもしばしば述べてきたように、学生の入学者数は横ばいで、教授陣の規模の伸びもわずかなのに管理費は大幅に増加してきたのだ。しかし、この動向で最も興味深いのは、誰かがとうとう大学の管理部門の規模を懸念するようになったことではなく、むしろ政府の圧力が、間接費回収率交渉に作用して、結局はスタンフォード大学（や他の多数の大学）に学内の管理部門のリストラや組織再編をさせ、代わりにその過程のどこかで、学生へのサービスをカットするなどの施策をとっていることである。間接的であることが多いのだが、総予算の比較的小さな部分を自由にコントロールすることにより、大きな組織の運営や予算に多大なレバレッジ《テコ》が行使されているのだ。

　企業の例はリース会社、ＯＰＭリーシング・サービスのケースを考えてみたい。ロバート・ギャンドシーの著書に、ＯＰＭリーシング・サービスのミロン・グッドマンとモージュキー・ワイスマンが仕組んだ大掛かりな詐欺が描かれている。[22] ＯＰＭ（〈アザー・ピープルズ・マネー：他人の金〉の意味になる）はコンピュータ・リースの会社で、記録によれば、創業当初から実質的には利益が出ていなかった。詐欺事件が暴かれた（自社用のコンピュータのリースを他社用のリースに仕立てて、ひとつのリース契約にかかわるコンピュータ購入を多数の契約があると見せて、そこに複数の金融機関から多額の融資を取りつけていた）時点で、「ＯＰＭは一九の金融機関と顧客数社から二億ドルを超える詐欺で告訴され、しかも、破産により新たに一億ドルを焦げつかせた」[23]。そんな怪しげな会社がいかにして経理担当者や、投資銀行（リーマン・ブラザーズやゴールドマン・サックスを含む）、そしてロックウェル・インターナショナルをはじめとする顧客にしかるべき影響力を発揮することができたのか、当然誰しもいぶかしく思うはずだ。実は、こうした取引先の企業こそＯＰＭをもっともらしく見せるのに絶対不可欠の存在であり、これらがあればこそ、業務を続け、詐欺取引を継続する力が持続したのだ。

　どの取引先ともパターンは同じである。つまり、依存関係が徐々につくりだされ、それが相手の組織にある何らかの脆弱性につけこんだのだ。例えば、ＯＰＭがゴールドマン・サックスに接近し、コンピュータ・リースにかかる負債の斡旋《あっせん》を行なおうとした一九七五年は、ゴールドマンも投資銀行業界全体も大きな転換期の最中にいた。[24] 一九七三年、投資銀行業界は五〇〇〇万ドルの損失を出し、重点が昔ながらの証券取引から、企業の買収合併、不動産取引、未公開株式のプライベート・プレイスメントに急速に移行していっていた。一九七五年一〇月から一九七八年三月までの間、「ゴールドマン・サックスは二四〇万ドルあまりの手数料をOPMから受け取り……OPMはこの大手投資銀行の事業の中で、最も大きな顧客のひとつになっていた」。[25] ひとつの取引として始まったことが、OPMと取引のあった投資銀行が伸ばそうとしている重要な新領域に巨額の収益をもたらす関係に発展したのである。

同じような構造は、OPMの会計関係がチェックされるときにも発生した。当初の監査法人ラシュバ・アンド・ポカートは不正なリースを発見し、一九七四年度の監査報告書の承認を拒否した。それでOPMは、フォックス・アンド・カンパニーにいった。ここは全米で一一位の監査法人だった。「この時点でのグッドマンのねらいは小さな池の大きな魚でいることだった。……だから、監査は『ビッグエイト』よりちょっと下くらいの中規模の法人がよかったのだ」。[26] 言い換えれば、OPMが求めていた監査法人は世間体を保てるくらい大きいが、OPMから受け取る監査料が無視できないぐらい小さいところだった。そういうところなら、時間をかけて依存度を高め、もろもろの取引をあまり入念にチェックしないでおいてくれる関係をつくれるからだった。一九七六年から一九八一年までに、フォックスがOPMから受け取った監査料は一〇〇万ドルを超え、「しかもこのリース会社がニューヨークで最も大きなクライアントのひとつになっていた」[27] のである。

OPMが最大の顧客のひとつと築いた依存関係で最も劇的なのは、メーカー、ロックウェル・インターナショナルとのものだろう。ここは一九七〇年代初期にロックウェル・マニュファクチャリングとノースアメリカン・エビエイションが合併してできており、しばらくは合併後の典型的な施策である経費削減に取り組んでいた。この会社の航空機事業はB1型爆撃機製造などで、コンピュータのヘビーユーザーだったので、コンピュータ経費は予算の中でも大きな項目だった。ロックウェル社内では、シドニー・ヘイズィンがコンピュータ調達業務の管理を任されていた。このころ、彼は担当していた情報システム子会社の業績悪化で降格、減給されていたので、社内での立場を回復する道を探していた。そこで経費節減の方法としてコンピュータの購入をリースに替えることを提案し、そこに、ＯＰＭが信じられないほどよく見える条件を提示してきたのだった。ＯＰＭの出してきたリース条件は、三〇日前の通知で解約でき、標準的な七〜八年契約でリース料は低く抑え、機種はＩＢＭが導入した新ラインのコンピュータから一年以内の十分に新しいものだった。「ヘイズィンのメモには、このＯＰＭとのリース契約はロックウェルの直近の入札によるコンピュータ購入額と比べ七六万ドル安く……、ＩＢＭから同じ期間レンタルする場合と比べると、ほぼ二五〇万ドルの節約になる、と書かれていた」。[28] 彼はこの業績により素晴らしい報酬を受け、ロックウェルのコンピュータ関連業務をどんどん任されるようになっていった。だがこのリース取引には、貸主側が提供する最終保証に問題が隠されていた。

ただし、これらのリース物件で債権者への責任が指定されていたのはＯＰＭではなくロックウェルだった。銀行側は、ロックウェルが支払契約書類に記載されているとおりに支払うかぎりにおいては、ＯＰＭとロックウェルの間の付帯条項はどうでもよかった。……ロックウェルが注意すべきだったのは、ＯＰＭの支払能力だったのだ。[29]

ＯＰＭがかくも大規模な詐欺を、長期にわたって成功させてきた理由のひとつは、一九七〇年代が企業にとって厳しい時代だったからだとギャンドシーは言う。「ＯＰＭの活動範囲の中にあった企業は、不況の影響をもろに受けており、このリース会社への依存を高めていくことが、いろいろな出来事を都合よく、中立的に、場合によってはまったく違った形で見えるかのように解釈させていくことになった」。[30] どちらの例でも、依存関係は徐々に形成されたが、いったん定着すると、まさに依存症で治療はもう不可能だった。

前述の二つの事例は、組織の境界線を越えて形成された依存関係に焦点を置いているが、同じ原則の多くが、組織内部での資源依存関係の構築にも当てはまる。企画、社内コンサルティング、あるいはもっと一般的には会計情報システムのようなスタッフ部門は、社内に費用請求をせずにサービスを提供し、いろいろなタイプのプロジェクトをサポートする。時の経過とともに、こうした社内資源への依存度が高まり、関連する部門がその依頼先からパワーを獲得する。ＯＰＭが自社に依存する企業に対するパワーを獲得していったプロセスがこれなのだ。

ゼロックスを例に、研究部門が新製品開発に対するパワーをどのようにつかんでいったかを考えてみよう。研究部門はマーケティングや開発グループよりも自由裁量の資源や余剰資源をもっていることが多いが、これがプロジェクトの継続により制約を受ける。ゼロックスの開発グループの中には、二年以上前から特定のプロジェクトに取り組んでいるところがある。こういう部署が急に新しいプロジェクトが命じられても、新たな資源補給がなければ、なかなか取り組めない。だから、自由に使える資金を共同開発プロジェクトに投入するよう研究部門を説得する努力は、研究で協働するためというより、それがないと開発グループが取りかかれない仕事のためということが多い。研究部門に自由に使える資金を与えることによって、本社は開発業務やマーケティング業務で研究部門ともっと緊密に関与するよう、他の部署を強制していることになるのだ。

パワーを獲得することの意味

ここまで検討してきた事例と考え方で、組織の場でパワーと影響力を手に入れることの意味がかなり明確になったと思う。第一に資源に対するコントロールがきわめて重要であり、この新しい黄金律は、明らかに予算など大切な資源を握っている部署や人間に大きなパワーを与えていることを明示している。大学教授の給与に関する研究では、助成金や委託研究費を受けている教授は、そうした外部からの研究費を獲得していない教授に比べ、給与水準も高く、研究の生産性に対して受け取る経済的なリターンも多いことが示された[31]。このような効果は、給料に関する他の多くの決定要因がコントロールされている場合でも同じで、これは資源を生む能力が、パワーの独立した重要な源泉になることを意味している。

しかし、未開拓の資源領域を見つけることでパワーを形成し行使することも可能である。予算の権限で争うのではなく、設備、装置、時間や日程、あるいはもっと見えにくい隠れた資源に対する操縦権を形成することでもパワーを獲得できる。言い換えれば、十分に活用されていない資源を見つけ、それを掘り起こすことによってパワーを増強できることも多いのだ。

資源は資源に対する裁量権をもつ範囲でのみ、また他者の依存性をつくりだせる範囲でのみ影響力の開発や行使に有効なのだ。後者のステップは、コミットメントを少しずつ大きくし、自分が影響を与えようとしている有力者にとって不可欠な資源を提供するために、そうした機会をどのように活用できるかを理解することが必要である。これを実行するためには、さまざまな関係者にとって何が重要なのか、未開拓の資源でいま、入手でき、集められるのは何か、そして依存関係を築く方法を理解する能力がスキルになる。

この方程式を逆方向から見ると、信用の置けないような人の管理下にある資源に依存する事態を避けるために、そして他の人がつくりだそうとしているかもしれないレバレッジに注意するために、これらの考え方を使うことができる。依存関係は社会生活、特に組織においては避けられない。社会的な相互作用の中では、助言、情報、他の資源を他の人に求めることは常に起こる。しかし、依存パターンとパワーをもっている人の隠れたアジェンダに注意していれば、パワー・プレイによって驚かされる事態はなんとか避けられるはずだ。

同盟関係

組織の中の誰もがもちうる最も重要な資源のひとつは、同盟や支持者である。組織は大きく、相互依存の複雑なシステムになっていることが多く、その中で自分だけで何かをやり遂げるのは難しいものだ。自分の計画を実行するには、忠誠心があり、信頼できる支持者の助力が不可欠である。これは自明のことに聞こえるかもしれないが、組織のどの階層でも、支持してくれる連合の重要性を省みず、同盟をつくろうとしないマネジャーを見かけることが多いのだ。この課題に大切なのは、連合を組み、相手を確保する方法、昇任や採用の決定を通じて同盟を築く方法、資源の提供や相手に便宜を供与することで同盟を築く方法、同盟が消失する様式や理由、しかるべき数の友人のいないマネジャーに何が起こるのか、などについてよく考えることである。

日産での継承：川又の台頭

一九四〇年代終わりから一九五〇年代初めの日本企業は、戦争と後遺症で停滞したままだった。産業界のリーダーの多くが連合国によって地位を追われ、工場は荒れ果てたままで、大多数の企業が意欲を失っていた。しかも、労使関係にはアメリカをモデルにした同盟体制が組みこまれ、活動的な労働者階級が強力な組合を組織し、弱体化した産業構造を引き受けていた。[32] 同じ状況が日産にも浸透していた。創業者、鮎川義介は満州の植民地化に加担したとして追放されており、他の上層部の指導者も会社を追われていた。益田哲夫に率いられた労働者の強力な左翼的組合が、事実上、日産の工場を運営していた。

一九四七年当時の日産社長、箕浦多一は自分ではとても解決しようのない諸問題に直面し、日本興業銀行に財務担当者の派遣を求めた。興銀は四二歳の川又克二を送った。大型生産工場の運営については何も知らず、車の運転の仕方さえ知らない人物だった。[33] だが彼は財務に明るく、提携によってパワーを構築することにも長けていることが明らかになった。興銀は通産省とともに、日本の産業再興を主導していたので、興銀との関係が川又にしかるべき影響力をもたらしていた。組合を分断しようという彼の作戦が、長期にわたる暴力的なストライキを招くことが明白でも、川又はその間も興銀の支援を頼りにできた。興銀と政府の結びつきは、組合と対決する川又に味方しようという他の製造業者や自動車会社との同盟を可能にした。彼らの支援は貴重だった。その同盟は、労働不安が続く間に抜け駆けして売上げを奪おうとしないことを意味するからである。

川又は一九四九年に二〇〇〇人にも上る解雇を通知し、起こるのが確実だったストライキをしのぐため、興銀の支持を取りつけたことからパワーを築き始めた。[34] 経営者側は四〇日間のストライキに新たな強硬方針で対抗し、興銀と二行の地銀は二二万ドルを融資して、川又と日産へのコミットメントを強固にしていった。銀行団は川又を支え、融資を続けたが、もう彼の側に立たざるをえなくなっていたのだ。

一九五一年、新社長の選出にあたり、川又は自分のやり方を妨げないと知っていた非力な人物、浅原源七を推した。社外と社内に形成した同盟関係に大きく頼りながら、自らのパワー基盤をさらに拡大していったのである。

川又は自分が銀行であり、その銀行が会社を握っていることをみなに知らしめた。……まもなく彼は自分のための人材を採用するようになった。そうしてできた若い経営幹部は、川又軍団が形成されつつあることを静かに、しかし非常に明確に感じ取っていった。……また、彼は工場を回り、特別遅くまで働いている工員には、少額ながら金を渡すということも始めた。……これは労働者に、川又こそが中心人物なのだと知らせるためのものだった。[35]

社内でのパワーをさらに強固にし、組合を弱体化させるため、川又は鮮烈な戦略を組み立てた。ただ古い組合を攻撃するだけでなく、それと競合する新しい第二組合の結成を後押ししたのである。川又が支援したことで、この新組合も彼の同盟相手になっていったのだった。

ちょうど川又が第二組合を考えていたとき、日産では宮家《みやけ》愈《まさる》という人物がこれを組織しつつあった。川又が宮家を求めていたように、宮家も川又を必要としていた。両者は、一九五三年春に顔を合わせることになる。[36]

川又の後ろ盾により、宮家と盟友の塩路一郎は強力な組合をつくりあげ、益田がつくってきた古い組合を潰した。

この戦略の成功により、川又は日産のコントロールを奪い取る立場に立った。

このストライキまでは、川又の日産での存在は、銀行が送り込んできた部外者という、かなり孤独な立場だった。……しかし時間をかけ、彼は組合を潰すと同時に……会社全体を掌握したのだった。宮家による第二組合も彼の権力基盤になった。……彼らは組合指導者だったが、中間管理職からなるホワイトカラーであり、彼らの野心は経営幹部になることだった。……忠誠心からいえば、まさに川又の部下そのものだった。

川又本人から組合にいくことを勧められた者もいるし、自分から川又派に転向した者もいた。……この段階になると、川又は彼らを会社中の要職に就けていった。そうした人々が、川又を仰ぐ忠誠部隊を形成した。[37]

長期にわたり、川又は塩路との同盟を維持することによって自分の地位を保ち、同じように、塩路は日産の経営幹部との同盟によって組合と会社に対するパワー・ポジションを保持していた。どちらもパワーを堅持し、時にはきわめて秘密裏に相手を支援する見返りとして、その特権を謳歌《おうか》していた。

日産を掌握していった川又の台頭の話には、同盟形成の教訓の多くがちりばめられている。最も重要なことのひとつは、利益のある者を見つけ、彼らと長期的な関係を築いていくことの重要性である。「連合体は、それぞれが利益の共通性を認識しているがゆえに長続きする。それに対して、単発的な取引はその場かぎりの一回だけの交換だから、どちらにとっても将来へのコミットメントは生まれない」[38]。川又はこの違いを知っており、連合体を活用するその技術は、この会社における成功の源だったのである。

任命と昇進による同盟者の獲得

我々が同盟や連合をつくるのに使える方法のひとつは、自分と結びつきのある人間がパワーのある地位を得るのを補助することである。その結びつきは、それまでの仕事の関係から生まれることもあれば、こちらが採用したり昇進させたりしたことで、その人たちがいまの仕事や立場を得ることができた、という事実から生まれることもある。我々は採用や昇進は能力を重視したプロセスで行ないたいと考えたがるものだが、野心的なマネジャーは、自分に責務を感じる人によって、組織がよりよく見える必要性も十二分に理解している。

ロス・ジョンソン率いるスタンダード・ブランズとナビスコが合併したとき、ジョンソンはその新しい組織における自分のパワーの強化に着手した。まだ正式な経営責任者になる前、さっさと自分の腹心を影響力のある立場に配置していったのである。

ジョンソンはスタンダード・ブランズのディーン・

ポスヴァをプランニング部長に任命した。この職務はポスヴァに、つまり、ジョンソンに取締役会の責任をもたせることになり、ジョンソンの部隊が取締役会を仕切り、議論をコントロールできるようにするものだった。ジョンソンの旧友マイク・マスタープールは広報担当となり、社外への情報チャネルを握った。ポスヴァのプランニング・グループと財務部隊が社内の情報の流れを握ったことと合わせ、これでジョンソン体制が固まった。……三年たつと、この会社の最上層部の二四の役職のうち、二一はスタンダード・ブランズの人間が占めていた。(39)

ジム・ライトが下院議長としてパワーを形成し、強化したときの道具のひとつが任命と人員配置だった。直属のスタッフは知力や他の技能よりも個人的な忠誠心で採用した。

ライトはスタッフを助言者ではなく、自分の意思を実行する手足として使っていた。……だから忠誠心が採用の第一条件だった。事実、与党執行部のスタッフの唯一の年長者も、四年制大学を卒業したばかりの者だったほどだ。(40)

ライトは、自分の任命した委員会メンバーに、その仕事は彼のおかげなのだということをしっかり認識させていた。例えば、力のある規則委員会への任命は自分が握っていた。

規則委員会は三つの「特権的」委員会のひとつであり、この委員はその役職にのみ貢献することを意味していた。解任や他の委員会への着任はあくまで年功序列だった。……ライトは正式に規則委員に任命する議員総会を招集する数日前に、民主党委員のための昼食会を開き、この委員会をひとつの道具として活用するつもりだと話し、時には、彼のリーダーシップに従わなければならないこともあるというメッセージを伝えた。そしてこう言った。「みなさんいずれも再任されることを望んでいると思っています」と。

ここで静寂の間が置かれる。こうなると、どの委員も、誰が自分たちの任命権者であるか、もう忘れるこ

とはないのである。(41)

ライトは他の委員会にも人を送り、同盟者を他のリーダーシップの地位に就け、「任命した役職は一〇〇を越えるまでになった。それぞれの任命に目的があり、彼のアジェンダを推進するものだった。それがパワーの具体的な姿だった」。(42)

一九五〇年代後半のGMの財務部もまったく同じ方式で、パワーを確立し維持する体制を築いた。後年、ジョン・デロリアンはこれを評して「サプライズ人事による昇進」と呼んだ。

これは、あるポストに候補者として予想もつかなかった者を昇進させることである。この昇進は「自分の配下」を地位に就けることだけでなく、会社人生の貸しをつくり、自分への不滅の忠誠心を獲得することを意味する。「サプライズ人事」は、経歴には特筆するものがなくても、この仕組みであれば、献身的な部下に経営幹部に昇進しうる可能性があることを刷りこむものなのだ。……こうした仕組みで昇進したマネジャーは、いったんパワーのある地位に就くと、実は不安定な存在になる。意識していてもしていなくても、本人には自分の管理能力や仕事の知識以外の何かでこの地位に就けたことがわかるからだ。(43)

デロリアンは忠誠心の重要さと、これを利用して要職に取りこんだ同盟関係の仕組みをつくる方法を詳述している。数年前の調査では、社長が社内からなった場合より社外からなったときのほうが、上級経営職の離職者が多くなることが示されている。(44) この事実は、すでに読者はお気づきのように、社外からの経営者のほうが自分の腹心をポジションに就けたがり、また就ける必要があるためなのだ。

便宜供与による同盟形成

人を要職に就けるだけでなく、自分が求め必要とする支援を実現できる人に便宜を提供することでも同盟は形成される。この考え方は返報性《レシプロシティ》の規範を利用するものだ。つまり、我々は便宜を図ってもらったり、贈り物や招待を受けると、いずれお返しを「しなければならない」と思うものなのだ。[45] 個人間に長期にわたる交換を促す傾向が生まれるので、それは社会の成長には重要な規範である。返報性の規範が広がると、お返しがあることを想定できるので、人は食事や庇護や助力といった資源の提供がむだになる心配をせずにこれを実行できるようになる。つまり、協力と交換の利点はもっと大きな関係にも容易に展開できるのである。

ここで重要なことは、返報性をより直接的な交換関係とは区別しておくということである。相手に金を渡して、例えば掃除機のような品物を得るのは、返報ではなくただの市場取引である。同じように、ロバート・モーゼスがロングアイランドの共和党の有力者たちに契約や内部情報を与え、特定の公園計画への支持をとりつけるのも、直接交換の部類に入る。[46] 返報性による協力関係の形成との違いは以下の点である。①供与される便宜は、それを受ける者から必ずしも要求されるものではなく、強く期待されているものではない、②義務の範囲は、便宜が与えられた時点では特定されない、したがって、③贈り物が生みだすのは、特定の期待（例えば金銭を与える代わりに投票する、など）ではなく、緩く漠然とした義務感である。

ロス・ジョンソンがナビスコ・ブランドの社長兼ＣＯＯ（最高執行責任者）として仕事をしていたときの会長兼ＣＥＯは、ロバート・シェイバールだった。ジョンソンは、シェイバールのゴルフ会員権の諸経費を会社に回すよう命じただけでなく、自分の社用車を豪華なものにし、会長はもちろんのこと、自分の報酬も上げよと要求した。「ありとあらゆる場面でシェイバールを立て、会議では必ず『わが会長の』と慇懃《いんぎん》な言及を忘れず、……さらにペース大学には二五万ドルの寄付をしてロバート・Ｍ・シェイバール記念講座として会計学の教授ポストを設けていた」。[47] 会計学講座だけでなく、会社の経費でシェイバールの名を冠したテクノロジー・センターまで寄贈したものの、結局「シェイバールは降ろされ」、[48] ジョンソンがナビスコのＣＥＯの地位を得たのである。

取締役会の中の対抗勢力との対決で勝利したウィリアム・アギーの力も、取締役会のメンバーとの人間関係と彼らに施してきた便宜に大きく依存していた。

ジャック・フォンテーヌの法律事務所、ヒューズ・

ハバード＆リードは一九八一年にベンディクスから六〇万ドルもの顧問弁護料を受け取っていた。……Ａ＆Ｐのジョナサン・スコットはアギーとはアイダホ時代から旧知の仲だったが、取締役会にもアギーを入れていた。ハーバード・ビジネススクール教授で当時五〇歳のヒューゴ・ウィターホーヴェンは、……一九八〇年代にベンディックスから顧問料やコンサルティング料として四万ドル以上を得ていた。エクイタブルでは、まあまあの財務業績を背景に、（ＣＥＯの）エクルードはとりつけられる支持は何でも欲しそうにしていた。……アギーはエクイタブルの複数の委員会の役職に就き、それには上級経営役員の退職金のパッケージを検討する補償検討部会も含まれていた。(49)

ティリー・ウィルソンは、便宜を供与しながら提携を広げていったジョンソンやアギーとは違い、ＲＪレイノルズのＣＥＯ在任中に取締役会のメンバーには何もしなかった。そのため足場がもろく、ナビスコとレイノルズが合併すると、ジョンソンに簡単に追い払われる羽目になった。例えば、取締役のひとりポール・スティッヒは、レイノルズの前のＣＥＯだったが、

スティッヒは退任後も有力な取締役として残った。たぶん一番強力だったため……、ウィルソンは彼の一切を凍結させるため、できる手をすべて打った。スティッヒはごく当然のように社用ジェット機を常用していたが、ウィルソンの目には彼の出張は私用でしかなかったので、その費用を請求した。会長退任者にはオフィスが提供されることになっていたので……彼にもひとつ与えられていたが、古い本社の中の一室だった。(50)

ウィルソンは他の取締役にも大した処遇をしなかった。人権団体アーバン・リーグの元ディレクター、ヴァーノン・ジョーダンは、現在ワシントンの大手法律事務所のパートナーだが、彼が法務強化を言うと、「ウィルソンの返事は冷たく、自分は弁護士ではないから何が適切か判断できないというだけで、しまいには、レイノルズの法務担当責任者のところに行って聞けというのだった」。(51)ジョン・メイコンバーは化学素材メーカーのヘキスト・

セラニースの経営責任者で、やはり取締役だった。レイノルズはタバコのフィルター用材の代金としてセラニースに年二五〇〇万ドル払っていたが、メイコンバーは取引をさらに大きくしたかった。だがウィルソンは応じなかった。そしていよいよ、ロス・ジョンソンとの対決のときが来たとき、ウィルソンは取締役に友人がほとんどいないことに気づかされた。対照的に、ジョンソンが施してきた便宜は、好意的関係を育て、義務感を植えつけていた。便宜供与を拒否してきたウィルソンには、この政治的対決の場に味方はいなかったのである。

任命や昇進の手続きや、個人的な便宜を図って味方のネットワークをつくるなどというと、きわめて不適切で規則違反行為だと思われるのももっともだ。だが、そのような立場に固執すると現実が見えなくなる。組織におけるパワー形成や行使とは、物事を成し遂げること、の意味だからである。組織の本質とは、多くの行為者と多くの見解からなる相互依存の複雑なシステムであり、行為をとることがしばしば問題をはらむのである。実行の失敗はほぼ間違いなく、連合形成の失敗によるものだ。同盟のネットワークが間違った使われ方をすることはもちろんあるのだが、それでも物事を実行するためには、欠くことができないものだ。だからこそ、使える実質的手段が何であれ、同盟関係がしっかりしていなければならないのである。

同盟がいかにして失われるか

同盟の重要度は、支援者の連合体を構築し維持するのになすべきことを、マネジャーがしない事例を考えることからもわかる。経営者がその地位を失うのは、この行動が欠けているためだということが最も多い。たしかなのは、すでに個人的な洞察力や経験、能力によって組織が支えられる時代ではないことだ。別の言い方をすると、物事を実行する前提条件は、職に就いていることなのだ。そして、その職を維持するには社内の支持者を確保することも入るのだ。

アップルの創業者のひとりで会長を務め、長い間テクノロジー面のリーダーでもあったスティーブ・ジョブズは、技術に関するヴィジョナリー・リーダーとして、そして人々の心を揺さぶるモチベーターとして、実に多彩なスキルに恵まれていた。だが、辞職に追いこまれると、彼の知恵ももうアップルのものではなくなった。その状況は、社内での支持、特に取締役会からの支援を構築しようとしなかった彼自身の傲慢《ごうまん》さと能力不足と意欲の欠如からもたらされたところが大きい。

取締役の中には……ジョブズを父のようにとらえる感覚もあったが、名声や金銭が絡んでいたため、自分を子の立場に置いていたとも言えない。ジョブズは他の取締役たちより二〇歳以上若かったのである。マークーラやスカリーの二人は例外で、ジョブズは彼らの助言に耳を貸したが、それでも、経営戦略については……自分がしたいようにしていた。たしかなのは、ジョブズはいつまでも取締役たちとの関係を深めようとはせず、機嫌もとらず、気に入られようとしなかったことだ。……大衆の前で彼が見せる姿とは裏腹に、取締役たちとはかなりの緊張関係で仕事をしていたのである。(52)

これにはエゴの問題であることが多い。何かを成し遂げることには、ちょっと注目の対象になるという犠牲を払う羽目になることがよくあり、進んでこのトレードオフをしようとしない人は、なかなか同盟を組むということがしにくくなる。これは次のことを自問すると簡単にわかるはずだ。「私のプロジェクトをサポートするために、私の成功を実現するために、参加していただけませんか？」あるいは「私たちのグループがチームの目標を達成するのをサポートし、成果を共有していただけませんか？」。同僚の大多数は、自分自身のエゴに配慮してもらい、手当てしてもらいたいのである。つまり、互いに当事者となり、成果を分かち、自分が重要な存在であることを確たるものにせよ、ということだ。

ピーター・ピーターソンは一九七三年にリーマン・ブラザーズに入り、数カ月で経営パートナーになった。彼の華麗な業績と仕切りぶりでリーマンは成長し、繁栄した。しかし、社内では、特にパートナーたちとの間に同盟関係を築くようなことはほとんどしなかったため、組織的な基盤がもろく、後にルー・グラックスマンとの権力闘争に敗れ、放出されることになる。

だが、ピーターソンがクライアントにはふんだんにもっていた関心を自分のパートナーたちに向けたことはほとんどなかった。同じ仕事場にいる仲間には目もくれなかったのである。……共同経営者たちの自宅にはいつでも電話できたはずだし、運転手つきの自分のオールズモビルで会社まで一緒にどうかと迎えることも頭の中になかったらしく、電話どころかメモにさえ目を通そうとしなかったのである。パートナーの多くが、彼を自己中心で、横柄で、無神経で、思いやりのない人間だと思っていた。……

ピーターソンは多くの才能に恵まれた人物だったが、人間への感受性をその一つにあげる者は皆無だった。彼は、パートナーたちの多くが――その中にはピーターソン自身が親しいと感じているものがいた――尊敬はしていたかもしれないが、ピーターソンのことを好きでなかった、ことに気づいていなかった。誰もが、彼の一方的な話にうんざりしていたのである。(53)

ピーターソンの行動は、サポートの同盟を築き維持しようとした川又克二やロス・ジョンソンの行動と対照的である。尊敬、能力、知能だけではだめなのだ。実行過程にかかわる多くのこまごましたことは、ひとりの手には余ることが多く、その場に立ち会ってくれる友人や協力者が必要なのだ。また、同じように、パワーを得ようと競合してくる人たちからの攻撃から守ってくれる仲間も必要なのだ。物事を実行する間には、資源を見つけたり広げたりすることと同じくらい、支持してくれる連合体を築くことが不可欠の活動なのである。協力者と資源は、パワーの重要な源であるがゆえに決してむだにしてはならない。

CHAPTER 6

第6章

コミュニケーション・ネットワークのどこにいるか

Location in the Communication Network

どこに座っているかで、自分の相互行為の質と量は大きく変わってくる。

知は力なり。古くから言われていることだが、組織ではまさに真実になる。組織でパワーをもたらすのは、仕事のプロセス自体に関する技術的な知識だけでなく、その会社の社会システムについての知識でもある。社会的知識へのアクセスは、コミュニケーションのネットワークと社会的相互作用のどこに位置しているかに左右される。コミュニケーション・ネットワークにしっかりと落ち着いている人は、パワーと影響力から見て中心的なプレーヤーであることが多い。組織に重要な社会的コネクションをもっている人も貴重だ。有力者には有力な友人がいるものだ。有力な友人たちからの助言やアシストがあり、有力な人物を観察することで学習するからだ。だから、パワーはコミュニケーションのネットワークと社会的関係における本人の位置によって決まる、と言えるのだ。このポジションは、構造上の中心にいるということだけでなく、本人とつながりのある人たちのもつパワーからも判断できる。

コミュニケーション構造における本人ポジションの測定は、実務的にも理論的にも重要である。何をネットワークの中心とするかには多数の異なる尺度がつくられてきた。フリーマンは、中心性について三つの関連する概念を述べている。間と接点と近さ、である。[1] 間は、情報コントロールについて特に有効な指標である。これは、人を一対一の単位でつなぐコミュニケーション経路のどのあたりにいるかを示す。接点は、単純に人が何人と接触をもっているか、その数である。これはネットワークの中心性の尺度というよりは、コミュニケーションの活動性の尺度である。最後の近さは焦点となっている人物がコミュニケーション・ネットワークにいる他のすべての人たちとの距離を測るもので、彼らとの間のコミュニケーション経路の最短距離を使う。ここでいう近さとは、グループになっている人たちが他のメンバー全員に到達するときのステップの最少数で表される。フリーマンは、これが独立性の指標になると言っている。コミュニケーション・ネットワークにいるすべてのメンバーに近い人は、相手へのアクセスが、そう簡単には他人にコントロールされないためである。[2]

●コミュニケーション構造の証拠

コミュニケーション・ネットワーク中の位置の重要性はかなり前から言われており、バヴェラスとリービットの有名な調査がある。[3] こうした初期の実験は、調査側が設定したコミュニケーション構造の中に被験者を置く方式で、その代表的な構造が図6－1である。これらの構造が、グループの仕事《タスク》の成果や個々のメンバーに属する影響力に対する構造の効果が調べられた。結果からは以下のことが見出された。①十分に構造化されたタスクには、中心に集まる構造ほど能率が高く、構造化されていないタスクには、全チャンネル型の構造で能率が高かった。②構造的な中心性が最も強い位置にいる人にはリーダーシップの役割が着せられる傾向があり、構造化されたタスクほどこの傾向は顕著で、グループの他のメンバーからも影響力の強い存在だと認識されていた。

その後の調査は、構造はそれ自体が仕事の性質によって決定されることを証明した。[4] 自らを再組織できる集団が複雑な情報処理を要求しないルーティン業務に対応するときは、集中型の構造を展開させてスター型になる。業務がより複雑なものに変わると、全チャンネル型ネットワークに似たような形に自らを組織化するのである。

集中化した体制ほど定常的タスクに適しており、分散型の構造ほど複雑なタスクの処理に効果的で、より多く

図6-1　コミュニケーションのネットワーク

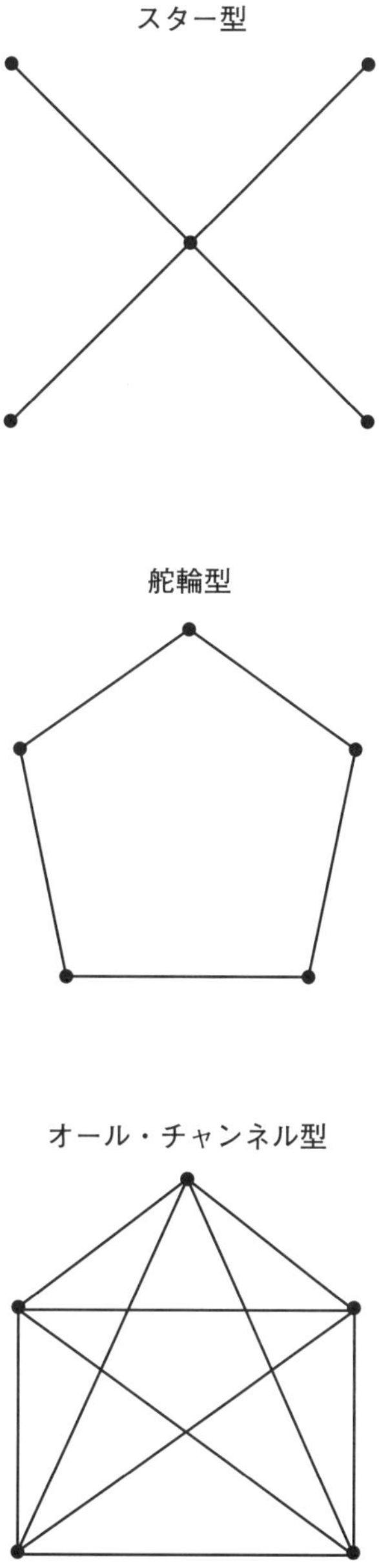

の人々の積極的な関与を要求するという理論は、組織設計論で展開されてきた。[5] したがって一般的には、階層的で集中型の構造は、多量の情報処理能力が求められない状況への対処に向いているが、複雑で不確実性を含むタスクには、情報処理を促す水平的調整、タスクフォース、チームといった構造が必要になる。[6]

構造上の中心性やコミュニケーションへのコントロールがパワーをもたらすことは、実に多くの状況で証明されている。ヒクソンらは、不確実性への対処能力に加え、ある部門のパワー獲得を可能にする属性のひとつに、組織の業務の流れにおける中心性がある、という。[7] アンドリュー・ペティグルーは、ある企業のコンピュータ・システム調達の意思決定に関する調査で、コミュニケーションと影響力の問題を検証している。この会社では、この決定を下す正式な権限は取締役会にあった。サービス業務部長であったジム・ケニーは取締役会の下に位置し、彼の下にシステム課と課長、およびプログラム課と課長が置かれていた。どのコンピュータ・メーカーに発注すべきかの提案を、適切な書類と分析を添えて出すのは、彼のサービス業務部の仕事だった。

後から見ると、サービス業務部内の意思決定プロセスは、部長のケニーとシステム課長レイリーの間、それにシステム課長とプログラム課長タナーの間でのパワー争いになっていった。……決定の作業が始まってから三カ月たつと、三者がそれぞれによいと思うメーカーは違っていた。……部長のケニーは二つのコミュニケーション・チャンネルのゲートキーパーの位置にいることから、このパワー対立における大きな戦略的優位性があった。……第一に技術系の部下と取締役会の間のチャンネルであり……、第二にコンピュータ・メーカーと取締役会の間のチャンネルである。……部下とメーカーと取締役会のコミュニケーション・チャンネルの分岐点に位置していることで、部長ケニーは自分の要求に有利なバイアスを行使すると同時に、自分に反対する者の要求については、マイナスの情報を取締役会に送ることができた。[8]

ペティグルーはこの決定プロセスで使われた実際の文書を分析し、ケニーが自分の支持するメーカーには他社より頻繁に言及し、文書中の肯定的コメントと否定的コメントの比率も、自分の推すメーカーには圧倒的に高いという事実を示した。決定に関する情報を伝えるために使われるコミュニケーション・チャンネルをコントロールすることで、彼は、決定過程の成果を実質的に支配することができたのである。

同種の問題を検証するため、ブラスはある新聞社の非管理職社員を対象に調査を行ない、社員が三つの社会的ネットワークの中に位置づけられることを明らかにした。「①仕事の流れのネットワーク、②非公式コミュニケーションのネットワーク、③友好関係のネットワーク」である。[9] そして、「影響力を獲得するという意味では、上司やトップの経営職との非公式コミュニケーションと友好関係のネットワークに入っているほうが、非管理職のネットワークの中心にいることよりも実用的だ」と示唆している。[10] 管理職への昇進、個人的な影響力に関する管理職の評価と非管理職の評価という三つの影響力の尺度を使い、ブラスは影響力獲得におけるコミュニケーションの位置の重要性の証拠を見つけた。「部門内のコミュニケーションをコントロールする位置にいることが、昇進には特に重要だった」。[11] 友好関係や他のコミュニケーション・ネットワークにはかなりの重複があるため、この調査で業務関係のコミュニケーションと社会的コミュニケーションを分離することはできない。一般的には、こうしたネットワークは実質的に重なり合っていることが多いので、どのコミュニケーション・ネットワークの中心が影響力を生みだしているかに腐心するよりは、ほぼすべてが相互に結びついて影響力の源泉となっていると認識するほうがよいだろう。

クラックハートは、クライアント企業に情報システムとコミュニケーション設備の販売、設置、保守を行なっている小さな創業型企業におけるパワーの決定要因を調べた。[12] 彼は全社員による評価という方式で、助言のネットワークや友好関係のネットワークにおける社員の位置と、そうした位置が個人のパワーの強弱に関する評価にどう作用しているかを測定した。公式の階層上の位置（パワーについての最も重要な指標）を調整すると、友好関係のネットワークの中心にいることが個人のパワーと明確に関連しており、助言のネットワークにおける位置は関係がなかった。助言ネットワークの中心にいることと友人ネットワークの中心にいることとは別だった

(相関係数は0・22)のだが、助言ネットワークの中心性は組織における公式的な位置と強く相関していた。これがおそらく助言ネットワークの中心性が、この環境における個人のパワーに独立した影響がない理由だろうと考えられる。

コミュニケーション構造における位置は、業績や学歴のような他の生産的な属性によって得られる給料や経済的報酬にも影響しうる。アリソン・コンラッドと私は、多数の大学教員を対象に給与の決定要因を調べた結果、他大学の人たちと広範なコミュニケーションをとっている人ほど給与が高く、同じように研究の生産性や経験でも高い成果を享受していることがわかった(例えば、一年余分に経験があることは、同じ領域の研究者とより広い接触があり価値がある、ということである)。[13] このデータでは構造的な中心性を正確に測定することはできなかったが、広範なコミュニケーション接点のある人ほど給与が高いという発見は、ネットワークのポジションがパワーの重要な源泉であるという主張をたしかに裏づけるものである。

コミュニケーション・フローの中心にいるというだけで、非力な個人や部門に大きな影響力をもたらす場合もある。少なくとも伝統的には、人事部門が強力だということはほとんどない。例えば、アップルでは、なんといっても一にエンジニアで、二にマーケティング、三、四がなくて五に財務、製造であり、人事部にはほとんど影響力があるとは考えられてはいなかった。人事部担当の役員の多くが社外からの採用で、これもパワーを低下させがちだった。

だが、ジョン・スカリー就任後、特にアップルが波乱の時期に入ると、人事部が少なからぬ影響力を形成することになる。これは主にこの部署がコミュニケーション・フローの中心になったためで、それは、社内のライバル意識のせいで諸部門間の話し合いがほとんどなかったことから、人事部が定期的に個々と連絡をとり、共通のパースペクティブを共有させる役割を担ったことによるものだった。こうして、人事部にはそれまで期待されていないパワーがもたらされた。

アップルの人事部は、多くの企業の文書主義で官僚的な人事部とはかなり違っていた。……社内のどの上級管理職にも担当の人事部の（ほとんどが女性の）マネジャーがいて、影のマネジメント・チームのようなものを形成し、実際のマネジメントと彼らのために働いている人たちが何を感じているかを見出す仕事をしていた。(14)

ジョブズがスカリーとの闘争に敗れて追いだされ、大量のレイオフで会社の徹底的なリストラが済むと、人事部はさらに重要な役割を演じるようになった。当時の人事責任者はジェイ・エリオットで、マッキントッシュ・チームの人事部長はメアリー・フォートニーだった。

ジェイとメアリーは組織のあらゆる断裂をカバーするネットワークを代表していたので、この二人とアップルⅡ事業部や販売部を担当する人事マネジャーが、進行中のあらゆること、つまり、誰が不満で、誰が嫉妬し、誰が誰に文句をいっているかをすべて知っていた。……だから会議は徹底的に準備され、その台本は人事部がもち、フォートニーがファシリテーターとなって進行を方向づけていた。……ちょうど、背景に身を隠し、微妙かつしっかりしたタイミングでプロセスをコントロールしている心理学者のようだった。(15)

カーロによるリンドン・ジョンソンの伝記には、その経歴の初期に、人々とのコンタクトとコミュニケーション構造の中心に占めた位置が、ワシントンでの影響力を培うのに重要な役割を果たしたことが描かれている。まだクレバーグ下院議員の秘書だったころから、彼は交友関係を開拓し、ルーズベルト政権の有力者たちとのコネクションを獲得していた。

ジョンソンは自分を後援してくれる地位にいる有力な役職者、というだけでなく自分を知り、……しかも助けたいと思ってくれる役職者を知己にしていった。ジョンソンが手にした彼らの推挙による職数から、その恩恵を解釈できる。……普通ならそうした職務は秘書としてついている下院議員の重要度によって配分される。平均的下院議員に与えられるのは四つか五つで、長老級になると二〇ほどになった。……上司のクレバーグは在職年数が浅く権力もなかったのに、秘書の

ジョンソンには五〇もの役職がつけられたのだ。(16)

ジョンソンのキャリア初期における話は、ひとりの人物との付き合いにも象徴される。名前をサム・レイバーンといい、テキサス出身で独身、非常に孤独な男だったが、ジョンソン家によく招かれていた。このレイバーンとのコネクションを通じ、ジョンソンは非常に有力なベテラン下院議員たちの非公式の会合に参加することを許されていた。レイバーンとの交友関係も、政治的支配層における大きな影響力をもたらしたのである。こうした有力者の友人として、ジョンソンは自分も尊敬をもって対応されてしかるべき存在にしていった。はじめにオフィスを与えられたドッジ・ハウスでの他の下院議員秘書たちとの付き合いでも、事務職員や下院議員らとの交流においても、ジョンソンは相手を知る努力と相手から知ってもらう努力を怠らなかった。こうした親交があらゆる場合に、パワーを獲得し物事を実行しようとする努力の役に立っていったのである。

パワーの源として適切な人物とつながりをもつことの重要性の事例を証券会社E・F・ハットンにも見ることができる。一九八三年、トム・リンチがハットン系全子会社の持ち株会社E・F・ハットン・グループの社長になった。リンチはそれまでこの会社の最高財務責任者だった。利益の大部分がリテール仲介によるものだったリテール主体の企業で、投資銀行業務とトレーディング業務を拡大していた当時の状況では、スタッフ職にあるリンチにはほとんどパワーがないように見えた。しかし、リンチはE・F・ハットンのCEOロバート・フォモンの親しい友人でありアドバイザーだった。しかも、ハットンの組織図では、一七人の人間がフォモンに直接報告する仕組みで、リンチはフォモンと近くしかも頻繁に接触のある場所に位置していた。そこは圧倒的なパワーを支配するポジションだったのである。

この寄せ集めの体制で、リンチはフォモンの横に座り、一緒に意思決定を行なっていたのだろう。……フォモンに対するリンチの影響力は大変なものだったが、……パワー・ブローカーのように表に出てくることはなかった。それでも時がたつうちに、彼はハットンでナンバー2の影響力をもつ存在になっていた。そ

のパワーはフォモンとの個人的な関係からもたらされたものである。(17)

物理的な位置と中心性

ある個人や部署がコミュニケーション・ネットワークの中心となるには多くの理由があるが、なかでも最も重要なのは組織における物理的な位置である。私がカリフォルニア大学バークレー校からスタンフォード大学に移ったとき、友人で同僚のチャールズ・オライリーが私の研究室を引き継いだ。多くが認めるように、彼はバークレーの看板教授のひとりである。そのパワーの源は、大学に捧げている時間とエネルギー、学術的な評判、教師としての人気、個人的なスタイルなど、とてもたくさんある。

しかし、見過ごしてはならない事実は、彼の研究室がバローズ・ホール六階の男子トイレのはす向かいにあることだ。バークレー・ビジネススクールは三、五、六階を占めているが、五階に男子トイレはない。つまり、オライリー教授がすべきことは、研究室のドアを開け放ち、そこにただ腰を落ち着けていることだったのである。そうしておけば、特殊な例を除き、バークレーのすべての男性教授（大多数が男で、女性の教授はごくわずかだった）が毎日、彼と顔を合わせることになる。こうした物理的な中心性はコミュニケーション・ネットワークの中心性に影響するのはよく知られているので、少なくとも直感的には、人は自分のオフィスの場所やそれが本社に近いかどうかを気にするものなのだ。

物理的な位置は、スタッフ職やアシスタント的な立場の人たちが、享受する強大なパワーを説明するのに役立つ。こうした人たちは、必ずしも公式の権限が付与されていなくても、物理的な配置からパワーを得ている。ヘンリー・キッシンジャーは次のように書いている。「近くにいるということはかなり重要である。大統領と一日に何回も打ち合わせをする機会があるということは、委員会の長になるとか選択肢を提案する権利などより、はるかに決定的に重要だと言える場合が多い。……ケネディ以来の大統領はみな、自分の閣僚以上にホワイトハウスの補佐官たちを信頼しているように思える。……これは、大統領執務室のすぐ隣にいるという距離感がもたらす心理的な安心感によるものだと言ってよいのではないか」。[18]

米国の企業では、マネジャーに海外経験を積ませることに非常に大きな関心があるのだが、この物理的な位置という課題がパラドックスになっている。つまり、海外勤務が人材開発という観点からは間違いなく重要なのだが、それはパワーの中心点から引き離すことを意味し、「去るものは日々に疎し」といった現象さえ出てしまう。中心性がもつ影響力への作用を解決する意識的な努力がほとんどなされないため、昇進のチャンスを考えれば、人々は海外勤務を将来性のない職務と感じ、転勤を断ることになる。しかし、米国企業がこうした海外経験による学習の可能性を失えば、ますます拡大する国際市場で本格的な勝負をするのに不可欠の深い能力を開発することが難しくなる。

物理的な位置がパワーと影響力に与える作用も、今日の企業が製造事業に対してもっている態度を理解させてくれる。私がビジネススクールで教えてきたMBAの多くは、製造業に就職したがらないし、事実、多くの企業では製造部門にあまりパワーがない。[19] このことは、単に、社内の製造部門の相対的重要度が低いということではない。それどころか、会社の成功には製造部門がきわめて重要で機能となっている企業においてさえ、別の問題が起こる。それは、製造部門は本社から遠く離れた工場や施設にあるということだ。リンカーン・エレクトリックのように、本社が工場敷地内にあるといった少数の事例を除けば、製造部門およびその要職にある重役が、組織の経営体制の中心から物理的に切り離されている可能性があるのだ。財務、経理、情報システム、法務や他のスタッフ部門は、本来なら補助的な職能ともいえるが、本社社屋、つまり会社のトップに近いところにオフィスがあることが多い。その物理的な近さは、潜在的な影響力競争が顕在化したときに有利になる。

物理的に中心にいることがパワーになるのは、この距離的な近さのためである。主流から離れた場所に位置することで、従業員も続々と起こる出来事から隔離されるし、会社全体から見ると、自分たちの仕事がいかに周辺的なものかを象徴してしまうのだ。ロジャー・スミスは一九七四年にGMの財務担当執行副社長になったとき、残念ながらGMが市場に耳を傾けていないことを認識した。ひとつの修復策は、当時、どの事業部でもお粗末な状態だった戦略プランニングへの取り組みをアップグレードすることだった。スミスと交通システム部の技術者で特別プランニング・チームのヘッドに選抜されたマイク・ネイラーは、戦略プランニングが社の命運を握っていると確信した。スミスは次のように語っている。「顔も知らない人間に自動車を開発させて、リモコン方式で会社を運営したいとは思わない」。[20] だが問題があった。それはスミスとネイラーが、この変革のための政治的サポートをかき集める必要性に十分になじんでいなかったことでも、プランニング・グループの場所が重要な役割を演じるということに気づいていなかったことでもない。それは、

両者とも、この方程式が正しければ……、組織が計画に従うものと思い込んでいた。ネイラーのプランニング・グループは、博士号保持者とコンピュータ・マニアからなっていた。博士号というとエリートのようだが、社の主流派にはまったく軽視されていた要素にすぎなかった。チームはGM本社の地下階で作業していた……。そんな場所になったのは「安全上」の理由で、社の業務に関する秘密性の高い情報をチームが扱っていたからである。しかし、コンピュータ・エリートの小集団が地下で計画づくりに励んでいるという象徴的な事実は、他の重役が鼻で笑う格好の材料だったのだ。[21]

地下階が職場となったことで、チームも会社の日々の作業プロセスと自分たちを一体化するのが難しくなっていた。

最もプレステージの高いオフィスは、最も眺めのよい一角や最上階に置かれていることが実に多い。分離されて遠くのスペースをとることの代償は、コミュニケーション・フローから外されるということである。情報の流れに近い場所と自分の位置のもつステータスをつり合わせるのは、個人の成功には不可欠だと考えている。私の知り合いに、カリフォルニアの半導体検査機器会社のある部門のエンジニアリング・ディレクターがいた。当時、この部門は、典型的なカリフォルニア的R&Dの建物、オープン型のオフィスでワンフロア、見事に平たく展開

しているスタイルだった。彼の前任者は二人解任されていたので、そのポジションが厳しいのははっきりしていた。部門のトップやさらにその上の経営職は、建物のひとつの壁に沿って、個室をもっていた。この新任のエンジニアリング・ディレクターは、こうしたオフィスのレイアウトを慎重に検討し、その通称役員通りには、自分のオフィスを置かないことに決めた。彼は、社員が一日中、カフェテリアとトイレに歩いて出て行っているのに気づいていた。さらに、この二つの場所への通り道はオープン型のオフィス・レイアウトのほぼ中央で交差することがわかり、そこを自分の執務場所としたのである。本人は、その後の自分の成功の多くはこの位置取りにあると語った。その場所にいたからこそ、自分の部門で何が起こっているかがずっとよくわかるようになった、というのだ。彼はもろもろのプロジェクトに通じ、インフォーマルな質問に答え、普通なら一人ではなしえないほどの大きな影響力を部門の諸活動に行使していた。

相互作用を促したり妨げたりする物理的配置の重要性は、決して侮るべきではない。どこに座っているかで、自分の相互行為の質と量は大きく変わってくる。[22] これが、誰を知っているか、誰に知られているか、その人たちとどういう関係にあるかに影響する。

●タスクの相互依存性

物理的位置のインパクトだけでなく、コミュニケーションの中心性はタスクの性質とタスクに関係する相互作用によって影響を受ける。他者との相互作用はほとんどいらず、基本的に自分自身のスキルや能力に頼るような職務についている人もいれば、組織の中の他者と頻繁に接触せざるをえない職務についている人もいる。[23] 職務は他者との相互依存度の違いだけでなく、職務担当者がコミュニケーション・ネットワークのどれくらい中心に位置するかによっても違うことがはっきりしている。他者への依存度の高い職務は、やり遂げるのが難しいこともあるだろうが、担当者は相互にやり取りしなければならなくなるため、組織内で起こっていることについて、質・量ともに多くの情報のアクセスを得るのには効果的である。

野心的な人たちは、職務機会をその職務が組織内の他のメンバー、特に有力者との接触をもたらす可能性によって評価する。例えば、タイム社が創刊しようとしていた『週刊TVケーブル』の仕事の募集は、ハーバードでMBAを取得し、タイム社に入社したての二人の社員の目に特に魅力的に映った。[24]新雑誌の創刊準備業務は、若いこの社員たちに、発行に関する最終決定を下す責任のある上級役員はもとより、マーケティング、制作、編集など雑誌デザインや事業可能性と潜在力の分析にかかわる人たちとの接触をもたらすのだ。

他者との接触をもたらす可能性が高く、それが当人のコミュニケーション中心性にプラスの影響を生むような職務は、まさに自分自身の能力や努力だけでなく、他者が何をするか、自分が他者に何をさせられるかで成功が左右される職務でもあるのだ。必然的に、自分の業績を自分でコントロールできるようにと、相互依存度の低い職務を探す人も多く見受けられる。問題は、そうした職務は当人の影響力を強化するような一連の関係をもたらす可能性も低いことである。

法律事務所では、さまざまな専門家がいろいろなレベルの相互依存関係にある。訴訟やビジネス法務は事務所の内と外の両面で他者との相互依存度が高いが、税務はそれが比較的低い傾向がある。だから、他の条件が等しければ、部署を横断して最も接触の多い専門家は、コミュニケーション構造で中心的な役割をもつので、事務所内でより強い影響力を築く傾向がある。

タスクフォースやチーム、委員会などで働くことも、自分の接触のネットワークを広げ、深めるのにプラスの作用がある。だから、そうした職務が展開と可視性という点で、好ましい思われることが多いのは当然なのだ。

事実、タスクフォースやチーム、委員会などの一番の目標は、ひとつの組織のいろいろな部署からの人材をまとめることである。この点から考えると、こうした状況で起こりがちな一時的な能率の低下やあからさまな時間の浪費にもかなり辛抱強くなれるはずだ。事実上の関心事が同じ組織の他の部署や他の人を知り、理解するということなら、表面的な課題は、さほど重要ではないかもしれない。

●中心になること

中心性には、つまり、パワーや影響力には、我々が一部しかコントロールできない要素、例えばオフィスの位置とか職務の任命などから派生するものがある。しかし、自分の座る場所、働く場所、どのプロジェクトを求めたり避けたりするかなど、自分で決められる場合も多い。そうした選択がコミュニケーションの中心性、すなわち、パワーと影響力に与える作用はよく検討する必要がある。

組織を構成する社会関係の網の目にいる有力者へのアクセスを増強するために、個人でできることもある。私自身がたまに口にするのは、自分の職業が大学教授なので、職務の相互依存度が比較的低く、友人と一緒に昼食を取る自由があることだ。この意味は、自分が大きなパワーや影響力を行使する欲望がないかぎりは、職務から要求される付き合いの量がそれほどでもないので、自分の好きな人と付き合えるということだ。しかし、ビジネスや政治を仕事とする人のほとんどは、このような贅沢《ぜいたく》は言えず、パワーや影響力を求める人でもそうしたゆとりがあるわけではない。影響力を拡大するためには、我々はコミュニケーションと相互作用の構造にしっかりとはまり込んでいる必要がある。つまり、人づき合い《ソーシャル・インターラクション》も含めた相互行為を戦略的に探し求める必要がある。リンドン・ジョンソンの場合、下院議員の妻たちとダンスをし、息子のような役割を演じたり、会える人とはほぼ誰とでも会い、話しこむのに時間をかけるのをいとわなかった。この習慣はかなり極端かもしれないが、その行動の一般性ではなく、極端さこそが本人を際立たせたのである。社交の開拓、つまり物理的空間だけでなく社会的空間でもポジションを操縦するというシーンは、パワーを得ようとする人たちの多くに頻繁に観察できる。これはもう、そうするのが不可欠だからなのだ。

例えば、アップルコンピュータの人事部で仕事をしていたある人物を知っているが、当時のアップルⅡ事業部は、一八カ月でゼネラル・マネジャーが五回も代わるほどの混乱期だった。技術系の経験はないが、人事の専門家として、ゼネラル・マネジャーが事業経営の補佐をする責任も担っていた彼女は、スピードを上げ、影響力を速やかに獲得する必要に迫られた。彼女は毎週水曜日の朝にクロワッサンとコーヒーを用意した会合を設定し、事業部内のいろいろな部署と階層から四名を招きインフォーマルなディスカッションを続けた。一〇週間ほどで、彼女は事業部内で助言を求めに行ける四〇人の重要人物を知り、しかも、事業部が直面している諸問題について大量の情報を集めていた。ジョン・デロリアンがシヴォレー事業部を握ったときは、これよりもっと上の立場で、まったく同じことをしていた[25]。事業部の役員たちを呼びつけるのではなく、彼らのオフィス現場に出向き、それぞれの言わんとすることに耳を傾けることで、自分が相手の意見に関心があることを効果的に示し、他の方法では得られなかったような、複雑で精巧な接触のネットワークを開拓したのである。

中心になるための作業は、そうしなければほとんどパワーのないグループや人には特に重要である。例えば、さまざまな形態の女性差別が広い範囲で報じられている[26]。これは、女性がネットワークと距離的な近さの重要性についてより関心をもつこと、直面する障害物や不利な要素を除去するのにより積極的になる必要があることを意味している。

スタンフォード大学医学部の神経外科医の女性教授の例で考えてみよう。彼女が医学生のころは、女性の外科医はほとんどいなかった。手術前に手を洗うのも看護婦たちと一緒だったので、彼女は手術着を身につける前と後の場所で行なわれる非公式のやり取り《インターアクション》の機会から外れていた。宿直当番のときでも彼女の宿泊設備はなく、骨折治療用の部屋で寝ていた。当たり前の更衣室や居住空間さえもてないことは、医療研修の面でも、影響力を広げる点でも不利だった。彼女はスタンフォード大医学部の助教授になると、着任直後から評議会選挙に立候補した。この職務は人気があるわけではなかったが、医学部で進行中のことを知ることのできるポジションだった。数年後には、彼女は評議会議長にも選出され、実に多くの委員会の仕事を引き受けていった。彼女にこの行動について聞けば、情報へのアクセスを意図的に獲得することと、影響力のあるコミュニケーション構造の中に自分を位置づけることの大切さを語るはずだ。

スタンフォード大学病院のような大規模な医療センターの最高業務責任者は、かつて看護部長だった女性が務めることもある。委員会やタスクフォースの仕事をすることの大切さ、そして物事を進めること自体が、病院、医学部、およびこれらを取り巻くコミュニティといった幅広い領域の人たちと接触する機会をもたらすことを彼女はよく知っていた。病院が大掛かりな改装や増築を行なうときも、ちゃんと病院のデザイン委員会に加わっていた。病理学科長から医学部長になったデビッド・コーンの委員会も例外ではなかった。通常、委員会の仕事とは、すでに多忙なスケジュールに業務を追加するだけのものだが、参加しなければ見過ごされてしまう人たちにとっては、こうした形で姿を見せておくことは、特に重要だと言える。

社会的ネットワークは意識的に築ける構造であり、コミュニケーションのネットワークのどこに自分を位置づけるかは、自分でコントロールできることなのだ。我々は数をこなすか、もしくは場を取り仕切るかして仕事をすることができるが、場を支配して仕事をするほうが効果的であることが多い。

CHAPTER 7

第7章 公式権限、評判、実績

Formal Authority, Reputation, and Performance

リーダーはフォロワーが権限を信じる姿勢になっていない限り、権限をもってはいない。ある意味で、リーダーシップとは部下から授けられるものなのだ。

一九六八年二月六日、ヘンリー・フォードは、当時GMの役員序列第四位だったセモン・ヌードセンをフォード自動車の社長に任命し、自動車業界を驚かせた。それから一九カ月後の一九六九年九月一一日、フォードはヌードセンを解雇した。業界に衝撃を与えたのはこのときだけではなかった。ヘンリー・フォードは取締役会や販売会社だけでなく、自分の家族からの大反対も押し切り、一九七八年七月一四日には、リー・アイアコッカをフォードの社長から解任したのである。「『不満をいわず、弁解もせず』とフォード二世は語る。フォードという名前にはいずれも必要ない」。[1] ヘンリー・フォードは資源を掌握していたが、そのパワーは最高経営責任者の地位にいたからであると同時に、会社を率いて積み上げた実績と評判によるものでもあった。これによって、会社を仕切る権力が備わり、フォードが適任だとみなした経営幹部に分け与えられたのである。地位のもつパワー、およびコントロールと実績がもたらすパワーは、CBSのウィリアム・ペイリーも実証している。

ペイリーは所有する株式が一一%ほどに減少していたにもかかわらず、万能のオーナーのように行動していた。何かを説明したければ説明し、したくなければ、

何もしなかった。……当人の堂々とした振る舞いによって、周りの人々は自動的に彼がボスなのだと思い込むようになった。(2)

パワーの大きな源泉のひとつは、組織内での評判である。現在の地位とそれまでの地位でいかに優れた実績をあげてきたか、特に、物事をいかに実行し、どうパワーを保持しているかである。正式な組織構造のどこにいるかで、パワーが決まってくるのもたしかで、上役《ボス》になるにはそのほうがよい。しかしこの地位のパワーと、そういうパワーの行使は、ただの公式権限以上というだけである。そこには、有能だという評価を構築し維持することが含まれているし、物事をやり遂げる能力も当然入っている。この二つの重要な要素がなければ、公式的な地位にあるパワーも侵食されるはずだ。

この章では、公式の地位のパワーを論じ、権限が社会システムにおいてどういう理由で、どのように成長するかについて述べる。次いで、評判が広がり、仕事の成果が評価されるプロセスの部分を検討する。

公式の地位と権限

地位は、パワーの重要な公式的源泉のひとつである。数年前、私は電気施設で使用される冷却塔を建設する会社と仕事をしていた。この会社は当時、中西部に本社を置く大手コングロマリットの事業部で、全体から見ると比較的規模の小さい部門だった。ここは、職能別のラインで組織され、販売マーケティング部、エンジニアリング部、建設プロジェクトごとの標準部品をつくる製造部、財務と人事を含む管理部からなり、中心勢力はエンジニアリング部だった。事業部のトップが技術系だったことや、設計とプロジェクトのエンジニアリングが業務の中で最も重要でしかも問題の起きやすい部分だったからである。注文を取ってくることが受注を増やすのに最も着実な方法だったが、仕事を適切なタイミングで進め、顧客の基準を満たすためには二の次にされていた。

この会社は部門間調整という問題にぶつかっていた。販売部が受注してきても、エンジニアリング部は納期が近づくまで作業に手をつけていない、といったことさえしばしば発生していた。一方、エンジニアリング部は、受注時に約束されている仕様の中身に驚かされることがよくあった。そのため、エンジニアリング部で設計作業を終えても、今度は製造部が材料基準や期待されている日程に慌てるという事態が起こっていた。プロジェクトは常に遅れ、予算を超過し、顧客からクレームを浴びていた。社内の目にも、何らかのプロジェクト・マネジメントが必要であることは明白な事実だった。

事業部のトップは会議を開き、改革のための選択肢を話し合った。マトリクス型の組織にするか、プロジェクト・マネジメント方式にするか、が明確な選択肢だった。いずれも部門間調整を改善するが、同時に、エンジニアリング部のパワーを弱めるものでもあった。こうしたパワーへの脅威にもかかわらず、会議の冒頭では、エンジニアリング担当の部長は賛成の姿勢だった。問題の診断内容に同意し、改革が必要だと認めていた。しかし、会議の終盤になり、特定の組織改革案に決まりそうな気配が漂い始めると、この部長は、その提案を支持する姿勢を見せながら、事実上、提案自体を潰す発言をしたのだった。「部門間調整の問題が深刻な状況にあることには同感だ。提案されている組織改革案がこの問題解決を支援しうるものであるとも思う。しかし、本社の意向がどうかということもみなさんはご存知のはずだ。本社の考え方は非常に保守的で伝統重視、すっきりしたラインの権限と責任を求めている。だから、本社がこの案を承認するとは考えにくいし、現実的に考えれば絶対認めないと思う。少し前に本社の担当者と会ってこの構想の概略を話したら、この新式の管理法に強烈な嫌悪感をあらわにしていたからだ。だから、この改革案がいかに正しくても、本社の承認は絶対に得られないと思う」。結局、彼は自分のエンジニアリング部が関与するプランを提案し、プロジェクト調整全般への責任を握り、新しい契約の入札プロセスや生産のスケジューリングと統制に一層関与するようになった。この部長の構想が勝利を得たのである。

いまになっても、私には次のことがわかっていない。①この人物がいう本社の誰かと本当に話したのかどうか、②本社の人間が、この改革案を承認したり却下したのかどうか、③この事業部が部内調整の問題を解決し、収益性を高めようとしている間、本社がいちいち気にさえしただろうか、ということだ。確実にわかっていることは、この部長の言うような「上が認めないだろう」、つまり「本社が承認しないはずだ」という巧言がしばしば利用され、めったに否定されないことである。

この戦略が機能するという事実は、公式の職位にパワーが備わっていることを示唆している。議長、社長、監督、いずれも、当人が組織の階層に公式の地位を占めるがゆえのパワーをもっている。我々は公式の権限がある人からの命令に従うし、また従わないという場合でも、少なくとも、まずその権限について慎重になるだろう。一般には、公式権限がパワーの一因になるという事実は、その地位に就いてもなかなか考えないものだ。組織階層の下位にもパワーはある。上からの命令に抵抗したり拒絶するパワーである。(3) しかも、実質的には、抵抗するに十分なだけのパワーがあれば、結局、上司にはパワーがまったくないことになる。かなり大きな話だが、東欧とソ連で起こったことがこのプロセスの好例になる。軍部や安全保障機構はもとより、大多数の国民が共産主義指導者の権限を受け入れている間は、指導者たちの統治は安泰だった。異を唱える人が少しくらいいても、刑務所送りか弾圧ですませられた。しかし、既存の政治指導部の権限をほとんどの人が拒絶するようになると、その権限にもはや正当性はなくなり、きわめて全体主義的な体制でも、指導者たちはほどなく実質的なパワーを失っていった。

したがって、与えられた公式職位に備わるパワーとは、その職位が置かれている社会的組織のすべての（少なくとも大多数の）メンバーがそこに認めたパワーのことである。「統治される人々の同意」とは、民主主義だけではなく、企業や他の官僚制機構を含むあらゆる組織形態でも通ることなのだ。上位の管理職の多くには、採用、解雇、報酬といったパワーが備わっており、職位の保持者がそのパワーを行使する権利が否定されないかぎり、利用できる。人事部が誰かを実際に解雇しないかぎり、給与は支払われ、警備係も当人の社屋への立ち入りを認め、同僚もそのまま一緒に働くことになる。ジョン・ガードナーは、リーダーシップ論の中で次のように記している。「リーダーは、フォロワーが権限を信じる姿勢になっていないかぎり、権限をもってはいない。……ある意味で、リーダーシップとは部下から授けられるものなのだ」。[4]

職位や公式権限から派生するパワーが、他の人々がその地位にいる人間に与えるものだとするなら、次の問いは、社会的組織とメンバーにそうした承認を与える動機は何なのか、である。人々が権限を否定したり、疑問視したり、無視したりせず、少なくともほとんどの場合は、それに従うのはなぜなのか。権限への服従は、時に劇的な現象となる。第二次世界大戦では、何千人ものドイツ市民が、単に命令されたというだけで、罪なき人々の虐殺に加担した。殺された人々の多くが女性と子どもだった。このような出来事に直面したらと問われると、多くの人が自分は違う行動をとるはずだと回答する。そのように答える理由と権限への服従の根拠を調べるため、社会心理学者スタンリー・ミルグラムが行なった一連の実験は、いまも古典として広く知られている。[5] この実験では、表向きは、学習への罰則の効果を調べるために設計された調査だということで被験者が集められた。まず、くじを引いて（このくじは、被験者が常に教師の役割になるように操作されているので）教師役になり、学習者役の人（こちらは実験指導者からすでに実験の構造を教えられている）に対し、一連の無意味な言葉のセットを読むように指示される。次に、学習者役がそれを繰り返すようにいわれ、間違えた場合は、教師役は学習者役に電気ショックを与えるレバーを引くように指示されている。レバーを元に戻す動作でも、そのつど電気ショックが与えられることも伝えられている。幾度も電気ショックを与えられると、学習者役は痛みを訴え、実験をやめてくれと懇願する反応をし、最後には断末魔の叫びを上げ（この学習者役はエール大学演劇学部の学生たちに依頼されていた）、最後はぴくりとも反応しなくなる。教師役が実験指導者に何か質問しても、回答は実験を継続してください、と言われるだけ。続行せよと強制されることはなく、電気ショックの執行を続ければお金を払う、というような条件もなかった。しかし、教師役となった被験者のかなりの数が、電気ショックを最高水準まで上げ続けたのである。この実験は権限への服従というよりも、影響力の過程を説明するものではあるが（つまり、いったん着手した行為へのコミットメントをエスカレートさせる）、まったく知らない人でも、権限がある者から出された極端な要求に従おうという意識をよく説明している。

権限への服従は、人生の初期に条件づけられ、ほとんどの状況で、社会と個人との両方に多くの利点を与えている。例えば、あるアメリカン・フットボールチームの例を考えていただきたい。ハドル（作戦伝達の円陣）でクォーターバックが次のプレーを指示する代わりに、プレーヤー各自がどのプレーにするかとか、各プレーヤーがどのプレーを指示するのが適切かについて議論を始めるとどうなるだろうか。どちらの場合でも、結果は調整されていないアクションやタイミングの外れたアクションで、試合はひどい展開になるはずだ。相互に依存したアクションを必要とする活動のほとんどは、そうしたアクションが調整されていないかぎり、成功しないだろう。だから、我々は他者との活動を調整する経験から学習していること、また、そうした調整を確実に行なうために、権限に頼るという事実も当然なのだ。

しかも、我々は人生の初めのころから、一般に権限ある地位にいる人たちが、自分よりも多くの情報をもっていることを学習している。組織に関するウェーバーの官僚制モデルの基本的見解のひとつは、能力や経験に基づく昇進である。[6] 昇進が業績によって決められていれば、より上位の職位にある者が、部下より知識、経験、能力があるという傾向になる。これは、上位者の指揮に従うことが全体として組織にとってよい、ということだ。さらに、権限をもっているように見える人々に従うことで、自分の情報処理作業を節約できる。つまり、すでになされた試行錯誤をわざわざ繰り返す必要はなく、むしろ、ほぼ自動的に行動できるのだ。

もちろん、我々は権限だけでなく権限の象徴を備えた人にも服従する。例えば、警備保障会社が最低賃金職のひとつである警備員に制服を着せる理由がそれである。その制服は警察官のものとよく似ていることが多い。警備員の姿が警官のように見えると、警察の権力へのように従ってもらえるだろうという想定なのだ。他の領域でも同じように権威や特殊能力を示すために服装が用いられている。スタンフォード大学のスローン・プログラムを修了した神経外科医の女性の知人がいる。筆者は典型的な男性社会でパワーを執行する女性に関心があるので、ずっと連絡を取っている。あるとき彼女の招待で、彼女と同僚の男性医師が手術を行なう様子を観察する機会を得た。私は執刀前に手術室に着いていた。もちろん、手術室用の薄緑色の衣装を身につけて。すでに手術室にいた人たちには（私は博士号の学位があるので）ドクター・フェッファーと紹介され、患者からは少し距離をおいて立った。（私が誰かを知らなかった）看護師が「先生、こちらに」と呼んだ。そして、私にメスを渡す態勢になったのである。幸い、そのまま医師を演じる欲望を抑えることは難しくなかったし、居合わせた全員がこの展開に大笑いしたことでことは収まった。しかし、医師資格のない者が手術をしたり、弁護士資格のない者が法律業務を行なったり、学歴や経験を偽った会社員がしばらくの間、重役のふりをしてばれなかった実例はいくらでもある。多くの場合、我々はその人の学歴がどうとか、地位に相応の知識やスキルを本当にもっているかどうかをいちいち調べようとはしないものだ。地位自体が能力を示唆するので、その地位に合わせて接するのだ。

時のコングロマリット、トランスアメリカが映画会社ユナイテッド・アーティストを買収したとき、トランスアメリカのCEOジョン・ベケットは、映画ビジネスについては無知で、当人もそれを認めていたのだが、命令を下す権限はもっていた。一九七〇年、ユナイテッド・アーティストが損失を出した最初の時点では、次のような命令を出した。「我々が理解できるような管理体制が整い、早期警告が出るようになるまですべての購入計画は中止する」。[7]ユナイテッド・アーティストの経営陣は映画事業を知らない親会社に邪魔されていると思って、会社を去り、オリオンを設立した。空席となった社長兼CEOのポストには、ユナイテッドの業務担当上級副社長だったアンドレアス・アルベックが任命された。アルベックは長年この会社に勤めていたが、業界では無名に等しかった。この大抜擢を当人は喜んでいないという事実とは裏腹に、彼の肩書はユナイテッド・アーティストを指揮するパワーを与え、その権限は大きな抵抗は受けず、行使されていった。彼のもろもろの決定が結局はこの会社を消滅させ別の組織にしてしまうのだが、会社という階層構造における当人の地位によって、彼にそうした決定を下すパワーを与えたのだ。

指令系統からなる階層はきわめて自動的に受け入れられるので、指令が侵犯されるときはニュースになる。命令に従い、権限を受け入れるのは、それがないと指揮系統が侵され、不安定になったり無秩序にもなりうるため、ということも少なくない。権限に従わないことなどはほとんど思いもせず、従う。指導者や上司のパワーは制度化されるようになり、そうなると疑問が挟まれることはもとより、意識されることさえなくなる。このような疑問をもたない態度の原因を理解するには、組織における制度化のプロセスを考える必要がある。

制度化

地位が権限を伝えるように、物事を実行する標準的な様式は、社会的事実として自動的に受容されるようになる。制度化の過程について、ズッカーは次のように述べている。

……社会的知識はひとたび制度化されると、客観的現実の一部として、事実のように存在する。そしてその事実性を根拠に直接的に伝達することが可能になる。非常に制度化された行為は、人から人へ、物事はこう行なわれるのだと伝えるだけで十分である。従わなければ、そのシステムの中での自分の行為がわかってもらえないし、他の人の行為も理解できないから、一人ひとりが従うように動機づけられる。(8)

業務の実行方法が制度化されるのは、組織の新しいメンバーが同僚に倣うからだけでなく、そうした方法が権限の重みにより拘束性をもつからである。対象となる権限は、組織の上位にある人物か、組織自体の中で伝統として一般化された権限のどちらかである。

実験環境で設定される任意のミクロ文化の伝達に関するズッカーの調査は、権限の強制力を劇的に解説するものだ。暗室の中で静止した光点を見つめていると、その光点は動いているように見える。元となるジェイコブスとキャンベルが行なった調査では、実験の協力者に、光点の移動距離についてはじめに極端な推計値を与える。(9)（世代創出《ジェネレーションズ》として有名な）この実験で試行を続ける中で、協力者は実験が終わると交代し、何も知らない被験者が代わった。問題は、人が交代するという条件で、距離の推計値がどれくらい持続するか、つまり文化的規範がどれくらい持続するか、だった。ズッカーは、実験条件を少しだけ変更し、元の単純な交代という条件に加え、組織コンテクスト条件とオフィス条件を入れた。

組織コンテクストの操作では、次の指示が被験者に与えられた。

> この調査は、仮定の組織における問題解決に関するものです。みなさんは、別の組織メンバーと一緒に参加していただきます。……ほとんどの大型組織は、個々のメンバーが代わったり、場合によっては部門が丸ごと入れ替わっても存続しますが……、あなたにこれから参加していただく仮定の組織もこの特徴があります。……ですから、その職務が継続して行なわれているかぎりは、ひとりのメンバーの仕事ぶりは、組織にとってさほど重要ではないとも言えます。[10]

オフィス条件では、この組織コンテクストに次の指示が追加された。

> 大型組織は、メンバーをさまざまな職位に置きますが、これはしばしば組織で過ごす時間の長さに対応しています。あなたがこれから参加する仮定の組織もそうで、この組織で最も経験の長いメンバーが、ライトの操作担当なのです。……記録手続きを単純にするために、ライトの操作担当者に、まず判断を聞いてください。[11]

このズッカーの研究の結果は衝撃的だった。平均的な被験者は、この作業を自分で行ない、光点は四インチちょっと動くと推定するはずだった。はじめに確立させた「文化」（距離の推計値）は一一インチだった。新しい被験者が自分の推計値を最後に出し、それが前の被験者が去るときと同様に残されるという対人影響力だけの条件では、この推計値がこの課題を単独で行なうランダムに選ばれた被験者が出す数字に収束するまで六交代分しかかからなかった。しかし、オフィス条件をつけた場合は、六交代後の推計値は一〇インチまでしか落ちず、このデータで外挿して考えると、三六交代ぐらい後になっても、推計距離はまだ六インチほどのはずだ。組織コンテクスト条件も、元の推計値を持続させていたが、オフィス条件の場合ほど強くはなかった。

これが意味するのは、人工的設定であっても、組織に入るよう指示され、肩書のある人の前に出ると、ライトの操作担当者のように、さしたる意味のない肩書であっても、行動には変化が引き起こされることを意味している。つまり、被験者は、組織で確立されている明確な規範にかなり強く同調するのだ。こうした所見を文化的な規範がより重要な現実の組織に当てはめて考えると、権限がそのような行動にいかに大きな影響をもつようになるかがすぐにわかるはずだ。

●評判

公式の地位がパワーを示唆するのを知ることと同時に、そうした地位に昇進する過程のダイナミクスについて理解することも大切だ。パワーの獲得過程では、実際の昇進と他の人たちがその人の権限を非公式に受容するプロセスで、評価と実績がきわめて重要になる。人は、信頼・信用できる人物だ、実行力がある人物だ、パワーや影響力がある人物だという評価を立てたいと思うものだ。パワーがあるという評価がさらにパワーをもたらすのだ。パワーや影響力があると見られることが、本人の行動を変化させる効果をもつと言ってもよい。予言の自己充足と呼ばれる現象に関する大著が、期待が行動に及ぼす影響に記している。[12] うまくやるだろうと期待されている人は上手にこなしやすく、失敗するだろうと予測されている人はお粗末な結果に終わりやすい。このような効果が生じる原因のひとつは、防御的努力と呼ばれるメカニズムである。ある仕事をうまくできないだろうと予想していると、あまり努力もしないかもしれない。みすみす無駄になる努力をしても意味がないからだ。同様に、自分にはパワーがないと感じていれば（しかも、他人からもそう見られていると思っていれば）、他の人に影響力を発揮しようとはしないだろうし、影響を与えようとしても、中途半端な努力で終わるのではないだろうか。また、特に、やり遂げなければならないことが大きい場合には、パワーのない地位にいることが不安をそそるかもしれない。不安や緊張は集中力を失わせ、ミスを誘発し、物事を成し遂げようとしても通常より効果が損なわれるかもしれない。

知覚が現実になるもうひとつの理由は、他の人が自分とどのようにやり取りするかに知覚が影響し、自動的にそれに応えてしまうからである。マーク・シュナイダーは多数の社会心理学実験を再検討して、この点を見事に説明している。[13] 例えば、被験者にこれからとても魅力的な異性と電話で話をすると告げると、被験者の行動が変わり、電話の相手からも違う反応を引きだされる。あるいは、被験者にこれから能力のない人たちを監督させるというと、より細かな監督をし、より指示的な行動をとるようになり、これが監督される側にも異なった行動を導く。[14] 影響力を行使する場合では、影響力があると思われている人は、挑戦されたり、攻撃されたり、争いを挑まれることが少ない。こうなると、より小さな努力で仕事を遂行でき、より多くの仕事をこなすことになるだろう。そしてこのことが次々に、有力で有能だという当人の評価をさらに高めるのである。ロザベス・モス・カンターは、組織の中の人々が気難しく、主張ばかりし、怒りっぽくなるときは、彼らがパワーのない地位で、自分の能力や与えられた資源以上のことをしなければならないからだろうと言っている。[15] パワーのある人のために、またはパワーのある人と一緒に働きたい人が多い理由のひとつは、総じて彼らが愉快で快活だからである。それはそのもって生まれた資質が好かれるからではなく、パワーがあるという評価と現実が、他の人に委譲するより大きな裁量を許し能力を備えさせているためである。

パワーがあるという評価は、我々自身の行動と、我々とやり取りをする相手の様式を変えるだけでなく、実際の資源がどのように配分されるかにも影響している。それによって評価が現実へと変貌するのだ。かつてATT（アメリカ電信電話会社）の管理職のグループを五年にわたって追跡した調査が、初年度末に出された業績評価がどこまで五年後の業績評価の予言となりうるかを検証している。[16] この五年間の二つの時点での評価には大変強い相関関係が表れた。この結果に対して、ATTの業績評価制度が個々人の本当の諸能力を評価するのにきわめて有効であること、そのため、初年度の評価にはその人の五年後の働きぶりを正確に予測する正確な情報が多数含まれているという解釈もある。しかし、この発見に対するもうひとつの、そしてより説得力のある説明は、個人に関する評価が本人のその後のキャリアに流れをつけている、ということだ。好ましい評価を得た人ほど、より面白く、挑戦的な職務を割り当てられる傾向があり、それらの職務にはより成長可能性があり、多くの研修やエグゼクティブ教育が受けられ、上級経営職からのメンタリングやコーチングといった機会が与えられていた。そして事実上、これらがいずれも、彼らをより優れた仕事人に育てるチャンスになっていたと考えられる。同じようなフィードバックプロセスがパワーや影響力を伴って発生するのである。影響力があり有能だという評価のある人は、他の条件が同じなら、協力や支援の獲得がずっと容易になるのだ。彼らには影響力を発揮する機会も多く与えられる。そこでまた業績を出し、さらに自分の評価が高まる。

GMのロジャー・スミスの経歴は、評価がどのようにつくられ、その評価にはどんな要素が重要なのかを克明に物語っている。スミスはその仕事ぶりから、有能で勤勉だとの評判を得つつ、企業の階段を三一年間上り続け、頂点に到達した。

彼は目の前にある仕事を熱心に支えるだけでなく、必ず他の誰よりも早く見事にこなした。「上役の求めることは何でもやり遂げた」と元同僚が『フォーチュン』誌で語っている。スミスは勤勉な働き者で、周りの誰よりも能率的に仕事をやり遂げる能力があった。GMのサービス部門にいたときは、会社のためにはどこにでも行き、何でもする将来有望な若者という評価を築き上げた。(17)

自分の手柄を上司が我が物とすることにもかまわず仕事をする能力も彼は培っていった。一生懸命に働く意欲、上司と会社への忠誠心、仕事をやり遂げる能力は、まもなく、強力なメンターとなるトーマス・マーフィーの目に留まることになる。マーフィーは彼の前任のCEOだった。

マーフィーがスミスに関心をもったきっかけは、会社というゲームにおける「グッド・オールド・ボーイ」としての直観だった。……それまでのCEOたちもそうだったように、彼は頼れる男だ、と認めたのだ。「しかるべき仕事をやり遂げたい、しかも期日までに間違いなく成し遂げなければならないとしたら、それを実行できるのがロジャーだと気づくのに長くはかからなかった」とマーフィーは追想している。……「彼はこちらが何を言いつけようが、いつ言い渡そうが、そんなことにかまわず取り組み、きちんとやり遂げた」。[18]

スミスのような評判があれば、人は自分のために働かせたいと思い、彼らが組織を上っていくときに、連れていきたい、と思うだろう。その能力や影響力の範囲を拡大する機会を生みだすのも、評判である。

ウィリアム・ペイリーの下でCBSの社長まで上りつめたフランク・スタントンの経歴も、GMのスミスと多くの点で非常によく似ている。彼は一九三五年にCBSに入社し、すぐに「勤勉で、精力的な社員で細部にも几帳面な人間だ、と同僚に印象づけた」。[19] 彼はわき目も振らず、休みなく働き、プライベートな生活のための休暇などほとんど取らなかった。スタントンの仕事の拠点は調査部門だったが、誰がどのラジオ局を聞き、どの番組を好んでいるかを見極める調査を指揮し、市場に関する事実や、いろいろな局の競合ポジションに関する事実を発見する業務を開拓したのが彼だった。その部署、そして本人の評価は、次のように成長した。

スタントンはそのちっぽけな調査部門で事実と数字をどんどんまとめ、広告スポンサーや優良系列局をNBCから取り込むのに汗を流している営業陣に送っていた。彼はこの働きによって、的確な方法論をもつ実力者との評価を確立していった。……誰もがスタントンを「博士」と呼んだ。……まもなく、彼の調査がCBSの事業のほぼすべての領域で用いられるようになり、広告スポンサーと視聴者の獲得や番組の選択と編成に貢献し、系列局をNBCからCBSに変えさせるのに活用されていった。一九三八年には、彼は一〇〇人のスタッフを抱える調査部の部長になっていた。[20]

スタントンの情報のほとんどは『世界年鑑』、誰でも入手できる資料から得たものだった。しかし、勤勉な働きぶりと、情報を調べて見つけだす洞察力と意欲によって、自分を絶対必要だと言われる存在にしていったのである。「CBSでのスタントンの口癖は標語のようになった。『さあ、見つけだそう!』」。空白があればいつでもスタントンが熱意と献身でそれを埋めていった」。[21] 言うまでもなく、そのような空白がどんどん埋められるにつれ、彼はしっかり仕事（この場合は分析）をする人間だという評価が育っていった。一九四二年には、スタントンは調査部だけでなく「広告、販売促進、広報、建設、オペレーションと維持管理、CBS直営の七つのラジオ放送局監督」を担当する副社長になっていた。[22]

パワーがあるという評判の重要性は、忠誠心や有能だという評価に匹敵する。これまで見てきたように、パワーがあると思われることが、さらにパワーの創出に寄与するからだ。第一次ニクソン内閣の初期、ヘンリー・キッシンジャーは、外交の意思決定組織の統轄権を国務省と争っていた。「国務省は部局間組織の人事権を握りたがっていた。また他の部門との紛争解決の権限とNSC（国家安全保障会議）に異議を唱える権利も主張していた」。[23] キッシンジャーが提案していたNSC体制は、意思決定のプロセスを通じて、大きなパワーと統轄権を自分にもたらす内容だった。ニクソンがキッシンジャー側に立ち、この計画が通った。この官僚制度上の特別な勝利は、キッシンジャーのキャリアにかけがえのない効果をもたらした。

この出来事は、実際のパワーより、その見え方という点、つまり大統領と主任顧問との関係が何を予告しているかが重要なのだ。この闘争が私の勝利と認識されるような終わり方をしたという事実が、私の権威を早期に確立するのに役立ったのだ。[24]

一九六〇年代初期のケネディ政権スタート時にも同じような闘争が発生した。これも国家安全保障をめぐる国務長官ディーン・ラスクと大統領特別補佐官マクジョージ・バンディの間の権力闘争だった。

ケネディはすぐに国務省に不満をもったが、バンディはこの空白状況を察知し、これを埋めるように手際よく動いた。バンディはエリート・スタッフをそろえながらパワーを築き始めた。……彼らは国務省には不可能なスピードで書類を処理し、国防省とCIAとの非公式ネットワークを通じ、気脈の通じた友好関係を築き、政府内に非公式の内部ネットワークをつくりだした。[25]
ラスクはバンディやスタッフの存在とパワーが大きくなることに憤り、しばしば不満を口にしていたが、ラスクの不満がバンディの利益につながった。

……（バンディは）自分のパワーや影響力が拡大しているという噂は気にしていなかった。自分が実力者だという評判がそのままパワーを強化するのを知っており、これがさらに自分のパワーを強めるのを認識していたから、喜んでいたのである。[26]

評判の重要性と評判がいかにして組織におけるパワー形成につながるか、についての議論から、二つのきわめて明確な示唆が読みとれる。第一に、初期に起こることがきわめて重要だということ。バンディとキッシンジャーが、いずれも主要なライバルである国務省を速やかに抑え、自分が勝者だという評価を確立したことに注目するべきだ。ロジャー・スミスとフランク・スタントンが忠誠心があり、勤勉で、実行力のある人物だとの評価を確立したのも、キャリアの初期だった。あなたの評価も、組織に入るとまもなく形成される。だから、正しいコースどりでスタートすることがとても大切なのだ。

第二に、あることについて負ける側で戦わなければならない場合にどうするかという問題である。パワーの源泉そして上の地位に到達するためには評判が重要なので、この問いに答えることは簡単だ。自分が大切だと思い、自分が正しいと確信している課題で負けそうなのがわかっているとき、そのまま戦いを続行すべきか。私の回答は、大多数のケースでノーである。負け側にいることは、特にその頻度が高いと、当人に負け犬の烙印を押すことになる。このようなイメージは、パワーと影響力の獲得にはまったくそぐわない。人が所属する会社名で心に留められるように、我々は自分の関与した課題やそうした課題が決定されてからどうなったかで覚えられてしまうものなのだ。

ただし、次のことも確認しておきたい。この設問が想定しているのは、あなたが何をしようが負ける、またそのことが事前にわかっているというときのことだ。あなたがその課題について相手との相違点をよく理解していて、自分の見解のしかるべき根拠を述べ、その上で同僚の主張に合わせるのなら、あなたには協調性のあるチームプレーヤーだという得点が入る。さらに重要なのは、自分が事実上に譲歩したということをはっきりさせることで、相手に何らかのお返しの義務感、例えば次の課題についてはあなたの見解を尊重させるといった意識を残せるだろう。逆に、ただ抵抗を続けるというだけの場合は、その決定にかかわる人たちはあなたに何も貸しをつくらないだけでなく、あなたが反対し続けることに憤るようになるだろう。

また、社会心理学では、人は世界には秩序や公正があると考えたがるものだと言う。誰かが不運や挫折に見舞われているとき、それが自動車事故や不治の病のようなまったくのアクシデントであっても、その人なりのことだから、どこかやむをえぬことのように考える傾向があるのだ。[27] ある課題で負けることも同じで、特にそれをオープンに支持し、争った後だと、そのことが偶然の統御できないことだったとはなかなか考えてもらえない。だから、敗者は失敗すべくして失敗したと思われることがさらに多くなる。ある課題で敗者側にいることが、考えうる最悪の結果につながるような社会的知覚プロセスを起動させる、つまり自分の能力や重要性を低評価を招いてしまうのだ。

下院議長だったジム・ライトは公的な場での敗北が自分の評価に響くダメージを知っていた。税金と予算政策およびニカラグア・コントラの支持という二つの法案に対するレーガン政権との戦いで、ライトは民主党の同僚に強硬な立場をとらせ、団結し、レーガン大統領が拒否権を発動することを想定しつつも両法案を通そうとした。第一〇〇回国会における予算は最も厳しい討論のひとつだった。赤字は急速に拡大していた。レーガン大統領は増税に反対しており、予算策定の責任は民主党の議長たちがコントロールする下院にあった。彼らは自分たちが支援する政策による予算削減も、増税によって政治的自殺を図ることもしたくなかった。ライトは民主党のリーダーシップによって自分の議題を押すという大きな政治的ギャンブルをしたが、負けるリスクにも常に直面していた。

敗北とは何を意味するだろうか？　彼が審議中の予

算を通せなければ、彼と民主党は笑い物になるだろう。下院が予算案を拒否しても、よいとは言えない。パワーがあるという感覚が彼にパワーをもたらしていた。感覚は壊れやすいものだ。彼にパワーがあると思われていなければ、負けていただろう。[28]

評判の重要性は、我々が自分の行為を慎重に計算し、外からどう見えているかに敏感にならなければならないということだ。新しい組織や新しい職に着任して日が浅いときには特にそうだ。だからジム・ライトにとっても議長職に就いた直後から、自分の評判がどう認識されるかには特に注意が必要だったのだ。

●業績（実績）

地位と評判がパワーの源なのは、それが個々人が職務を効果的に遂行する能力を示唆するからでもある。そして、職務を効果的に行なえば、今度はそれが本人の公式権限と評価を確立するのを助ける。だから、地位、評判、業績は相互に関係し、この三つのどれかがよければ、他の人たちへの好印象につながる。

しかし、業績が意味することと意味しないことを認識するのも大切である。例えば、野球のような仕事なら、業績の審査はかなり容易だ。[29] 野球の試合のほぼすべての側面についての統計をまとめた書物が定期的に刊行されているし、投手と野手の業績に関する各種の要素の尺度設定にも多大な努力が払われている。しかも、野球は相互依存性が比較的ないスポーツなので、個人の貢献と技術がすぐに測定できる。だがこうした条件はいずれも、大多数の組織には当てはまらない。個別の目標が何なのか、一人ひとりの活動がどのように貢献しているのか、いないのか、が不明確なことが多いのだ。

だから、ほとんどの組織では、業績が意味するのは、知識があること、上司から非難されないでいること、物事を達成して所属部署と上司が優れていると思われるようにすることなど、となる。誰しも、自分のしてきたことが組織に長期的な価値をもたらしていると思うものだが、第1章で見たように、質の評価にはかなり問題があるものだ。業務上の短期的な成果や問題解決能力のような指標に頼るほうが簡単なのだ。

ラガーディア市長時代のロバート・モーゼスのパワー源については、モーゼスと同時代の人の多くが、彼の問題解決能力と実行力を強調する。

ラガーディア時代だけでなく、オドワイヤー、インペリッテリ、ワグナーと歴代市長の最高顧問として働いてきた、ジェイコブ・ラッキ判事は次のように語る。「わかるだろうか。毎朝、市長が執務室に入ると、そこには解決を待つ問題が山積みになっている。しかもその多くが解決できそうにもないほど大きく複雑なものばかりだ。そして、市長が部下に解決策を求めると、どうなるか。部下のほとんどが何の回答も出せない。何らかの解決案を思いついたという者がいても、その内容は非現実的で役に立たないものか、ただバカとしか言いようのないものばかりなのだ。……しかし、モーゼスに渡した問題は一晩で返ってくる。もちろん解決策つきで。しかも結果の詳細まで検討され、市長が市民にそれを説明するためのスピーチ原稿、新聞記者向けのプレス・リリース原稿、議会に通す条例原案、州政府にその法案を提案するのは誰で、どの委員会にいくべきかについての助言、必要となる市議会と財務委員会の対策のすべて、が整っている。憲法上の問題が絡んでくる場合は、関連する前例のリストや財務処理の完璧な方法がすべて添付されている。誰も解決できないときにも、彼なら策があったのである」(30)

理想的には、そのような解決策が、適切な公共事業を適切な場所で実施できるという素晴らしいものだとよい。しかし、そうした話は、回答を提供する能力と不確実性を削減する能力と比較するとまったく色あせてしまう。しかもモーゼスは、当時の市長職（および州知事職）が二年ごとに改選されること、すなわち、公園建設は二六カ月かけるより、二〇カ月で完成させるほうがはるかに価値のあることをよく理解していた。

組織における決定と選択について考えるとき、我々の思考の大部分は、正しく決定し、適切に行なうのが重要だという観念に支配されている。これは、成績評価が「正しい」答えを出す能力で決まるという学校教育の名残りだ。我々の心がもつこうした判断の枠組みによって、業績は我々の行為の結果で定義され、正しい客観的標準で測定されるようになる。しかも、このような視点では、物事を実行することによって、ある人がなぜ、どのように抜きん出てパワーを獲得するかということを見落とすことになる。そうした人々が、まるで間違ったことを行なっているように見えてしまうからだ。

こうした観点で業績を見ることにはいくつかの問題点がある。第一に、履歴がしばしば曖昧《あいまい》なことだ。[31] 行為と行為の帰結の間の関係が不明なことは多い。決定することと、その結果を経験するまでの時間差がありすぎて、関与した人たちがもう組織にいなかったり、上の職位に昇進していたりする。さらに重要なのは、決定の責任が団体として共有されているため、非難も功績もひとりの人間に帰せないことが多いのだ。

第二は、ジョン・ガードナーが認識していたように、結果には複数の決定因子があるので、行為の結果だけで人を判定するのはあまり有効ではないということだ。

指導者の行為は歴史の流れの中にある。彼らがひとつの結果をもたらそうと努力するときも、当人にはどうにもならない、当人の知識さえ及ばぬ多数の力が作用し、結果をせかしたり、妨害したりする。だから、指導者の特定の決定とその後に起こった事象の間に、はっきりした因果関係を示せることはほとんどない。その後の事象は、リーダーシップを測定する尺度としては頼りないのだ。[32]

筆者はこれに加え、後の事象は、業績を測定する尺度としても頼りないと言いたい。

しかも、結果に関する情報が追求されることは少なく、それどころか、意図的に回避されることもある。教育プログラムは無数にあるが、修了者の人生にどんな効果をもたらしているかを体系的に追跡しているものはほとんどない。患者治療の成功記録をつけている医者も少ない。組織であっても、情報システムがつくられるのは、実際に業績を審査するだけでなく、業績の測定がよいことだというシグナルを送るため、という場合も多いのだ。[33]

業績は組織におけるパワーの重要な源だが、普段の業績の姿、すなわち、影響力を発揮し、物事を成し遂げる能力だということを理解しておく必要がある。同時に、正しい業績の評価尺度によって我々の先入観から解放する必要もある。正しいということが常に上司や組織のために問題を解決するという意味ではない。大多数の組織で業績を実際に決めているのは成績なのだ。

●パワーを培うことの意味

公式の地位が重大なのは、これが特定の資源に対するコントロールと、示唆ないし指示される何らかの行為をとる能力を与えるからだ。前章で述べたように、資源は、パワーを獲得しようとする際には不可欠である。資源をコントロールし、具体的な意思決定の権限のある地位は、パワーを形成し、行使するためにはぜひ欲しいものなのだ。この意味でライン（組織の収益を生みだす機能にかかわっている従業員）とスタッフ（ラインをサポートする従業員）を比べると、スタッフ職の多様性、内部のコンサルティング、なくてはならぬ補佐業務は面白く、楽しく、知的な挑戦となるものながら、ラインの地位のほうがスタッフよりも一般的にはよいと言える。組織の戦いでは、部隊と補給が必要であり、諸資源を握ることが、パワーの確保には重要なのだ。

評判は第一印象に影響されるので、よい実績を早い時期につくることが大切だ。スタートがお粗末になり、それを払拭しなければならない場合には、他の部署に移ったり、他の組織に移り、自分のキャリアをリセットするほうがよいこともあろう。評判、業績、地位は互いに関連する性質があるから、落ちた穴から抜けだすのはどんどん困難になる。どこかほかのところでやり直したほうがよいというのは、もちろん、今後はどのようにしたらより効果的かについて何らかの教訓を学んでいるということが前提である。

実績を示し、評価を築くことを意識的にねらう戦略的行動はパワーの源をつくりだす努力にも役立つ。ロジャー・スミス、フランク・スタントン、マクジョージ・バンディ、ヘンリー・キッシンジャー、ロバート・モーゼス、ジム・ライトらは、いずれも自分のキャリアの早い時期によい評価を築き上げることの大切さをよく認識していた。政治家や企業家としての彼らの伝記を紐解くことから学ぶべき教訓のひとつは、長期間にわたってパワーと影響力を保持してきた人たちが実行したことである。そして、その背景にある、彼らがパワーの形成プロセスと源泉を認識し、計画的な努力を通じてそうした資源を獲得し、維持しようと仕事をした、という事実なのである。

CHAPTER 8

第8章 適切なユニットにいることの重要性

The Importance of Being in the Right Unit

どのサブユニットも平等に生まれるわけではない。影響力のあるところとないところがある。

一九八〇年代のソロモン・ブラザーズでは、株式部門にいるより債券部門にいるほうが有利だった。

債券市場の隆盛によって、株式の営業マンやトレーダーは、いわば通行料徴収で稼ぐ小物のような存在に格下げされていた。たしかに収益はあり、いくつかの成功もあったのだが、債券部門のそれには遠く及ばなかった。……投資家はソロモンからＩＢＭの株を買うことはできたが、四〇社ある他の証券会社からも同じように買えた。……だが、確実な債券市場は、ソロモンがほぼ独占していたのだ。(1)

この例は、個人のパワーの源のひとつが、当人の所属するサブユニットや組織にあるという基本点を示している。組織における影響力に個人差があるように、グループやユニットのもつ影響力にも違いがある。ほとんどの人は、より強力なグループにいることがより強いパワーをもたらすことを直感的に認識している。就職活動中のビジネススクールの学生たちは、有望な就職先の組織のどこからスタートするのがベストかを見定めようとするが、その基準には、最も強力なユニットがどこかというのが入っていることが多い。州議会や国会では、各種委員会の委員長になることでいろいろなパワーが備わるが、その強さは委員会のもつパワーと重要度に左右される。組織のなかでは、タスクフォースに入るときや、自分や同僚のために昇進、予算、資源をサポートするときに、所属するサブユニットの代表として行動することがしばしばある。こうした行為が実を結ぶかどうかは、自分が代理するサブユニットのパワーの優劣によって左右される傾向が強い。

この章では、有力なユニットに所属することが、より大きな影響力につながることを検証し、組織のサブユニットのもつパワーと影響力の変動を説明する要素は何か、サブユニットのパワーがどのように形成されるのかを探る。サブユニットの一員であることや同一視から生まれるパワーは、社会構造と分業体制での位置に基づくものである。この意味では、コミュニケーション・ネットワークに占める位置や公式の地位がもつ権限から生まれるパワーと似ている。

サブユニットのメンバーであることが個人の影響力の源泉として重要だというのは当たり前に思えるかもしれないが、きちんと示されてはいない。数は少ないながら、個人の給与と他のキャリア上の結果に対するサブユニットのパワーの効果を調べた研究はある。数年前、ウィリアム・ムーアと私は、準公務員的なカリフォルニア大学の教員給与とサブユニットのパワーの関係を調べた。対象はキャンパスの異なる二つの学部の教員給与である。[2]その結果、やはり、学部の規模や学術的成果のランクなどで統計的調整を加えても、学部が有力であるほど昇進も早かった。その後、アリソン・デイヴィスブレイクと私は、同じテーマでやや角度を変えた調査を行なった。[3]大学事務局の特定の高いポジション（教務部長、体育局長、広報部長など）で、その職能の重要度が高ければ、補償も高いのかどうか。するとここでも、私立大学にとって重要度の高い地位（教務部長など）は、そこに寄与しそうな他の要因を修正しても、補償が高く、公立大学にとって重要度の高い地位（体育局長など）は、やはり補償が高いという結果だった。

別の調査は、ある大手公益企業で一九七七年から一九八七年までの期間にキャリアをスタートした三三八人のマネジャー全員のデータを分析した。[4]これらのマネジャーが最初に所属した部門のパワー（社内の評価でパワーを高、中、低に分類）が、給与の上昇率と当該職務での在任期間に影響しており、パワーの高い部門でキャリアを開始した人たちほど、出世が早かった。また、会社の正規の研修に呼ばれたマネジャーは、当人のキャリアを伸ばす力があるサインだとみなされ、出世が早かった。この調査は、マネジャーが組織のどこからキャリアを始めるかが、後のキャリア展開に大きく作用し、最初に所属する部門のもつパワーが、給与とキャリアの進捗に継続的な役割を演じることを示唆している。

以上の結果はすべて、組織の中で優位なユニットにいることが有利に働くことを示唆している。この章の課題は、サブユニットによってパワーの優劣が生じる要因を説明し、その上でサブユニットのリーダーとメンバーが自分の所属先のパワーをどう構築し、それによって組織内での影響力をどう強化するかを示すことである。

統一性：発言を一本化する

部門などのサブユニットは、さまざまな人で構成され、全員が何らかの形で、置かれている環境でそのユニットを代理し、決定に加わっている。組織のユニットでは、ものの見方と行為の一貫性が問題になることがしばしばある。私はカリフォルニア大学バークレー校にいたとき、人類学部がぶつかった問題を教えられたことがある。当時、人類学部には形質人類学や文化人類学など五つの系列があったが、学部のあり方について合意できずにいた。そこで人類学部は同時に五人の学部長を任命する形でこの対立に対処した。ただし、大学本部は一名しか承認しないので、この五人が次々に交代することになった。このような状況で資源を要求しなければならないときに起こる問題は明らかだった。つまり、自分たちが何をすべきかを仲間内でさえ意見をまとめられないものを、他人が真剣にとり合うわけがないのだ。内部で分裂しているようなユニットは、他のユニットとの資源や地位の奪い合いをコントロールできるはずがない。

行為の統一は、米国議会でいくつかの州が、その代議士数の比率以上のパワーをもっていることの説明にもなろう。例えば、「過去半世紀以上もの間、テキサス州選出の議員団は、問題点を解決するために集まる昼食会を毎週、部外者を入れず開いてきた。これがもたらす統一性がテキサスのパワーの理由のひとつなのだ」[5]。対照的に、カリフォルニア州議員団は、民主党対共和党だけでなく、党内の派閥でも分断していることが多い。（一九八九年のサンフランシスコ地震の直後のような）まれな例を除けば、カリフォルニア州議員団が数では下院最大であるにもかかわらず、協調行動をとる能力がないため、統一できれば得られるはずのパワーを実現していないのである。

科学文献の社会学には、この議論とつながり、有効なパラダイムの確立水準という概念がある。ある調査が四つの科学分野の八〇の学部の教授陣を対象に、コースとカリキュラムの内容、研究の問題点、調査方法について感じているコンセンサスの度合いを尋ねている。(6) この調査は、これらの課題に対するコンセンサスの範囲が分野によって劇的に異なることを見出している。高い水準まで確立されたパラダイムはより系統立ったテクノロジーに似ており、なすべきことは何で、それをどう行なうかが、すべての項目で明快だった。このような領域では、パラダイムが高い水準まで確立していることにより、行為の結果、この場合では研究と教育が、予測可能で確実性が高い。

コンセンサスとテクノロジー上の確実性には、そのサブユニットのもつパワーを強める多数の効力がある。第一に、成果の予測可能性と確実性が高いため、その分、当該学部が資源を要求する場合も真剣に考慮されやすい。資源配分の責任を担っている人たちは、リスクを削減し、配分する資金から得られるであろうことを事前に知っていたいと考えるものだ。例えば、ロダールとゴードンは、パラダイムの確立水準が高い物理学は、社会科学系の学部よりもずっと多額の資金を、政府機関からも学内の配分からも得ていることを示した。(7) ウィリアム・ムーアと私は、カリフォルニア大学の二つのキャンパスにある各学部に対する資源配分を調査し、学部のもつパラダイムの水準が前記調査の示す資金額の変動に統計的に有意な差として表れ、パラダイム確立度が高いほど資金配分額が多いことを示した。(8) 入学定員や学部の学術的知名度など、資源配分に影響しうる他の要因を調整してもこの効果が観察されている。

第二に、コンセンサスと確実性は対内的、対外的両方のコミュニケーションを促進する。対内的コミュニケーションの効率が高まれば、調整コストが削減され、共同行動を遂行しやすくなる。フロントを統一して一貫したメッセージで組織を表現できるので、外部とのコミュニケーションも改善される。ロザベス・カンターは、組織がしばしば「同質社会複写行動《ホモ・ソーシャル・リプロダクション》」に取り組む理由のひとつは、マネジャー間に信頼感を形成し、効率的なコミュニケーションをもたらそうとするためだ、と論じている(9)。マネジャーは、その仕事の性質から、不確実性に対処し、評価や監視の難しい業務を行なうことが多い。確実性は手に入りにくいが、無言のコミュニケーションのように効率的なのだ。発言を一本化することからパワーが生まれるのならば、自分たちに似た人を採用する別の理由は、それによってもたらされる見解の統一性が、サブユニットのパワーを強化しうるからなのである。

確立水準の高いパラダイムが効率的なコミュニケーションを促進することは、複数の調査で確認されているが、ここでは再び科学領域と大学ガバナンスの領域を例にとろう。パラダイムが確立した科学分野ほど、博士論文も要約も平均ページ数が少ないことを二つの調査が示している(10)。アリソン・コンラッドと私の調べでは、パラダイムの確立した分野ほど、論文での研究発表比率が高く、パラダイムの確立度がさほどではない分野では、相対的に書籍形式が重視されていた(11)。つまり、長い学位論文、長い要旨、また本にする必要があるほど長い調査、これらはいずれも当該分野では、重要な調査課題、方法、用語についてコンセンサスが低く、読む側が理解しやすく結果を記述するにはより多くの時間とスペースが必要だ、ということの表れなのである。

コンセンサスがユニット内のコミュニケーションを改善すると、そのユニットのメンバーは共同行動をとることがよりスムーズになることに気づくことになる。これは、ユニット内部での仕事だけでなく、外部環境との相互行為にも利点となる。ベイヤーとロダールは英米の大学のガバナンス構造を調べ、次のように述べている。

> パラダイムが高度に確立されているときの予測可能性の高さは、目的のための手段に対するコンセンサスを強める傾向がある。……これは部門内部での対立を軽減し、管理部門との対立や誤解の可能性も小さくなるだろう。それに、コンセンサスのある教授会メンバーは、内部対立が蔓延《まんえん》している領域の教授会よりも

効率的で強い連合体を形成できるのだ。[12]

パラダイム確立度の高い分野の学部は、コースの連鎖も長くなる傾向であることがわかっている。コースの連鎖をもつためには、ある講義が他の講義の履修条件になり、さらにその講義が他の履修条件になる、という形になって、学部として当該分野のコア・コンセプトが何であれ、そうした構想やスキルを特定のコースにどう分割するかについて合意できていなければならない。言い換えれば、確実性の高いユニットでは、メンバーには調整のとれた行動が容易になり、そのため、より多くのことを成し遂げることが可能になるのだ。

コンセンサスのあるユニットには、離職や対立が減るという利点も生まれる。学部長クラスの平均在任期間も、パラダイムが確立されている学術領域のほうが長いことがわかっている。[13] 先の人類学部は、それが見事なまでに逆転した例である。研究、方法、カリキュラム内容などの課題について学部としてのコンセンサスがあるときは、学部のトップが誰になるかは大した問題ではない。候補者の見解が同僚のそれと基本的に同じだとわかっているからだ。したがって、リーダーシップの地位への争いは少なく、対立も一般に少なくなる。この統一性は他のユニットとの交渉では明らかな利点となる。安定性が高いことで、リーダーは自分の地位が比較的安全だとわかる。労使交渉の場では、組合の指導者の地位が不安定だと、経営者側と効果的に折衝するのがはるかに困難になる。労働組合がストライキを打とうとするとき、経営者側が一般従業員の中に不和の種をまき、それによって組合のために要求を出す指導者の能力を弱めようとすることがあるのはこのためだ。

統一性、コンセンサス、技術的確実性は、大学の学部にとっても他の形態の組織のサブユニットにとっても偶然に起こることではない。私はそう思うようになっている。サブユニットのメンバーの行動様式によって、組織としての統一性が創出されも、損なわれもする。最も重要な行動のひとつは、ユニット内の他のメンバーに、外部の脅威や資源と政策の結果への潜在的競合をシンプルに認識させることだ。内部の不和で荒れているユニットは、外部環境にある政治的現実としっかり向き合っていないことが多い。外部の世界から孤立すると、ほぼ間違いなく視野が狭くなる。

ユニットの人員構成も、ユニットの行為の仕方に影響する。自分たちにそっくりの人間を採用すべきだなどという気はないが、同じようなバックグラウンドでものの見方が似てる人たちで構成されているユニットが団結し、一貫した行動をとる可能性が高いのは明らかだ。しかし、グループ内でコンセンサスを形成するためにとられる諸活動も、同じように大切なはずだ。組織生活の他の多くの側面がそうであるように、金持ちはますます金持ちになれるという悲しい事実がある。大学の物理学系を例にとろう。確立したパラダイムを有することで、彼らはより多くの研究資金を獲得できる。こうした追加資金はもちろん無駄にならず、これが研究に投入されることで、さらに多くの成果が生まれ、この領域の知識とテクノロジーが強化される。その分野がさらに理解されることで、こうした学部はさらに多くの金額をすぐに求めることができ、その研究の予測可能性は伸び続ける。対照的に資金力のない分野は、基礎過程についての理解を進めにくく、そのため、追加資金を強く要求できるような立場に立つ日は来ないかもしれない。

同じような力学は、どんな種類の組織でも毎日見られる。フォードやGMで財務部がパワーを掌握できた理由のひとつは、いろいろな資源を握ったことで、高度で包括的な財務報告システムを構築するのに、十分な数の洗練された最優秀の人材を採用できたことだ。このシステムが定着すると、彼らは自己永続機構になった。他の部署は同じレベルの資源にアクセスしないかぎり、彼らのような分析と数字を出せなくなっていたからである。私は、コンピュータ情報システム部門についても同じような力学が働いているのを見てきた。資金不足の部門は成果を出せない。そのため、そのユニットは組織内であてにされなくなり、人員や予算の獲得競争を乗り切る力がまた弱まる。この意味では、統一性とコンセンサスを固めることが、パワーを形成するという部門の戦略の第一歩として不可欠なのだ。

重大な問題を解決する

デビッド・ヒクソンらは、重要な組織不確実性への対処能力がサブユニットにパワーをもたらすと論じている。(14)

この論理はきわめてストレートだ。いかなる組織も、よりプレッシャーの強い問題を抱えているものだ。組織内分業のため、そうした重大な事項への対処責任があるユニットもあれば、もっと定常的あるいは平凡な問題を処理するユニットもある。重要な領域を監督するユニットは、非常に強力になる可能性をもっている。そのユニットが強力になるかどうかは、組織の直面する重大な問題を実際に処理できるかどうかにかなり左右される。そうした問題は時期や組織によって変わる。つまり、大きな課題が変わるとパワーもシフトし、発生する個々の問題によって、組織内部のいろいろなユニットに付与されうることを意味している。

コスト抑制と患者へのサービスという課題が大きくなってくると、病院では劇的なパワーシフトが起こってきた。第一の理由は、医療に資金を出す政府の関与が増したためであり、第二は病院の設備過剰である。後者は患者獲得競争を激化させていた。患者サービスについて競争すると同時にコストを意識しなければならない病院は、看護部門が強力になる傾向がある。前に述べたように、スタンフォード大学病院の最高業務責任者は、元看護師で看護部門の長だった。これは医師を病院の従業員としてではなく、病院の施設を使ってそこで働いている存在だと考えるとわかりやすい。大多数の病院では、看護師が単独で最大の従業員集団であり、予算と総人員の約半数を占めている。したがって、看護のトップは膨大な予算責任を執行し、最大の従業員グループを統制しているのだ。ヘルスケアのコストとサービスという課題の重要度が増すにつれて、看護部のパワーも着実に成長してきており、今後もさらに強まると予測される。

組織の重大な問題を処理することがパワーをもたらすという主張は、文化を越えても成立するようだ。米国に進出している日本のメーカーや商社の規模上位三六社の法務部の組織を対象とした、一九八〇年代初めの調査がある。[15]これは法務部員のパワーを次の三点から測定した。米国人社内弁護士の数、現地法人の法務部員総数に占める米国人弁護士の比率、現地法務部長が米国人弁護士かどうか、である。[16]日本国内では大企業に独立した法務部があることはまれだったし、弁護士が部長職にあるのも一般的ではなかった。しかし、そのどちらも米国の現地法人では普通に見られた。つまり、米国特有の問題と向き合っている日本企業の現地法人には、本国よりも強力で専門化した法務担当者がいる傾向があるということだ。「独占禁止法や製造物責任法などは特に、日本国内のものとは大きく異なる法規であり、訴える人たちも日本での紛争当事者よりも法的措置をとる傾向が強いと考えられる分野である」。[17] 最も起こりそうな法的問題の種類と厳しさを代理するものとして活動に関する研究を使い、この調査は、法務部という組織がいろいろな会社の直面する不測の事態や問題を反映するという主張への強い支持を見出した。

組織がぶつかっている重大な問題が何なのかは、たしかに解釈の余地がある。しかし、組織内部でパワーを生み出す人々は着実に、自分のユニットが重大な課題を処理し、自分のユニットの管轄下にある課題の重要性を組織の他部署にしっかり了解させている。ニクソン政権でジョン・ディーンが大統領顧問としてとった行動は、この起業家的な活動の好例である。彼が一九七〇年七月二七日に着任したころは、ホワイトハウス顧問という役職にはほとんどパワーがなく、本人もそれを知っていた。

ホワイトハウスのどんな基準に照らしても、私のオフィスはみすぼらしかった。壁は塗りなおさなければならず、家具はまるで軍の払い下げだった。……窓から見えるのは配達のトラックであふれたアスファルトの裏庭……向かいのオフィスから突きだしたエアコン室外機の行列だった。[18]

しかし彼には、自らの職域をニクソン政権にとって重大な課題に広げ、担当ユニットのパワーを築く計画があった。

我々の利益相反業務が鍵だった。……仕事は複雑でうんざりするものだったが、それが新しい仕事になることを私はすでに感じていた。「ある人物の個人的な財務状況が実際にわかってから……、その人にどんな相反があるかを確認するためにそこで本人の職務を率直に話し合う。この役割を適切に演じると、相手に信頼されるようになる。いったん信頼されると、仕事が回ってくるようになる。[19]

しかもディーンはまもなく、顧問職がホワイトハウスのための課報《インテリジェンス》活動を行なえることに気づいた。この政権はやがてウォーターゲート事件に陥るほど課報にとりつかれていたため、ディーンにとって課報業務に乗りこむことは、自分のユニットの重要性を拡大するには明らかに賢明な道だったのである。

利益相反に関する調査でその役割をすでに背負いこんでいた。しかも、我々にはこの水域に詳しいジャック・カルフィールドがいた。我々は自分たちのオフィスを、聞けば答えをくれる場所、として広めていった。私は政策決定者が無味乾燥な法的助言よりも課報を重視すると考え、この新しい専門性を強化した。「ウォームアップ」の年だった一九七一年を通じ、我々は課報に関する質問の嵐を受け、上司たちが何に関心があるかについて多くのことを学んだ。[20]

ディーンはこの学習成果を活用し、自分のスタッフを増員し、しかもニクソン大統領の顧問でも最高位のアーリッヒマンとハルデマンの二人にとって重要な存在になっていった。ディーンは当時まだ三〇代そこそこだったが、自分のユニットが重要だと思わせ、そして素晴らしい技量を発揮してこの重要性を大いに活用し、政権における中心的なプレイヤーとなった。

●代替されない存在になる

サブユニットのパワーは、統一されていること、組織の重大な問題を処理できること、そして、そのような問題の解決能力を独占していることから生まれる。パワーの発生源を扱う最も初期の方程式が強調したのは、パワーが他の人の求めているものや必要とするものをもっていることからだけでなく、そうした資源へのアクセスを握り、代替の源泉が入手できないことからも生まれることだった。[21] 製品市場において独占が企業にパワーを与えるように、独占は影響力を求めて市場で相互に作用するユニットにパワーを与える。

この点をうまく解説し、問題解決力の重要性をパワーの源泉として強調するのが、マイケル・クロジェによるフランスのタバコ工場に関する研究である。[22] この工場は国有独占産業の一部であり、市場の需要も財務もほぼ問題がなかった（この調査が行なわれたのは、タバコが健康に有害だということが広く認識される前の時代であり、また国有企業の分割前だった）。この工場がそれまで経験した唯一の実際の不確実性ないし不測の事態は、高度に自動化されたタバコ製造装置の故障だけだった。この装置の修理能力を備えていた保守技術者にはその能力ゆえに強大なパワーがあり、その強さたるや、工場の業務管理部長を事実上追いだすことができたほどだった。当然ながら、彼らがそのパワーを濫用するのなら、別の熟練機械工、整備員、技術者を工場に雇い、入れ替えればよいとの考え方もあろう。だがこれを実行するには問題がひとつだけあった。そのこと自体が無理だったのだ。どういうわけか、「火災」か何かの事故によって、その装置に付属していたマニュアルも図面もなくなっていたのである。装置の一部が古くなり、さまざまな方式で多くの修理が重ねられており、修理方法についての知識、とりわけ能率的に修理する方法は、現職の保守技術者たちが見事にコントロールしていた。例えば、退職や死亡で新しい保守技術者を工場に入れる必要が出ると、この新人への技術指導は口頭で行なわれた。新人は研修中にメモを取ることが許されていたが、装置の修理に必要な材料や技術を習得すると、そのメモを破棄するよう促されるのである。こうした戦略により、この技術者たちは雇用者側が自分たちを入れ替えられないように管理していたのだ。

組織の電算部やシステム部が長年にわたりパワーを維持してきたのも同じ方式である。特別なソフトウェアは特定の重大な用途のために書かれ、このソフトウェアを完全に文書化するような時間はなかった。多くの組織はマニュアル作成に必要な資源をあてようとはせず、しかも、ソフト・プログラマーの多くもすでに完了したことをマニュアル化するのに時間をかけるよりは、次のプログラムに取り組むほうに関心があった。特定のシステムの動かし方が何世代にもわたって引き継がれていても、伝統的に口頭によるものが多く、場合によっては試行錯誤型の学習で習得されていた。そのようなケースでは、電算部やシステム部は予算の増額や完全な自立を要求できた。このパワーは、重大な不確実性に対する当該部門のコントロールからもたらされ、少なくとももしかるべき支出が懸念される場所で、事実上の代替不能になることが結びついてもたらされたものである。

組織内部のユニットが外部のコンサルタントのアクセスを執拗に防御し、自分のユニットを通さなければアクセスが得られないかのように見せることがしばしばあるのも、代替できない（少なくともそう見える）存在であろうとする欲求によるものだ。情報と専門知識を独占しているように思わせることにより、こうしたユニットはパワーを増強するのである。これで私が思い出すのは、米国のある大企業のマネジメント研修を任されている人物が何年か前に、社内のエグゼクティブ研修で教えるのを手伝ってほしいといってきたケースである。彼は多数の有名ビジネススクールの企業向けの研修パンフレットに目を通し、ビジネススクール教授陣名簿を調べて電話をかけ、自社のプログラムのための講師をそろえようとしていた。ただ、こうした準備はすべて、他の人間でもすぐにできるはずのことだった。しかし、彼は講師陣をそろえることには（市場ベースの単純な交渉とは違い）大いに技術のいることであり、すべての接触は自分の職位を通じて行なわなければならないように装っていた。例えば、同社の他の人がエグゼクティブ研修とは関係のないプロジェクトのコンサルタントとして私を使いたいという場合も、私に連絡をとるには必ず研修担当のトップたる彼を通させようとするのである。とうとう私は、この研修担当役員に、仕組みがややこしすぎるから、彼らと直接話を進めたいといった。言うまでもないが、当初のエグゼクティブ研修に私が再び招かれることはなかった。一回で学習できる人間になるべく、私はクライアントの組織に呼んでくれた人物以外の誰かと話したい場合には、いまは必ず許可を求めるようにしている。どのような公的な場でも、私はその人物と自分にどんな特定の関係があるか、そして、その人のために働いているということを全員に知らせるようにしているのだ。

ロバート・モーゼスのパワーの源泉のひとつは、ニューヨーク市の計画部と土木部職員のほぼ全員を掌握していたことにある。これはラガーディア市長の任期中に特に顕著だった。公共事業は計画が描かれ、土木技術によりそれを実行して形になる。この業務を実行する職員をモーゼスが握っていたので、何を建設し、何を建設しないかを決めることができたのだ。プランナーとエンジニアからなる市の有能で勤勉なチームを独占したことが、モーゼスを代替されぬ存在にした要因のひとつなのだ。キャロはその状況を次のように述べている。

……市長も市の公共事業建設をコントロールしていたが、レベルが違った。……そうした公共事業にかかる金の大部分を負担するのは連邦政府であり、その出費を具体的な結果として示すため、連邦政府はなんといってもスピードに関心がある。……スピードは計画が詳細に整えられているかどうかに左右される。……つまり、市長は計画が必要であり、それも迅速に届くことが必要だったのだ。どのプロジェクトを用意するかを決めるのがロバート・モーゼスであり……、新規で大規模に都市の公共事業を設計する訓練を積んだ技術者からなる「多人数の、しっかりしたプランニング部隊」をもっているのも彼だったのだ。……市長はずっと、この劣勢を埋めようとしていた。「ラガーディアはいつも他の部門に行って、思いつく計画はないかとせっついていた。だが、出てきてもあまりにも時間がかかるのだった」。

しかも、計画が出ても、労働者の揃わないことが多かった。……モーゼスがすでに公園局の事業に配置してしまっていたのである。[23]

公共事業をコントロールすることが、市長をしのぐ影響力をモーゼスに与えた。これは公共事業が大恐慌時代の重大な資源だったというだけでなく、ラガーディア自身の目的が公共事業建設に関与することだったからである。唯一の問題は、建設される事業がモーゼスの求めたもので、市長が求めたものではないことだった。

……市長は二〇の消防署を新設することを頭に描いていた。だが実際に設置できたのは三つだけで……、ほかは校舎、刑務所、警察署、それに病院、下水処理場、下水道、地下鉄に変わっていた。ラガーディアはほぼあらゆるタイプの市営施設の建設に関する自分の計画プロジェクトを削減せざるをえなかった。……例外は、公園、橋梁、道路だった。[24]

代替されない地位を維持するには、資源の独占、専門知識へのアクセスのコントロール、そしてフランスのタバコ会社の保守技術者たちの例で見たように、自分の専門的な知識が他者から簡単にアクセスできないようにしておくことが必要になる。その活動には、仲間内だけの専門用語や他人が容易には理解できない言葉を使うのも有効で、実際によくとられる戦術である。自分たちの知識を部外者からアクセスされにくくする方法として特殊な言語を使う職業は多い。言語がさほど重要ではない領域では、知識へのアクセスが訓練の機会を制限することによってコントロールされている場合がある。建設業界は（他の職人と同様）自分たちのパワーを、長年にわたって技術訓練を独占することで維持してきた。技術訓練は同業者によって支配されている徒弟制度方式を通じてのみ受けられるという形だった。代替されないようにすることが、なぜ組織によってパワーの有無が生ずるかの重要な決定要因だということを示す例は他にもたくさんある。

活動の浸透度と関与

ユニットのパワー形成には、代替できないと思わせることと同時に、自分たちの活動を組織の中に浸透させることも大切だ。[25]第6章で見たように、サブユニットもコミュニケーション構造の中心になれば、そうではない場合よりもパワーがもたらされる。そして、組織の多くの業務に関与することも同じようにパワーの重要な源泉となる。浸透することが重要だということがわかると、財務部や法務部のようなユニットが多くの組織で、いかに大きな影響力を振るうことができるのかもわかる。鍵は、そのユニットの通常の範囲からは大きくそれているように見えるかもしれない管理業務や決定過程に関与するようになることである。

PG&E（パシフィック・ガス&エレクトリック）で考えてみよう。顧客へのエネルギー供給のプロセスは業務部の担当で、ガス・電気のエネルギー別に地域ごとに組織されていたが、重大な決定のほとんどは本社で下されていた。業務部の職員は地理的に分散しており、活動の範囲は狭かった。彼らの役割は本社のスタッフが準備したマニュアルに詳細に記述された指針と手続きに従い、よい顧客サービスを提供することだけだった。地理的分散、社会的経歴や学歴の違い、そしてあまり日々の変化がなく、あらかじめ業務が定められているという性質により、業務部職員の経営上層部へのアクセスはほとんどなかった。したがって、PG&Eのコントロールは集権化され、パワーに関する課題は本社のコントロール下にあったのである。

では、本社のパワーはどのようにして技術部から法務部、財務部へとシフトしたのか。それは企業環境に対処するために必要なコア・コンピテンシーの見直しによるところが大きい。例えば、部分的規制緩和、石油ショック、エネルギー価格の急騰の結果、天然ガス供給源の調達が、過去三〇年間にますます重大になり問題化してた。ガス調達業務は、以前からガス業務担当副社長の下にある部署が担当してきた。この業務は、弁護士のジョン・スプロウルがガス供給という新設の副社長に任命された一九七一年、ステータスが上がった。機械工学出身で、広域ガス供給部の部長だったロバート・ブルックスにとっては、この新しいポストができたために、頭越しで物事が進められることが多くなった。ガス調達には契約交渉の技術が必要であり、そうした技術は弁護士のほうが優れているからだというわけだ。たしかに（PG&Eは直接かかわっていなかったが）、ガス価格の急騰前に、供給業者と結んでいた長期契約の効力に関する訴訟があったし、ガスを輸送するパイプライン業者との関係でも係争があった。したがって、必要な中核技術が変化し、法務的視点が天然ガスの調達と供給を保全するためにより重要になっていたとみてよい。

法務部や財務部が影響力を広げていった領域はガスの調達だけではなかった。昔から公共企業の資金調達はほぼ自動的なものだった。つまり、電力やガスの需要は予測しうる形で順調に伸びたので、光熱料金も新設備の導入に合わせて上げることができた。だから、一九五〇年代や一九六〇年代は、資金調達は経営上層部との接触などほとんどない階層の職員の業務だった。だが、一九七〇年代に入ると、インフレによって資金調達が問題をはらむようになった。環境保護運動や統制プロセスへの公的介入の強化によって価格値上げの認可が簡単には下りなくなり、新しいエネルギー源に関する課題も世論や規制側の関心を集めていった。例えば、ディアブロ峡谷原子力発電所への資金投入は、建設費用のどこまでを電力料金に換算するのが認められるのか、あるいはその建設費が実際にはいくらになるのかさえ、最後まではっきりしなかった。このころは、資本市場は複雑になり、競争も激化していた。弁護士で経済学修士号もあるスタンリー・スキナーは一九七三年に財務部長になり、四年もしないうちに上級副社長に昇進し、一年後には執行副社長になっていた。この間、担当はずっと財務だった。

一九六〇年代から一九七〇年代の環境には、もうひとつの変化が起こっていた。消費者の権利と消費者運動が新しい力として作用するようになったのだ。PG&Eには消費者に対応する部門があったが、もちろんその重要性も増していった。それまで省エネルギーとサービス部門を運営していた弁護士ジョン・クーパーが、一九七〇年代後半に顧客業務部の副社長に任命された。一九七九年にもロックフェラー財団にいた弁護士メイソン・ウィルリッチが、コーポレート・プランニング担当副社長という新たに創設された地位に就くことになった。法律は規制業務の中心になるという状況が続き、法務部が財務、計画、顧客業務、規制、ガス調達を掌握してPG&Eに浸透していったのだ。それでも、設備計画、調達、オペレーションといったいくつかの重要な職能については、技術部がコントロールを維持しているようだった。

しかし、このコントロールも長くはもたなかった。新しい経営チームが着任すると、会社の新たな計画ツールのための選択肢、計画支援システムを開発するために、コンサルタントが雇われた。このシステムはシミュレーションモデルを統合することを想定しており、資本と運用計画のさまざまな組み合わせをベースに財務パフォーマンスを算出するものである。このシステムの目的は開発中だった新たな責任予算化システムを補完することにもあった。提出されたシステムの詳細のいくつかは一度も実行されず、いくつかの職能の権限を正式に財務部と法務部に移行するという提案も抵抗にあったが、結局、財務部の責任の大幅な拡大が実現した。予算システムの開発は、会計検査担当者および計画課のオフィスに置かれていたが、すでに着任していた弁護士のウィルリッチが新しい計画サポートシステムの開発を監督していた。

こうして予算、計画、財務予測も支配下に置いたことで、設備、特に新しい設備に対して技術部がもっていたコントロールを法務部が効果的に外すことに成功したのだ。目標と説明責任を設定するのは弁護士の予算であり、新しい設備が会社の財務業績に与えるインパクトを予測するのに使われるのは彼らの計画モデルだった。弁護士の影響力の浸透度は着実に拡大し、そのパワーも増強したのである。一九八一年初頭に、本社のＣＦＯ（最高財務責任者）になっていたスキナーが発表した石炭火力発電所の閉鎖は、このパワーを誇示するものだった。設備に関する重大決定がすでに財務部の支配下にあるという明確なシグナルを技術部に送りつけたのである。

こうした影響力の拡大には、弁護士間の経歴と知り合い関係による結合があり、彼らが協調して行動したという事実が計り知れぬ効果をもっていた。勢力拡大や、組織全体の多数の活動や決定に関与することによってパワーを獲得したという同じような話は、ＧＭ、ゼロックス、フォードのような会社の歴史にも必ず見つかるはずだ。業務の範囲は、その職能が監督している重大性と同様に、サブユニットに組織のパワーをもたらすのだ。

まとめ

組織構造のどこにいるかはパワーの源のひとつである。どのサブユニットも平等に生まれるわけではない。影響力のあるところとないところがある。サブユニットのパワーは、統一性をもち、一貫した形で行動する能力、重要課題の近くにいること、そうした課題を処理する能力、専門知識と問題解決能力によって独占的な地位を占めること、からもたらされる。しかしＰＧ＆Ｅの例から認識すべきは、重大な課題とその解決は論争にさらされ、政治的な相互作用からのみ発生する、ということだ。読者はＰＧ＆Ｅの成功は、計画、財務分析および規制と法務技術の関数としてではなく、技術進歩と低コストによるエネルギー配給能力との関数にあるといった別のシナリオも簡単に書けるだろう。違う部門が組織を支配するようになり、違う人物が勢力を伸ばす。こうした代替シナリオにも、組織の成長と技術を革新し効率的に業務を行なう能力について別の意味合いがあるのだ。

事実、南カリフォルニアエジソンという、カリフォルニア南部のみながら、同じ規制、経済環境で業務を行なっていた同規模の公益企業に起こったのが、この展開だった。ＰＧ＆Ｅとほぼ同時期に（一九八〇年代初めから中ごろ）、南カリフォルニアエジソン社はＣＥＯが技術者、ＣＯＯが弁護士、副社長兼顧問が弁護士、執行副社長がＭＢＡを取得した技術者、他の七人の副社長が技術者、別の六人の副社長が他の領域出身という構成だった。上位二〇のポストのうち、弁護士が占めるのは二つだけであり、うちひとつは顧問だった。ダン＆ブラッドストリート版 *Reference Book of Corporate Management*（一九八二－一九八三年版）掲載の一二四の大手公益企業には、副社長以上のランクの職位は一三一一ある。そのうち弁護士が占めていたのは一三二、約一〇％だったが、ＣＥＯは約四分の一も弁護士だった。上から一八位までのポストの半数を弁護士が占めたＰＧ＆Ｅと対照すると強烈である。この対比は、経済および規制環境における変化は重要ではあるものの、それだけでは組織におけるパワー・シフトを十分に説明しうるものではないことを語っている。協調行動をとる能力は、ＰＧ＆Ｅの弁護士に、他の組織の弁護士たちにはもてなかった影響力を与えた。そうした組織ではいろいろな理由から、同じような歩調の整った行動がなかったのである。

CHAPTER 9

第9章

パワーの源泉としての個人特性

Individual Attributes as Sources of Power

誰からも好かれたいと思う人は、コンフリクトに向き合おうとはしないものだ。

米国の国会には四三五人の議員がいるが、議長ポストはひとつだけで、議員人生の中でこの地位に到達する者はほんのひとつまみしかいない。ホワイトハウスにはこれまで多くの顧問がいたが、ジョン・ディーンほど素早くパワーを獲得するのに長けた者はいない。議員秘書たちの記録を見ると、彼らの多くが学歴、教養、身のこなし、いずれにおいてもリンドン・ジョンソンより優れている。しかし、政治家として彼のように成功した者はほとんどいない。CBSにもGMにも多数の元気なエグゼクティブがいたが、CBSではフランク・スタントンのような仕事をした者は後にも先にもいない。GMではロジャー・スミスは頂点に上りつめたが、他の大勢がその途中で落伍していった。パワーへの道が多くの人に開いていても、大いなる成功まで歩むのはひと握りの者だけである。大きなパワーを獲得する者としない者の違いは何なのだろうか。

パワーをうまく手中に収めた者だけを調べて、どんな特性が必要かを推論するのは科学的には十分ではない。それはちょうど、業績の素晴らしい会社だけを見て、優秀な経営の特徴を推論するのがおかしいのと同じことだ。ある特性がパワー獲得に有効だと断言するためには、パワーのない人とパワーを獲得する人とを比較して、その特性が後者により広く、またはより頻繁に見られることを確認する必要がある。パワーをもたらす個人特性を検証する調査は、パワー欲求、達成意欲、親和欲求といったパーソナリティ特性を強調することが多い。しかしその成果からは、個人特性が最大の要因になるようには思えない。

私の経験、調査、観察では、組織の中で大きなパワーを獲得し保持するのに特に重要な特性として際立っているのは以下である。①活力、忍耐力、肉体的スタミナ、②自分の活力を集中させ、努力をむだにしないようにする能力、③相手を読み、理解できる感受性、④柔軟性、特に自分の目標を達成するためにいろいろな手段を選択することに関して、⑤必要な場合は対立や衝突と対峙する意欲、言い換えれば、しかるべき水準の性格的タフさ、⑥少なくとも、一時的には、自分のエゴを隠す能力、そして、他者からの援助と支持を得るために良い部下やチームプレーヤーを演じる能力。こうした特性の中には、社会的な同意を得るものと、そうでもないものがあるだろうが、実際にパワーを獲得し、行使できる人たちはこのすべてを体現していると思う。

●活力と肉体的スタミナ

いわゆる情報化時代には、パワーと影響力をもたらす個人属性のリストは、偉大な才能や知性から始まり、強さ、活力、忍耐力のような肉体的特性は後に来ると思われるかもしれない。しかし、そうした序列は勘違いで、忍耐力が賢さをしのぐケースははるかに多い。企業のゼネラル・マネジャーを調査したジョン・コッターは、彼らの多くが週六〇～六五時間、つまり週六日毎日少なくとも一〇時間働いていると報告している。[1] ハードに何時間も働く能力と意欲は、パワーある人物の多くに見られる特徴である。現在は政治コラムニスト、ライターでかつて下院議長の報道官だったクリストファー・マシューズは、エド・マスキー上院議員が仕事ができるのは、ある部分、彼の肉体的スタミナによるところが大きいと指摘している。

「マスキーの圧倒的な強みは、決して会議室から出ないことだった」……とマシューズは回想する。「つまり、トイレにさえ絶対に行かないのだ。九時に入ったら一時までいる。他の者はみな腹が減ってくる。写真を撮る機会があったなら、下院議員や上院議員が出入りし、写真を撮ると、いくつかのことを話して出て行く。マスキーは残っている。つまり、それが強靭さなのだ。……他の者が空腹で、彼がそうでなければなおよい。彼は一時まで待つだろうし、もし他の者が一二時に昼食に行くのなら、結構、委任状を置いていきなさい。彼は委任状を手にし、一時半には終えているはずだ。その会議の決議を手にして」。[2]

リンドン・ジョンソンも、底知れぬ活力と肉体的な忍耐力をもっていた。クレバーグ下院議員のオフィスで一緒に仕事をしていた女性は、彼がどこでも走っていたと語る。「……リンドン・ジョンソンが議事堂に来るのを見かけるときは、いつも走っていた」。[3] どの議員秘書よりも早く仕事にかかり、昼食で中断することもなかった。ほとんどの議員オフィスは午後四時三〇分にしまるのだが、ジョンソンと仲間は、夜八時を過ぎても仕事をしていることがしばしばだった。[4] 彼の第一アシスタントが退職すると、テキサス出身の知り合いの若者を二人、助手として採用し、さらにハードに仕事をさせた。長時間のしかも膨大な労力の投入をいとわない彼らの意欲は、ジョンソン自身の姿に刺激されていた。

彼らが五時に起きる場合は、上司が五時に起きるからであって、彼らが日の出前に議事堂に足を運ぶ場合は、上司も横にいた。彼らがタイプライターにつながれて過ごす日は、上司は電話につながれていた。……しかも、彼らが自分たちの小さな部屋に戻り、眠りに落ちようとしているとき、上司が狭いベッドできゅうくつそうに寝返りを打つのを聞くこともしばしばだった。ラティミアは次のように言っている。「彼は誰よりも一生懸命働いていた。他の全員が完全にダウンしていても、彼の頭は依然として回転していた」。[5]

ロバート・モーゼスも部下を自分と同じようにハードに動かしていた。スミス知事や顧問たちとミーティングがあるとなれば、アルバニー行きの早い電車に乗るためニューヨークの自分のアパートを朝六時に出た。「会議が終了するのはたいてい深夜で終電がとっくに出た後なので、モーゼスはスミスに運転手つきの公用車の使用を求めた。……その時点で帰宅できれば、翌朝から仕事を始められるからである」[6]。ウィリアム・ペイリーの下でCBSの社長に上りつめたフランク・スタントンも、四六時中ハードに仕事をしていた。ハードワークはCBSでの成功に大きな役割を果たしていた。

彼にとってのリラクゼーションとは、カジュアルなジャケットを着て日曜日に職場に来ることだった。睡眠はごく短く、通常は五時間で大丈夫だった。……スタントンは朝七時三〇分か八時にはオフィスにおり、他の全員がそろう九時か一〇時には、すでにかなりの仕事を終えていた。[7]

活力と強さは、パワーを築こうとしている人には多くの優位性をもたらす。第一に、自分の対抗馬よりも持久力があれば、知能や技量で勝る人たちを猛烈な仕事量で上回ることができる。第二に、活力と忍耐力が他の人の模範となり、周りにいる人たちも一生懸命働くように感化される。長時間、ハードに働く姿は、自分の部下にそういう努力が人間として可能だということを見せるだけでなく、その仕事が重要なのだというメッセージにもなる。つまり、職務に自ら打ち込もうとする行為は、必ず価値があることなのだ。

ジョン・ガードナーもリーダーシップ論の中でこう言う。「人々に指導者たちの特性をあげよといっても、高い活力とか肉体的持続力が出てくることはあまりないはずだ。だが、こうした特性はきわめて重要なのだ」[8]。耐久力や忍耐する能力がなければ、他の技術や属性の価値は薄れる。

集中力

自分で達成できることには、誰しも制約がある。もてる活力や技術がいかに素晴らしくとも、無限にあるわけではない。大きな影響力を行使する人たちは、自分の活力と努力をひとつの方向に集中するものだ。誰でも子どものころ、太陽の光を虫眼鏡に通せば、乾いた草に火をつけることができるという実験をしたことがあるはずだ。

この単純な例が示すのは、太陽光線を集中させると、はるかに強力なものになるということだ。

リンドン・ジョンソンの話は、特定の目標の追求、すなわち合衆国大統領になること、に精神を絞りこんだという集中力の物語なのだ。子どものころは非常に貧しく、なんとかして経済的な安定を得ることを切望していたほどなのに、後に魅力的な石油取引に関係して儲けるチャンスをオファーされたとき、彼は断っている。石油利権に関与することが自分の経歴を傷つけかねないと考えたからだった。一九四〇年代初めの話である。当時、下院議員だった彼が石油利権にかかわっても、テキサス州の民主党政治家として選挙の妨げになるとは思えない。テキサスでは、現職議員、特に民主党の現職は事実上、当選が保証されていたからである。[9] 石油産業の友人とみなされることが、テキサスの上院議員として選出される機会を摘むものでもなかった。当時もいまもテキサスは石油の州なのだ。石油に関連していることが障害になるとしたら、唯一、ジョンソンが大統領選に出馬する場合だけだった。キャリアのそんな初期の段階でさえ、彼は明確な目標に集中し、他の利益はその目標より下に置くことをいとわなかった。

ジョンソンの集中力は、社会生活の中にも見てとれる[10]。ワシントンで政治的なコネクションを育てるフォーラムとして活用した社交行事に出るときは、結婚適齢期の女性と会う機会はことごとく避けていた。妻には最初のデートで求婚していたが、彼女に引かれたのは父親の金だ、と多くの人たちが考え、実際に初期の選挙運動でそれが役に立ったことも知られていた。

ロバート・モーゼスにも集中力があった。四〇年以上の公務員生活を通じ、彼の第一の関心事は公園であり、次が他の公共建設事業だった。議員になろうとも、連邦政府に入ろうとも、ビジネス界に入ろうともしなかった。彼のパワー基盤はニューヨーク州、特にニューヨーク市とその周辺であり、そこにエネルギーを集中したのである。時間はすべて自分のプロジェクトを考えることに投入し、家族は彼の仕事に関連することに参加しているか、無視されていた。「家で妻や子どもたちと自分の思うように過ごせないときは、職場に連れてきていた」[11]。

成功した一五人のゼネラル・マネジャーを調べたコッターは、彼らが努力をひとつの産業やひとつの会社に集中してきたという傾向を見出している。(12) ゼネラル・マネジメントとは全般《ゼネラル》ではなく、狭い範囲の経営課題に集中して獲得した特定の専門知識がパワー基盤を形成し、成功に導いたというのだ。ひとつの産業だけ、そしてひとつないしごく少数の組織に自分のキャリアを集中するのがよいのは、それによって自らの活力も分散されず、関心や問題を絞りこんだところに神経を集中することになるためである。

フランク・スタントンは、CBSでパワーを築くだけでなく、社長になってからも会社と職務に異常なまでに集中していた。この集中力により、自分をより効果的にする活動に意識を向けることになり、その結果、本人がさらに強力になったのだった。次の出来事は、CBSでの職務に対する彼の集中ぶりを象徴している。

CBSがフランク・スタントンの人生だった。……彼が個人的なプライベートな楽しみを切り捨ててもCBSに身を捧げた象徴的な例をひとつあげよと言えば、一九五二年の大晦日の出来事がある。クリスマス・シーズン中、脚本家のジョージ・カウフマンがCBSのお笑い番組で、番組スポンサーのアメリカン・タバコを冒涜《ぼうとく》することを言った。アメリカン・タバコはカウフマンを降ろすよう要求したが、スタントンには必要な人間だった。……その大晦日は、スタントンと妻は結婚二〇年を祝うためニューハンプシャーに向かっているところだった。八時間のドライブの中ほどで、スタントンはこれだという解決策を思いついた。それは、CBSがアメリカン・タバコから契約放送時間を買い戻し、カウフマンを残しておいてすぐに新しいスポンサーを探すというものだった。夫婦の記念行事をばっさり中止し、翌日には本社に戻り、CBSの弁護士と会議をしていた。(13)

集中力のひとつの側面として、小さく細かな点への執着力があげられる。詳細に注目することは物事を実行するのに不可欠であるが、私が出会う学生やマネジャーから欠落していることの多い特性のひとつがこれなのだ。多くの人は自分のためになりそうだと何でも飛びつきすぎる。これは、情報がありすぎ、関心もあまりに広いため、ひとつないしごく少数のことに集中できない、ということを意味する。せっかくの努力も、あまりにも薄く分散し無駄になっている。パワーと影響力を構築するための努力には、もっと大切な意味のある重要な細目が見落とされていることが多いのだ。ジム・ライトは下院議員人生の中で、小さな細かい点に注意を払い、自分の努力を集中し続けることの大切さを理解していた。

詳細が大事だった。議員たちはリーダーシップのひとつの機能とは……、自分たちが選挙区の住民に仕えるように、メンバーに貢献することだと信じていた。細かいことが貢献の尺度だった。ライトは細かいことを楽しみ、ただの公共土木工事や選挙区に出かけるような気持ちではなく、些細なことでも同僚たちのために行なうことをいとわぬ気持ちを証明していた。選出されたばかりの議員の名前と顔を覚えるようにいつも努めていたので、挨拶のときからファーストネームで呼びかけることができた。何人もの議員が、ワシントンに来て初めて会った同僚がライトだと言っているほどだ。[14]

集中力はパワーを築き、影響力を行使するのに役立つ分、その欠如は非常に大きな価値のある努力を阻害することもある。一九七〇年、ゼロックスの経営責任者だったピーター・マッコルーは、ゼロックスは複写機事業から先に展開しなければならないことを認識していた。いずれ特許は切れるし、その前に技術として陳腐化するかもしれず、複写機市場の成長が滞る可能性もあった。だから、成長と発展のための新しいルートが必要だったのだ。彼はゼロックスの大きな強みが研究開発だけでなく、全米と世界中のオフィスで圧倒的なプレゼンスにあるのを認識していたし、情報が経済に重要な役割を果たすようになることも見抜いていた。一九八〇年や一九九〇年のオフィスが一九七〇年のそれとは違う姿になることがわかっていたのだ。ゼロックスの将来の役割に関する彼の展望は洞察を秘め、活力に満ちたものだった。

「ゼロックスの基本目的は、情報に素晴らしい秩序と規律をもたらすための最高の手段を発見することだ。したがって、わが社の根本的な推進力、共通の特徴とは、我々の言う『情報のアーキテクチャ』におけるリーダーシップの確立に向かって進化してきたのだ」。[15]

二つのことが重なり、この壮大なビジョンの成就は妨げられた。そして、それはどちらも集中という課題に関連することだった。第一に、ゼロックスが一九七〇年代初めに独占禁止法違反で政府から訴えられたことだ。この訴訟は解決に何年もかかり、経営陣の注意が分散し、組織のプランニング・プロセスは麻痺状態に陥った。第二に、マッコルーがあまりにも多くの社外活動にかかわるようになったことだ。

彼が自分から時間と労力を提供した機関は、ユナイテッド・ウェイ（有名な慈善団体）、ロチェスター大学理事会、外交関係理事会、米ロ貿易経済会議、海外開発会議、国際経営者団体、芸術のための企業委員会、全国都市同盟、統一黒人大学基金など多数に及び……、一九七三年には民主党全国組織の理事にもなった。……断片化したリーダーというマッコルーの姿は、ゼロックスの訴訟問題に拍車をかけた。社外業務でのこうした目立った姿と社外関係者へのゼロックスの看板としての役割に加え、彼はゼロックスの独禁法闘争を指揮する業務も背負ったのだった。[16]

●他者への感受性

パワーには他者に対する影響力の行使が含まれる。リーダーシップには「リーダーが掲げる目標あるいはリーダーと部下が共有する目標をグループに追求させること」が含まれる。[17] 他者に影響を及ぼそうとするときは、相手を知り、相手の利益や態度を理解し、相手にどのようにアプローチするかをわきまえる能力が大切なのは明らかだ。相手への感受性と人を読む力が重要だというのはこの点である。

人間への感受性をもつとは、相手の利益に即して行動せよとか、友好的に振る舞え、あるいは相手の味方になれということではない。感受性とは単に、相手が誰で、課題に対する立場がどうかを理解し、意思疎通を図り、相手へ影響を及ぼす最良の方法がわかる、ということである。交渉の場では、この能力の大切さがさらに際立つ。紛争解決論の文献でも、合意に至る方法として最も一般的に推奨されているのが、立場で争うのではなく、利益について話し合え、ということである。[18] これはシンプルに、交渉の中で相手が実際に求め、必要としているものは何か、それはなぜなのかを見つけだせということであり、次いで、相手が思いもしなかった形でそうした要件を調整するということなのだ。これをやり遂げるためには、相手の靴をはいてみる、つまり相手の立場に立ったつもりで、相手側の視点からしばしば世界を眺めることが大変役に立つのである。合意できる可能性が埋もれている中で、合意を成立させるのに有効なのがこの技術なのだ。[19]

ガードナーはリーダーの資質を次のように述べている。「指導者は仕事をしているさまざまな関係者を理解していなければならない。……人々に対応する技術の核心にあるのは、人と人との間のことを感じ取る力である。……これは、部下が快諾するか抵抗するかを正確に判断し、存在する動機を最大限に活用し、感じ方を理解する能力である」[20] 多くの人は政治家とは圧力をかける連中だと考えている。もちろんそういう面はある。しかし、うまくねじ伏せるためには、どこに、どのように圧力をかけるかを知らなければならないのだ。

ジム・ライトは鋭敏だった。「どんなことにも注意を払い、覚えていたので、同僚のニーズや弱点、その選挙区の住民がどんな状況か、誰の言うことなら耳を傾け、本人にアプローチするのにはどうしたらベストか、を感じ取れたのだ」[21] 別の時期の下院議長ティップ・オニールも同じように感覚が鋭かった。

オニールの成功の理由のひとつは、人間の弱さをよく理解していることだった。互いの依存関係の上に成り立つ体制では、そのもろい性質を見抜いていなければ、決して上にはいけない。……彼がよく口にしていたように、仕事には仕事を、便宜には便宜をという形で人々をまとめれば、企画を通し、法案を通し、政策を通せる。[22]

企業経営の領域では、フランク・スタントンが高い感度で相手を読むのに長けていたし、長期にわたって仕えていたウィリアム・ペイリーのことは特によく理解していた。もっともスタントンとペイリーに共通点はほとんどなかった。[23] ペイリーは移り気で、警告なしに従業員を解雇することもあった。ＣＢＳでかくも長く生き残るためには、スタントンはペイリーを理解すると同時に、彼を御する方法を知っている必要があった。スタントンはＣＢＳの業務を握りたかったし、ペイリーは最終的な権限は維持しつつ、自分のために会社を運営してくれる人間が必要だった」。[24] だからスタントンは公の場でペイリーに挑んだり脅かしたりしないこと、そして、自分でコントロールしているという気持ちをペイリーが抱くように維持することがいかに大切かを理解していた。

スタントンはペイリーより七歳若いだけだったが、この二人が父と子のような形をとり……、部下の前ではスタントンが子として親を尊重する姿勢をゆるがせなかった。……会議では、スタントンは自分のエゴを抑え、ペイリーに反論することはなかった。経験を積むにつれ、反対意見を他人に着せる形で表すことも学習していった。……自分の意見を述べる場合は、上司たるペイリーに同意する内容だった。[25]

相手への感受性には、行動観察の点で臨床的な関心が必要になる。これには自分への気づきが大切だが、他者への気づきはさらに重要になる。このためのスキルは、ごくまれな例外を除けば、学校や経営者教育コースで教えられていない。スタンフォード大学ビジネススクールには、そうしたことを講義で教えようとしている二人の同僚の講義にタッチィ・フィーリィーというあだ名がついている。グループを活用し、学生は自分たちが、他の人たちにどう影響を与え、また相手がどう受け取るかを学習するのだ。しかし、私が話した学生の大多数は、その講義の目的は基本的に自己志向、つまり自分自身をもっと理解し、相手にどう影響するかを理解しようとするものだ、と語る。相手のいうことに効果的に耳を傾ける方法を学ぶとか、相手をどう読むかを学ぶものだったという回答はほとんどなかった。相手に対して鋭敏になるためには、少なくともしばらくは、自分のこと、自分のニーズや信念への思考を停止できることが要求される。やや皮肉なことながら、相手を自らと同一視するキャパシティこそ、自分のために物事を実現する際には不可欠の力なのだ。

柔軟性

相手への感受性も、得た情報を自分の行動を修正するのに使う能力がなければ、何の価値もない。例えば、凄腕の自動車セールスマンは、同じ車でも、ステータスを求める人には高級車として、安全性を求める人には経済的選択として、もっと実用性重視の人には売却時の価値をという具合に、ポイントを巧みに変えるものだ。政治家にとっても、柔軟性は成功に不可欠の特性である。政治における有効性の第一の要件は、議員になり、議員でい続けることで、そのためには風向きに応じて、優勢な流れに自分の立場を合わせることが要求される。大統領のときのリンドン・ジョンソンは、公民権のために立ち上がる意欲を示した。実際に、雇用機会均等委員会を設立し雇用差別を追放することになる公民権法（一九六四年）、（黒人など少数民族の投票権を保証した）投票権法（一九六五年）を提案し、連邦契約遵守局を設立し、政府の請負業者に差別是正措置プログラムづくりを義務づけ、一九六五年には公民権運動活動家の平和的抵抗を守るために南部に政府軍を送った。だが、一九四八年の上院議員選挙のころの彼は、とても同一人物とは思えない立場をとっていた。

一九四八年のテキサスは差別主義の州だった。この年、ハリー・トルーマン大統領が公民権を選挙公約にしていた。これには私刑を禁止する連邦法の国会提案も含まれていた。……リンドン・ジョンソンが、一九四八年の選挙運動の皮切りの演説で言ったのが、この法案に対する全面的な反対だったのだ。いわく「公民権法案はまやかしの茶番で、警察国家を仕組もうとするものだ」。[26]

後にどの大統領よりも黒人、女性および他のマイノリティを保護する法制を通したジョンソンは、議員時代の一一年間、私刑禁止法を含むあらゆる公民権法案に反対票を投じていたのだ。

柔軟性は否定的な意味で使われる場合もあるが、パワーをつくりだしたいと思っている人にとっては大変重要な特性なのだ。これは、機能していない行為に固執せず、路線を変更し、新しいやり方を採用する能力になるからだ。柔軟性は同盟を組むのにも役立つ。これはアプローチをシフトさせて、異なる利害関係を調整するのを容易にする。ジョン・ガードナーは、トルコの現代史上の偉人ケマル・アタチュルクを引用している。

彼はある戦術がうまくいかないと、別の方法に、それもだめなら次のやり方に、と迷わず速やかにシフトすることができた。……目標は頑強だったが、戦術は柔軟だった。(27)

デビッド・ロックフェラーを描いたテレビ番組で、ビル・モイヤーズが柔軟性について綿密に調べている。当時チェース銀行会長だったロックフェラーは、さまざまな国で事業を展開しており、中には全体主義の国もあった。チェースの最大の顧客のひとりがイラン国王だった。ロックフェラーは、国王がイランを亡命せざるをえなくなった後、米国で癌治療を受けられるよう入国を手配したが、この行為により、テヘランの米国大使館が占拠され、一年以上にわたり米国人が人質として監禁される事態を導いた。モイヤーズの関心は、警察国家を支配し、政敵を拷問したかどで訴追されるような人物とビジネスを行なうことがいかに可能だったのか、という点だった。ロックフェラーは、自分と意見の合う人としかビジネスをしないというのは「もっと友人がいたらなあ」というのと同じだ、と答えた。コネがあること、同盟があることは影響力を生みだし、使うためには重要なのだ。これには、文字どおりにも比喩的にも、信念を問わず、多数の異なる政治体制から、多種多様な人々とビジネスをすることが必要になるのだ。

柔軟性がない場合に発生する危機を考えても、その大切さがわかる。イースタン航空整備工組合とチャーリー・ブライアンに対する、フランク・ロレンゾの戦いのケースがこれである。ロレンゾのテキサス航空は、一九八五年二月にイースタン航空を買収したが、一九九〇年にイースタン航空が消滅するまで、整備工組合との戦いに明け暮れることになる。それは組合と代表のブライアンに対する個人的な復讐の様相を呈した。ロレンゾはこの闘争で、無条件勝利を実現することに取りつかれ、追求していたはずの経済的目標を見失った。

たくさんいたロレンゾの熱烈な支持者でさえ、彼が極端になり過ぎていると思っていた。経済的な意味から始まったことが、もはや遺恨試合にしか見えなくなった。ロレンゾは組合潰しに執着し、合理的経済的な判断は消失していた。整備士組合を破壊しようとしている間、イースタン航空は毎日約一〇〇万ドルを失う事態が二年も続いた。もともとロレンゾが計算していた整備士組合の年間賃金カットは、その一五〇日分にすぎなかった。[28]

あまりにも強硬に一億五〇〇〇万ドルをカットしようとしたがゆえに、年三億六五〇〇万ドルも失い、とうとう、この航空会社を破滅させてしまったのである。

政治力が長けた、いわゆるマキャベリ的な人に関するパーソナリティ研究は、次のように見ている。

気質の違いはすべて……、マキャベリ得点の高い人たちの冷静な超然的態度が関係した結果だと考えられる。……表面的には冷静にしか見えなくても、その表面の強度は、人間関係が関与してタスクの達成を妨害する危険や誘惑に耐えうる厚みを備えているようだ。……マキャベリ的冷徹さのベースにある基本的プロセスは、置かれている状況を明晰に認知的に解析することに焦点を絞り、勝利への戦略に集中するという傾向なのだ。[29]

こうした多くの資料が明示するのは、最終的な目的への集中力と、置かれている状況から感情を切り離しておける能力がもたらす柔軟性が、パワーを築く能力につながる大切な資質ということなのだ。柔軟性は、逆の特質と対照するとさらに重要だとわかる。硬直性は支援の開拓を妨げるし、自分の目的を達成するのに戦術や方法の変更が必要になっても、それをさせない。時には柔軟性という性質が感覚的に好まれないこともあるが、物事を成し遂げる能力が好まれることはとても多い。

コンフリクトに耐える能力

パワーとは抵抗を乗り越えて、自分の求めることを他者に行なわせる能力、と定義されてきた。[30] そもそもこのパワーの定義には、社会には変わらぬ現実として、見解の相違が存在するという前提がある。見解の相違とは、達成すべき目標についてのこともあろうし、目的と手段の関係、あるいはその両方ということもあろう。[31] つまり、パワーはコンフリクトが存在する状況で行使されるものなのだ。何をすべきか、それをどのように行なうべきかについて全員が一致していれば、パワーを行使したり、他人に影響力を行使しようとする必要はない。パワーの必要性は、不一致があるという状況の下でのみ生じるので、パワーをもつ人の個人的属性のひとつは、他者とのコンフリクトに取り組む意欲だといえる。

ただし、コンフリクトや不一致への態度は人によって違う。「うまくやっていくためには、仲良くやっていかなければ」という格言は、子どものころからしばしば聞かされるものだ。全員とは言わなくとも、多くの人がコンフリクトを避けるべき、不快なものとして経験している。コンフリクトは組織におけるストレスの一要因である。ロバート・カーンらによる役割コンフリクトと役割曖昧《あいまい》性の研究は、次のように報告している。[32] さまざまな形態の役割コンフリクト、例えば相互にやり取りする相手によってまちまちになる要求、組織の外部の人からの圧力と対立する要求、自己概念と対立する要求は、すべてストレスとして体験される。こうしたストレスを回避するため、相手の要求を黙認したり、事態を無視していれば、いずれ消滅してくれるだろうという思いで、コンフリクトを表立たせるのを避ける人もいる。

コンフリクトから逃げてばかりだと、自分の思いを通せることはまずない。逆に、自分の見解を通そう、かなり強引な行動もいとわぬという意欲があれば、長期的なコストが発生することはあっても、ある状況におけるパワーを獲得できることが多い。従順でいることも、一緒に仕事をしている仲間内ではたしかに好かれる要素だろうが、パーソナリティが穏やかだからと好かれている者が最も有力だとか、物事を遂行できるなどということは実際にはないと考えてよい。

コンフリクトは抑止力の一形態でもある。「相手が取りそうな選択に影響を与えること、また、こちらがどう行動するかについての相手の予測に影響を与えることで選択を揺さぶるという形での……抑止力である」。[33] 相手がこちらの求めているものを認められなければ、事態の結果が好ましいものにはならないだろうと相手に知らせることや、多くの人はコンフリクトが嫌いなので、こちらが求めているものについて相手と戦う意欲が十二分にあることを見せて、相手が従う気になる強力なインセンティブにする、といったことも抑止力である。ワシントンDCにおけるパワー行使について執筆したスミスは、ティップ・オニールが下院議長だったときの報道官だったクリストファー・マシューーズへのインタビューを報告している。

「鍵はヤマアラシになること、つまり、厄介な奴だとの評価を得ることだ」とマシューーズは私に語った。「いい奴だとの評価を得てはならない。そんな評価があっても本人に何の得にもならない。……私はエド・マスキーに……三年間仕えてきたのだ。すごい人たちの中でも彼はトップだった。絶対だと言ってもよい。なぜなら誰も彼とは争いたくなかったからだ。わかるだろう、どうしてそんな奴と争うことがあろうか。せっかくの一日をみすみす台無しする理由があろうか、というわけだ。大多数の人は基本的に功利主義者だ。とにかく最大幸福を得ようとする。大切な一日をわざわざ惨めにする理由がどこにあるんだ、ということだよ」。[34]

好戦的で厄介な存在になることは、アヴェレル・ハリマンのパワー源でもあった。政府で、特に国務省で素晴らしいキャリアを築いたもうひとりの優秀な人物、チェスター・ボウルズとの違いはそこにあったといえる。

アヴェレル・ハリマンがボウルズと同じ政策のために戦っていたとしても、ハリマンは手ごろな標的とはならなかった。ハリマンは凶暴で、喜んでやっているとしか見えぬような、獣並みの乱闘型だった。だから、彼と対立することになった者はみな、ハリマンが決して忘れず、必ず逆襲することをいやというほど知らされることになった。……ボウルズはずっとやさしい標的だった。だから彼の政府でのキャリアは、彼を叩いても反撃されないとわかっている潜在的なライバルによって制限されたのである。[35]

自分に同意しない人たちと戦う意欲はロバート・モーゼスのパワー源のひとつで、情熱といえるほどのものだった。コンフリクトと戦うときの気質は、市営フェリー「ロックウェイ」でのラガーディア市長との闘争ぶりに最も劇的に表れている。このフェリーは二〇分おきにイーストリバーを横断していた。ラガーディアはこのフェリーを廃止し、ターミナルとして使われてきた土地を活用することで「イーストリバー道路が（トライボロー）橋につながり、自動車のフェリー利用者にこの橋を通らせて、交通局に通行料を払わせる」[36]計画に同意していた。しかしフェリーには毎日一七〇〇人の利用者という、少なからぬ支持者がいた。彼らはフェリーへの愛着だけでなく、橋を使うよりずっと安価だという事実を評価していた。ラガーディアは、フェリー発着所を交通局に譲渡する命令を出すだけでなく、フェリー利用者が他の交通手段を見つけるまでの時間的猶予として六〇日間はフェリーの運航を継続するという妥協を試みた。しかし、モーゼスは六〇日どころか一日たりとも待つ気はなかった。

市長を無視し、七月二一日、彼は即時運行停止を決め、発着所を取り壊した。七月二一日、ロックウェイが曳航されマンハッタンから離れるのを待った後……、艀《はしけ》を船着場に引きこむよう命じた。……これでロックウェイには帰港しても係留する場所がなくなった。次いで、杭打ち機で係留場所を壊し、クレーンで撤去するよう命じた。……彼は作業員を派遣し……、破砕した瓦礫を船着場の前に積み上げ、このターミナルへの陸路もすべて遮断した。[37]

ラガーディアはこの解体作業をやめさせるために警察を呼ばざるをえなくなり、公共事業作業員には、この日の解体部分を修復するよう命じたのである。キャロは次のように書いている。「一九三六年七月二三日、『ニューヨーク・タイムズ』紙の読者に届いた第一面は『市長、警察を導入。モーゼスのフェリー破壊を止めるため』」。しかし、モーゼスは期限が来ると同時に最終的な勝利を収めていた。七月三一日の深夜、ラガーディアの黙認のうちに、フェリー発着所は永遠に消滅したのである。[38]

このコンフリクトは、公園、パークウェイ（公園道路。

中央分離帯や両側に並木や芝生のある広い道路）、橋梁といったモーゼスの利益対象に関係する事案への最終的な権限が誰にあるのか、という問題をめぐるものだった。彼は市長の権限も、市長との正面衝突もおそれぬことを断固として示すことで、このコンフリクトを勝利で切り抜け、実質的により大きなパワーを獲得することができたのだ。

対立への姿勢がパワー源となるのは、公共領域にかぎったことではない。ＩＴＴのハロルド・ジェニーンは、毎月の財務業績検討会議で管理職を震え上がらせることで有名だった。デロリアンはＧＭのある役員のことを、醜く、意地悪で、他人を脅して自分のやり方を通している、と言っている。組織的な威圧が通るのは、実際に対抗したり闘争になる前に、ただ相手が引いたからということでもある。だからコンフリクトに向き合う気力は、どんな組織においてもパワー源となるのだ。

ロス・ジョンソンはＲＪＲナビスコのＣＥＯにまでなったが、社内で階級を上げていく中で、自分が戦いにひるまない人間だということをはっきり示していた。コンフリクトに取り組む意欲は、彼の影響力の源のひとつだった。最初の戦いはスタンダード・ブランズで起こった。カナダ子会社の社長から始まり、一九七三年国際業務部長、一九七四年取締役、一九七五年にはＣＥＯウェイグルの後継者含みで社長となった。ジョンソンは浪費家でウェイグルは倹約家というように、二人のスタイルはまったく違っていた。ウェイグルはそれまでも後継者候補を潰してきたが、ジョンソンにも同じ攻撃を仕掛けた。私立探偵を雇ってジョンソンの不倫関係を洗い、監査役を送り込んで彼の支出報告を調べさせた。しかし、ジョンソンはそんな戦いにひるむような玉ではなかった。

ジョンソンは……戦闘態勢を整えていた。ウェイグルに雇われて従業員情報を集めていたヘッドハンターは二重スパイとなり、ジョンソンにも報告していた。……謀略者を募り……、ウェイグルのしみったれた経営方式がスタンダード・ブランズの価値をいかに損ねてきたかを示す報告書をまとめた。……まもなく、ウェイグルは追われているのは「自分」だ、ということに気づかされることになる。(39)

ジョンソンが辞任するぞと脅す中（ロバート・モーゼスもこの戦術を使った）、コンフリクトは取締役会の目の前でも続いた。取締役会はジョンソンにもう一年社長にとどまるよう提案したが、本人はこれを拒否し、ウェイグルの肩書を会長のみとする要求を出した。会長室も本社ビルに置かないという条件もつけてである。「この強硬な姿勢によって、ジョンソンはニューヨーク証券取引所から命令を引きださせた」。[40]

スタンダード・ブランズがナビスコと合併したとき、ジョンソンは腹心の部下を要職に配し、現職CEOが退任したときに自分とCEOを争いそうな者を排除し、剛腕を振るう意思をあらためて見せつけた。

例えば、ディック・オーウェンズはナビスコの最高財務責任者で、執行副社長にも取締役にも任じられるほど充実したパワー環境にいたが、ジョンソンがそこに巧妙な罠を仕掛けた。

ジョンソンはオーウェンズが求めるものは何でも与えた。オーウェンズが次々に要求する新しい補佐も承認し、上級副社長をここに、副社長をそこにと実にたくさんの補助副社長を与えていった。ジョンソンのあたたかい庇護の下、オーウェンズの財務役としての封建領土は着々と拡大した。そうしたある日、ジョンソンはシェイバール（当時のCEO）のオフィスに行き、眉間に深いしわを寄せていったのである。「ディックが巨大な財務組織をつくっている」ので、自分は心配している、と。……オーウェンズがライン・マネジャーではなく、本社の人間の分析や判断を偏重するという危険なことを進めているのではないか。……「ディックは権限を委譲する能力がまるでないのではないか。我々は改革を行なう必要があるのではないかと思う」。そう、これでオーウェンズは押しだされ、まもなく、ジョンソン自身がそのポストに就いたのである。[41]

ナビスコがRJレイノルズと合併すると、ジョンソンは再び、恫喝《どうかつ》と対決によってパワーを握る機会を押さえていった。合併後のCEOウィルソンは、取締役会の承認を得ずに、煙の出ないタバコ「プルミエ」の開発に六八〇〇万ドルも投じていた。製品が失敗に終わり、取締役会はウィルソンに不満だということを耳にしたジョンソンの動きは素早かった。数人の取締役に、自分は会社を去り英国の食品会社のトップになろうと考えている、と話したのだ。もう当社の合併も完了し、自分の役割も終わっただろう、と。取締役会にいる仲間の何人かが、ジョンソンにその決断を少し待つよう言ってきた。まもなくウィルソンには退職報酬がたっぷり支給され、ジョンソンがCEOの椅子に座ることになった。

これらの実例は、いずれもジョンソンが時として容赦なき戦術も使い、地位を要求するギャンブルと戦いをいとわなかったことを示している。自分が選ばれるのを待つのではなく、強硬に自分を押し、場合によっては、行く手を阻む者を退職させていったのだ。もちろん、これだけが昇進を手にする方法ではないし、ジョンソンの行動には不人気な部分があるのもたしかだ。だが、ポイントは戦闘に臨む情熱とも言える意欲が、彼の企業人生を計り知れぬほど助けたということなのだ。

対照的に、戦いへの気力がないとパワーも影響力も消失し、さほど準備のない者にも打ち負かされるという結果になることも多い。リーマン・ブラザーズの共同CEOの地位からピーター・ピーターソンをうまく立ち退かせたルー・グラックスマンの企てもこの教訓になろう。[42]一九八三年、グラックスマンはピーターソン本人に向かって会社を辞めるように言った。

グラックスマンは……ピーターソンに対し、すぐ会社を辞めるようあからさまに求めた。相手に戦う腹がないことを察知し、圧倒的な自信があったのだ。ピーターソンはその数年間、驚くほど神経をすり減らす多くの経験をしていた。悪性ではなかったが一九七七年の脳腫瘍手術、つらく長引いた離婚問題、幸せだったはずの再婚もいく度かの癌懸念が続き暗雲がたちこめていた。相手が人目につく場でのうっとうしい口論にかかわりたくないはずだと計算済みだったとグラックスマンは認めている。……相手の弱点を嗅ぎ取っていたのだった。[43]

彼の読みは的中した。健康問題を抱え、会社経営という日々の激務に戻る気力のなえていたピーターソンは、交渉によって素晴らしい退職報酬を手にし、会社をグラックスマンに渡すことに同意したのである。グラックスマンの勝利の一因は、相手よりも戦う意欲があったことである。

誰からも好かれたいと思う人は、コンフリクトに向き合おうとはしないものだ。そのため、効果的にパワーを行使する人は、他者からの承認や親交を必要としなくてすむくらい独立している。

自分のエゴを隠し、先へ進む

時には、自分がしたいことをするのではなく、戦い、御しがたい存在になり、ライバルに道を譲らせることも重要になる。だが、仲間として同盟や友好的ネットワークを構築することが重要な場合もある。大きなパワーをつくりあげることのできる人たちは、状況の必要性に合わせて自分の行動を変えるコツを知っているようだ。RJRナビスコのロス・ジョンソンは、その時々の上司に取り入ることができたし、時が変われば、彼らと戦い、どかすこともできた。ロバート・モーゼスはラガーディアと戦うことができたが、アル・スミス知事に対しては常に敬意を払う部下だった。スミスはモーゼスがファーストネームで呼ばない唯一の政治家だった。仲間をつくり、同盟を築き、支持者のグループをつくりだすときには、しばしば自分のエゴが障害になるということだ。ここで、パワーの源泉として私が確認する最後の特性は、何かを成し遂げるための努力の中で自分のエゴを隠す能力である。将来のより大きなパワーや資源と交換するために、いま、我慢できる能力が必要になるのだ。この意味では柔軟性とも関連している。

CBSのフランク・スタントンはウィリアム・ペイリーとの関係をうまく管理していただけでなく、他の上級役員との関係もまとめていた。スタントンは部下に負担をかけることなくパワーを獲得し、活用するのも素晴らしく長けていた。

スタントンは上級役員たちに専用ダイニング・ルームとCBS取締役の席を与え、世間的なプレステージが増すように計らった。彼らが業績を伸ばせるようにと気前のよいボーナスとインセンティブ・プランを用意した。……CBSが組合のストライキで機能しなくなったときには、ピケ隊にコーヒーを出した。ストが

終われば、ストに参加する労働者の代わりに現場に出ていた役員に、超過勤務分の小切手を自らの手で渡したのだった。(44)

スタントンのこうした配慮は、社内の多くの人からの忠誠心と支持を勝ち取った。これができたのは、相手をもちあげても、自分が食い物にされると思わなかったからである。自分自身の地位の一部は表に出さなくても心配はなく、それより、組織内の他の人たちの威厳を高めることで、自分への心からの感謝の念に結びつけていったのだ。

支持を構築するために自分のエゴを抑制する能力は、パワーの重要な源泉である。建設会社ベクテルの役員になったジョージ・シュルツとキャスパー・ワインバーガーの対照性は、相手を同等に扱うことで支持を構築する能力の例になる。

ジョージ・シュルツは一九七四年に上級役員としてベクテルに入った。優秀で人望もあつかった役員ラファエル・ドーマンの不慮の死の後、鉱業金属部門の責任を引き継いだ。シュルツは生え抜きではなく、この人事は会社の長年の伝統を破るものだった。「ベクテルの役員はスティーブ・ベクテルの息子を含め、社内の階級を実直に一段ずつ上るように、まるで軍隊のように仕事をしていた」。(45)シュルツは政府と学問の世界に長く輝かしい経歴があったが、財務長官の地位からベクテルに入り、部外者であることに変わりはなかった。彼はパワー基盤を築かねばならず、しかも迅速にそれを実行する必要があった。

シュルツは将来の自分の地位とパワーのため、そして社内の人たちからの支持を勝ち取るため格別の努力をした。威圧することはなく、秘書や事務員はもとより、周りにいる人たちには誰でも時間をとって話しかけた。「与えられる社用車もキャデラックではなくオールズモビルを選ぶ、といった象徴的な手段によって、自分の地位を控えめに見せることでポイントを稼いだ」。(46)任されている部門の業務については、ベテランの技術者たちが教える特訓コースをきちんと受けた。彼らが冗談を言ったり、からかったりするときもユーモアで応えた。

「ジョージ・シュルツはすべて適切にこなした」と

ベクテルの主任弁護士だったビル・スラッサーは語る。「財務長官で、スタンフォードで地位のあった人物が突然こんなところに来たのだ。しかし、彼は塹壕《ざんごう》に身を隠すようなことはなく、大勢の保守的な連中の前で自分を証明してみせた。実行力があり、実行を楽しみ、本心から実行しているという事実すべてが人々を動かしたのである」。[47]

もちろんシュルツは、海外の顧客、ワシントンにおけるベクテルのコンタクト、国内の取引先とどこでも大変協力的だった。一年ほどで、シュルツはベクテルの社長となった。彼の成功の多くの部分は社内で受け入れられたことと、それによって、自分と仕事をする社内の人材を獲得し、自分の計画を進める能力からもたらされたものである。

ジョージ・シュルツの社長就任からちょうど六週間後、元健康教育福祉長官のキャスパー・ワインバーガーは顧問としてベクテルに入った。二人ともニクソン内閣の閣僚だったが、親しい間柄ではなかった。それどころか、ワインバーガーは政権内におけるシュルツの影響力を敵視していた。ワインバーガーには直接的な問題が二つあった。第一は、彼がビル・スラッサーという社内で最も好かれていた役員の後任だったこと、第二は着任のタイミングが悪かったことだ。「ベクテルの非常に緊密な上級経営チームに、一年もたたぬうちに入った二人目の外様ということで、シュルツ着任以来、形成されてきた敵意を一身に浴びるようになった」。[48]

ワインバーガーの尊大で打ち解けないスタイルは問題を悪化させた。

シュルツがリラックスして、ゆとりがあり、開放的なマネジャーとして自分を見せていたのに対し、ワインバーガーは防御的で友好的ではない、と多くから見られていた。ワインバーガーは、重要と思わない相手にはほとんど時間をかけないという印象を与えていた。……その戦闘的姿勢は……、特に、会社を運営しているトップや事業部のトップに支援や法的なガイダンスを与えることが彼の主要な役割だったので衰えることがなかった。[49]

彼は顧問弁護士を増やすために、大勢の弁護士と契約した。法務部の緩んだ業務スタイルを締めつけるため、新たに外部から彼自身のイメージそのもののヴァージニア・ダンカンを雇った。「『彼女は、法務部を肉屋のように運営した』と、ひとりのベクテルのオブザーバーはこぼしている。『自分の番号札を取り、自分の番が来るまで待つのだ』」。[50] ベクテルの弁護士たちが大挙して会社を去りだすと、ワインバーガーに対する社内の支持はますます薄れた。ワシントンに戻ることを切望し、ベクテル社内には友人も支持者もほとんどいなかったので、ワインバーガーは、一九八〇年レーガン政権から声がかかると、あっさり国防省長官に席を代えたのだった。

まとめ

本章は六つの個人的な特性を述べたが、組織におけるパワー源がこれだけだという意味ではない。しかし、人にパワーをもたらす特性を考えるときには、組織にはほぼ確実に相互依存性という特性があり、個人間およびサブユニット間の競争と対立の闘技場となることが多いことを忘れてはならない。だから、支持や同盟を手に入れる能力と関連する特性、例えば、感受性、柔軟性、必要なときに自分のエゴを隠せる力が、パワーの源として重要になるのだ。同じように、競争の激しいアリーナで生き残る能力と関連する特性、例えば、集中力、活力とスタミナ、対立に取り組む意欲も、個人のパワーの明らかな源泉となる。

諸特性をパワーの源泉として測定するひとつの方法は、組織においてパワーある存在となろうとしている個人がぶつかる二つの重大な問題、つまり支持を獲得し、競争に勝つこと、これをどこまで解決するかを決めることが含まれる。状況が変われば、あるいは文化規範が変われば、支持を獲得するのに何が必要か、効果的に競争するには何が必要かも同じように変化する。しかし大多数の国や状況では、少なくとも現時点では、これらの特性がパワーの個人的源泉として重要だと言えるのではないだろうか。

第3部

パワーを効果的に用いるための戦略と戦術

Strategies and Tactics for Employing Power Effectively

「パワーがどこから生まれるか」の次にまだ知るべきことがある。物事を実行するためのパワーの効果的な使い方である。我々はみな、日々の人生の中で実際に人に影響し、人から影響されている。物事を効果的に成し遂げていている人たち、例えば成功している営業担当者が、試行錯誤方式で非公式の戦略を立てていることもあろう。我々はいろいろな状況に出会うたびに、基本的な社会心理原則に暗黙に基づいてうまくいった、いかなかったという形で経験則を学習する。これらの学習の一部は、限られた経験を基にしていて、不正確な一般化もあるので、妥当性を欠くこともある。ここで、パワーを効果的に使うにはどうするかについての知識を意識するようになると、社会的相互作用への理解が進み、行動範囲を格段に広げ、ひいては組織における効果性を向上させられるだろう。

第三部は、パワーの使われ方を検証する。最初のトピックはフレーミングで、人が物事をどう見るかは、置かれている状況に左右される、というシンプルなポイントである。人間の物事の見方は、コントラスト、コミットメント、希少性など、対象が示される順序やその相対的な入手可能性、あるいは余裕を強調する諸原則の作用を受ける。第10章は、他者の言動のインパクト、好感度の作用、感情のコントラストの活用を検証して、対人的影響の検討を進める。

こうした対人影響プロセスの基礎を理解することで、パワーを形成し、行使する際のいくつかの戦略的要素を考察する準備が整う。これには、タイミング、情報や分析の使い方、パワーを巧みに使い、強固なものにするための構造変化の起こし方、そして頭脳と同様に心に作用する言語、儀式、セッティングの使い方が入る。

本書で情報というときには常に二つの側面がある。第一は、組織のメンバーとして、我々は周りの世界を理解する技術をもっと向上させることが不可欠だということだ。ここで言う情報は、読者がそれぞれの住む世界の中でいつも起こっている社会的影響のプロセスについて詳しくなり、感受性を研ぐのを補助するためのものだ。第二は、影響力が要求される状況において、実効のための効果的な戦略をつくるための情報である。

パワーの存在を知るだけではまだ足りない。パワーがどのように使われるかを知ることがさらに重要であり、使い方を習得することで、パワーと影響力を実践上の成果に変換する戦略と戦術のレパートリーを備えることができる。

CHAPTER 10

第10章

フレーミング：物事をどう見るかが、物事がどう見えるかを左右する

Framing: How We Look at Things Affects How They Look

間違った理由で正しい決定を下すよりは、正しい理由で間違った決定を下すほうが、なにやら好ましく上等でさえあるかのようにみえる。

一九七二年の大統領選挙で、リチャード・ニクソン陣営の選挙活動員が五人のキューバ人を雇い、ワシントンDCのウォーターゲートビルにある民主党の全国選挙本部に侵入し、敷地内に盗聴器を仕掛けさせた。このキューバ人たちは、侵入中に逮捕された。続いて明るみに出た選挙運動の策謀とこのスキャンダルの隠蔽《いんぺい》工作により、ニクソンは一九七四年辞任に追いこまれた。当時、現職大統領として出馬したニクソンの対抗馬は、まったく本命視されていなかったジョージ・マクガヴァンだった。なのになぜ、いかにしてこうした事件が起こったのか。これに対する答えが、行為がどのように起こるかを理解するための、状況とフレーミングの重要性である。

一九六八年の大統領選ではニクソンがヒューバート・ハンフリーに大勝しているが、一九六〇年のジョン・F・ケネディとの対決では、当初のリードを守れず敗退した事実が答えのひとつである。しかも、一九六二年のカリフォルニア州知事選挙でも彼は僅差で敗れている。だから、本人も選挙参謀も、どんな有利な予測も鵜呑みにせず、マクガヴァンの挑戦にも本気で対処しようと決めていたのだった。ニクソンとその関係者は、過去の経験による一連の前提と思い込みを基準に、このときの状

況に反応したのである。

しかし、おそらくもっと重要なのは、そうした構想がどのように提示されたか、である。選挙対策委員会は、選挙活動の情報戦を補助するためにゴードン・リディを採用した。リディは最初、手の込んだ計画を委員会に申しでた。要求額は一〇〇万ドルだった。内容は民主党全国本部に侵入して盗聴器を仕掛け、(民主党大会が開催される)フロリダ沿岸でクルーザーを借りて売春婦を乗せ、民主党の主だった政治家を誘惑する、偵察機に最新の電子盗聴装置を搭載して、民主党の選挙部隊が乗る飛行機を追跡し、内密の会話を盗聴できるようにする、というものだった。もっとも、こんな計画は委員会も認めなかった。

リディは計画の縮小版を携え戻ってきた。それは偵察機を削除して、侵入と盗聴、売春婦つきのクルーザーで、五〇万ドルだった。だが、これも却下された。彼が出した三番目の案が二五万ドルでウォーターゲート侵入のみ、というものだった。偵察機、クルーザー、売春婦まで使って一〇〇万ドルに比べると、わずか二五万ドルでシンプルな盗聴と電子的な監視ができるのは、かなり手ごろに見えそうではないか。ここでの教訓は、何がもっともなものに見えて、何がばかげたものに見えるかは、状況に左右されるということだ。つまり、見えるものがどのようにフレーミング《枠づけ》されるかは、その前に起こったことと、それを提示するのに使われる言語に影響されるのである。(1)

●コントラスト(対照性)

ウォーターゲートの例は、コントラストの原理でもある。我々は、起こっている現象を通して物事を見、経験する。そしてごく最近に経験したことに反応する傾向をもつことで、記憶を節約している。また、何が良くて何が悪いか、何が高くて何が安いか、何がもっともらしく、何がそうではないか、といったことは、自分の経験によってずいぶん影響を受けている。そうしたコントラスト効果は、しばしばセールスの現場で用いられる。ある人が衣料品店に入り、スーツとセーターを買いにきたと言えば、販売員は先にスーツを売ろうとするだろう。値段の高いものを購入した後の客の目には、セーターは

（高いセーターでも）相対的に安く映る。逆に、高くない商品を先に見せられれば、コントラストの原理により、高額な商品は比較作用で、さらに値段の張るものに感じるだろう。不動産業者は「セットアップ」物件を使う。それは魅力の薄い物件で、しかも価格を上乗せして出されている。見込み客はそうした物件を見せられた後は、同じように高くても、もっとよいものが出ていると、こちらには意欲的に反応することが非常に多い。対照によって後者に価値があるように見えるためである。自動車の販売員もコントラストの効果を熟知している。新車の購入に百万円単位の金を使った後は、「その投資を守るため」の保証延長に数万円も出すのは、比較のせいでわずかな額にしか感じないためだ。(2)

商品が高く見えないようフレーミングして売りやすくするのと同じ心理メカニズムによって、組織の業務の小さな部分が一時的に意識も検討もされなくなることがある。一九六〇年代後半から一九七〇年代前半にかけて、ゼロックスのコピー機事業は劇的に成長した。実質的に市場を独占し、高い利益率を誇っていたので、小型製品や小規模市場には関心を払っていなかった。(3)だから、日本企業がローエンドの低価格コピー機をさらに値引きして市場に投入してきても、うっかり見過ごしてしまった。ゼロックスはコピー機をリースしていたので、収益源はコピー機の販売ではなくコピー枚数だった。日本メーカーのは少量コピー機だったので、急成長中で収益性の高いコピー市場にとってはとるに足らぬものでしかなかった。ゼロックスの事業ラインと比較すると、そんな小規模ユーザー向けの小型機は検討に値しなかったのだ。だが、経営陣がＰＡＲＣ（パロアルト研究所）で誕生していたコンピュータ製品のいろいろなアイデアをほとんど顧みなかったのも、まったく同じ理由からだった。主力のコピー事業に比べると、そうしたイノベーションを真剣に考えようとする者がほとんどいないほど、推定される市場と利益見込みは小さかったのだ。

ゼロックスのこの二つの例には、小さな市場向けの製品や、利益見込みや市場が小さく見えるところへの製品にコントラストが作用している。したがって、コントラスト原理は、成功している大企業が、少なくとも最初は小さく見える市場に参入するのがいかに難しいものかを説明する資料にもなる。自社の主力事業と比較すると、そんな市場はわざわざ注目するほどではないと映るのだ。その市場の潜在力が明らかになったときは、他の小さな組織がすでに支配的な地位を築いているので、うまく参入するのはやはり難しいことが多い。

影響力の行使についてコントラスト原理がもつ意味は、きわめて直接的だ。物事を検討する順序が、それらがどう見られるかに作用するので、アジェンダが重要になる。ゼロックスはパソコン市場でいくつかの重大な機会を逃したため、PARCから出るものには何でも注目しだし、今度は可能性がないような製品にまで多大な時間とエネルギーをかけている。国政における妥協は、最後に出された提案が、それまでの一連の実行不可能な提案によって、もっともらしく見えた後に起こることが多い。我々は、自分たちの出す提案がその前に出したものと対比されることの利点を活かし、同時に十分に注目されるよう目立たせる必要がある。

●コミットメント・プロセス

過去の行為や出来事は、現在の可能性を判断する準拠枠になるだけでなく、別のコースをとろうとするときの心理的な自由を制約するものにもなる。心理的コミットメントの原理は、人々が次のような行為に縛られていることを示唆している。①外からの圧力がほとんど、またはまったくない中で自発的に選択する行為、②目に見え、公然としているため、責任を無視できない行為、③とり返しがつかず、簡単には変更できない行為、④自分たちの態度や価値観、あるいは後の行動についての意味合いが明確な行為、である。[4]

人が行動や選択に縛られるコミットメントのプロセスは、多くの理由とさまざまな様式で発生するが、過去の行動に縛られるメカニズムのひとつが、自己知覚である。これによって、我々は自分の過去の行為を自らの態度や信念の指針のように見る。[5] 仕事を自由に選べるときに、給料が低く、厳しい労働条件の仕事を選ぶなら、その仕事が本当に好きだからという理由があるはずだ。また、その仕事が好きならば、もちろん熱心にやるだろう。この自己知覚は、自分自身の行動から自分が求めていることを学ぶというプロセスで、調査では、達成が難しいことほど高い価値が与えられる、ということが一貫して示される理由を説明している。

　例えば、加入の難しいグループは、そんなに厳しい加入手続きを要求しないグループよりも魅力的に見える。アロンソンとミルズが書いているように「何かを達成するのに多くのトラブルや痛みを経験してきた人は、同じことを最小限の努力で達成した人よりも、そのことに高い価値を置く傾向がある」。[6]

　予測可能性や堅実性をよしとする一般的な社会規範もコミットメントをもたらす。一貫性がリーダーシップの特性として大切だとなれば、逡巡する人は優柔不断だとみなされるだろう。[7] 権限をもつ人は、一貫した強い指導者だということをアピールするだけのために、ひとつの行動方針にこだわることがあるかもしれない。バリー・ストウたちは、実験型のパラダイムを使い、被験者をビジネス事例の場に立たせ、例えば研究開発に資金を配分するといった投資決定を求めるような形で一貫性とエスカレーションに関する調査を行なっている。被験者の半数には過去の決定が成功しなかったという情報を与えた上で、追加投資を行なうかどうかの決定を求める。この調査では、失敗に直面する被験者が、うまくいっていない努力に、おそらく事態を好転させようと試みて投資をエスカレートさせ、より多くの資源を投入するのが見出されている。

　コミットメントの規範的な根拠に光を当てた調査では、監督者の行動が一貫した様式か一貫しない様式か、配分する資源が多いか少ないか、成功か失敗かというケースが参加者に与えられた。[8] そして、この監督者を評価し、その受けるべき昇給幅を提案せよ、という課題を検討した。想像できるように、三つの条件すべてが監督者に対して認められた能力に作用し、成功、行動の一貫性、最小限の資源はいずれもその評価にプラスに関係していた。この調査は、経営学部の学生、心理学部の学生、夜間MBAコースに通う社会人学生を被験者として比較している。この中で、評価基準を一貫性と業績の関係においたのはどのグループだったのか。夜間MBA在籍生と現職のマネジャーは、ケースの管理職を評価するときに業績にかけるウェイトが最も小さく、行動の一貫性への評価では最も大きな違いを示した。現職のマネジャーは、決定を変える監督職に対しては全グループで最も低い点をつけた。こうした結果は、人は組織の階層を上がるにつれ、一貫性と忍耐力を重視する、特に逆境にあってはそれが顕著なリーダーシップ理論をもつことを示唆している。何が効果的マネジメントを構成するのかについての、こうした社会的期待の一般化は、多くの組織のリーダーが一貫性を保とうとする理由を説明する。

一貫性は認識の努力を省力化するのにも役立っている。我々はいったん心を決め、ある方向で行動を踏みだすと、一貫性がありコミットしていれば、同じ課題に何度も向き合う必要がなくなる。そうではない場合を考えてみよう。自分の選択をすべて毎回評価し直すなら、自分にとっても組織にとっても何をするのも大変なことになる。計画と決定には時間がかかるし、決定を実行するのにも時間がかかる。また、一貫性に価値を置けば、過去の決定を再考するのを避けられる。それは、ただの計画や希望だけでなく、うまくいかなかった物事を思い出させるかもしれないプロセスなのだ。ひどい結果になった決定を再検討するのは、間違いなく不快な作業であり、多くの場合、役にも立たない。過去の結果を変えることはできないからだ。

一貫性とは、以下のような行動パターンである。①多くの人が、特にマネジャーやリーダーの属性として重視する行動、②情報処理と意思決定を省力化するのに用いられる行動、③自己知覚のプロセスがもたらす行動、過去の行為や行動を自分自身の基準にすることで、そうした過去に縛られるようになること、④過去の活動に伴う失敗や問題に向き合うのを避けるのに使われる行動、である。一貫性とコミットメントは、心の内部過程と対人過程の両方からもたらされる。

この主張でひとつはっきりしているのは、物事を実行するための最良の道が、小さくとも何らかの効果的な行為から始めるべきということである。これが自発的になされるかぎりは、コミットする意味をもつだろう。だから、個別訪問の鉄則に従う販売員は、見込み客がパンフレットを手に取り、考える時間を与えようとするだろうし、自動車のセールスマンは、顧客に車の試乗をさせようとするだろう（だからこそ多くのディーラーは、電話では価格を言おうとしない。客が販売店に来るエネルギーをかけて、車を試してくれれば、買わずに帰る可能性が小さくなる）、コンピュータの営業担当がレンタルやお試しといったことを勧める理由もそこにある。

コミットメントのプロセスは、いったんプロジェクトが進行しだすと、止めるのが大変難しいことを意味する。筆者は、ある会社の新製品の市場テストを見ていたことがある。四カ月間に一〇〇万ドルの販売促進費を使ったが、その製品はうまくいっていなかった。その運命を検討する会議の場で、担当の製品マネジャーはこれを廃棄しようとは言わず、逆にこう言った。「これほどバックアップも財務支援もない中で、この製品がうまくいくことなど期待できるはずもないではないか。油断ならぬ競争と消費者の固定した嗜好という逆風の中で、我々はこの製品に事実上何のチャンスも与えていない」。会社は新たに一〇〇〇万ドルあまりを投入し、この製品の販売促進にさらに時間をかけることにした。だが八カ月後、結局この製品はキャンセルされた。

　映画『ヘヴンズ・ゲート《天国の門》』の最初の見積は、撮影に六九日間、予算は九五〇万ドルだった[9]。製作のユナイテッド・アーティストの予算アナリストのチェックでは、より正確な金額は約一〇〇〇万ドルで、映画製作に入り込む無駄を防がなければ一二〇〇万ドルになるということだった。この映画製作の話は、初めは取引の最終交渉、次いで実際に製作が始まってと、予算見積が次第に増額されていく話である。いったん心理的コミットメントが下されると、もう戻るのは難しくなるのだ。一〇〇万ドル単位の資金が投入されてしまった後では、ユナイテッド・アーティストにとっては、かくも高額の投資から何も得ずに立ち去るのがますます難しくなる。特に、資金をあと少しだけ追加すれば大ヒットがつくれる、などと言われればなおさらである。

　この映画でコミットメントがエスカレートしたケースとしてさらに強烈なのは、インパクトのないフランス人女優、イザベル・ユペールを主演女優に選んだ決定である。監督のマイケル・チミノは彼女を使いたかったが、英語に訛《なま》りがあったし（西部劇では問題だった）、ユナイテッド・アーティストの立場からは、彼女の出演で集客力が増すとは思えなかった。主演男優クリス・クリストファーソンの知名度と集客力が限られていただけに、これはきわめて重大だった。しかし、クリストファーソンの出演がすでに決まっていたことや、予算超過がますます懸念されていたことで、よい代役を得るのが難しくなっていた。チミノはユナイテッド・アーティストの役員たちを見事に手玉に取っている。

「私は、自分たちの監督が選んだ女優をスクリーンで見る手間も惜しんだ上に、彼女と会ったことも話したこともない役員の決定を受け入れる気はない。いかに彼女がはまり役であろうと、知名度がないというだけで外そうとしている」。(10)

しばらくするとユナイテッド・アーティストの二人の役員、バックとフィールドがパリのコンコルド広場に来ていた。ユペールに会うためである。

カリフォルニアではチミノにノーと言ってきた。……彼は、自分の主張は思いつきでも、不当なものでもないと頑固だった。最後の打ち合わせにとパリまで飛ぶのはオーバーかと思われたが、ビジネスを進めるためである。……(役員の)フィールドにとっては、この出張はさらに骨の折れるものだったが、衝突の多いカリフォルニアの日々に比べれば少なくとも息抜きではあった。(11)

注意したいのは、チミノがこの役員たちに求めていたのは、自分の推す女優に会ってくれというもっともなリクエストだったことだ。それでこの二人はパリに飛んできたのだが、彼らは、この出張がどっちつかずという意味ではないのだ、とすでに合理化していた。彼女に会いにパリに飛んできたことは、もちろん、重要な行動的コミットメントだった。この役員たちがユペールに会ったときの様子は、

ユペールは……関心がなさそうだった。……脚本の中身についてはほとんど知らず、開拓団の女性という役が一体何なのかもわかっていないようだった。適役にはほど遠かったのだが、夜がふけ、ワインのボトルが空になるにつれ、なんと、彼女には魅力があるということになっていったのである。(12)

このころには、彼らは弱みを感じていた。ユナイテッド・アーティストは、当時、トランスアメリカ傘下にあり、社員は自分たちに優れた芸術的感覚があると示さなければならないというプレッシャーを感じていた。

選択肢を合理的に測ることと、それを合理化することの違いが微妙なのは明らかである。……間違った理由で正しい決定を下すよりは、正しい理由で間違った決定を下すほうが、何やら好ましく上等でさえあるかのように見える。……自分たちの視力では重大だとは見えぬものを、チミノは彼女に見出していて、チミノが正しい、という可能性は常にあるのだ。[13]

バックとフィールドは、映画を成功させるためにはチミノの力が不可欠で、ユペールもそう悪くはないから、チミノの判断を信頼するべきだ、と自らを納得させた。しかし、どう見ても合わない主演女優の選択を、いかに合理化できたのだろうか。実はとても簡単なことだ。

こうなると、説得の卓越した手腕と視点の操作の出番である。この映画の本当のスターは誰だったのか。クリストファーソンとはいえないし……、ましてやフォンダをはじめ、我々が取れなかった他の誰でもない。……この映画の主役は……マイケル・チミノなのだ。もう、どの俳優を使えば興行収入が一〇〇万ドル、二〇〇万ドル上がる、という話ではなかった。我々は、チミノが大ヒットをもってくることに賭けたのだ。……スターは監督で、我々の監督がユペールを使うと言うのなら、我々はそれを支える義務があったのだ。……翌朝、我々は抵抗をやめていた。エラ・ワトソン役はイザベル・ユペールが演じることになった。[14]

この事例は、登場人物の言葉の中に、コミットメントという滑りやすい坂を人がどう転げ落ちるかが見事に表されている。見込みについてちょっと話すというような、もっともな行為が、悪い決定がなお正しいと自分自身を結局は納得させることにつながっていくのだ。これは時間をかけ、ゆっくり、微妙で、ほぼ感じ取られぬまま進展するプロセスである。

重要なのは、コミットしていく行動は外部からの圧力がほとんどないまま起こり、行動そのものが個人的な信念や価値について多くのことを語り、その行為を止める外からの正当化もないことだ。不都合な結果になりそうなときにとる行動や自発的な行為は、最もコミットメントが強い。これは、従業員の献身的で勤勉なチームを構築しようとしている人たちにはよく知られた事実である。

トレーシー・キダーは、データ・ジェネラルと新しいミニ・コンピュータ開発のケースから、職場でのコミットメント・プロセスの好例を述べている。その例では、二人のプロジェクト・リーダー、ウェストとアルスィンが、自己犠牲をいとわず、プロジェクトに一生懸命取り組んでくれる人材を探す必要があった。そのプロジェクトは、ノースカロライナの別のオフィスで進行中のデザインプロジェクトと競合していた。アルスィンは、コミットメントを構築する方法として、「サインアップ」という儀式を活用した。

アルスィンは「サインアップ」に成功した採用面接で次のように問いかける。「我々は技術的に最先端のマシンをつくろうとしているんです。我々は新しいハードウェアとツールをすべてデザインしようと思っている。……こういうのは好きですか?」。

さらに……「この仕事は厳しくなります」とアルスィンは言う。「もしあなたが採用になれば、一緒に仕事をするのは大勢の皮肉屋と自己中心屋で、仲よくやっていくのが大変な連中なんです」。

「そんなことは平気です」と候補者は言う。

「この集団には仕事の速い人間がたくさんいます」とアルスィンが続ける。「長時間、長期間にわたりますからすごく大変な仕事になりますよ。本当に長くかかる仕事ですから」。

「大丈夫です。それこそ私が求めていることです。私はそんな現場を求めていたんです」と候補者は答える。

「さあ、どうかなぁ」とアルスィンはすべてが終わってから言う。「何か自殺行為みたいな仕事のための採用面接になってしまいましたね。もちろん命を落とすことなどないけれど、栄光に死す、というところでしょうか」。[15]

相手に便宜を供与することにより、返報性の原理を刺激し、提携を構築する方法はすでに示した。コミットメントは、相手にこちらへの便宜を供与させることによって提携を構築できることも示唆している。何か便宜を求め、その要請に応じる人がいるなら、当人の中にはその人が自分を好きなのだという自己知覚が形成される傾向がある。好きでもない人に便宜を与える理由があろうか、というわけである。相手に小さな便宜を図る、それで相手はこちらにお返しをしなければという気持ちになる。ここから、ひとつのサイクルが始まる。しかし、つきつめると、相手がこちらに何かをする行為そのものが、相手がこちらにコミットすることにつながり、提携と関係をさらに強化するのだ。

一九七六年の大統領選では、まったく勝てそうもなかったジミー・カーターは、いかにして民主党の候補指名を獲得し、最後には大統領になりえたのだろうか。彼が提携構築の達人だったのが答えだ。彼は単純な戦略を使っていた。「ダークホースの選挙キャンペーンを展開するには、しかるべき第三者を採用して選挙運動にあてよ」である。[16] 一九七四年の予備選挙で破れた民主党候補者はみな、当時、ジョージア州知事だったカーターから私書を受け取った。カーターは、落選した人たちには時間があり余っているのを知っており、彼らの政治的エネルギーを自分の予備選に使おうと考えたのだ。彼の戦略は選挙運動も彼らのものと思わせ、自分との絆《きずな》とし、当選に向けての仕事に巻きこんでいくことだった。

多くの人たちが想定することとは逆に、ある人の忠誠心を得る最も効果的な方法は、あなたがその人に便宜を与えることではなく、その人があなたに便宜を与えるようにさせることなのだ。……人は口説かれる存在であることを喜ぶものだ。狡猾《こうかつ》な政治家は、誰かを誘うときには、贈り物や奉仕を要求するのではなく、むしろ自分自身が求めているものを相手に伝える。これがかかわりをもつ機会になるのだ。[17]

誰かに便宜を与えさせることとは、その人をあなたにコミットさせることなのだ。プロジェクトであれ、選挙であれ、キャリアであれ、いったんあなたに投資した人は、あなたに失敗させたくないはずだ。だから、あなたのために多大な努力を払う可能性があるのだ。社内政治であれ国政であれ、お気に入りのプロジェクトや候補者を救うために努力が払われるのを目撃することが多いのはそのためなのだ。

相手に行動を変えさせる必要があるときには、このコミットメント原理の作用をどうしたら中和できるのだろうか。行動を変えるためには、個人が自分の過去から切り離されなければならない。これを実行する方法のひとつは、相手に過去の決定についてはまったく責任がない、と示唆することだ。つまり、人は外部からの圧力や情報を感じ、これが自然に過去と同様の行為を導くのだ。だから、いまは状況が違うから、自由に他のことをしてよい、と伝えることだ。間違っても「どうしてそんなバカなことをしたのだ」などと聞いてはいけない。これは、直接的な攻撃でしかなく、そんな言われ方をされれば、ほとんどの人が過去にしたように行動をするのに、ありとあらゆる理由をとうとうと語りだすだろう。質問者を納得させられなくても、自分自身は十分に納得させられるからだ。

行動を解放するということで私の好きな例のひとつが、映画『12人の怒れる男』である。法廷での審理の後、陪審員が一室に集合し、審議する。最初の簡単な投票では、一一人の陪審員が有罪に投票する。ただひとり無罪に投じた主人公ヘンリー・フォンダは、いかにして彼らの考え方を変えることができたのか。出されている証拠からは被告が有罪に見えるが、被告の弁護人がしっかり弁護していないのではないかということから話し始める。なにしろ、この弁護士はただの公選弁護人だから、こんな目立たぬ事件には力が入らなかったのではないか、と。フォンダはひとつのポイントを語る。「証拠からは被告が有罪に見える。そうなのかもしれない。私にも確信はない」。それから、有罪評決について陪審員の中に疑問があるかどうかだけを尋ねる。彼には被告が無実であることを証明する必要はなく、納得のいかない疑問があることだけでよかった。最も重要なのは、まず陪審員たちにコミットさせることだった。必要だったのは評決を変えさせるのではなく、まず一時間くらいは事件について話し合おうというコミットメントである。被告の少年の命がかかっているのだから、評決の前に少しくらい話し合っても悪くはないだろう、と。フォンダの役柄がその主張を枠づけるため、他の陪審員たちは自分の判断が偏っていたとか、間違っていたとまで認める必要はなく、弁護士の弁護がお粗末だったと思うだけでよかった。しかも話し合うことへの同意は、証拠をもう少し細かく検証することへのコミットであり、フォンダはそれで彼らを議論に巻きこみ、重要な証言に取り組ませる機会をつくりだしたのである。

反対に、直接的な攻撃は、必ずといってよいほど逆効果になる。イースタン航空のフランク・ロレンゾは、整備工組合と戦っているとき、全米調停理事会に交渉決裂を宣言させたがっていた。そうなれば、ストライキでもロックアウトでもその三〇日後には、低賃金の代替人員を採用する作業に進むことができたのだ。しかし、理事会に対する彼の強硬な姿勢は、交渉を継続させようとする理事会の方針を硬化させただけだった。理事会の議長はウォルター・ウォレスだったが、ウォレスと理事会は譲ろうとしなかった。

……ロレンゾはウォレスに対し、出だしから誤ったのだ。しかも、関係を修復しようとせず、相手をますます厳しく叩くほうを選択した。ウォレスが頑として引き下がろうとしなかったのはもちろんである。最後には、イースタンの問題の中心は組合ではなくロレンゾだとウォレスの目には映っていた。[18]

ロレンゾは調停人が任命される前だというのに、ウォレスの前任の議長ヘレン・ウィットに会おうとしていた。ウォレスは自分の頭越しに事が運ばれたように感じた。ロレンゾはフランク・ボーマンと一九八三年の株式持合い交渉を実現した調停人のウィリアム・ユーズリを使い、ウォレスと理事会にロビー活動を仕掛けた。また、「イースタン従業員積極行動委員会（Positive Employee Action Committee at Eastern　略称ＰＥＡＣＥ）」というグループを組織していた。[19] ロレンゾは「イースタンの労務担当重役トム・マシューズを使って、ウォレスに手紙を嵐のように送りつけ、自社の立場を主張した。どれも、調停理事会が故意に事態を遅らせている、と非難する内容だった」。[20] イースタンの経営陣は調停理事会に批判的な記事を書いていた報道陣に取り入った。ただ、定年を一年後に控えていたウォレスには、どんな圧力もイライラさせられるものでしかなかった。

ロレンゾは調停理事会を執拗に攻撃していた。テキサス航空は下院への法案提出を後押しし、理事会のメンバーを三人から五人に増やし、調停理事会監督下の調停期間を九〇日に制限しようとしていた。ロレンゾの側近は、交渉決裂を妨害しているとして理事会を訴えるかどうかを検討中であるとほのめかしていた。[21]

ウォレスは基本的スタンスは経営者側に好意的だったにもかかわらず、ロレンゾとその強圧的なやり方に憤っており、イースタンの経営陣が求めていた決着を二年近く遅らせていた。ロレンゾの圧力は調停理事会の反発を強めただけで、ますます調停理事会自身を決定にコミットさせていったのだった。

●希少性

物事がどう見えるかは、それらがどれくらい希少かということにも左右される。客観的に価値をつけにくいものも多いが、多くの人が欲しがるものには、我々は価値があると思うものだ。ある商品の人気が、その価格や入手の難易度で表されることもある。価格や希少性は、もちろん需要と供給という力の作用によるのだが、価値や好ましさの指標となる。希少性の原理は、対人影響力に関する他の原理の多くと同じように、情報処理プロセスの省力化に役立つ。ホンダのアコードやマツダのロードスターを買いたいと考えているときに、これらの数が少なくて、販売会社がその分価格を高めにしても、買いたいときは買うだろう。逆に在庫が大量にあれば、欲しいと思う対象にはならないかもしれない。大学院の選考の例でも考えてみよう。ビジネススクールについて公表されているランキングで、表によく載せられる要素のひとつは、入学の厳しさ、つまり定員何名のところに何人応募したかである。倍率が高いほどその学校の評価は高く、ある意味で皮肉なことに、さらに志願者が集まる。つまり、いわゆる金持ちがさらに金持ちになるのは、単に好ましさが希少性と結びついているためなのだ。

影響力原理としての希少性は、心理的反作用《リアクタンス》の理論でも説明される。[22]「機会の入手可能性が少なくなるほど、自由は失われる。すでに手にしている自由を失うのを我々は嫌う。……自由な選択が制約されたり脅かされれば、自分の自由を守らなければならないという意識により、以前よりはっきりと自由（および自由に付随した財やサービス）を求めるのだ」。[23] 反作用という言葉は、「希少性が増して……、何らかの品目への既存のアクセスが干渉されるとき、我々はそれまで以上にそれを所有したくなり、また所有しようとすることで、その干渉に反発する」[24]という事実から来ている。

希少性原理が作用している例は、日々の生活の中にもたくさんある。例えば、住宅を探していて、ようやく好みの物件を見つけたが、完璧とはいえず、決定を迷っているとしよう。このとき、担当の不動産業者が、その物件を購入したいという人が他にも出てきた、と言ってきたら、あなたの決定はとても強く動かされるのではないか。その住宅を買うかどうかを自由に決められる状況にはもはやいないという見込みに直面すると、多くの人は買うと言ってしまうものだ。また、他の人もその家をよいと思っているという情報が、自分の判断を正当化する。販売テクニックの多くは、期限を区切る、販売期間を短くするなどして、限られた期間、限られた量しか品物が入手可能ではないといって、希少性の原理を活用している。カントリー&ウエスタンの『The Girls All Look Prettier at Closing Time（どの娘も閉店間際には可愛く見える）』という曲の主題も実は、この希少性原理を支持する社会心理的な（そして酔っ払いの心理の）原理なのだ。シェイクスピアの『ロミオとジュリエット』は、希少性のもつ力が情熱を生むという好例だ。遠距離恋愛や不倫の魅力は、それぞれの状況にある希少性原理の作用で強化されるという人もいる。アクセスの制限が魅力度を増すため、書籍、通信、情報の検閲は実際には需要を増加させる。この後者の効果は、陪審員の審議では問題の原因ともなる。裁判で提示される一部の情報は、規則により見せられないことになっているのだが、この規則は当の情報を聞かされた後に言い渡されるからだ。陪審員はその情報を無視するものとされているが、反作用《リアクタンス》理論は、無関心でいよと言われると、実際はその情報をより考えるようになることを示唆している。

希少性原理は、アップルコンピュータとスティーブ・ジョブズが、いずれ自分を会社から追放させることになるジョン・スカリーをペプシコから招聘《しょうへい》したプロセスのダイナミクスも説明する。一九八二年、アップルは自社の事業が現実には消費財領域にあると認識し、ヘッドハンティング会社へイドリック&ストラッグルズのゲラルド・ロシュを雇い、社長適任者を探すよう依頼した。最終的に、スカリーが本格的な候補として浮上した。このリクルーティングの過程を描いたものからは、スカリーは得がたい人材だというオーラがありながら、決して無理ではないということが、彼へのオファーを引きだすよう作用していた様子がわかる。

ジョブズとマックーラはニューヨークに飛び、一二月、スカリーに会った。しかし会談の間、スカリーは冷めており、後で自分には興味がないとロシュに告げていた。だがロシュはあきらめず、ジョブズに至っては絶対的な好奇心をもつようになっていた。……一月、ジョブズたちはスカリーをフォーシーズンズ・ホテルでの食事に招き、「リサ」を見せた。三月初めには……、ジョブズは彼がキュパティーノ（アップルの本社所在地）に寄るよう説得した。……時間がたつとともに、ジョブズが彼を欲しがる理由は増えていった。……もう、相手をアップルに引き寄せ、アップルの理想に転向させようというチャレンジに取りつかれていたのだ。ジョブズには……困惑するほどの膨大な金があり、手に入らぬもの以外に欲しいという欲求の湧くものはなかったのだ。[25]

ここまで見てきたパワー戦略の多くがそうであるように、この例にも、ひとつだけではなく複数の原理が作用している。希少性により、スカリーはジョブズにとって魅力的になり、コミットメントのエスカレーションによって、ジョブズはますます彼をアップルに入れなければならぬと思い込むようになっていたのである。

希少性原理は多くの応用形がある。最も基本的なのは、自分が提唱するものは常に希少だと見せるべきだ、ということだ。就職活動中なら、自分が引く手あまただと見えるようにすべきだ。企画書を出そうとしているなら、ある期間にのみ実現可能であり、それを過ぎるとチャンスがなくなると見えるようにすべきだ。他の誰かがその利点に手を伸ばそうとしているというなら、なおよい。この点では、期限を活用することは重要だ。希少性原理は価格設定にもインパクトがある。一見、一般の経済学の前提を覆すかのようだが、価格が高いほど需要が増すことがあるのだ。値段の高さが希少性を意味し、その結果、魅力が増すためだ。その製品が魅力的になればなるほど、市場での成功可能性も高まる。

課題はどう枠づけられるのか

物事がどのように見られるかは状況に左右される。つまり、何と比較されるのか、縛られるような履歴があるかどうか、希少だと思われるかどうか、に大きく影響される。絵画が額縁に入れられるのと同じように、質問も行為も枠にはめられ、それが見られ、論じられる状況によって何がなされるかが決まる。課題をとらえ、決定する中で枠組みを確定することが、そのまま結果を決めることになることが多い。したがって、状況の設定がパワーと影響力の行使には、きわめて重要な戦略なのだ。

この点を明確にする例がある。かつてコンサルティング会社ＳＲＩに勤めていた友人が、ドナルド・リーガンがＣＥＯだったときのメリルリンチのためのプロジェクトで、キャッシュ・マネジメント・アカウント（ＣＭＡ）の実行にあたって経験したことを話してくれた。一九七〇年代にメリルリンチがＣＭＡ構想を導入したとき、これは大胆なイノベーションだった。ＳＲＩの調査は、これにいかに収益力があり、成功が約束されているかを示していた。小切手記帳、クレジットカード（ＶＩＳＡ）、金融市場ファンド、旧来の仲介業務を統合するシステムの提供により、多くのビジネスをつかまえられるというものだった。期待される利息収入は大きく、メリルリンチの金融市場ファンドにも、多くのビジネスをもたらすと想定されていた。

ＳＲＩによるプレゼンテーションの後、リーガンは会議室を見渡し、出席していた上級役員に意見を求めた。誰の目にも問題が見えていた。業務担当副社長は、ひとつの取引を処理するコストに気づいていた。取引が有価証券の売買の場合は、手数料が高いので問題がなかったが、取引が金融市場口座への預金や、口座への小切手記帳といった内容になると、取引当たり数セントで処理できねばならなかった。このシステムでは、実質的にその業務を処理できなかったのだ。法務担当副社長は、このＣＭＡというアイデアは、事実上、メリルリンチを銀行に変えることで、証券会社として対処しているものよりはるかに多くの細かな規制にさらされる、と主張した。これには、設立許可証をはじめとした許認可も取らねばならないし、競合することになる他社からの抵抗も考えれば難しいだろう、と。マーケティング担当副社長は、現在、銀行はメリルリンチの最高の顧客のひとつであり、彼らと競合することになれば、銀行は縄張りを侵されたと思うのは間違いなく、そうなると、証券業務の大部分を他の証券会社に移してしまうだろうと発言した。つまり、これが議題となったとき、上級役員はそれぞれ鋭く正しい懸念を述べ、CMAが役に立たない理由を示したのである。

だが、リーガンは、こうした役員に向かって次のように言った。「諸君があげた反論は正しい。しかし、私はこれを進めることを決めた。だから、いまから取り組む課題は、諸君が明快に述べた諸問題を諸君がどのように解決するかということだ」。すると不思議なことが起こった。ここで課題は、我々はこれを実行すべきかどうか、ではなく、我々はこれを実行する、さあ問題を解決しよう、と枠づけられたのである。しかも会議の席にいた副社長たちも、ただちに自分が述べた問題に対する解決策を思いつき始めたのである。ひとつの提案は、CMAをコロラドから始めよう、というものだった。コロラド州の銀行法と関係手続きが独特だったからである。ほかの提案は、小切手や取引の実際の処理は銀行にやらせ、銀行に仕事を与えつつ、自社の業務コスト問題を解決しようというものだった。課題の枠づけが直されると、新しい枠づけに従って議論と態度も変わったのである。

課題の枠づけが結果を決めうるので、議論の諸条件を整えるプロセスの早期に行なうことが大切になる。情報メモを書く能力も、課題の見方や議論の仕方に作用するので、影響力の戦略では効果的に使える。ケネディ政権の国家安全保障顧問だったマクジョージ・バンディがその技術に長け、有効に使っていた。

……政府内で優れたメモ・ライターでいることは、非常に現実的な形のパワーになる。バンディがメモした仕事を片づける人はみな、このメモに従った行動をとり、それが大統領の目に留まることになる。[26]

さらに二つ例をあげておこう。どちらも米政府のベトナムに対する政策だが、決定が課題の枠づけにいかに左右されるかをよく表している。一九五〇年代初め、フランスがインドシナを維持するための戦争をしているとき、米政府はフランスを援助するのか、つまり植民地の権力者を支援するのかという問題がもちあがった。政府内の多数派は、帝国主義にしがみついている国を支援することは米国の利益を阻害する、と考えていた。しかし、この問題が次のように枠づけられると事情は違ってきた。

……事態は、フランスを援助することが賢明かどうか、どちらが正しいかどうかではなく、フランスが援助を求めているかどうかである。もちろん、フランスは援助を要請している。そして、この植民地戦争でフランスを支援するための新しい政策が実行に移された。米国は最終的にこの政策に二〇億ドルの費用を承認し、一九五四年にはフランス本国よりもフランス軍の戦争継続を求めるほどになっていたのである。[27]

質問の問われ方が決定に影響したことだけでなく、いったん米国が支援を始めると、その行動自体がコミットメントになったことに注意していただきたい。

その後、米国がより直接的に関与するようになると、課題は政策が賢明かどうかとか、米国がベトナムにいるべきかどうかという枠づけではなくなり、焦点は、勝つかどうか、になっていった。[28] 背景にある前提、いわゆるドミノ理論（もしベトナムが共産主義者の手に落ちれば、インドシナ全域が共産化してしまう）が直接検証されることはほとんどなかった。むしろ、課題の枠づけはすでに当時の南ベトナム政府の存続見込みがどうか、米国の援助が有効かどうか、進捗《しんちょく》が見られるかどうかになっていた。

これらの例が示すように、課題の枠は問題の問われ方によって構成されることが多い。質問が強調するのが、潜在的なリスクなのか、利得なのか。何らかのコストをいうのか、利益可能性をいうのか。対象が革新性なのか重要性なのか。そして、収集される情報の種類や、データ収集や報告で情報システムが強調する要素も枠づけになる。例えば、組織が通常産出しているものの品質に関するデータがなかったり、そこで品質についてあまり問われていなければ、提案を品質で枠づけるのは難しい。

決定や行為には常に複数の構成要素があり、複数の次元で見ることができるので、議論の諸条件を定める能力は組織行動に影響を及ぼす重要な手法なのである。だが我々は、準拠枠がどう設定されるか、質問がどう聞かれ、データがどう集められるかが、選択と行為の結果を決定する傾向があることはあまり想定せず、関心も示さないことが多い。残念ながら、組織における活動の状況に対する我々の感受性は必要水準に達していない。決定と活動は、毎日新しく始まっているのではない。コミットメントの履歴、現在の事象を評価する状況に作用する過去の選択の履歴、何を見るか、どのように見るかに作用する、認知のレンズにある履歴に気づく必要があるのだ。こうした考え方を理解し活用する能力をもてば、自分が達成したいものごとを成し遂げるときに、それが大きな影響力となるのだ。

CHAPTER 11

第11章 対人影響力

Interpersonal Influence

対人影響力のいろいろなテクニックを、マーケティングのトリックとか、正確な判断を行なう能力を歪めるもののように片づけたくなるのも確かだが、……正しくない。

前の章で見たように、我々は状況の文脈に影響されている。だが、それだけではない。他の人たちの行為も我々に直接影響している。組織とは、個々に隔離され、単独で意思を決め、行為する個人の集合体ではない。組織は、なんといっても、人間が同僚と互いに行為する社会的舞台なのだ。我々は同僚の言動による影響を受け(社会的証明効果)、相手が好かれよう・好印象をもたれようとして見せる行動に左右される。それだけでなく、社会的舞台で生みだされ、そこで利用される感情にも影響される。この章の主題は、対人影響における社会的証明原理の作用、機嫌をとる行為の利用、感情の役割という三点にある。

社会的証明と情報による社会的影響

我々が曖昧な状況に直面するときには何が起こるのか。例えば、新しい組織に入れば、相互行為を規定する規範や慣習、仕事をやり遂げる方法、ひいては自分の職務を行なう方法についてもはっきりとはわかっていないことに気づかされるかもしれない。誰を採用するか、どこへの投資が有利か、どの市場に参入するか、といった決定でも、同じことがあろう。こうした不確実性は組織生活のどこにでもあり、我々はそんな曖昧な状況で判断を下し、行動を決めることが常に求められる。レオン・フェスティンガーは、人間が不確実性や曖昧性に直面したときにとる対処様式のひとつが、非公式の社会的コミュニケーションによって自分の仲間の意見を求めることを示した。(1) 態度、知覚、選択は、相手のそれと比較され、特に自分と似ていたり、距離的に近い相手が対象になる。こうして共有される見解は、当人が状況をどう見るかに作用するようになる。だから、信念や判断が社会的なアンカー《基準》になり、現実はコンセンサスによる社会的構造になる。受け入れられるために相手の信念に従うとか、それを公に承認すること、つまり、社会的受容のお返しで同調するという交換を行なうことと、情報による社会的影響力、つまり、我々が共有見解という確かさが欲しいがゆえに、相手に同意するようになることを区別するのは大切である。

他の多くの影響テクニックのように、自分自身の意見をまとめる補助に相手の判断に依拠するのは、それが自分の認知作業を省力化してくれるからだ。例えば、ある職の採用時に、特定の応募者が大変有力だと見られているのを同僚たちから学んでいれば、人物評価の長短にもさほど迷わずに自分の結論を出せる。

他者が提供する情報をベースにして、自分の判断をまとめることの第二の利点は、自分の見解のひとつの資源として相手を活用すれば、相手と同じ見解をもつようになるだろうし、その逆もしかり、ということだ。対人魅力に関する文献は、類似性が魅力の大きな要素だといっている。我々は自分自身に似ている人を好むのだ。(2) したがって、相手と見解を共有することが、対人魅力と社会的連帯の重要な基盤形成になるので、社会的コンセンサスは、情報的な社会的影響のプロセスから発生し、そのコンセンサスを共有する人たちの間で、相手の魅力と好感度を強める。第三の利点は、これによって村八分や排斥される可能性が、小さくなることである。ほとんどの人が無意識のうちに相手と同意しようと努めるのは、それがグループに受容される保証になるのを知っているからである。

チャルディーニは、社会的証明原則の作用により、人が他者の主導に従う傾向があることを述べている。

他人が自分と同じことをしている場合に、その行為を正しいと思い込む傾向は、実に多くの場面で利用されている。バーテンダーは、夕方の開店前にチップを入れるガラス瓶に数枚のドル札を入れておくものだ。これで、前の客がチップを残していったように見える。札を折りたたんで瓶に入れるのがバーでの適切な行動だという印象を与えるのである。教会がお布施を集めるかごを回すのも同じ理由だ。……福音教会の牧師たちが参拝者の間に鐘を鳴らす人を座らせておくことはよく知られている。彼らはしかるべきタイミングで前に出てきて、みんなに見えるようにお布施を出すよう練習済みなのだ。……慈善目的の長時間テレビ番組のプロデューサーは、すでに寄付を約束している視聴者のリストづくりに膨大な時間をかけている。[3]

社会的証明の原則がわかると、ニューヨークの見物人がいかにしてキャサリン・ジェノヴェーゼが刺殺されるのを目の当たりにしながら、何もせずにいられたかが理解できる[4]（Bystander effect　または、Genovese syndrome と呼ばれる心理現象。大勢の目撃者などがいるにもかかわらず、殺人事件の被害者が助けを求めながらも助けられない現象。傍観者効果）。そうした状況で多くの人に何もさせないのには、二つのことが作用している。第一は、どの傍観者も、その場の人たちが誰でもしかるべき措置をとれるのがわかるため、責任が分散することである。第二は、誰も助けようとしないことが社会的情報となり、何もしなくていいことが適切で、社会的に受容される行動だと示唆することである。[5] したがって、きわめて皮肉なことに、手を貸せる人が多ければ多いほど、率先する人がいないかぎり、誰かが実際に助ける可能性は低くなるのだ。

時として、外車に非常に人気が集中するのも社会的証明の原則によるものだ。みんなが外車を良いと思い込むケースである。『ウォールストリートジャーナル』紙のある記事が、これを確証している。その記事がつまびらかにしたのは、GMが自社の車が一般の自動車購入者の目にどう映っているかを変え、マーケットシェアを奪還しようとしたときに直面した問題である。[6] この記事では、JDパワー&アソシエイツの調査結果が引用されている。これは、所有車について前年発生したトラブルの数、満足度、次の買い替えで同じ車を選ぶ意思の相関関係を、米国車、日本車、欧州車で見たものだった。前年のトラブルが自己評価で八回以上だった人の中でその車に大変満足と答えたのは、米国車の所有者ではわずか二九％だったのに対し、日本車の所有者は（トラブル発生は同じように八回以上あったのに）四八％だった。前年のトラブルが八回以上だった人のうち、次の買い替えで同じ車を選ぶ意思については、日本車では六六％、欧州車では四八％が同じ車を選ぶと答えたが、米国車の所有者は四〇％だった。価格の高い欧州車の所有者にはコミットメントも作用しているかもしれない。車に高い金をかけていると、価格にそぐわない事実が出ても、自分自身のことであるがゆえに、自らの選択が間違っていたとはあまり認めたくないものなのだ。それでも、日本車と欧州車に表れた数字には、情報の社会的影響の作用があると言える。みんながこれらの車は素晴らしいといえば、個人的な経験から得た事実がどうであれ、素晴らしくなるものなのだ。

組織の中でも社会的証明の作用を物語る事例は多数あり、刺傷現場で何もしない傍観者に匹敵するものも少なくない。場合によっては、対人影響力を獲得、行使する目的で社会的証明が意図的に利用されている。もちろん偶然発生する場合もあるが、それでも何が、なぜ起こったかを理解するのに役立つ概念である。ＯＰＭリーシングによる詐欺行為はまさにこのケースである。ＯＰＭの被害者には米国の大手銀行や投資銀行もあった。驚かされる事実ながら、かくも大掛かりな詐欺が長期に広域にわたって持続しえたのには、やはり理由がある。

ガンドシーが書いているように、ＯＰＭは正当なビジネスとして始まり、しかも何年にもわたり多数のまともなリース業務を行ないつつ、不正取引も重ねていたのである。[7] だから、取引先とのつながりの多くはまったくまっとうなもので、こうしたつながりが、詐欺をうすうす感じていた人たちにも、自分の判断を鈍らせていたかもしれないのだ。しかも、彼らは社会的証明を意図的に戦略として利用していた。

多くの役員と同じように、グッドマンとワイスマンもＯＰＭの企業イメージを気にしており、社外からの評価を上げるためにいくつかのことを実行した。まず、名のあるエリート企業とつながりをつくっていった。そうすることで会社が実際よりも大きく、よく見えると考えたのである。まず初期の数年間で、監査法人にはトップの大手会計法人を雇い、取引は格の高い投資銀行（ゴールドマン・サックス）へという形で信用を整えていった。こうした企業を採用した目的は、単に質の高いサービスを購入することではなく、市場における正統性を確立することにあった。使えるときはいつもこうした優良取引先を利用していた。……リース先や貸付先とのミーティングであれ通信であれ、グッドマンは必ずOPMとゴールドマン・サックスやリーマンとの関係を引き合いにしていた。[8]

OPMは取引先の名を利用して、正当な事業を行なっているというイメージを高めたのだ。この考え方ややり方には誰も疑問を挟まなかった。結局、多くの会社が申し分のない手数料を得ていたため、誰もどの会社も、この社会的コンセンサスに踏みこみ、実態を問いただすのは難しかった。しかも、それが長く続くほど、ますます疑念を挟みにくくなり、関係の範囲が拡大し、コミットメントの履歴が長くなると、不正が暴かれたり公表される可能性はますます小さくなった。

スティーブン・バックは、ユナイテッド・アーティストが『ヘヴンズ・ゲート』の製作で失敗したプロセスから多数の例をあげ、社会的証明が映画産業でいかに強烈に作用したかを語っている。[9]「ホット」だとみなされている人たちは、実態や実情はほぼ省みられることなく追いかけられ、感覚が現実となる。映画が本当に期限どおりに予算内で仕上がったかどうか、興行成績がどうなったかはほとんど問われなくなる。ユナイテッド・アーティストでは、この影響が特に顕著だった。トランスアメリカの一部門だったときは、映画業界の一員たるかどうか疑問視され、しかも、業界をほとんど知らない経営者が運営していた。こうした自社の曖昧さの解消と業界の一員であると証明するために、ユナイテッド・アーティストは一丸となって動かなければならないというプレッシャーを特に感じていた。

どの役員も……岩をあとほんの少しだけ動かせば、映画の命の中でも最も神聖なること、つまり大ヒット作を生みだせるはずだと自分を納得させようとしていた。このことによって、役員と芸能人の関係に一種の大混乱をもたらした。これが本当に意味することは避けられ、「ユナイテッド・アーティストが（マーロン）ブランドを失うなんてことがどうしてありえるんだ」……。あるいは、問題の会社が序列上、どこより低いとみなされるかといった他の指標にすりかわる。……ホットな素材がこんなふうに混乱すると、しばしば「フェラス、こんな脚本はカスだ！」というのが熱にうなされる中で、「話をまとめられるのだろうか？」となってしまう。[10]

三番目の例として、タイム社がケーブルテレビ番組表の週刊誌を創刊しようとして、五〇〇〇億ドルを超える損失を出した経過を考えてみよう。[11] 企画された雑誌は実質的に市場がなかっただけでなく、情報処理上の要件から考えても発行が技術的に不可能なのはほぼ確実だった。企画自体にも強力なリーダーシップはなきに等しかった。にもかかわらず、ちょっとした勢いでこれが進み、しかも、真剣に保留すべきだと言おうとしている人たちも、多数の上級役員がこの企画を支持しているらしいと見て（おそらく見て見ぬふりで）異議を唱えなかった。それにこの役員たちは有名大学出《アイビーリーガー》の典型で、この新刊企画に携わっていた大学の後輩をひいきしがちだった。よほどのことがないかぎり、誰も他人の判断に疑問を挟みたがらないような状況では、膨大な資源が費やされる前に企画をストップさせるのは難しい。

社会的影響のプロセスがあり、プロセスがいろいろに作用するため、勢いの存在は大きく、決定とその実行を左右する。いったん社会的コンセンサスがひとつの方向に展開しだすと、それを変えるのは難しくなる。これは人々が自分の前提にコミットするようになるだけでなく、合意しているという事実が個々人におのおのの立場が正しいはずだと思い込ませるためでもある。つまり、決定がどのように見られるかに影響することは、特にこのプロセスの初期では、実に大きな要因となって結果を左右するのだ。

第二に言えることは、「意思決定」という決まり文句を当然視するのはいささか不適切かもしれないということだ。社会的証明と社会的コンセンサスが判断と決定を左右するのに大きな役割を果たすこと、それに、社会的合意が形成されるプロセスが時間とともに展開することを考えれば、決定は「下される」というより「起こる」とか「表れてくる」と考えるほうがずっと適切かもしれないのだ。

第三は、特定の立場について社会的コンセンサスがあることを示すためには、同盟や支援者をもつことがきわめて重要だということである。自分が成し遂げようとしていることの必然性を、組織のすべての人に当然だと見られるようにするため、情報環境を管理することが不可欠になる。これは、構想やメッセージを単純に繰り返すことはもとより、自分に同意している相手に注目させることによって実現できる。対人的影響がグループ環境で最も効果的に利用されることが多いのがまさにこのケースで、ここでは社会的証明にあたる。

目標達成における社会的証明（および返報性）の利用を劇的に見せているのが、第一期ニクソン政権で、ヘンリー・キッシンジャーが国家安全保障担当大統領補佐官の地位を獲得したケースである。[12] ニクソンの選挙運動のためにパリ和平交渉の進捗を報告して適切な選挙戦略を策定できるようにしただけでなく、キッシンジャーは自分のことを新大統領によく言ってくれる多数の支持者を押さえていた。外交政策研究担当の選挙参謀だったリチャード・アレン、コラムニストのジョセフ・クラフト、ニクソンの選挙管理副代表のジョン・ミッチェル、H・R・ハルデマン、ピーター・フラニガンなどである。選挙運動への貢献と広範なコネクションによって、キッシンジャーが特別補佐官に選ばれるのは明白になっていた。「ニクソンは、キッシンジャーの広い知識とネットワークだけでなく、そうした資産を活用しようとする意欲に感銘を受けていた」とハーシュは語っている。[13]

好かれること、機嫌をとること

チャルディーニは次のように言う。「私たちの大多数は自分の知っている人や好きな人の求めには、概してイエスと言いたいものだ、という事実に驚く人はまずいないはずだ。しかし、その要請に応えさせようとして、この単純な規則が実にさまざまな形で利用されていることに気づかされれば、感覚は違ってくるのではないか」。[14]

相手に好感をもたれる裏には多数の要因がある。それらは、①社会的類似性（自分と似ている人や、同じ社会的分類やグループ出身者をより好きになる傾向がある）、②身体的魅力（魅力的な人がより好かれる、また好かれやすい）、③賛辞とお世辞（自分を好いてくれて、しかも自分に肯定的な感情を表す人をより好きになる）、④接触と協力（自分が知っている人をより好きになる傾向がある。特に共通する業務や目標を共有して一緒に働いていればなおさらである）、⑤他のプラスの要素に関連すること（自分によい知らせをもたらす人を好む。逆に悪い知らせをもたらす人を嫌う傾向がある）などである。好感度は、返報性のルールを起動させるので、対人影響には大切なのだ。

好かれることの重要性がわかると、アップルコンピュータの共同創業者で、大株主のひとりだったスティーブ・ジョブズが、一九八五年に会社の儀礼的ポジション以外のすべての地位から追われるようなことが、なぜ起こりえたのかを説明できる。ジョブズは「あまりにも自己中心的すぎて、シニカルになったり、策謀を弄《ろう》したり、計算高く振る舞うことができなかった。別の人間の視点から世界を眺めるという能力がなかった」[15]。これまで見てきたように、彼は創業時から自分を支えてくれた取締役会のメンバーとの緊密な関係づくりにわずらわされることがなかった。スカリーとの対決で自分を支えてくれるような、社内の潜在的な同盟に配慮する必要性もまるで感じていなかった。最上級役員としてアップルⅡ事業部を率い、生産と業務の責任者だったデル・ヨーカムの処遇は、人づき合いのスタイル次第で嫌われることもあり、その結果、影響力を損ねるということを示している。

スティーブとデルは駐車場の周りを長々と散歩していた。デルはスティーブが語ることの多くに同意しているようだった。しかしあるところから、スティーブは自分自身を止められなくなった。デルの業務は自分が仕切りたいと言いだし、あろうことか、自分ならはるかにうまく運営できると本人に向かって言い放ったのである。……デルが何と言ったのかと聞き返すと、誰の目にも明白なはずだ、とジョブスは繰り返した。だが、デルにとっては当たり前の話ではなく、当然、憤慨した。[16]

対人影響力の形成と行使に好感原則を使うには、上述の好かれる基礎要因のひとつないし複数をベースに、影響を与える相手との関係をつくる必要がある。身体的な魅力は最も鍛えにくい要素だが、接触やプラスの関係、特にお世辞の使い方などは、他者への影響力を求めようとする人にとっては、戦略的行動として習得に努めるべきものである。

販売のように、影響力を築き、使うのが必須の状況では、好かれることを活用する例が実に多く見られる。タッパーウェア、アムウェイ、メアリーケイ化粧品などが利用する販売パーティーは、好感原則で運営されている。これらの現場では、社会的証明（他の人も買う）というコミットメントを利用する（タッパーウェアには使い方がいかにたくさんあるかを語るように求められること、それにこうしたパーティーの席にいること自体がすでにコミットメントを形成することになる）。しかし、好かれることは、人をまずその場に連れてくるために使われる。私は担当するＭＢＡのクラスで、この原則を説明し、販売ホームパーティーの例をあげると、やや困惑した表情が浮かぶが（スタンフォードのＭＢＡたるもの、そんなパーティーに出ていたり、そう簡単に引っかかるべきではないからだ）、ある学生は前職の同僚がメアリーケイ化粧品のパーティーに招待してきたことを話してくれた。彼女は特に行きたかったわけではないのだが、友人に頼まれての参加だった。友人の気分を損ねぬように断るのは難しいものなのだ。もちろん、パーティーに出てしまうと、他の知人にも囲まれているので、結局、一番安い一品を買うことになった。一般的には、この一番安い商品が最も高い利幅になっているのは想像に難くないだろう。こうした会社は熟知している。参加した人がひとつくらいは買うこと、そしてできるだけ簡単にその場をやりすごそうとすることを。だから、最も安価な商品が、会社には最も利益率が高くなっているものなのだ。

身体的魅力は、好かれること、および対人影響力を行使する能力を増すのだろうか。ロスとフェリスは、二つの会計事務所で公認会計士の業績評価と給与の関係を調べた。[17]彼らは、身体的により魅力的な会計士（これらの会計事務所と業務関係はなく、この調査内容も知らない人たちに写真を見せて判定）は、業績評価に作用しそうな他の要因を統計的にコントロールした場合でも、高い業績評価を得ていることを見出した。エフランとパターソンは、一九七四年のカナダの総選挙を調べ、身体的魅力度の高い候補者は低い候補者より得票数が多かったと報告している。[18] チャルディーニは、「魅力的な人が必要とするときには助力を得やすく、聴衆の意見を変えようとするときも説得力があることは、他の複数の実験も示している」[19]と記している。

チャルディーニは、衣服や年齢、宗教、政治といった他の要因などからも、類似性のある人からの要請には応じる傾向が高いことを示す実証調査もまとめている。[20] だから、カリフォルニアのシリコンバレーのような地域の銀行の貸出担当者や支店長の年齢が若い傾向があるのももちろん、クライアントが若いからなのだ。私は、講義やエグゼクティブ研修の講師への評価にも人口動態的な適合要因があるのではないか、としばしば気になっている。つまり、受講者が講師を同一視できる場合には、より熱心になる傾向があると思えるのだ。

もちろん、類似性はある程度はつくりだせる。ナビスコがRJレイノルズと合併し、ロス・ジョンソンが社長兼COO（最高執行責任者）に任命されたとき、彼はただちにレイノルズの仲間として外見的な類似性をつくろうとした。

ナビスコの上級役員の中でただひとり、ジョンソンはウィンストン＝セーラムに引っ越した。……彼は圧倒的に魅力的な人物としてレポートされた。……ウィンストン＝セーラムに着いたその週のうちに、ジョンソンはそこにフィットするためのあらゆる努力をした。ジープのワゴニアを乗り回し、人々を夕食に招き、ノースカロライナ動物園協会の理事会にも入った。[21]

数ある経営者の中でジョンソンは誰より、成功には好感度が大切だと認識しており、類似性が他の人に好かれ、少なくとも自分を心地よく感じてもらうための役割を果たすことを知っていたのである。

おだてや機嫌とりは、対人影響力として非常に効果的なテクニックである。[22] もっとも、おだてるのは好かれるためには当然の戦略だと思われていて、なぜ効果的なのかまでは考えないかもしれない。だが、ほめ言葉やお世辞を言われた後に自分がどう反応するかを考えてほしい。これには、その言葉が心からのものだと考えるか、思惑を実現させるためだけに発せられたただの手段だと考えるか、二つの見方があるだろう。だが感情としては、どちらの解釈で受け取るかの選択はどうでもいいことではない。事実、ほめ言葉が心からのものだと思いたくなる動機づけのバイアスは存在する。おだてに乗る場合は、自分自身についてプラスの感覚をもつだろう。逆に、その言葉がただの手段だと思えば、自分にとってよいこととはとらえず、相手の見解に疑問をもち（自分がそんなお世辞を真に受ける人間と見られているのはまずいのではないか）、相手の人格にもプラスの感覚はもたないだろう。我々の多くは、悪意より好意を感じたいものだから、ほめ言葉やおだてを心からのものととりたくなるのだ。

　おだては政治の領域ではさらに利用される。ロバート・モーゼスとラガーディア市長との関係は当時、対立と衝突の連続だったが、迎合行動が効果的に実演される場でもあった。モーゼスは建設中のプロジェクトの視察には、ラガーディアの同行を強く求めた。[23]ラガーディアは派手なイベントが大好物であり、注目の的になることが大好きなのを巧妙に活用していたのだ。例えば、ニューヨーク市の小さな運動場の開幕式などは、市長をおだてあげ、大切な存在だと思わせる絶好の場だった。

> ……近隣のアパートは赤・白・青のドレープで飾られ……、二万五〇〇〇本の菊が生けられたフラワーポットが運動場のフェンスに沿って並び、輝くリングになっていた。どこにも旗がたなびき、市長のリムジンが到着すると……、音楽隊が演奏を始める。曲はもちろん『ヘイル・トゥー・ザ・チーフ《首長万歳》』。そして演壇に立つと……、彼は気づくのである。講演は自分だけなのだ、と。モーゼスもいるのだが、運動場の仕様のごく短い説明だけで、すぐに「それでは、ラガーディア・ニューヨーク市長をご紹介いたします」と移る。こうした段取りはラガーディアをして、モーゼスは理想的な司会だと言わしめるものだった。……子どもたちを一斉に運動場に放ちつつ、テープカットの場に進

むと、目の前のテープはありきたりではなく、赤・白・青が三つ編みになり房飾りまでつけられている。カットのための鋏は真紅のベルベットのクッションに乗せられた純銀製で、近所に住む少女がうやうやしく捧げもっているのだった。[24]

モーゼスは、別の運動場にはラガーディアと命名し、市長本人には次のように書き送っている「この運動場の最も素晴らしい点は、その名称であります」。[25]

モーゼスは報道陣にも取り入り、公共事業の開幕に関連する昼食会、ディナー、儀式から、ジョーンズ・ビーチでの水泳大会や夕食会に至るまで、出版社から新聞記者とみんな招いた。[26] 本人だけでなく彼らにとって大切な人々の世話も焼くものだから、目をかけてもらった人たちは、彼を批判しにくくなっていった。

取り入られるようにする行動は公共部門だけにかぎらず、あらゆるところで見られるテクニックである。OPMのコンピュータ・リース詐欺は、重要な顧客と契約者の目に好意的に映るようにもっていく能力によるものだったといえる。これはワイスマンの行動技術によってなされた部分が大きい。

OPMの急成長はワイスマンの対人能力によるところが大きい。彼は顧客を喜ばせようと大いに努力した。顧客のコンピュータ設備の設置を妨げていたフロリダのコントラクターに金をつかませたこともある。彼にはしかるべき魅力もあった。それをビジネスに活用して、人と上手に付き合い、自分の契約を仕込んでいったのだ。[27]

だが好感形成には、行動スキル以上のものが作用していた。ガンドシーは、OPMが対抗できる競合のほとんどいない「サービス」を顧客に提供していたことを報告している。それには消費者や販社への賄賂から、しかるべき会社（フォーチュン五〇〇社も入る）の社員への売春婦の手配にまで及ぶ。[28]

一九六〇年代は、ベクテルとスティーブ・ベクテル本人もお世辞やおだてを使い、輸出入銀行のトップだったヘンリー・キーアンズに引き立てられている。輸出入銀行は米国の企業が海外で事業を行なうのを補助する目的で、市場金利より低い、政府保証の融資を行なっていた。米国企業から商品やサービスを購入する外国企業への融資などがそれである。有利な条件の融資へのアクセスは常に、ベクテルの成功の鍵のひとつだった。ニクソン政権がこの銀行のポートフォリオを一気に拡大しようと決めたとき、キーアンズにとってこれは、貸付額を拡大しなければならないことを意味していた。スティーブ・ベクテル・シニアは、すでにキーアンズと十分に通じており、このまたとない機会を最大限に活用しようと決心した。他の多くの努力でもそうなのだが、特に建設関連では、融資を獲得する能力が、契約を勝ち取る鍵になることが多かった。

ベクテルは、キーアンズの自尊心をくすぐることから始めた。素晴らしい仕事をしていると絶賛し、あらゆる方面でできうるかぎりのことを支援すると申し出た。評判になることが大好きなのを知ると……、彼の銀行の活動についての新聞記事を切り抜き、賞賛のコメントを添えて送り始めた。きわめつけはこの銀行に関する映画製作を発注してはどうかという提案だった。

もちろん、主役を演じるのは頭取本人である。[29]

ベクテルと彼の会社が提供した多数の便宜は、キーアンズと銀行だけでなく、その顧客や職員にまで及んだ。国会でもベクテルが輸出入銀行を代表して証言しかねないほどの勢いだった。この関係は便宜供与と広範な機嫌とりによって強化され、融資へのアクセスとその融資で実現した事業は、ベクテルに膨大な分け前をもたらした。

もっと微妙だが効果的な機嫌とりの形態のひとつは、相手に感応的になり、気が利くようになることだ。階級や地位の高い人がそうした気配りを示すと、それを受けるほうは自分がそう意識されるくらい大切な存在なのだという引き立てられた印象をもつものだ。ジョージ・ボールはE・F・ハットンの仲介部門にいたとき（後に社長となり、さらにプルデンシャル＝バーチ証券の社長に就任）、現場の社員の意識を高めることに集中した。スタッフ全員に絶え間なく関心を向けることにより、彼はハットンのリテールにきわめて強力なパワー基盤を築いたのである。「些細なことが忠誠心の形成につながることをわかっていて、彼はどんな電話や要請も無視しなかった」。[30] ボールの魅力の中心は、人々の人生の細かなことを覚えることから取り入る能力にあった。

「ジョージには相手のどんなことも覚える並外れた記憶力があった」とハットンの会計担当だった元役員は言う。「彼は相手を魅了し、機嫌よくさせ、特別な気分にさせてくれるんだ。初めて会ってから数年後、ある販売会議で彼とばったり再会した。私のことを覚えているわけないと思っていたので自己紹介しようとすると、その必要はまったくなかった。こちらが握手しようと手を差しだすより早く、『やあ、ベッツィとお子さんは元気ですか？』という調子だった」。[31]

優れた記憶力が役立ったのは確かだが、彼は出張先で会う予定の人たちの写真や個人データを集めた資料で予習もしていた。[32] しかし、それを上回る努力が機嫌とりだった。実際にはみんなのことをそれほど知ってはいなかったのかもしれないのだが、努力して一人ひとりの名前と家族についての細かなことを記憶するほど、やはり彼らを大切にしていたのである。

相手と共通の目標に向かって、また共通の敵に対して働くことからも好感は生まれる。一九八〇年代中頃のアップルは、ＩＢＭを外部の脅威として使い、会社が一体となって戦う動機づけにしていた。スティーブ・ジョブズは、従業員三〇万人以上のＩＢＭに対し、わがアップルはわずか六〇〇〇人、という文句が好きだった。ＩＢＭは巨大でコンピュータ産業を独占せんとする脅威であり、自由の未来への唯一の希望がアップルなのだ、と。マッキントッシュのチームは、会社から切り離された施設で、チームのメンバーが互いに緊密なことが強いモチベーションとなり、異なるコンピュータ観をもって立ちはだかるＩＢＭという脅威に対抗して世界を変えるのだ、というビジョンの共有をエネルギーにしていた。

共通目標に向かって働く人たちの間にポジティブな感情を育てるときの目標の重要性は、ムザファー・シェリフたちが行なった古典的な実験で最も明快に示されている。[33] 実験は、ある少年たちの夏合宿の場を使い、シェリフたちはまず対立をつくりだした。少年たちを二グループに分け、それぞれにグループ名をつけさせ、グループ別に宿舎を割り当て、競い合う活動をさせていった。[34] しばらくして二グループを元の一団に戻すため、実験側は双方に好ましい目標を達成させるため協力を要する作業をつくりだした。「共通目標に向けた協力作業の成功は、二つのグループ間の着実な架け橋となった」[35]。接触と親交も好感を増進した。ちょうど、我々が自分の詳しい環境は好きな傾向があるように、自分がよく知っている人たちを好きになる傾向があるのだ。

さまざまな種類の遊びも好意形成につながる。昼食会、夕食会や他の楽しい社交の場で募金が要請される理由のひとつは、返報性規範が作用することだけでなく、楽しい場でおいしい食事をしている喜びが、そうした体験を提供してくれた人への好感につながりやすく、それが、我々の行動（寄付）に影響を与えようとする人に応じる傾向を強化するのだ。

対人影響力における好感原則の最も直接的な意味は、経営スタイルにある。一時期、経営学の文献はロバート・マクナマラやハロルド・グリーンのような冷徹で、しばしば数字至上主義の管理者を崇めていたようだ。会社は規律を強調する。そして映画『コリジョン・コース』で元イースタン航空の人的資源担当副社長が述べたように、障害物の上に居座る最も面倒でタフな人間というところから踏み出し、ステータスを獲得する。親切でもなく好かれてもいないマネジャーが成功している例がたくさんあるのも確かだ。しかし、好感原則が示唆するのは、あたたかく、ユーモアがあって、あまり威圧しようとしないマネジャーは、他の条件が同じならば、影響力の行使がずっと楽になるということだ。特筆すべきは、組織の中で傲慢《ごうまん》で通る威圧的なマネジャーの多くが働いているのは、彼らに公式の大きな権力が付与され、説得行動がパワー行使には組織階層ほど重要ではない組織である。ただし、社会規範や価値観が変わりつつあるので、そうした場面はどんどん減っている。

好感戦略は、友人や相互の知人を通じた働きかけで第三者に影響力を及ぼすことの重要性も示唆している。大多数の人は、自分の信じる相手が証明済みの魅力や信用を備えるある知人にはより親密な感じをもつものだ[36]。社会的関係のネットワークが対人関係影響力の行使に役立つのはそのためである。

●感情による影響力

我々はみな、頭と同様に心によっても影響され、動かされる。対人影響戦略のいくつかは、社会生活の認知的側面だけでなく、感情的側面にも訴えて行動に作用する。組織における感情の研究はまだこれからの領域だが、対人影響力の感情の部分を理解させてくれる重要な研究もある。

感情表示が対人影響力の大きなテクニックになるためには三つのポイントがある。第一に、相手に対して表す感情が管理されコントロールされうることである。少なくとも、自分と相互作用する相手が体験するという場合に、感情がコントロールできないものなら、感情表出を戦略的に利用できる可能性はなきに等しい。第二に、少なくとも相手の行動には、こちらが表す感情によって変わるという面があること、そのため相手の行動に影響しようとするときには、感情表出に効果がありうるということだ。この二つの事実のもつ意味は、感情を戦術的に使って相手に影響する能力は、誰もが同じようにもっているのではないということだ。このスキルには学習や上達の余地があり、組織で有能なメンバーとそうでもないメンバーの識別につながる属性のひとつである。

感情を表したり示したりすることは、戦術的に利用しうるものなのだろうか。言い換えれば、感情は当人が意志によってコントロールできるものなのだろうか。組織は顧客や消費者が組織をどう感じるかを左右するために、感情表出を管理でき利用できるものだと考えているのはたしかだ。ピープル・エキスプレス航空がまだあったころ、この会社は元気のよさと陽気な態度を基準に、(乗務員や搭乗係員から)「顧客サービス・マネジャー」を選抜していた。アーリー・ホックスチャイルドは『ザ・マネイジド・ハート』の中で、他にもたくさんの組織の例をあげている。例えばデルタ航空でも、見込みのある社員を選抜するための基準の一つに一定の感情表出を置いていた。[37] デルタも(他の航空会社も)、一五時間のフライトであろうが悪天候であろうが、笑顔を持続できる従業員を求めていた。ホックスチャイルドは、パンナム航空が快活な乗務員の選抜に使っていた手続きを述べている。

採用担当者は応募者を男性三人、女性三人の六人一グループにする。彼女は六人全員に笑顔を投げかけ、こう言う、「私がこれからみなさんの書類を見ますから、その間、みなさんは隣の人と向かい合わせになり、相手のことを知ってください。三、四分したら戻ります」。すぐに楽しげな会話が始まり、うなずいたり、オープンな態度で……笑い声が広がる……そして戻った採用担当者を六人がそろって期待たっぷりに見る。この活性化《アニメーション》テストでの自分たちの成績はどうだったのか、と。[38]

ディズニーランドもディズニーワールドも、従業員の選抜には積極的で元気で陽気だという性格スタイルを基準にしており、フレンドリーで礼儀正しく、そしてハッピーな気持ちを持続して示せるようにと訓練に大変なエネルギーをかけている。

ディズニーランドの従業員の例で際立つのは、役割を担っている人たちの努力する性格と内面の感情は、感情表出を本人があまりコントロールできない場合には、ほとんど影響力がなくなりうることだ。こうした従業員は、当人がどう感じているかにかかわらず組織の感情表示ルールに従うように訓練される。……訓練担当者が新入従業員に叩きこむのは、ディズニーの来客に接することこそ、彼らの舞台であり、時として来客がいかに嫌な連中であっても、それにいかに怒りを覚えたとしても、「ナイス」でなければならない、ということだ。……訓練担当者は……新入社員にこう言う。「みなさんはお客様全員をＶＩＰとして接遇するのです。私たちがここにいる理由はただ一つ、お客様が私たちのショーと私たちを見に来ることなのです。お客様の九九%はよい人たちです、ただ、わずかな残りの一%の人にも感動を与えなければならないのです」。そして、ディズニーの従業員は、その「わずか一%」に頭にきてしまったときには、解雇通知を受け取ることになるのを知っている。[39]

セブン-イレブンの直営とフランチャイズを経営しているサウスランドはある時期、多彩な戦術を使い、店員が来客に対してフレンドリーに接し、ポジティブな感情を表すのを促していた。

店には「普通の買い物客を装った調査員」が来て、従業員の接遇レベルを観察しているということが、ほとんどの地域の店員に通知されていた。ある地域では、要求されていた優れた笑顔と態度を客に示しているのを認められた店員に二五ドルの褒賞が与えられた。別の地域では、適切な挨拶、笑顔、アイコンタクトを認められた店員にはその場で……新車が贈られた。(40)

サウスランドは、適切に明《ポジティブ》るい感情を表示する店長や店員に報いる制度に一〇〇〇万ドルを費やした。従業員にそうした感情を表現させる鍵になるのが、選抜、社会化、褒賞の三つの組み合わせである。そして、実に多くの企業が、感情表出は従業員がコントロールでき、顧客や消費者に影響するのに利用できると思っていることが示されている。

この戦略は機能するのだろうか？　たしかに機能しているることは多くの事例からわかる。組織のメンバーによる感情表出の効果を調べた研究では、感情表出が行動に影響するという事例が豊富に出されている。(41) 例えば、鉄道警察官の尋問技術訓練に使われている本では、無言アプローチを提案している。

この方式で、笑みをたたえながら取り調べ室に入り、自分の椅子に深く腰掛け、相手の目をまっすぐ見つめて、一切何も言わない。……ベテランの著者はかつて、容疑者の顔から一瞬たりとも視線を外すことなく二五分ほど座っていたことがある。取り調べの前まではやたら怒鳴り散らしていた容疑者が突然折れ、泣き始めた。それから三分もたたぬうちに、完全な自白が始まった。(42)

ひとりのカクテル・ウェイトレスが稼ぎだすチップへの笑顔の効果を見た調査もある。対象となった客は男性、女性ともに四八人だった。(43) 注文された飲み物の数に笑顔は関係しなかったが、チップの総額には影響した。たっぷりの笑顔へのチップは総額二三ドル二〇セントだったのに対し、最小限の笑みしか見せないときは九ドル四〇セント止まりだったのだ。同じウェイトレスなのにである。ロバート・サットンが売掛金回収に関する調査で明らかにしたのは、緊急性を伝えることができ感情的コントラストも活用できる、つまり、時にはナイスで、時には脅せる者が驚くほどの回収額をあげていた。これには六カ月以上の滞納常習者からの回収も入っている。[44]

感情はこれまで検討してきた多数の心理原則を通して行動に作用する。例えば、心理的コントラストは、イスラエル警察の捜査でも、業者の売掛金回収でも用いられている。[45] なだめ役と脅し役を分担したり、ひとりがその二役を演じることなどは、ナイスな行動をコントラストによってさらにナイスに見せることを意図した戦略である。そうしたナイスな行動を見せられた人は、同じナイスな行動で返そうとする傾向があるのだ。先の例では、請求されている額を払ったり、罪を自供したりということがリターンになる。さらに、脅し役の行動がそのままの効果をもつこともある。つまり、その圧力を止めてほしいから要求に応じる人たちもいるのである。感情を対照させる戦略は、感情表出が相手を左右しうるという明確な証明になっている。

感情を表したり示したりするのは、対人影響力の効果的なテクニックたりうるのだが、これは簡単にできることではない。事実、感情を戦略的に表示するにはしかるべきスキルが要求される。かなりの自制心や自己規制はもとより、自分が相互作用している相手の行動に、どんな効果をもたらしたいかという意識が不可欠である。だから、しかるべき期間にわたって、自分の感情表出をコントロールするにはコストがかかる。ホックスチャイルドの著書がかなりのページをさいているのは、特にサービス担当の下位の職員についてである。周囲の状況や当人がどう感じているかにかかわらず、長期間にわたって笑みを絶やさず、快活でフレンドリーでいさせる行動を要求するには代償が発生する。「感情労働への一貫した圧力が長期になれば、薬物使用や飲酒過多、頭痛、欠勤、性的欠陥をもたらす」。[46]

感情に関する研究による洞察は素晴らしいものがあるが、焦点が狭くなりすぎていることも多い。自分の感情表示を管理し、本当の気持ちを隠し、感情を使って相手に影響しようとするのは、ディズニーの従業員、売掛金回収担当者、警察の捜査員、客室乗務員に限定される行動ではない。組織で影響力を行使しようとする重役などの人たちは、自分の感情を戦略的な流儀で表示したり、抑えるスキルを培っていることが多い。筆者が長年にわたり、MBAとエグゼクティブを教えながら観察してきたことのひとつが、自分の講義評価はMBAの学生たちと一緒にいるとずいぶん簡単にわかってしまうことが多いことだ。上級役員が多くの現場で培ってきたような、微笑をつくる能力をまだものにしていないくせに、しかも心の中では退屈したと思っているのに、彼らはその講義がいかに素晴らしく、いかにためになったかをさらりと語り、労力に感謝する、と言えるのだ。組織で生きていくこととは、自分が好きでもなく尊敬もしてなくとも、物事の実行に協力が必要な人たちと、楽しくて効果的な方式で仕事をこなす能力が求められることなのである。あなたが示す感情や気持ちは重要であり、誰しも子どものころから「礼儀正しく」とか「感情を見せるな」とか、場合によっては自分の求めるように相手を行動させるべく、意図的に感情を表すのを学習してきている。我々が感情表示を利用するとか、同じような対人影響力の戦略が自分に向けられるかどうかを考えるのは、こうした戦略を認識し理解するのに役立つ。何よりも、そうした社会的影響力が我々の身の回りで発生するときに観察するのがよく、それは組織としてどのような帰結になるかをかなり正確に予測し理解するのに役立つはずだ。

●結論

第10、11章で説明した対人影響力のいろいろなテクニックを、マーケティングのトリックとか、正確な判断を行なう能力を歪めるもののように片づけたくなるのも確かだが、そうした解釈は根本的な誤解であり、正しくない。これらの考え方は決して人を惑わせる小技の類ではなく、我々を取り巻く世界の日々の仕事の場で目にする重要なものなのだ。それが組織にとって恩恵をもたらす場合があることも少なくない。例えば情報処理を省力化するのがそうだ。直面するすべての状況を毎回初めから精査することなどできない。人や組織が物事を成し遂げられる唯一の道は、情報処理の近道に頼ることなのだ。だから、相手とのコンセンサスが状況を理解し、我々自身の行動を決定するための合理的な指針とみなされるのが普通なのだ。通常、希少性とは、希少なものはぜひ欲しく、他者も欲しがることを意味する。しかも一貫性の原則が作用すると、我々は多種多様に展開する活動でエネルギーを浪費せずにすむ。人への社会的影響力は、社会生活のどこにでも見られ、離れていたいと思っても避けられないものなのだ。

社会的影響力を避けようとしてはならない。人と人とがあやなす世界に暮らし、組織が相互依存的な社会システムだという事実は、我々が物事を実行できるのは、他の人たちの助けがあってのことだ、という意味なのだ。状況に関する他の人の定義を受け入れ、協力的な相互作用を守る行動ルールに従う能力をもつことは非常に重要だ。こうしたテクニックがしばしば人の目をくらますのに使われうるのも事実だが、それらは妥当な心理原則にのっとり、さらに重要なのは社会的関係という重要な原則が基礎になっているという正当性を否定することにはならない。対人影響力に関するこうした戦略は、社会的、相互依存的世界の産物であると同時に、個人の有効性にも組織の有効性にも貢献しうる重大な要因である。

CHAPTER 12

第12章 タイミングがほぼすべて

Timing Is (Almost) Everything

遅延は偶然に見せかけて行なわれることも多いが、故意にあからさまに使われることもある。

パワーと影響の戦略や戦術を活用する際には、何を実行するかとともに、いつ実行するかの決定もきわめて重要である。この章は、大切なのに見落とされがちなタイミングの重大性を考察する。十分にタイミングを見計らった行為は成功しても、同じ行為が不適当なタイミングでなされれば、成功のチャンスがまったくないかもしれない。タイミングに関連する戦略の考察では、①早期に最初のアクションをとる優位性とコスト、②遅延に関連する戦略、③待機《ウェイティング》をパワー形成とパワー表示に使う方法、④期限が決定内容に及ぼす効果、⑤決定内容が検討順序に与える効果、そして、⑥機が熟したときに介入する重要性、を検討する。

早期に察知し最初に動くこと

早い時期にアクションをとることには、もちろんデメリットもある。遅らせれば相手の見解についてより多くのことを学習するチャンスが生まれるし、その知識を使って成功率のより高い戦術の策定もできる。最初に動き、早期にアクションをとることは自分の姿をさらすことになる。一番目ということは目にとまり、前面に出ることになり、相手の標的になる可能性がある。

一方、先に動くことには多数の利点がある。立場を固めること、元に戻しにくいアクションをとることで、後続をこちらの立場に合わせざるをえなくすることができる。[1] 例えば、プロジェクトというものは、いったんスタートしてしまうと、中止させるのは非常に難しくなる。誰かをいったん雇用すると解雇は簡単ではない。何かを建設してしまうと、撤去できなくなることもしばしばである。買ったコンピュータに情報システムをインストールしてしまえば、変更の可能性はかなり狭まるものだ。自分がやり遂げたことを取り消すのが難しいときは、それまでとった行為が後の交渉のベースになる。自分が議論の条件とその後の行為の枠組みを設定しているのである。

また、先に動くことがサプライズの優位性をもたらすことは多い。つまり、相手に備えがないのを気づかせる可能性である。時には、このサプライズが組織政治において決定要因になることもある。米国のメーカー、ベンディクスのCEOだったときのウィリアム・アギーは、この迅速なアクションをマスターしていた。社長兼COOだったウィリアム・パニーとの衝突のときにはそれが顕著に証明された。[2] 一九八〇年九月にアギーはパニーを解雇したが、それは他の役員たちに予測の隙を与えぬ一発の行動で決まった。彼らのやり取りの詳細は完全に明らかになってはいないが、結末は明白だった。

パニーとアギーの最後の対決には……、メアリー・カニンハムが絡んでいたらしい。デトロイトで伝わっていたひとつの話はこうだ。ベンディクスの多数の役員がパニーのところに押しかけ、カニンハムとアギーの関係に不満を申し立てたので、パニーはこれを取締役会で取り上げようと考えていた。だが翌日……、パニーはそんないとまもないまま、アギーによって解任されたのだった。[3]

同じ話を別の角度から見たものも、本質的に同一のメッセージである。

パニーはカニンハムを社長室に呼び、きつく叱責した。……まもなくパニーとアギーが、アギーと彼女の関係を含め激しい言葉を交わした。翌日、アギーはパ

ニーに辞任を求めた。パニーは拒否したが、アギーはお構いなしに彼の辞任を発表した。(4)

この例のポイントは、パニーがアギーを厳しい状況に追いこむ前にアギーが素早く動き、相手を追い払ったことだ。しかも、パニーの辞任発表を迅速にやり遂げた。一度辞任が公表されてしまうと、パニーが公の場でこれを打ち消そうにもなす術がなかった。評価は落ち、イメージも傷つき、事実上解雇が成立してしまっていたのだ。

第2章でも簡単に述べたが、アギーは取締役たちとの戦いでも、早期のアクションで優位を築いていた。メアリー・カニンハムとのあつかましい関係や、ベンディクスの上級経営職の間で彼への信頼が低下していたことから、会社が際立った財務成績を残しているのに、取締役会にはアギーを解雇する可能性があった。デトロイトにいる三人の取締役、計算機メーカー、ブロフのCEOポール・ミラビト、ベンディックスのほかに九社の取締役についていた弁護士アラン・シュワルツ、それにディスカウント・チェーン、クレスグのハリー・カニンハムは、アギーの好き勝手な振る舞いを苦々しく思っていた。それにアギーはベンディクスの会長を務めながら、あからさまにブロフの会長にもなろうとしていた。ベンディクスの前のCEOで、当時はブロフの次期社長を確実視されていたマイケル・ブルメンソール（カーター政権に入閣するためベンディクスを退社した）は、アギーの公然の敵になっていた。アギーは、ブルメンソールがワシントンでの政治生活を終えてデトロイトに帰ってきたときにベンディクスに呼び戻そうとしなかったので、その後は特に敵対視していた。アギーの問題は自分が取締役に包囲されていることだった。彼らは多くの形でブロフかブルメンソールに結びつきがあり、アギーとカニンハムのスキャンダルが大きくなっていくのを懸念していた。このためアギーは、取締役たちが態勢を整える前に動こうと決めた。

アギーはハリー・カニンハムのところへ行った。彼は当時、取締役会で補償設定、取締役候補の選定、そして役員の継承と選抜を管理する委員会の長だった。そして「ミラビトとシュワルツの両名はブロフの取締役でもあるから、来たる年次総会ではベンディクスの取締役の再選候補から外すべきである、と提案したのだった」。(5) カニンハムはこれを先送りにしたが、後でベンディクスの上級役員たちが匿名で送りつけた手紙が、彼の懸念を募らせた。そこでアギーには、組織、補償、任命委員会に関する会議を三月六日にアギー抜きで開く予定だと伝えた。だが、アギーはそんな会議を待つ気はなかった。

アギーの反応は素早かった。自分の特別会議を二月二五日に招集した。……その会議の始まりは、ベンディクスが、あるハイテク企業を買収する計画の発表だった。この買収により、ブロフの取締役を兼任しているベンディクスの取締役は、利益の相反になる、とアギーは言った。そして、ミラビトとシュワルツの辞任要求を委員会に承認させようとした。……次いで、ハリー・カニンハムもかつてブロフの取締役だったことがあるので彼も辞任すべきだと提案した。驚きの空気に包まれたまま、怒りをこめて発したカニンハムの返答は、喜んで辞めてやる、だった。(6)

一晩たつと、カニンハムは発言を撤回しようと決めていた。だが、アギーに連絡がついたときには、彼はもうミラビトとシュワルツから辞任の言質を取りつけており、カニンハムが前言を取り消すことも認めないと言い渡されたのだった。ベンディクスの取締役会にはもうひとつの問題があった。ロバート・パーセルである。彼はカニンハムと親しいことでクレスグの取締役になっていた。取締役会にはもう味方はほとんど残っていなかったが、パーセルはなんとしてもアギーと戦おうと腹を決めていた。彼はただちに、同僚の取締役たちに手紙を送ったのだが、ここで重大なミスを犯した。

パーセルの結論は、ハリー・カニンハムの件でのアギーの行為を取締役会が再検討するよう要請するものだった。追伸で、欧州滞在中の取締役が出席できる三月一六日に会議を開くよう求めた。……そして本人はヴァーモント州シュガーブッシュにスキーに出かけてしまった。(7)

アギーは三月一一日に取締役会を招集した。アギーがタイミングを握り、取締役会を仕切ったため、パーセルはアギーを排除できなかった。アギーはパーセルに辞任を要求した。パーセルはすぐには辞任せず、なおアギーを排除しようとした。しかし、取締役に定められた定年が近づいていたため、結局、七〇歳の誕生日を待たず退任に追いこまれたのだった。

もちろん、人がよければ必ず最悪の結果になるわけではないが、政治闘争では、敵に組織と活動の時間を与えるのは非常にまずい戦略なのだ。アギーのサプライズの使い方は特に効果的だった。我々は驚いてしまうと、状況に対し、戦略的ではなく、感情的に反応する傾向があるからだ。

遅延

何かをストップさせる最良の手段のひとつが、それを遅らせることであり、何かを遅らせるのに非常に有効な方法が、調査や検討の継続を求めることである。つまり、遅延はある状況でなされようとしていることへの抗争で使われることが多い戦術である。遅延が機能するのはいくつかの理由がある。第一に、発案者がその努力を続けるのに嫌気がさしてしまう可能性で、いつどこで決まるかが見えなくなる場合は特にそうなりやすい。何かひとつのプロジェクトを人間がどれくらい長く、強く推せるかには限界があるものなのだ。第二は、継続に疲労が蓄積しだすことに加え、遅延が長引く中でプロジェクトを支援していた人たちが周りから離れていくかもしれない。政府の官僚機構で半永久的に勤務する職員がかなり大きな影響力をもつ理由のひとつが、選挙で選ばれた指導者も含め、政策や業務に影響しようとする他のいかなる集団よりもそこに長く存在することである。

第三に、遅延が効果的なのは、決定自体に期限が設定されていることが多いため、遅延が拒否の原因になることだ。例えば、プロジェクトの立案に関する決定であれば、企画案には必ず見積りと期限が設けられているはずだ。入札額が有効な期限が過ぎるまで決定日が延ばされれば、当初の案は自動的に取り消されるか、新しい価格を決めるために新たな交渉が始まることになる。新製品の導入が延期されれば、その会社がまったく市場に参入しないことにもなりうる。会社が参入を決めるころには、すでに競合が強すぎて参入が取りやめになるかもしれない。第四として、遅延は組織のその目の前の課題への関心のシグナルになりうることだ。例えば、ある職の応募者に決定通知を出すのを遅らせれば、その候補者の熱意や信頼性について再考の余地があるとのシグナルになる。資本投資や新製品の決定を遅らせることが、その事業への疑問点が残ることを示唆する。こうしたシグナルが持続すると、反対意見をもつ勢力が優勢になる可能性が増し、提案する人たちの自信を崩す傾向がある。

特定の候補者の採用の出鼻をくじき、別の候補者を有利にするのに遅延が使われるのは、筆者も目にしたことがある。徹底的な審査という名の下に、情報を整え十分な議論を求めることで、この候補者がいらだち、あきらめるまで選考過程をずるずると延ばす。別の候補者が待てるのは、支持者たちからこの遅延は自分を選ばせるための意図的なものだ、と言い含められているからである。内緒でこの戦略を知っていたから、第一候補が身を引くまで待つことができ、このポストを手にしたのだ。

こうした遅延行為の業師《わざし》たちは、いつもその行為をいろいろと正当化する。他にもっと重要な課題があると強調したり、もっと情報が必要だという一見もっともらしい立場をとったり、十分な情報を集めるにはもっと時間が必要だと求めるなどである。もっと調べて、もっと考えて、というのはよりよい選択をするのに役立つはずだし、情報も分析も役に立つのはもちろんんだ。しかし、遅延を申し入れる人たちがめったに公表しないのは、時間の経過自体が、遅らせることを支持する人たちに有利な形で決定プロセスを変更させる事実である。

遅延を利用してプロジェクトをストップさせた最も明確な事例のひとつが、米国のＳＳＴ（超音速輸送）計画のケースである。一九六一年、ＦＡＡ（連邦航空局）局長ナジーブ・ハラビーが航空技術の国家的な目標を遂行するためのタスクフォースを率い、超音速機開発を求める報告書を提出した。一九六二年、英仏両国政府が共同でコンコルド計画を発表し、翌年六月には、パン・アメリカンワールド航空が六機のコンコルドを発注した。一九六三年六月五日、米国空軍士官学校の卒業式の演説で、ケネディ大統領は、合衆国にも民間用の超音速機を開発する計画があると発表した。翌月に設定された当初日程では、三つの段階があり、第三段階ではプロトタイプの製作が含まれていた。実際のプロトタイプ機の製造は一九六五年中ごろという見込みだった。

航空機メーカー各社は、開発費用をメーカーが二五％、政府が七五％分担するという提案に不満を表明した。費用分担方式の検討とSST（超音速輸送）計画の信頼性を高めるため、世界銀行総裁ユージン・ブラックと、オーリン・メイティソン社CEO、スタンリー・オズボーンが計画の調査役に任命された。ブラックとオズボーンが政府の費用分担を九〇％とする航空機メーカーの負担を緩める方式を提案したにもかかわらず、彼らの報告書はいろいろな事象を動かし始め、必然的にこの計画の息の根を止めることになった。彼らは不時着プログラムに反対する意見を出し、航空機に認可を出す機関が開発にもかかわるのは利益相反になるとして、計画をFAAの監督下から外すべきだと提案した。報告書が出されてしまったので、配布して意見を求めなければならなくなった。実際に配布されるのは一九六四年二月になった。計画はFAAから外されなかったが、超音速輸送に関する諮問委員会が設置され、ロバート・マクナマラが委員長に就任した。

この計画の経過の残りの部分はもろもろの調査の話で、例えば、経済的な事業可能性に関する調査、超音速飛行が生む衝撃波の影響に関する調査、SSTの生産や中止が貿易収支にもたらしうる影響に関する調査、SSTに反対する人たちが行なう調査などである。こうした調査には時間がかかり、マクナマラを長とする管理委員会はプロジェクトを遅らせる働きをした。一九六五年には、ハラビーがFAA局長の地位を降り、FAA内からSST計画を監督する役職に任命されていたゴードン・ベインも年内に辞任した。かくして一連の遅延による最初の影響は、当初から計画を支えてきた管理職たちに表れた。同時にSST開発は一九六〇年代後半にずれこみ、ベトナム戦争への反対運動や活発な環境運動のさなか、計画は政治的にも存在感を失っていった。調査や契約にかかわる遅れも計画をケネディ、ジョンソン、ニクソンと三人の大統領の政権期をまたぐまでに引き延ばした。プロトタイプは一度も製作されぬまま、計画はとうとう一九七一年に消滅した。実際には、この計画が苦しんだのは経済的問題と技術的問題だったのだが、他のプロジェクトが国防省の後押しで進んでいたことも、この超音速機の意義を薄れさせていた。この事例のポイントは、プロジェクトが時流のコントロールを失い、もろもろの調査と遅延が負担となって勢いをそいでいったことである。プロトタイプが速やかに製作され、国会議員の試乗までいっていたら、結果は大きく違っていたであろう。(8)

法律の分野では、遅延は一方が相手の忍耐力や資金源を消耗させようと使う、一般的でしばしば効果的な戦略である。相手より持続力をもつために諸資源を絡めた遅延は、優位性獲得を保証している。ロバート・モーゼスが一九二〇年代中ごろに公園局長になったときにまず行なったことのひとつは、テイラー地区の土地を押さえることだった。ここを公園にするためである。この土地の取得は議会の承認を得た費用で行なわれ、しかも、自らが起草した法案によってこの領域への広範なパワーを得ていた。だがこの事業はそうした権限を越えて進められた。土地の所有者たちとは交渉せず、当時入手可能だった土地への購入費用として議会を通していた資金も使わなかったのだ。土地の所有者たちが訴訟を起こすと、モーゼスはこの件に関して引き延ばせることはすべて実行していった。キャロはこれを次のように記している。「審問の予定日には法廷に現れず……彼の弁護士は計画の進捗を一月まで停止させようと、新たに一連の遅延行為をとり始めた」。(9) 遅延戦略によって、相手は費用を投入し続ける意欲を消耗していった。しかも、この公園建設の裁判が行なわれている間に、モーゼスは当の公園を完成させてしまったのだ。

相手の資源を消耗させるのに使われた遅延行為のもうひとつの強烈な例は、イースタン航空の労使交渉でフランク・ロレンゾとチャーリー・ブライアンが繰り広げた知能戦に見られる。ロレンゾが整備士組合を破るためにとった戦略はまったく単純だった。整備士組合が絶対に受け入れられない契約案を提示し、整備士がストライキで職場を放棄するのを見るや、低賃金の代用整備員を雇おうというものだ。まったく同じやり方が、数年前にコンチネンタル航空の破産申請後に使われていた。ストライキと代用職員を雇うまでの完全運航維持に必要なコストを準備するため、ロレンゾは軍資金を蓄えており、この資金で紛争を乗り切った。しかし軍資金も無尽蔵ではないので、戦略の鍵は低賃金の代用整備員を採用する能力だった。また、ストにならないと代用職員を雇う口実がない。

チャーリー・ブライアンはロレンゾの戦略を見抜き、ストに誘いこまれまいとしていた。一九八八年一月、整備士組合と他の組合は全米調停理事会に嘆願書を出し（イースタンとコンチネンタルは交渉のため合併するとの声明を出そうとした。これはリスキーな策で、コンチネンタルは当時、組合が組織されておらず、イースタンとコンチネンタル両社で一本化して行なう選挙は、双方を代理する組合代表のコストとなる可能性があったが）、次のように述べた。

二社共同の申請はイースタンでの交渉を失速させた。ブライアンはストライキでは勝てないことを知っており、パイロット組合がまだピケ隊に参加しない可能性もあった。ストライキが遅れれば遅れるほど、ロレンゾが失う現金もかさむはずだった。……ブライアンと調停理事会は、ロレンゾが周到に準備してきた決戦ストライキを許そうとしなかったのだ。(10)

ブライアンは巧みに引き延ばしを続けた。しかもロレンゾは自らの強硬戦術のため、調停理事会に交渉決裂を宣言させることができなかった。整備士組合がカウンターオファーを示さなければならなくなっても、ブライアンはこれを遅らせた。ロレンゾの提示条件を自分の役職として取り上げるよう求められたときも、できるだけ引き延ばした。ロレンゾの資金不足が顕著になると、資金を増強するか、イースタン航空を売却しなければならなくなる。問題は、合併交渉に取り掛かっているかぎり、調停理事会は交渉決裂を宣言できず、イースタンの一部でも（例えば短距離シャトル部門など）売却するときは、時間のかかる訴訟になることだった。結局ストライキは一九八九年三月まで起こらなかった。このときまで、イースタンはネガティブ・パブリシティの暗雲が広がる中を一年以上も運行を継続していた。ロレンゾのストライキ対策資金はすでに底を尽いていた。パイロット組合が整備士組合のピケ隊に加わると同時にイースタンは破産を申し立てた。ブライアンの遅延戦略が整備士組合に勝利をもたらしたというわけではないが、ロレンゾにはきわめて高い代償となった。遅延とそれによる会社の諸資源流出によって、この航空会社自体がロレンゾのコストになったのだ。

●ウェイティング（待たせる）・ゲーム

意思決定プロセスにおけるひとつの戦術として、遅延は偶然に見せかけて行なわれることも多いのだが、故意にあからさまに使われることもある。自分が到着するのを相手に待たせる手段がそれだ。

待たせる行為は社会システムにおけるパワー分布によってパターン化される。この主張は、パワーとは社会的資源としての個人の希少性、つまり、ある社会的ユニットのメンバーとしての個人の価値に直接結びついているという前提に立っている。[11]

相手を待たせる、あるいは自分は待たない、というのは、自分のもつパワーのシンボル以上の意味があり、自分のパワー強化に使える戦術でもある。遅れることが自分に注意を向けさせ、まさに目に見えるということが影響力を生むのである。また、相手を自分のために待たせることは、自分の暗黙のパワーを相手に考えさせることだ。遅れて到着すると、今後はこちらを時間どおりに到着させようと、もっと関心を向けるかもしれない。これで、相手はこちらに依存しているという意識をあらためて強めるのだ。

誰かを待たせられるということは、自分の利益に合わせるように相手の行動を変更させる能力を所有していることだ。これは、待っている側が待たせている側の意向に依存しているということなのだ。逆に見ると、待たせる側はこの依存性の効力によって、自分がパワーのある地位にいることをさらにはっきり固めるのである。[12]

待つことは行動によるコミットメント行為でもある。自分が待つのなら、その待つ行為を正当化しなければならないことでもある。無駄にする時間の正当化は、自分が待つことの価値を心理的に高めることになる。

希少なサービスのために待つことを、見返りとしてある利得を取るための投資や犠牲とみなす場合、このとき発生する犠牲の大きさを測ることによって、利得の価値を測れるだろう。……利得の主観的価値は、……客観的価値だけでなく……、その達成に投資した時間量によっても与えられ、相手のサービスが価値をもつ（パワーがつくのは）のはまさに相手が待たれているためなのだ[13]。

つまり、人は相手を待たせることによって自らの重要性を強調するのだ[14]。ロス・ジョンソンは、スタンダード・ブランドのトップのときに、個性的なスタイルを確立して、自分のパワー行使に役立てた。例えば印象的な登場《グランドエントランス》と呼ばれるのがそれだ。

ジョンソンは、すべてのことに正確に二〇分遅れて着くようにした。「時間どおりに着いたら、誰も気づかないだろう」「遅れれば、相手は注目するのだ」[15]。

待ち合わせの予定を変更すること、また誰が誰を待つかは、パワー関係の変更を象徴する。大統領職という権力と栄光に包まれていたハリー・トルーマンも、時折このウェイティング・ゲームを演じるのを楽しんでいた。

一九四八年から一九五二年までホワイトハウスの調査部長だったケン・ハックラーは、トルーマンがチェース銀行頭取ウィンスロップ・オルドリッチをホワイトハウス執務室の外で三〇分間待たせた日のことを回顧している。ハックラーはトルーマンが次のように語ったことを引用している。「私が上院議員で戦争調査委員長だったとき、ニューヨークまでこいつ、オルドリッチに会いに行かなければならないことがあった。きちんと予約をとっていたのに、奴は一時間半も待たせやがったんだ。だから心配するな。彼には、まだもう少し待つべき時間が残っているから」[16]。

パワーを強化するために使う、遅れて到着する戦術の古典的な例のひとつは、ヘンリー・キッシンジャーがニクソン政権発足初日にとった行動である。ニクソンは情報を集中化し、秩序だった流れを求めていたので、側近に大きな影響力が集まることが明らかだった。アクセスが鍵となりつつあった。となると、H・R・ハルデマンとジョン・アーリッヒマンが大きなパワーをもつことになるのが見えていたので、キッシンジャーの課題は、自分がこの二人の側近の従属的な存在にならないようにすることになった。この戦いで、彼は遅延を非常に効果的に利用した。

ブライス・ハーロウは、キッシンジャーがニクソン政権の初期にハルデマンの支配下に収まることをいかに巧みに切り抜けたかを覚えている。大統領就任式から数カ月間……、ハーロウは、キッシンジャー、ハルデマン、アーリッヒマンと毎日午前午後、大統領執務室で開かれる会議に参加していた。冒頭から「すべてをコントロールしたかった」ハルデマンは、まもなく、ニクソンとの会議の前に準備のための短い打ち合わせを自分のオフィスで設けることを要求した。「ヘンリーはその会合をすぐに欠席し始めた。……もちろん、ハルデマンは出席するよう命令したが、彼は巧みに逃げ続け」、遅刻を繰り返した。「最後には、キッシンジャーが単独でニクソンに会う形になっていた」。[17]

キッシンジャーは会合に遅れたり出ないことを活用して、パワーの行使に必要で欲しかったこと、つまり大統領と個人的に面談する機会をつくりだしていったのである。

期限

遅延戦術の反対が期限である。期限は勢いや弾みのある側に常に有利である。会議などで議論が特定の立場に利するように流れるときに、その立場を主張する人物が「我々はいま決める必要がある」と述べる理由がこれである。期限は物事を達成するための有効な手段であり、緊急性や重要性といった感覚を伝え、だらだら遅らせる戦略への効果的な対抗策となる。

新しい計画が短い期限で提出される場合は、それがずっと前から提案されている場合ほどは注目されず、詮索もされにくいものだ。したがって、決定期限に近い期日に出される提案は、もっと前から出されるときよりも通りやすいことが多い。これは国会では有名な事実だ。選挙民にとって言語道断のような課税法案や受益者が限

図12-1 アラバマ州の1977年の最終決議

H・J・R（両院決議）621　オーバーン大学ハーヴィー・グランスを陸上競技栄誉賞に推薦

アラバマ州議会は、オーバーン大学ハーヴィー・グランスが、第45回南東地区陸上競技大会において再び目覚しい成績をあげたことを称える。

オーバーンはハーヴィー・グランスの走り幅跳び優勝および4つの勝利への貢献によって当競技大会で148ポイントをあげた。彼は100メートル、200メートルでそれぞれ10秒36、20秒47、そしてメンバーを務めた440メートルリレーの39秒24と、3つの地区記録もあげた。

この傑出した若者はアラバマ州フェニックス市に生まれ、オリンピックの金メダル獲得者で、合計得点32.5ポイントにより大会委員長賞を贈られ、本人はもとより大学と州に栄誉をもたらした。

以上の事実ゆえに、アラバマ州議会上院下院はともに、次のことを決議する。優勝者ハーヴィー・グランスが陸上競技で成し遂げた傑出した偉業をあらためて認め、賞賛する。我々は第45回南東地区陸上競技大会において彼が示しためざましい業績を称え、彼の栄誉を祝して1975年10月10日付の、第949条例を取り消し、大会委員長賞獲得の栄誉を称え、我々の誇り、賞賛、最高の尊敬の念を知ってもらえるよう、この決議案の写しを彼に送付するよう指示する。ホルムズ議員（A）の動議により、当条例は停止され、H・J・R621の議決が採択された。[18]

定されている法案の多くは、立法府が会期末に向けて混雑するときに提出されている。

一九二四年にロバート・モーゼスがロングアイランド州立公園理事長として、自分に強大なパワーを付与する法案を立案したとき、彼は経験の浅い若い議員を使って議会の最終週にそれを提出させた。しかもこの議員に法案群を話した直後に議会に出させたのだった。法案は討論もなく、誰からも反対されず通過し、会期末に急いで通した法案がもつ効力に議員たちが気づいたのはずっと後になってからだった。

アラバマ州では一九七五年に、第949番条例で財政と税務に関する暫定委員会が創設された。これはそれまで他の委員会がもっていたパワーや責任を奪い取ったもので、この委員会を嫌っていたある議員が一矢報いようと思い立った。一九七七年の立法州議会の最終日、議員たちが会期末で急いでいるときに、次のような決議案が提出され、迅速な票決要請により、何が起こっているか理解する議員がほとんどいないまま通ってしまった。その日、知事に出された最終決議が図12-1である。

閉会間際の忙しいときに、この賞賛声明の全文を読む者はいたとしてもごくわずか、この賞賛文の中に深く埋めこまれた一節に、破棄決議案をわざわざ見つけだそうとする者はいなかっただろう。

フランク・ロレンゾとテキサス航空へのイースタン航空売却が示すように、期限は交渉でも有効な場合が多い。ボーマンとイースタン航空取締役会は賃金での譲歩を引きだす手段として、イースタンをロレンゾに売却する可能性を示唆して組合側を恫喝《どうかつ》した。この考え方は、賃金で譲歩するか、さもなければ、組合潰しの悪名高い評判の人物に航空会社を売却する、という挟撃作戦だった。しかし、ロレンゾとの対決はボーマンの能力を越えていた。相手は熟練の交渉人だった。イースタン航空の買収期限を価格交渉に使った。

ボーマンに組合を叩かせないために、ロレンゾはメリルリンチのプランに二つの条項を追加した。第一に、イースタンはテキサス航空に対して、オファーを出すためだけの手数料として、返還免除の二〇〇〇万ドルを払わなければならないこと。第二に、二日以内、日曜日深夜〇時までに回答することを要求し、回答がなければ降りるとしたのである。

これは、全米第三位の規模の航空会社を売却するには、ばかげたほど短い期限だった。しかしロレンゾは、自分が何をやっているかをしっかり認識していた。イースタン側の銀行団が設定する前に自分のほうから期限を切ることで、（起こりうる）出来事へのコントロールを握ったのである。[19]

ボーマンはこの後の出来事の流れとスピードを握れず、とうとうロレンゾに完全に操縦されることになり、航空会社を失った。時間切れになり、すでに起案ずみだった買収合意によって、ロレンゾは自分に都合よく諸条件を定めることができたのである。

検討の順序

第10章で、コントラストの原理と課題の枠づけへの活用を検証した際、考える順序も意思決定を左右するのに使われることを記した。例えば、ある職への応募者がいくら完全な技術があるように見えても、最初に審査した候補者がそのまま採用になることは少ないはずだ。その人が一番目であれば、普通は後からよりよい人が出てくることが多く、ひとりしか見ていないときは、全応募者の全体的な質についての基準ができていない。同じ候補者が選抜プロセスの後になって検討され、特にその人の後に非常に弱い候補者が続けば、そのポストを得ることになるはずだ。住宅ローン金利が固定で九・五％なら、今日（一九九二年当時）は得に見えるかもしれないが、二〇年前なら見向きもされなかったはずだ。収益率が一五％という投資案件も、それは比較のため、直近の案件と比べて評価されるはずだ。

検討の順序は人々の物事に対する感じ方に影響するだけではない。アジェンダは決定の流れを代理する。この決定はいったん採用されると、その後の決定がどうなされるかに影響する行動上のコミットメントにつながる。[20] アジェンダは、これがないと始まらないであろう行動方針へのコミットメントを築くために活用することも可能だ。選択の流れにはコミットとアンカリング（引き留め）作用があるので、提示する順序は重要な戦術的選択となる。

ここで、一般的なある案件について議論し、決定すべき二つの提案があるとしよう。例えば、二つの新製品構想、二つの予算提案、二人の採用候補、二人の昇任やパートナー候補があってどちらをとるか、などである。こうした二者択一の状況で、一方が有力だが圧倒的ではなく、好ましい判定をするために両方を残した場合を考えてみよう。ここで、弱いほうの提案を最初に出せば、そのメリットについて相当な議論と討論がなされるだろう。議論を経てこれが却下されれば、この選択が強いほうの提案にもつ意味は限定される。こちらの提案は別物であり、最初の提案を却下した議論がコミットメントとなって、次の提案も拒否しようとはなりにくくなる。さらに、最初の提案に対して時間をかけたことにより、次の提案には厳しさが緩み、容易な姿勢をとりたくなる傾向もある。後から出た提案は、どう見ても最初の提案より有利になり、比較によってさらに有力に見えるものだ。かける時間は短くなり、公正な扱いとか返報性といった考え方によって、提案者はこの会議からしかるべきものを受け取るべきだという空気も出てくる。その結果、少なくとも後に出された提案が受け入れられる可能性が高くなり、初めの提案がよければ、両方が認められるだろう。だから、弱いほうの提案を初めに提示することによって、有力なほうが認められる確率は高まるのだ。

有力な提案を初めに出せば、そこに多くの議論が費やされることになる。議題の最初に出てきたことで、時間はまだ心配しなくてよいのだ。時間を気にしなくてよければ、審査も厳しくなりやすい。その上、却下となれば、後から出される提案は間違いなく却下となろう。オープンな議論を経て標準が設定されていれば、弱い提案を受け入れるために、すぐ基準を下げることはできないからだ。しかし、最初の提案が通れば、後に出される提案にはほとんど意味はないかもしれない。グループが最初の課題を決定するのに用いた基準にコミットしていれば、その基準を満たさない課題が後から出されても却下するだろう。さらに、提案者に求めているものを与えてしまえば、グループとしては次の提案を認めるなどそれ以上の便宜を図るような義務を感じない。つまり、検討する順序は、承認を得る対象に重要な帰結をもたらしうるのである。

検討の順序は、物事が決定される様式にも作用しうる。

これはいくつかの事例にあるように、決定が相互依存だからである。次のような課題を決定しようとしている経営学部を想定していただきたい。①教授一人当たりの学生数を削減する。②一学期当たりの学生の履修科目を増やす。③学生の専攻内の必修科目を減らし、他のコースワークも広く履修させるため、カリキュラムを拡大する。これらの議題を出すのに最適な順序があるのは明らかである。教授陣が履修科目の追加について承認していれば、カリキュラム拡大を認める可能性が高い。学生にとっては、より多くの科目が配置されるので、特定のコースには同数の履修が要求されるのは変わらないからである。同じように、科目数を増設するという提案は、担当する学生数が減少していれば、より好意的にとらえられるだろう。さもなければ、科目を増やすのは、教育負担の増加になるからだ。だから、この三つの変更を実現するためには、最初の提案を担当学生数の削減とし、次いで学期当たりに求める科目数の増加、最後に、カリキュラムの拡大の要請という準備にすることが必要、ないしそうするほうが有効だといえるのだ。

もうひとつの例として、ブリティッシュ・スティールが一九七〇年代半ば、西独のエンジニアリング企業コーフと、鉄鉱石処理工場の新設について接触すべきかどうかで直面した決定を考えてみよう。この工場は直接還元法という方式で、石炭ではなく天然ガスを使って鉄鉱石をペレットに処理するものだった。これはコーフが特許権を所有する方式で、鉄鋼生産の新技術だった。ブリティッシュ・スティールが直面していた決定は、工場をひとつ買うか、二つ買うか、買わないかだった。ひとつなら生産能力は年四〇万トンであり、価格は二六〇〇万ポンドだった。二つなら八〇万トン、四三〇〇万ポンドで、別々に購入するより価格が割り引かれていた。より大きな工場で調達すると資本コストも節約でき、また大型ユニットによる鉄鉱石の生産コストは小型ユニットより安くなるので、ひとつの場合は一トン当たり六三ポンドのコストが、二つの場合は五八ポンドになった。検討の順序の効果を理解する際にもうひとつ重要なことがある。計画部門はいくつかの見積りをしていたが、計算の結果は鉄鋼および鉄鉱石について想定される需要からすると、直接還元法による鉄が実際にどれくらい必要とされるかは不確かだということだった。

こうした状況での決定が、検討の順序に左右されることは明らかである。最初の決定事項が、会社が戦略的理由からその新技術を採用したいかどうかということで、これが認められれば、工場を二つ購入する可能性が高まるだろう。会社が新技術に投資するのだということになれば、コストを削減する形でそれを行なおうという主張が強まる。対照的に、初めの決定が鉄鋼生産を増やすために二つの工場を建設するかどうかであれば、工場購入という決定になる可能性はぐっと下がる。鉄鋼が必要かどうかに対する回答が、おそらくノーだからである。決定は相互依存的でコミットメントが絡むので、検討の順序が非常に重要になるのだ。

この議論で明らかになるのは、何かを認めさせるためには、アジェンダをよく考えることが不可欠だということだ。しかし、この当たり前のことが十分に理解されていないことが多い。ブリティッシュ・スティールの決定はグラナダフィルムによって映像資料になり、この決定に際してどうするかを考える教材になっている。私はこのフィルムをしばしばパワーと影響力の講義で用いている。場面が進む中、いくつかのポイントで、「工場がひとつか二つか」の語句が繰り返され、工場がひとつの場合と二つの場合の評価が分析される。しかし私のクラスでは、工場がいくつ建てられることになるかと聞くと、少なくとも数人は「ゼロ」と答える。この回答は正しい決定が何であるべきかという彼らの見解には合うかもしれないが、そうなる可能性は低い。つまり、話し合いの議題に初めから載っていないものが支持されたり実行されることは少ないのである。

バカラックとバラッツは、より広い政治的な領域でパワーがそのように使われることを認識していた。[21] ある課題が最初に意思決定の焦点にならないようにするだけで、これを潰さぬことが可能になる。多くの米国企業で財務部のもつパワーが年々大きくなってきた。[22] このパワー成長のひとつの理由は、企業がコントロールするには市場の勢いが強くなり、借入資本がもっと必要になり、事業がより多角化するということに直面し、財務の重要性が増大してきたことにある（いずれの領域でも多様化する製品ラインと市場を横断するときのコミュニケーションで必要となるのが財務用語なのだ）。ほとんどの取締役会でも、アジェンダがパワー源になっている。そこでは常に財務がこと細かく議論されることが多い。財務上の成果は、計画や前の期と比較される。組織の情報システムは、いまでは製品ライン別、地域別、事業ライン別など、すぐに財務情報を提供できる。監査報告に即した資本の適正化についての決定もあるし、おそらく在庫損や減価償却方針や実務についての報告書も対象となろう。組織の人事や人的資源政策に関しては、あったとしてもあまり対象にならない。

この状況では、まさに去る者は日々に疎しなのだ。財務がパワーを行使するのは、あくまでも財務が語られるから、なのだ。話に上らなければパワーの対象にもならない。それに、現場中心で「わが社の最も重要な資産は社員です」というフレーズをいつも使っているような企業でも、このことは同じなのだ。

神が微笑む瞬間

ベトナム戦争の初期段階で、政策計画理事会のロバート・ジョンソンは、北ベトナム爆撃の勧告可能性に関する大きな調査を準備していた。この調査を準備しているグループは、本物の専門知識を備えており、特定の結果や結論には一切利害関係がなかった。結果は爆撃に対してきわめて否定的だった。

この調査は、北の動機は物理的変化や物理的損害とは関係のない要因であるという理由で、基本的に北爆には効果がないだろうということを示していた。……爆撃を開始する前に北が反応せざるをえないだろう、圧力にさらされていて手をこまねいていることはないだろうから、効果があるかどうかはまもなくわかるはずだという意識を募らせて北を恫喝しても効果はない、と。……しかも爆撃が南ベトナム側の戦意を高揚するというほど楽観的な人もいない。……さらに調査は、米国が北爆を実行すれば、国際社会から重大な抗議を招くことも示した。……この調査は重要なものだった。爆撃は役に立たないということを予測し、こうした圧力に対するハノイ政府の反応は、圧力への抵抗を強めるだけだと予測しただけでなく、北爆の米国政府への影響も見通していたからである。[23]

政策分析としては、この調査は素晴らしいものだった。多数の人間が準備にかかわったにもかかわらず、すべての結論について慎重に根拠が述べられ、広範に証拠を示し、しっかりしたコンセンサスがとれていた。しかし、この調査は北爆実行の最終決定に実質的に何の効果ももたらさなかった。調査の完了時期が悪すぎたのである。

第二の問題はタイミングだった。調査は急いで仕上げられ、爆撃に関するマクナマラ報告書とも合致する構想だったのだが、大統領はロバート・マクナマラにその時点ではいかなる重大な決定も下したくないと伝えていたため、爆撃は保留され、決定が延期されていた。分厚く重大な調査は機を逸して出されたため、同様に、脇によけられてしまったのだ。調査は適切なタイミングで出されなければならない。つまり、人々がその課題を議論し、決定を下そうとしているときである。人は、懸念や不安があるときなら、またはそうしたときしか、重要な文書を読もうとはしないのだ。[24]

課題や事象には熟し時というもの《性質》がある。つまり、行動すべきときや遅らせるべき頃合いがあるのだ。ロングアイランドの公園建設で、テイラー地所を違法な疑いのある形で取得しようとしていたロバート・モーゼスのために、アル・スミスが大衆の支援を刺激しようとしたとき、スミスは州のラジオ番組に出た。彼が選んだのは三月でも四月でもなく、六月の蒸し暑い最初の週末の日曜日の夜だった。ニューヨーク市民がたった二日を過ごすため、都心から不便な道路を通って、混雑した公園に向かおうとしているころである。言い換えれば、市民が特にもっと公園やビーチが欲しいと思っていそうなとき、そのための細かな合法性への関心がかなり低くなりそうなときである。

ある同僚が大手食料品店チェーンのコンサルティングをしながら、何年にもわたり労使関係の課題にクライアントの注意を向けさせようとしていたが、説得のアクセルを踏みこんだのは、雇用機会均等委員会がこの会社を雇用差別で罰金一二〇〇万ドルを課した直後だった。上級経営職だけでなく取締役会も、このときは彼の構想をずっと受け入れやすい状態になっていると判断したのである。米国で営業する日本企業の成功の基盤を形成した新発見として熱狂的に実行されていった経営技法は、実は新しくもなく、特に日本的なものでもなかった。それらは社会心理学と組織行動論の基本的原理に基づいて、米国や他の地域で昔から提唱されていたものだった。新しかったのは、競争上の脅威がこれらの課題や勧告にもっと関心を向けさせたことだけなのだ。

たぶん、組織における最も希少な資源はこの関心である。ひとつの課題に精力を注ぐのにかけた時間は、その他の関心には振り向けられなかった時間なのだ。だから、自分のアイデアを前進させるのに適した状況セットを見つけだすことが重要なのである。北ベトナム爆撃に関する報告書のように、優れたアイデアもタイミングを失えば、無視され、お蔵入りになる。反対に、競争が激しく厳しい時期で、期待の高い新製品に注目が集まりやすいときには、他のときなら無視されるような新製品構想も熱心に迎えられるかもしれない。しっかりした忍耐が実を結ぶことが結構多い理由もこれである。何かを一度提案しても、適切なタイミングに当たる率は必ずしも大きくはない。しかし、同じプラン、同じ目標、同じ行為をある期間持続して押し続ければ、薄いチャンスでも最終的にその提案をより魅力的にするような環境が現れ、有利に見てもらえるケースが出てくる。

政治的な戦略と戦術の最も重要な要素のひとつもタイミングである。ベンディックスの取締役が自分たちの行動のタイミングをもっと慎重に測っていれば、ウィリアム・アギーを解任できていたかもしれない。調査が示した爆撃の無益さが、実際に爆撃が実行される決定にもっと近い時期に出ていれば、米国も北爆をせず、あの泥沼に陥らなかったかもしれない。キッシンジャーが国務省やニクソンの他の上級補佐官を早い時期に操る技術をもっていなければ、ニクソン政権におけるパワーはずっと小さかったかもしれない。この後の章で検討する他の戦略や戦術も重要だが、それらが適切なタイミングで利用されれば、有効性は間違いなく高まるはずだ。

CHAPTER 13

第13章 情報と分析の政治学

The Politics of Information and Analysis

知的能力だけで優れた決定がもたらされるのなら、ベトナム戦争にはほとんどミスはなかったはずだ。

ヘンリー・フォードは、特に財務システムの領域は未知で不慣れだった。不安で心もとなかったフォードに安心を与えたのがマクナマラだった。質問があれば、彼には常に回答があるかのようだった。それも曖昧《あいまい》な推計ではなく、確信、事実、具体的な数字で、しかもたっぷり用意されていた。もっとも、公衆が何を望み、何をしているかを彼は知っていたのかといって批判する人々もいただろう。だが、彼は方程式におけるフォードの役割をいつも正確に予測できていた。(1)

組織におけるパワーについての本に情報と分析についての章を設けることには違和感があるかもしれない。しかし、情報と分析が力の源泉で

情報、および情報が提供する確実性がパワーの源泉であることは間違いない。情報は非常に重要な政治的戦略には不可欠の要素であり、分析によって道を切り開くものだ。現代の企業と官庁における事実と分析によるパワー行使の実例としては、ロバート・マクナマラの右に出る者はいないだろう。まずフォード社長として、次いでケネディ、ジョンソン両大統領の下では国防長官として、そして世界銀行総裁が引退の花道となった。フォードで会社の階級を駆け上がったマクナマラの成功は、情報と分析に精通していることによるものだった。

ての章があるのは違和感があるかもしれない。しかしこれから検討するように、大多数の状況には適切な回答が存在し、この回答は分析によって見つけることができ、より多くの情報で解明できるという一般的な思い込みがあり、これは、事実や分析をコントロールする者が、しかるべき影響力を行使できることを意味するのである。しかも、事実というものは我々の思うほど明快だったり明白だったりすることは少ない。事実の操作や提示の仕方そして分析が、パワーを効果的に行使する戦略の要となる要素になることが多いのだ。

情報と分析は役に立つものだが、認識しておくべきは、かつてピーター・ドラッカーが語ったように、二〇歳を越えれば誰でも自分の立場を支持する事実を発見できる、ということだ。情報と分析は、物事を実行するのに大切である。それは我々が情報と分析を信用し、それに熟達しているように見える人たちを信用するためであることが大きい。しかし、情報と分析が必ず「正しい答え」あるいはよい答えを生みだすわけではない。ハルバースタムが描いたベトナム戦争の歴史は、大量の情報を集め、分析を定式化する優秀な人材に満ちた米国政府が、不幸なことに、健全な判断、常識、合理的な仮説に基づかずにその資源を使った物語である。情報の利用を政治戦略として考えることは重要だが、情報と分析の限界を理解することも大切である。筆者はリンドン・ジョンソンの話が特に好きである。ケネディが暗殺されたとき、彼はケネディの優秀な内閣と顧問団を継承したが、友人であり師匠でもある下院議長サム・レイバーンとその人材について話し合っている。

彼らの魅力と知性に衝撃を受けたジョンソンは、それを話すために、著名で術策に長けた恩師であるレイバーンのところに駆けつけた。ハーバード卒のバンディ、ロックフェラー出身のラスク、フォード出身のマクナマラと、一人ひとりがいかに優れているかを語り、話し終わるまで全員の名をあげたほどだった。レイバーンは答えた。「わかったよ、リンドン。君の言うように、どの子もみんな優秀なのだろう」「だがね、私なら、彼らのひとりが一度でも、保安官選挙で当選した経験があるならよかったのに、と思うよ」。[2]

情報と分析を政治戦術として利用することには四つの有益なポイントがある。第一に、どの組織も合理的に見せ、適切な手続きを活用しようと励んでいることである。これには決定の正当化のために情報と分析を使うことも、別の理由で下された決定を追認するための事実の後づけが目的で、情報や分析がかき集められるようなことも含まれる。合理的で慎重な決定過程という外観を整えるときには、外部の専門家の活用、しかも高価な専門家を使うのは、特に効果的である。こうした専門家は、そのまま情報と分析の正当性の根拠になるし、同時に組織内の個別のクライアントのニーズに対応できることも多い。第二に、上層の管理者が直面するような複雑で多元的な決定では、何をすべきかという課題が、直線的な分析処理ではっきりと解決することはほとんどないこと。ここから派生するのが第三で、自分自身の立場に有利な基準や情報を提唱する余地がある、つまり、情報と分析を選択的に使う機会があることだ。

たとえ決定を下す前に、情報や分析が決定の質を十分に確定できなくても、決定の質は事実として必ず明らかになり、時間が経てば学習プロセスが生まれる、という主張もあろう。そのとおりなら、自分の政治的目的のために情報や分析を悪用する人は、決定や結果がまずかったことが露呈したときには結局「ばれてしまう」。この学習はいずれ、よりよい情報やよりよい分析が認められ、組織の標準的な運営手続きに組みこまれることになるはずだ。しかし、これから検討するように、こうした前提が正しいという証拠はほとんどなく、逆に、きわめて予測しうる理由で、組織がまったく正反対の行動をとる事例は数え切れないくらいある。したがって、第四はシンプルで、決定の質の発見は厄介なプロセスであると同時に、あらゆるタイプの組織でしぶとく回避されることが多いということだ。それゆえ、情報と分析を有力な政治的武器として使う機会が存在し、ロバート・マクナマラのようにその方法に関する知識とスキルをもつ者がしばしば、組織でしかるべきパワーや影響力を獲得できるのだ。

合理的に見えることの必要性

パワーは、まったく目立たぬときに、最も効果的に使われる。合理的な分析プロセスや合理的に見える分析プロセスを使うことは、パワーや影響力の行使を目立ちにくくするのに役立つ。重要なのは、決定は定められた正当な手続きに従って行なわれているほど、よりよいと思われ、受け入れられやすいことである。

ジョン・マイヤーたちは、組織を合法的に見せるためには、不可欠とまでは言わなくとも、官僚的合理性という外観が大切だと主張している。[3] こうした合法性という外観は、支持と資源を引きつけるために不可欠なのだ。したがって、多くの場合、組織における個人は決定を行なうために情報を求めるのではなく、むしろ「正しい」形で、つまり情報の裏づけのない好みや勘ではなく、情報を基礎にして決定が行なわれていると見えるように、情報を蓄積するのである。[4] 公共政策の分析について、クレイマーが同じ点を指摘している。

分析が政治的な先入観と偏向による行為を正当化するのに使われることが多いのは明らかである。用いられる技法や定量化の強調は、分析の結果に「科学的な」外観、つまり主観を交えない合理性が機能しているという姿を与える。[5]

ある会社のコンピュータ購入の決定に関する研究では、合理的選択アプローチの法則とは逆で、決定プロセスでは、すでに賛同を得ている決定をサポートするために情報が選択的に集められ、使われていることが観察されている。[6] なぜわざわざそんなことをするのか。すでに決まっている選択に賛同を得るための情報を、選択的、戦略的に集めるようなことをせず、そのまま欲しいコンピュータを買えばよいではないか。その答えは、情報を欠いた決定や、ただ上から指示されて行なう決定は、情報と分析に基づいて行なう決定と同じ水準の合法性がなく、満足ももたらさない、ということだ。我々は「正しい」選択をもたらす事実や分析技法を信頼する。こうした安心感をもたらす確かさがないのに、どうして正しい選択がもたらされるというのか、というわけである。

自分の求める決定にするのに情報が必要ならば、組織において物事を実行する方法は、自分が決めている行動方針を支持する事実を獲得する技術を培うことだという のも当然かもしれない。時には、社会的つながりや同盟によって、自分の欲しい事実を入手できることもある。ベル&ハウエル（映写機やプロジェクターのメーカー）の元CEO兼会長で、フォードの重役も務めたドナルド・フレイは次のように語る。

私の関心は……、自分の構想を（時には改革への抵抗を抑えて）通すことだったが、これは別の言語を……学ぶことを意味した。初代「マスタング」の承認を得るために、まるで際限がないかのような努力を求められたことをよく覚えている。……それは、この車の導入が自動車販売台数の上での「買い替え需要ではなく」どれだけの純増をもたらすか、つまり、自社の既存の市場を食うことなく販売できる車の台数が何台かの答えを出さなければなかったからだ。だが、マスタングはまったく新しいコンセプトの車だったので、誰も本当のところはわかっていなかった。社内の市場調査屋のひとりが、この販売予測問題に答えを出すよう求められていた。彼は単独での損益分岐点は約八万四〇〇〇台だということは私から聞いて知っていた。一週間後、彼は純増が八万六〇〇〇台になるだろうと報告した。本人を呼んで、どうやってその数字を出したのかを聞くと、答えはこの車とコンセプトが好きだから、だった。[7]

実際には、マスタングの初年度販売は四〇万台を記録し、プロジェクトは大成功となった。決定を支持する回答を得るというプロセスが、こんなに幸運ではない結末になることもあるが、戦術は同じである。キャディラック事業部がアランテの発売を決めようとしていたときの設定価格は五万五〇〇〇ドルだった。販売計画台数と利潤が、この価格で達成できるかどうかにはかなりの疑問があった。

もともと、GM社内では四万五〇〇〇ドルで三〇〇〇台の販売と予測していた。しかし、この台数と価格では、ROIが一五%にならないため、事業部の回答はこの予測の計算上のつじつまを合わせるため、二つの数字を増やしていたのだ。[8]

もちろん、誰かの立場を支持するためのこうした内部の数字操作は不適切と言ってよいのだが、これに引っかかる可能性は十分にある。よりよい戦略は、コンサルティング会社のような外部の専門家を使い、あなたの必要な数字や回答を出させることだ。もし報告書を出すために、しかるべきコストをかけて第三者を使えば、組織が多額の費用を投じた調査自体を無視しにくくなるものだ。合法で定評があり、専門性の威光に包まれた会社の分析なら、その結果はさらに正しく見える。しかも、結果に関する特定の政治的な利害がない、外部の組織によって分析作業が行なわれているので、提案はたしかに客観的で公平に違いない、となるものだ。

一九八一年、GMの子会社デルコ・モレインのゼネラル・マネジャーだったジョン・デビンクは、すべてのエンジン工場を統合し、ひとつの組織体として運営することが可能かどうかを調べる任務が与えられた。

デビンクのチームがぶつかった課題は、必要とされていた緊急の組織改革を進める過程で、文化的なシフトが起きうるかどうかを確認することだった。彼らはまずコンサルティング会社のマッキンゼーに……選択肢の評価補助を依頼した。マッキンゼーはGMの自動車事業を分析し、決定済みの内容を公認させるための論理的体裁を整えた。彼らの最終的なアプローチはデビンクの当初の考え方とほとんど変わらなかった。(9)

コンサルタントを使う利点は、たいていは彼らがあなたの想定している決定を進展させる、と考えてよいことだ。コンサルティング会社が雇ってくれている事業部や事業を廃止するような提案をしたのを、私はひとつの例外を除き目にしたことがない。これはいわゆる「顧客との関係」というものだろう。どのコンサルタントも誰が自分を採用してくれているかを認識しているので、期待されている内容の回答を出すのだ。ひとつの例外とは、ある長距離電話会社の調査を行なったコンサルティング会社で、採用してくれた職能の統括する部門であることを知りつつ、その部門を廃止する提案をしたケースである。しかし、これはきわめてまれな例で、私が見てきた中では、社外の専門家が個人的なスポンサーやそのスポンサーが率いる部署の進出や拡張につながる提案をするほうがはるかに一般的である。彼らは選択を正当化するために使われることが非常に多いので、コンサルタントを「プロの殺し屋《ハイアード・ガン》」だと言うのも聞いたことがある。もちろん、銃があるときにどこに立つべきかは誰でも知っている。銃口の前ではなく後ろだ。

コンサルタントは、社内の政治闘争では強力な同盟ともなる。E・F・ハットンでは、ジョージ・ボールが退社してプルデンシャル＝バーチ証券に移った後、小切手詐欺スキャンダルが起こると、ロバート・リッターライザーが社長になった。証券業界全般の問題、小切手詐欺事件の後遺症、リッターライザーにも責任のある社内の経営問題のせいで、ハットンの財務業績は低落し続け、他社との合併か、他社を説得して多額の出資をさせて、資本金を増額せざるをえない事態に陥った。リッターライザーは自分の立場を守り、取締役会への影響力を強化するため、このプロセスを補佐する投資銀行を引きこむ主導権を握るべく、状況を固めようとした。彼はピーター・ピーターソン（元リーマン・ブラザーズ経営パートナー）とそのブラックストーン・グループとの関係を広げていった。

「ピーターソンの威光を借りれば、取締役連中から失っていた自分の信頼性を回復できると踏んでいた。例えば『私は特にこの措置をとりたい、あるいは特にこのバイヤーと交渉したい、それにピーター・ピーターソンもこれがよい考えだと言っている』と言えば、取締役会を同意させることができると考えたのである。つまり、ピーターソンを会社の盟友として使っていたのである」。[10]

公平に見える判断を得ることの重要性、およびこの目的を達成するために社外の専門家を利用することは、アップルコンピュータの例でもよくわかる。一九八〇年代後半、アップルは員数管理つまり常勤社員数の調整に関心をもっていた。ジョン・スカリーは、アップルの社員一人当たりの収益がいかに高いかを語るのが好きで、他の多くの組織と同様に、アップルは正社員の数を管理することで支出を調整できると思っていた。もちろん、業務遂行のための人員が足りなければ、代替的に調整することになる。アップルの場合は、多数の独立業務請負人や、人材派遣会社から労働者を活用していた。特に独立業務請負人の場合は、アップルは州や国の労働法と税制の多くに違反していた可能性がある。これらの労働者を独立業者として扱っていたとしても、実質的には法律上の社員となるからである。アップルの人事担当者は次のような理由からこの状況を懸念していた。①アップルのやり方は、しかるべき法的リスクに直面している。②派遣社員や独立業務請負人の雇用は、採用基準や賃金決定に関する人的資源担当の管理を迂回するものだ。事実、金曜日にアップルを退社した人物が、月曜日には独立業務請負人として仕事に戻り、前週よりも高い、つまり社員として残っている同僚より高い賃金を得るという問題が起こっていた。③独立業務請負人の多くが急いで採用されており、たぶん正社員としての合格基準に達していない。④多数の契約・派遣労働者を利用することが、アップルの文化（人事部門は自分たちをこの文化の保存担当と見ていた）を弱めると同時に、会社を戦略的リスクにさらすおそれがあった。ハードウェアでもソフトウェアでも設計にかかわる技術者の多くが組織への永続的な愛着をもたないためである。

人事担当者はこうした課題を切りだしたが、彼らの懸念は取り上げられなかった。しかし、法的問題のおそれがあったことで、本社は社外の法律事務所、ヒルズバリー、マディソン&スートロの労働法の弁護士数名に、こうした業務実態を調べさせることに同意した。この社外の専門家たちは、少なくとも法的課題と税務については、人事部の懸念は十分に根拠があるものだということを確認した。この法律的分析に基づき、非常勤、派遣および独立業務請負人に関する調査が実施された。採用と報酬慣行が改正され、こうした労働者の多くは正社員となるか、辞めていった。この労務弁護士との接点から、人事部の役割が強まり、いろいろなプロジェクトを手にするようになり、注目度も高まった。

たとえ本当の姿でなくとも、決定過程が合理的だという外観が必要なので、分析と情報はパワーや影響力の絡む戦いにおける戦略的な武器として重要になる。こうした闘争では、信頼性や客観性という威光のある、有力な外部の専門家を動員する能力が効果的な戦略となる。

事実と分析の限界

分析や外部の専門知識が、決定と行為を動かすために戦略的に活用できるのは明らかである。数字や分析が政治闘争の一部として使われるかもしれないが、組織的な問題の解明にも役立つから、やはり情報や分析が望ましいという主張もあろう。だが必ずしもそうだとは言えない。組織生活においては、常識や常識的判断が、いわゆる事実や分析よりも重要だという結果になることがしばしばある。三つの例からこれを説明しよう。

知的能力だけで優れた決定がもたらされるのなら、ベトナム戦争にはほとんどミスがなかったはずだ。マクナマラは戦争と戦争に向けてとられる政策に、大きな影響力を行使していた。そして彼は事実と分析とデータを信じ切っていた。他のあらゆる決定状況と同じように、ここでの課題も、情報を集めることが正しいかどうかではなく、正しい指標が何であり、考慮すべき適切な情報が何かという、もっと微妙な問題なのだ。何らかの決定を実質的に支持する事実を見つけられれば、次に唯一考えるべきは、入手した情報をどう分類し評価するかである。しかし、ここには大きな危険もある。事実と分析がなければ、自分が不確かだと認めることもあろう。しかし情報に囲まれていれば、たとえ役に立たない、ミスリーディングな情報であっても、もう不確かだとか情報の裏づけがないとは感じなくなるものなのだ。この意味では、間違った情報やミスリーディングな情報は、まったく情報がないことよりも、はるかに悪いのだ。

マクナマラは物事を自分用に解釈してベトナム戦争に向かっていった。データを愛し、信頼した男は、じかに情報を入手したがった。

その自信は傲慢《ごうまん》に近く、自分が情報を操縦できるという思い込みだった。……軍はそれほど得意ではなくとも、生のデータを送ることはできた。そしてデータを知っているマクナマラは、送られてくるデータを慎重に検討し、泥沼から真実を区別する。……報道関係者に語られ伝えられるのは、すべての指数が良好だということだった。彼にはもう間違うはずがないかのようだった。実態は、まったく誤った指数しかなかった彼は、アジアの国の政治革命の中で米国の生産指標を探していた。……自分が見たいものを探して、ベトナムをせかせか走り回っていたのである。……まさに自らの経歴の囚われ人だった。……彼に関する記憶はいまも残っている。一九六二年の「日の出作戦」では、再植民地化された最初の村で、村人たちの間には明らかに悲痛と憎しみが満ち、片端から西洋人の喉を切り裂こうという雰囲気が漂っているのは誰にでもわかった。だがマクナマラはそれには目を留めず、無邪気に自分の質問を浴びせるだけだった。これはどれくらいだ、あれはどれくらいだ、と。[11]

マクナマラが戦争反対に転向すると、自分を間違ったほうに誘導したのは軍首脳部だと思い込み、彼らに対して手厳しい態度をとった。しかし、彼が自分の欲しいデータを入手し、それを配下の非常に優秀なシステム・アナリストたちに分析させていたのだ。問題は数字や分析ではなく、解釈だったのだ。

アメリカ人はこうしてこの戦争の最も基本的な要因を無視した。だから彼らが偶然それに気づくと、悩み続けることになった。マクナマラの統計と計算には何ひとつ価値がなかった。そこには、比率が一〇対一で政府の意向と逆でも、この男が一のために徹底的に戦い、その一〇を潰すので意味がなくなる、という事実が入っていなかったからである。[12]

一九七〇年代の企業経営でも同種の過ちが起こっているのを見ると、一九六〇年代のベトナム戦争で見えた分析の限界を我々はほとんど学んでいないようだ。一九七〇年代のゼロックスの財務担当者と社長はフォード自動車出身で、システム分析と定量分析のロバート・マクナマラ一門だった。[13] アーチー・マカーデルは一九六六年に財務管理担当のグループ副社長として採用され、一九七一年に社長になった。CEOのマクルーグがどんどん社外関係に夢中になっていたことで、マカーデルと彼の数字志向がゼロックスの文化を支配するようになっていった。ここに投げかけられた問題は、数値と数値に基づく決定であれば何でも意味があるのか、ということだった。第10章で述べた日本の小型コピー機による脅威にゼロックスが対応できなかったことも、数字と分析の限界の一例である。

ゼロックスは顧客を「コピーの需要量」によってグループ分けし、そこから各セグメントに合うコピー速度の機器を設計、生産、販売するという戦略をとった。(14) 日本企業が少量複写の小型器市場に参入したとき、ゼロックスはその市場によるセグメンテーションゆえに対応しなかった。サーヴィン＝リコーはゼロックスの側面に素早く回りこみ、オフィス機器ディーラーを通じてコピー機を配送し、故障率がこれまでの三分の一のモジュラー部品を使い、しかも修理が簡単な機器を製造してサービス問題を処理し、基幹部品の設計を標準化して生産コストも削減していった。まず低価格帯の市場に入りこみ、集中化した複写機部門から距離をとることによって、サーヴィン＝リコーはゼロックスのほぼすべての顧客のオフィスに機器を設置することができた。高い信頼性という評価を確立し、製品イノベーションを実現した上での上級機器市場への参入は簡単だった。失いつつあったこの小さな市場を気にする必要がないとする分析を鵜呑みにしたゼロックスは、一九七二年から一九七七年の五年間で、もっていた市場シェアの三分の一を失った。

ゼロックスが利益の低下にようやく目を留め始めると、また分析が解答を出そうとした。生産コストを削減せよ、である。この戦略の問題点は、ほぼ同じころフォードも学びつつあったが、コストの測定方法にある。生産コストとは、当然ながら、製品を設置し保守するコストの一部でしかない。つまり、顧客の好感度や市場の承認につながる保証やサービス費用も重要なのである。ゼロックスの生産コスト削減運動は、主要部品をより安いものに代えることが多かったため、保証費用とサービス費用は、製造過程での「節約」をほぼ完全に食いつぶす勢いで上昇した。この部分はコスト分析では捕捉されていなかった。このコスト分析では、コピー機が工場を出るまでにかかる費用しか見ていなかったのである。かくして製品の品質低下による圧力が重なり、ゼロックスの市場シェアの下落は止まらなかった。一九七二年に九五％を誇っていたシェアは、一九七七年から一九七九年にかけて毎年六五％、五四％、四六％と下落した。(15) 数字に注目し続け、財務分析に支配されていた七年間で、ゼロックスは市場の半分を失った。もちろん、この例は数字や分析が必ず粗末な結果をもたらすという意味ではないが、当然のように優れた成果につながるわけでもないのだ。

　ここまで見てきたように、情報と分析は代替的視点の重要性を評価するのには、実際には役立っていない。また、健全な生産戦略と市場戦略を開発し実行するという意味では、数字、特に伝統的な費用会計システムによる数字がミスリーディングになりうる。[16] 最後は、情報と分析に熱中することが、情報を収集し分析する人間や知識量の多いはずの人間さえもミスリードしてしまう例である。

　タイム社の『週刊TVケーブル』創刊の失敗は、ハーバードのMBAをもつ二人が行なった分析によるものだった。この雑誌のコンセプトは、個々のケーブルテレビ会社に対応する番組表を取りこむものだった。特に編集長のリチャード・バーグハイムは、品質の高いものしかつくらないと公言していたので、番組表づくりの編集と制作コストも上昇していた。この雑誌はケーブルテレビ会社を通して販売することを想定していたが、課題はこの雑誌がどれくらい市場に浸透したら、ケーブル各社に利益が出るかだった。

　これは誰も見当がつかなかったので、いろいろな浸透度で仮説を立て、検証が試みられた。（『タイム』誌と同率の）……三％の場合は損失で、中止しなければ損失額は年間数百万ドルに上る。……浸透率を八％に上げたらどうか。やはり損失になる。……では一五％なら。やはり無理だ。なら二〇％で、と計算を重ねると、浸透率が六〇％で計算するとようやく利益が出る。……六〇％という数字は、一般的な大衆雑誌市場では聞いたことのないレベルだが、偶然にもケーブル最大手ＨＢＯの市場シェアとほぼ同じ浸透率になった。……こうなると主役たちの理由づけは次のように展開する。ＨＢＯがそんな浸透率をあげているのなら、ＨＢＯが何を放送しているかを視聴者に伝える番組ガイドもうまくいかないわけがない、と。考え方はもっともらしく、算数も間違ってはいない。だが、結論が現実からかけ離れていた。これまで市場浸透率二〇％以上を取った大衆雑誌などないのに、利益が出るためにはこの見積が必要だ、と。[17]

白か黒かの話に集約され、ひとたび形式が成立してしまうと、分析は一人歩きを始める。基本となる仮説が合理性を欠いているのに、分析が現実となり、この雑誌はとうとう創刊された。もちろん、浸透率は三％にさえ達しなかった。

●情報の選択的使用

意思決定過程に合理性が求められることで、そのプロセスがもともと曖昧な場合には、個々人には自分や部署に有利な基準を選択的に主張する隙間が生まれる。ほぼすべての決定には、入手可能な選択肢からどれを取るかだけでなく、適切な基準の選抜も含まれている。組織は複数の、場合によっては対立する目標と向き合わなければならないため、組織による選択の影響のアセスメントはもともと曖昧で不確実なものなのだ。[18]

意思決定に複数の基準が使えることから、自分の立場に有利な標準値を採用するように主張することも、パワーや影響力の戦略的利用のひとつになる。イリノイ大学での資源配分に関する調査がこれを発見している。

予算配分の基準をどうすべきかを聞かれると、自分の所属する部署の相対的なポジションにとって有利な基準を答える傾向があり、これはデータで証明されている。……学部長は自学部が獲得する基金や契約から比較優位性を感じるかぎり、また、自学部がより難しい資金を実際に獲得しているかぎり、基金と契約を予算配分の基準とするのに賛成する傾向があった。……教えている学部生の数を予算配分の基準としたいという意向は……、教えている学部の科目数の比率と〇・三四ポイントで相関し……、学部の（優秀性に関する）全国ランキングを予算配分に使いたいとするのは、一九六九年の学部の全国順位と〇・四三ポイントで相関していた。……これらのデータは、特定の領域で比較優位性のある学部が、この基準を予算配分の基準にするのに賛同したことを表している。[19]

データを選択的に利用するのは、単に利己的な行動によるものだ。しかし、データと特定の視点の両方を選択的に使わせてしまうのは、利己心だけの作用ではない。個人が自分のしていることを信じるようになるのは、コミットメントのプロセスによるものである。しかも不確実な諸条件の下でという、経営者が置かれていることの多い状況下での意思決定では、人は自分にとって心地よく感じるデータやプロセスを使いたがるものだ。[20]つまり、エンジニアリングや製造過程に不案内な典型的財務屋は、経済的収益予測や関連業務の定量的な指標に頼り、[21]他方、技術屋が技術要因とか製品設計やオペレーティング・システムの設計への意識に頼るのは当然なのだ。我々は方法がわかっていることを行ない、自分が最も得意な基準に従って選択を行なうのである。

しかし、特定のデータを選択的に優遇することが戦略目標にどう作用するかへの感覚は人によって違い、関連プロセスへの熟練度もまちまちである。イリノイ大学における資源配分への三つの要因の影響を検証した調査は、かつての学部のパワーと客観的な要因を検討している。①資源配分に使われるいろいろな基準ごとの自学部の相対的な位置を、学部長がどこまで正確にとらえているか、②自学部が相対的によいスコアを取っている基準を使った資源配分を学部長が主張する程度、③学内の学部のパワー分布に対する学部長の知覚の正確さ。[22]この調査は自学部に有利な基準の主張、資源配分の潜在的な基準による位置づけへの理解の正確さが、いずれも学部の資源獲得能力とプラスの関係があり、基準が少なく、資源が希少で、パワーの大きな学部ほど、この影響が強かった。調査が示すのは、自学部に有利な決定ルールの使用を主張することが、パワーの効果的な利用につながること、そしてこの戦略を使うには、採用する基準が違えば、生まれる相対的な便益も異なるのを、学部の代表者が理解していなければならないことである。

自分の立場に有利な分析や情報の利用は、特定の技術的スキルを備えることで高まる。私は『ワシントンポスト』紙に就職した卒業生と話したことを思い出す。そこは、スタンフォードほど定量分析重視ではない学校からも、大勢のMBAを採用していた。元気にやっているか、特に他校出身の同僚とのやり取りはどうかを尋ねると、彼は至極順調で、自分がサポートする提案の承認を獲得するのが特にうまくいっているとのことだった。具体的にその方法を聞くと、統計とオペレーションズ・リサーチおよび定量分析に関する知識が役に立ち、自分の見解を理論的に説明する、複雑で練りこんだプレゼンテーションを準備できるのだという。もちろん、彼が言っているのは、行動方針の決定を操作するのに分析技術を使ったということではなく、自分の構想の妥当性を、相手に納得させるために活用したということだ。この意味では、分析技法に関する知識は、決定的ではなくとも、組織におけるパワーや影響力の行使に非常に役に立つ。重要なのは、個々の置かれている環境で、どのような形の主張に説得力があるかを理解することであり、その状況で受け入れられる分析やデータは何でも活用して、適切な様式で、主張を系統立てて述べる能力なのだ。

もちろん、情報の選択的利用には、自分自身の見解を通らなくさせる情報を戦略的に無視することも入る。我々は、自分のバイアスやすでにとっている行動方針と一致しない情報は、特に無視したり歪曲しがちである。一九四四年にオランダを通ってドイツを攻撃しようとした連合軍の決定に関する次の事例は、衝撃的ともいってよいだろう。

その危険な計画全体が、アーンヘム地区の中にも南からの侵入ルートにも、強力なドイツ軍がいないことを大前提にしていた。だから、しばらく前に忽然《こつぜん》と「姿を消していた」ドイツ軍親衛隊の戦車部隊二個師団が、降下予定地帯にほぼ沿う形で再び姿を現した、という報告をオランダのレジスタンス組織から受けると、欧州連合国派遣軍最高司令部には大きな衝撃が走った。……これらの無様な事実は、彼らがずっと耳をふさいだまま計画してきた内容と一致しなかったからだ。……英国第一空挺部隊司令部のブロウニング将軍に、情報将校のひとりがドイツ軍機甲部隊の航空写真を見せると、なんと次のように言い返されたのだ。「私が君ならこんなことにやきもきしないぞ。……とにかく、たぶん連中は出動できないはずだ」。それだけでなく、しばらくすると軍医がこの情報将校を訪れ、ずいぶん疲労がたまっているようだからしばらく休暇を取るようにと告げたのである。[23]

なぜ学習されないことが多いのか

情報と分析の政治的な戦略について考えたい最後の課題は、学習である。データの歪曲がかくも常軌的に起こっているのなら、人々はなぜ分析をもっと慎重に扱わないのか。しかもフィードバックがこうしたエラーを修正しないことが多いのはなぜなのか。例えば、誰かに有利な決定を後押しする基準に沿ってデータがまとめられても、その決定が機能しなければ、まとめた当人は結果的にまずいことになるのではないか。した結果になっても、情報を戦略的に使った人間が実際罰せられることはまれなのだ。これにはいくつかの理由がある。

第7章で述べたように、適切な決定とは多くの状況において、ほぼ意味のない概念なので、適切な決定がなされたのかどうかを知るのが不可能なことが多いのが第一である。例えば、ロバート・モーゼスのような行政の部局長は、自分の部署が相対的により多くの資源配分を受けるにふさわしいと示すために情報と分析を利用し、その結果として過剰な予算割当を取る。この決定が正しいか正しくないか、誰にわかるだろうか。ニューヨーク市には公園が多すぎて消防署が少なすぎるとか、サンフランシスコは公共衛生に金をかけすぎているが道路には不十分だとか、イリノイ大学が物理学部には資金を配分しすぎていてロマンス語系学部には少なすぎるなど、誰がわかるだろうか。人それぞれに、ものの見方は違うのである。予算配分などの決定の効果を測定する方法はたくさんあるが、その不確実性を完全に解決する方法はないのだ。

だが、民間の営利組織ではこうしたことはもっとはっきりしているはずだ。利益目標が判断を評価する尺度となるはずだから、情報を計略的に使い自分の特定の見解を通した人たちは、それが組織の利益に最適ではないことが明らかになれば問題視されるだろう。

だが、必ずしもそうではないのだ。

第一に、多くの決定は、組織で測定される、または測定されうる結果とは、離れているか、きわめて間接的な関係しかない。例えば第5章で見たように、多くの人は自分の同盟者がパワーある地位に就くのを手伝いたがる、あるいは、他の経営職に恩を着せたがるものだ。同盟は組織における重要なパワー源だからだ。だが、自分の友人や支持者をパワーある地位に就けても、そうした仲間がよほど無能でないかぎり、組織の業績に目立った効果を及ぼすとは考えにくい。

それに、組織における成果には複数の原因が作用しているという意味では、これは多元的決定である。可能性のある原因のうち、どれがその結果の真の要因かを突き止めるのは、不可能ではないかもしれないが、かなり難しいはずだ。例えば、一九七〇年代にゼロックスが市場シェアと潜在利益を失ったことを考えるとき、その原因をどこにたどるべきか。ピーター・マクルーグがマカーデルを社長に任命し、その結果、フォード流の財務屋が支配力をもったことか。PARCがゼロックス本社から遠いパロアルトにあったことで、研究結果を製品開発に統合することが困難だったことか。マクルーグが社外活動に力を入れすぎたためか。市場機会（低価格帯のコピー機）を見抜き、このチャンスを実現する手段を整えた日本企業の戦略的洞察力のためか。あるいは多数の他の要因が作用したためなのか。(24) 多くの因果関係が考えられるため、失敗の責任を決めようとすること自体が、推論的プロセスというよりも政治的プロセスになるのだ。

パワーや影響力の操作、それに情報、分析、外部の専門家などの戦略的利用が抑制につながる行動修正を妨げがちな要因には、他にも三つ考えられる。第一に、多くの決定について結果が完全に評価できる場合でも、その結果が表れるまでには長い時間がかかることだ。原子力発電所の建設には一〇年以上かかるし、中央官庁の建設計画の多くは何年にも及ぶものだ。新製品の発売、地理的拡大、製品戦略の変更などは、すべて実行にも結果が出るにも時間のかかる行為なのだ。決定が成果になるまで時間がかかるほど、責任の所在が誰にあるかは曖昧になっていく。

大多数の組織的な意思決定に共通する性質として、ある程度の集団責任を形成することがあるのも原因である。これによって、計画が想定外の事態になっても個人に責任を負わせにくくなる。これまでにあげた明白な失敗の大多数は、その過失を特定の人間の責任にできる単純な構造ではなかった。例えば、タイム社の『週刊TVケーブル』創刊も実質的に集団決定である。担当役員会議が何度も開かれ、多くの人間がこのプロセスに関与し、最後には取締役会さえこの企画の推進を承認している。だから、なされたことの責任が誰にあるかを確定するのは難しいし、なされていないことの責任を特定するのはもう不可能に近いのである。パソコン技術を一気に商品化しようとせず、そのためアップルをはじめとした他社にファースト《初》・ムーブ《動》・アドバンテージ《優位性》を与えてしまった人たちが、ゼロックス社内にはＰＡＲＣも含めたくさんいたのだ。

　決定には集団的責任だけでなく、過去の失敗の原因を確定したくないという集団的な意思も存在する。組織というものは、評価を避け、後を省みないことでは悪名高い存在である。あえていうなら、組織には驚くほど自己反省能力がないのだ。例えば、学校や病院が成果を測る尺度をやっと公表するようになったのは、強烈な世論圧力がかかるようになってからである。学校であれば学生の標準試験の成績であり、病院なら費用、罹患率、死亡率の数値である。どちらの機関も内部利用目的ではデータ収集を行なっていたにもかかわらず、長年にわたりこうしたデータの公開を拒否していた。

　私の同僚ジム・バーロンは、公務員制度における業績賃金制度の実現性を検討する委員会に携わっていた。政府でも民間でも、長年の間に、人事慣行には文字どおり何百もの改革があったことが彼の脳裏をよぎっていた。だが、こうした改革が、好ましい効果につながったかどうかはいうまでもなく、ともかく何らかの効果が出ているかどうかでも評価を行なった例は、公共部門でも民間部門でもほとんどなかった。読者の多くは、業績評価制度が変わり、報酬制度が変わり、組織が改変され、業務体制が変わるといったことを経験されていると思う。であれば、そうした改革の中で評価が行なわれたのは、検討や着手されただけのものも入れて、いくつあるだろうか。評価や審査の回避は公共部門のようないわゆる制度的組織で特に起こりやすいと考えられるのだが、[25]私は民間企業でも改革の結果の評価が同じようにためらわれるのをしばしば目にしている。

　次のような事例は氷山の一角にすぎない。新規事業が明らかに不成功に終わったとき（もっとも、複雑な組織では明らかになること自体がまれなのだが）、かかわったいろいろな経営職がどうなっているか。ゼロックスがマカーデル社長の時代に、既得市場シェアの半分と技術リーダーシップを失い（高価格帯のコピー機ビジネスはコダックが、低価格帯はサーヴィン＝リコーが奪った）、品質が悪いという定評がつき、日本企業の生産効率についていけなくなり、ＰＡＲＣで開発されていたデジタル技術も活用しなかった。だが一九七七年には、インターナショナル・ハーベスター社が六〇〇万ドル以上相当の複数年報酬契約でマカーデルをＣＥＯに迎えた。[26]『週刊ＴＶケーブル』がタイム社に約五〇〇〇万ドルの損失を与えて廃刊になった後、

面子を保つことが三四階の大きな関心だった。……タイム社でテレビレポーターが編集長グランウォルドにこの失敗に関するコメントを求めると、答えは「まあ、誰でもエドセル一台（フォードの有名な欠陥車）はしょうがないな」だったし、……業界紙の記者がタイム社ナンバー2の執行副社長でプロジェクトの監督担当役員クリフォード・グラムに質問したときは「誰か『ひとりの』人間に責任があるわけではない。これはグループでの努力だったのだから」と答え、記者がそれ以上聞く気ならインタビューを終わるぞ、と目配せをした。……マンローが社長だった三年間に、彼が承認した新規事業は実質的にすべて失敗し、積み重なった最終的な損失は合計するとタイム社の純資産の一〇％に上り、……負債は増し、一株当たり収益は落ちたままで、投資アナリストたちはタイムがおかしくなっていると見るようになっていた。だがこうしたひどい業績にもかかわらず、五人構成の報酬人事委員会は、毎年の年俸と株式ボーナスが上がり続けるのを止めることはなかった。[27]

そればかりかマンローは、この週刊誌に深く関与していたビデオ事業部長と雑誌事業部長も、この大失態にもかかわらず、本社取締役に昇進させたのである。[28]

一九八〇年代中ごろにイースタン航空が深刻な財務悪化に陥り、社員がＣＥＯフランク・ボーマンを信頼しなくなったときは、社員側が賃金削減増をのむのと引き換えで要求したボーマンの辞任を、取締役会は拒否した。それればかりか取締役会は、会社をフランク・ロレンゾに売却するほうを選び、その直後にはボーマンに契約解除補償として、一〇〇万ドルを払ったのだった。

こうした結果は必然だったわけではないし、成功への道は企業の失敗や破綻を通るものだというつもりもない。だが、大きな組織の内部の人々に起こることと結果の関係は、これまで述べてきた理由で、きわめて微妙なもの

だということを認識しておきたいのだ。これが意味するのは、組織においてパワーを行使するのに情報と分析の利用を躊躇すべきではない、ということだ。この戦略は効果的で、しかも自分の行為の責任を追及される可能性は大きくはないからである。

CHAPTER 14

第14章 パワーの統合・強化のために構造を変える

Changing the Structure to Consolidate Power

独立したユニットの解体やパワーの削減は、必ずといってよいほど、集権化された位置にあるユニットのパワーを強める傾向がある。

これまでの章では、構造がパワーの源泉たりうることを見てきた。組織における自分の地位が情報へのアクセスをもたらし、アクセスがパワーを生む。階層構造における地位が公式権限を与え、そして分業における自分の管轄領域に入る特定の課題が組織にとって重要であるほど大きなパワーにつながる。

構造とパワーはリンクしているので、パワー行使の重要な戦略のひとつとして、しばしば構造変更が行なわれるのも当然である。構造は対抗勢力を分断し、制圧するのにも使われる。同じように、資源や情報をさらに強くコントロールできる立場に自分や同盟相手を就けることも自分のパワー強化になる。構造は責任の明確化を伴うので、相手を吸収し、自分のイニシアチブを相手に支持させるためにも使われる。熟練のマネジャーは、構造の重要性を理解しており、これを使って戦術的優位性を得ている。この章であげる事例は、影響力を形成し、行使するための組織設計および再設計の活用の実態である。

こうした構造観は、合理的決定のプロセスの結果だとする組織設計が、つまり、企業の効率的運営を確実にする活動の組織化は、合理的な決定によるものだとは見ていない。組織設計に伴う地位の集合化と責任の配分は、たしかに組織運営の有効性と効率に影響する。しかし、構造が政治的パワーを生み、それを行使するために設計され利用されることも明らかなので、少なくともある面においては、こうした視点から構造を理解する必要がある。

●分割と制圧：独立パワーセンターのマネジメント

スティーブ・ジョブズとの権力闘争におけるジョン・スカリーの勝利は、アップルコンピュータで独立したパワーセンターが果たした役割を物語っている。マッキントッシュ事業部のゼネラル・マネジャーとして、ジョブズはマッキントッシュ事業部の社員の独立性を力説した。この事業部の経営はカルト的で、別棟に陣取って屋上に海賊旗をはためかせ、わんぱくな非主流派集団を象徴し、製品をつくっているのは自分たちだという意識と、設計を行なっているチームへの忠誠心を共有し、法外な長時間労働もいとわない人材で固めていた。

彼らはもちろんスティーブ・ジョブズにも忠誠心があったので、前年、スカリーが組織再編に手をつけていなければ、マッキントッシュ事業部の独立性はジョブズ追放後に問題化していたかもしれない。アップルは職能別組織として始まり、製品別に移行し、さらにマッキントッシュ開発によって事業部制へと進化した。マッキントッシュ開発の努力が実ったことでジョブズが引きだした教訓のひとつは、製品設計や改造には自己完結型のチームを大いに活用するのがよいということだった。しかし、製品別組織が製品事業部と強い一体感をもつようになり、そうした事業部のひとつがマッキントッシュだった。スカリーは製造と生産における規模の経済性と同時に、より深い専門性を形成する能力が必要だとして、職能別構造の確立を進めた。一九八四年から一九八五年の間に、アップルは職能型組織へと後ろ向きに展開した。ジョブズが会社を去るころには、マッキントッシュの人員は新しい職能部門や他のプロジェクトや業務へと振り分けられていた。組織再編や再配置の多くが効率性を目的として行なわれるのだろうが、こうした試みはやはり宣告になる。マッキントッシュ組の中には、転籍されるより退社を、という選択をした者も少なくなく、残ったメンバーも解散され、スカリーのパワーや地位をまったく脅かさないものの創作にあたっていた。

組織再編によって生産部門のパワーが弱体化させられるという話はGMにもあった。一九六五年に創設されたゼネラルモーターズ組立部門（GMAD）の表向きのねらいは、独占禁止法対策のための会社分割であり、一部はその役目を果たしていた。理論的には、各製品事業部がそれぞれにエンジニアリングと専用の生産施設を所有していれば、製品事業別に会社を分割するのは比較的容易なはずだった。だが例えば、組み立てが製品事業部を横断して統合されるようなことになると、組織分割の実現可能性は小さくなる。生産ユニットと組立ユニットを新規に創設される会社ごとに別々に割り当てるのは難しすぎるからである。

当初の動機がどうであれ、GMの組織再編は実際に生産部門のパワーを弱めることになった。各事業部が生産する車が、どんどん似通ってきたことも結果のひとつだった。組立業務の集中化が、規模の経済を達成するために、部品の相互互換性の要求につながったからである。組立部門の設置は「新たな自律的官僚機構を生みだす作用もあった。……これは、車を設計室からショールームまでもってくるまでの長々としたプロセスの新たな障害物になった」[1]。意図がどうであれ、車種別事業部のパワーの減少は、本社ビル一四階に陣取る集中管理スタッフと会社の階層のパワーを強化したのである。

独立したユニットの解体やパワーの削減は、必ずといってよいほど、集権化された位置にあるユニットのパワーを強める傾向がある。意図されていなくてもこの効果は表れる。米国の下院議会は長年にわたり、厳格な年功序列制で組織されており、各種委員会の委員長職や委員職は下院での在任期間に応じて任命されていた。一九六〇年代から一九七〇年代初めにかけて、影響力のある地位に就くまでに何十年もかかることへの反発が、若手議員の間で強まった。かなり高齢の委員長の何人かはその能力も疑問視されており、彼らの権力が国会改革を遅れさせ、膨大な数の法案の通過が妨害されているというフラストレーションが高まっていた。例えば、南部委員会委員長の権力で、一九六〇年代前半は公民権法の承認が拒否されており、最終的にこの法案が通過したのは、ひとえにリンドン・ジョンソンの政治手腕と決断によるものだった。（ウォーターゲート事件でリチャード・ニクソンが大統領を辞任した後の）一九七四年の選挙で民主党から当選した多数の新人議員のグループがいきなり反旗を翻し、下院組織を統治する諸規則を変更し、各種委員長職の権力を大幅に制限した。だが、この改革で独立したパワー拠点だった委員長職の自立性が弱まったことで、実質的には下院議長のパワーを強化することになった。

> ……パワーを分割したはずの改革が、議長の権限を大幅に強化した。もともとの反発は、議長に対してではなく委員長職に対するものだった。……議長は規則委員会の任命権、委員会による法案提出の期限の決定権などの政治的な武器を手に入れることになり、これで各委員長は、議長や幹部会の意思を阻止できなくなった。歳入財源委員会は委員の任命権を失った。それは民主党運営政策委員会に渡ったが、この委員会は議長が支配したのだった。[2]

この新しいパワーを強制力としては使わないカール・アルバートやティップ・オニールのような議長もいたが、ジム・ライトは大いに活用した。しかも、独立パワー拠点の排除が、いかに自分に集権的地位とより強い統制力をもたらすかを目の当たりにし、ライトは新しいパワー拠点、とりわけ自分と敵対しそうなものが下院機構の中に生まれるのを放っておきはしなかった。例えば、歳入財源委員長で、指導者的地位とパワーを争う相手だったダン・ロステンコウスキが組織を新設しようとしたときには、これを阻んだ。

> ロステンコウスキは、自分のパワー基盤を創出するための最後の策として、各委員長による協議会の創設を主張した。そうした「委員長協議会」ができれば、これは即、議長から独立したパワー拠点になるはずだったが……、ライトは設置を認めようとしなかった。[3]

分離され、ある程度保護された活動ドメイン《領域》を、情報と資源を集めるための基地として組織構造の中に確立することで、パワーが生まれ、活用される。中央に位置する人たちはなんとしても、こうしたドメインを弱いままにしておくか、自分の支配下に置こうとすることが多く、他方、官僚的な政治闘争でパワーを得ようとする人たちは、必ずこうした分割領地《ドメイン》をつくりだす必要がある。影響力を行使するためには、はっきりした責任の付随した領地をもたなければならないことは、一九四〇年代後半から一九五〇年代前半の国務省でアジア担当職員が直面した困難に見事に描かれている。米国の外交政策の主流派は欧州に目が向いており、中国が共産主義者に奪われる、インドシナの不安定、日本の再興といった太平洋地域の重要な出来事は注目されなかった。この地域に対する米国の政策は、情報に乏しく、場当たり的でさえあった。問題は、アジア地域担当の専門家に構造上のパワーがないことだった。

このころ、アジア担当官の根本的問題は国務省の組織自体だった。アジアは独立した地域ではなく、欧州諸国が管理する植民地として扱われており、政策変更には管轄の調整が必要だった。これは、植民地主義を前提とする領土上の重要課題は、すべて欧州局とアジア局が事前に同意しなければ、上層部に提出できないことを意味していた。……このため……すべてが現状維持で、欧州局に有利になっていた。(4)

自分のドメインを拡大する

構造的パワーは、資源、情報、公式権限が豊富な部署のコントロールを入手することによって形成されるが、自分の対抗馬がこうした構造的パワー基盤を入手するのを防ぐことでも形成される。ある部署のコントロールを握ると、そこの影響力の範囲を拡張するのに構造的な組織再編を使えるようになり、それによって、組織内の競合する部署を利用してパワーを強化することになる。縄張りはパワーの源泉のひとつである。諸活動の勢力範囲たる組織の縄張りは、構造的変更が大きく作用しうる部分なのだ。

スタンフォード大学病院では看護部がパワーを獲得していき、現在では病院の業務責任者は看護部長が務めるようになっている。だが、この看護部がだんだん強力になったのは、この部署の病院の財務事情（病院職員の大多数が看護かその関連業務だった）と患者へのケア提供に大きなインパクトがあったためであることを思い出してほしい。すなわち、看護部長が患者ケアサービス担当の副院長という新しくつくられた職位で、救急治療、手術室、理学療法部門、呼吸器系療法部門を含む業務を任されることになったのは、自然かつ当然の展開だったのだ。言い換えれば、医療行為以外のサービスを提供する（理学療法、作業療法、呼吸器系療法）諸部門と施設は、看護と看護関連職員によって組織され、日程管理されることになったのである。こうした組織再編が起こり、そしてそれまでの看護部長がこうした拡大領域の業務に優れた能力を発揮すると、彼女がさらに上級の経営職位に昇り続けるのは約束されたも同然だった。この組織変更は病院の管理構造をシンプルにしただけでなく、これを任された人のドメインと影響力を広げたのである。

ジム・ライトが下院議長としてのパワーを行使するのに用いた方法のひとつが、あらゆる任命権を活用することだった。自分の管理下にある、また管理下にあると考えられるすべての職位を影響力強化のためのテコとして使ったのである。自分の領地を拡張するには、スタンフォード大学病院の看護部長のように、新しい活動や責任をとっていくこともあろう。しかし、新しい活動に関与しなくても、すでに形式上は自分の管理下にある領地の価値を最大限に活用するだけでもドメインを拡げられる。ライトが議長になるまでは、以前の議長たちはパワーを行使することにあまり関心がないか、影響力の基盤を交友関係や個人的な職責のネットワークに置いているかのどちらかであった。ライトはまったく違っていた。かなりの一匹狼でもあった彼は、個人的な関係やスタイルだけで影響力を形成するのは無理だったので、公式の組織構造に目を向けた。

院内幹事組織は、票読みで民主党執行部に情報を提供したり、投票の際に党の政策に従うよう議員を説得するなどの責務があった。[5] 院内幹事はいまでは議員によって選出されているが、副幹事長は下院議長の任命である。ライトは自分の信頼できる人物をこの職に選び、任命が通達されるまでは院内幹事組織に知らせることさえしなかった。ライトはこの組織を握ったのである。

コーローが幹事長ではあったが、幹事組織はライトのものだった。組織を管理していたのはコーローといえるかもしれないが、代理にすぎなかったのだ。コーローは議員総会で幹事長に選ばれたので威厳はあった

が、議員たちが拍手を続けるか、中断するか、しないかは、一〇人の副幹事長が決めることだった。(6)

ライトは民主党運営政策委員会に対する統制も進めた。この委員会が、規則委員会以外のすべての委員会に対する常任委員を任命したのである。委員任命は議員の政治的将来を左右するので、運営政策委員会が実質的なパワーをとったのである。

運営政策委員会には三一人の議員がいた。議長が委員長として全体の統括に加え、歳出承認、予算、規則、歳入財源各委員の座を占めた。他の八人のメンバーは議長が任命し、残りの一二人は地域別で選出された。(7)

運営政策委員会は、歳入財源委員長でライトの対抗馬だったロステンコウスキのパワー基盤のひとつだった。ライトはこの強力な委員会が、確実に自分の所有する領土内に収まるようにしたのである。彼の裁量で任命された委員には、ロステンコウスキのもつ歳入財源委員会から選ばれた者もいた。「ライトはロステンコウスキの敷地に侵入し、その腹心たちの忠誠を分断しようとした」。(8)もちろん自分の配下の人間もさまざまな地位に送った。かくして「運営政策委員会はライトの手に落ちた」。(9)

時には任命権を戦略的に使い、時には公式のパワーを攻撃的に用いることによって、ライトは自分の影響力を下院指導部のできるだけ多くの領地で強化した。こうした事例とまったく同じ事象は、他の状況でも見られる。できるだけ多くの縄張りを支配するほどパワーは強まり、その支配力は自分の同盟者を重要な地位に置くことや、自分の公式権限が及ぶ活動領域を拡大することによって得られる。

タスクフォースと委員会

パワーの行使が敵を生み、組織における長期的な生き残りには脅威となることも多い。したがって、パワーを形成し、行使する際には、自分のパワーを制度化し、決定と行為の責任を分散する構造的なメカニズムを活用することが大切になる。タスクフォースと委員会は相手を取りこむ手段となり、この点で有効性の高いものとなりうる。

取りこむという考え方は重要な発想である。この概念はもともと取締役会に関する研究の中で展開された。[10] 自分が取締役会や委員会、タスクフォースに誰かを任命すると、任命されたほうはそのグループが属する組織にしかるべき忠誠心をもつようになり、コミットメントの強化になるというものだ。影響力には双方向性がある。つまり取締役会や委員会のメンバーとして、決定される内容には明らかに影響できるのだが、取りこむという考え方は、自分が帰属するグループに、ある面で「捕虜になる」ことである。しかも、そうした代表者の集合体が行なう決定は、団体の決定とみなされるようになる。だから有力なエグゼクティブは、パワーを行使するときに個人的な敵をつくらないようにするために、自分の決定を取締役会や委員会に批准させるか、彼らに行なわせようとするのだ。

教員、職員の双方に労働組合がある大きなイエズス会の大学で、いろいろある職能の中でも特に労使関係を任されている人物の例を考えてみよう。労務部に交渉権限が集中し、不服や他の契約課題の処理を管理するという傾向があるとしよう。しかし、団体交渉は大学組織では特に問題をはらむ。まず、専門職である教授たちが同時に組合員だという一般問題がある。この大学には普段からかなりの財務上の圧力がかかっており、これを回避する余地はあまりなかった。同時に、組合の強い町にあることで、組合叩きの組織として見られることがなく、地域社会からは必要な支持を引きだしている。イエズス会の指導者たちは組合に対して矛盾する感情を抱えていた。彼らは、仕事をしている人の味方に立つ傾向がある一方、予算上の制約を処理しなければならないのだ。大学予算のほとんどが人件費であり、職員の大部分が組合に加入しているので、労務管理の責任者には、もともと大きなパワーがある。しかし、こうした課題が適切に処理されなければ、合意の成立に必要となる交渉や妥協の過程で何らかを失わざるをえない多くのグループの標的にもなりうる。この労使関係の責任者は、どうしたら自分に有利に構造を使えるのか？

図14－1にあるように、彼はプロセスに参加する委員会やグループをどんどん設置していった。これらのグループを設置する規定には、労使関係のプロセスに関与

図14-1　労務関連の組織

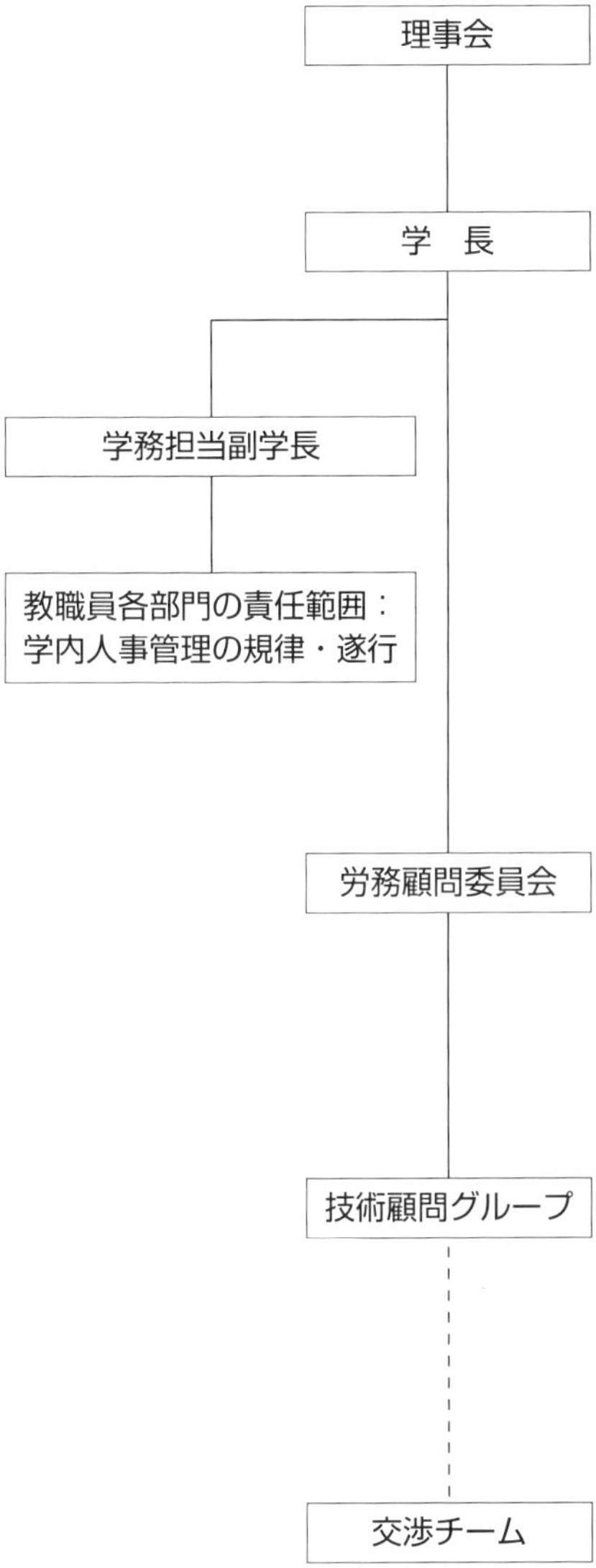

理事会は団体交渉事項に関する方針の承認に責任をもつ。また、理事会は団体交渉の諸条件の設定を補助する。

学長は方針を運営目標と制度的目標に変換し、これらの法人の実行全体に最終責任をもつ。

団体交渉の権限は学長から副学長に委譲される。

労使関係事項全般に対する立場の検討と承認は労務顧問委員会の責任である。この委員会が団体交渉における優先事項と諸目標を決める。

個々の折衝項目に関する細かな調査や検討を行なうのは技術顧問グループ（ＴＡＧ）メンバーの責任である。選択された折衝事項への立場を提言するのはＴＡＧの責任である。ＴＡＧの提言は労務顧問委員会に対して行なわれる。

交渉代表者が交渉の場でのスポークスパーソンを務める。交渉に参加し、労務顧問委員会の定めるガイドラインに従って契約内容の起案を補助するのは交渉チームのメンバーの責任である。

する人たちの公式の責任一式も整えた。さらに、いろいろなチームや委員会のための人員の選抜をコントロールし、放っておくとトラブルになりそうな連中を取りこみ、これらのグループを束ねるパワーを握った。それに、こうしたグループのメンバーはほぼ例外なく専門知識がなく、しかも、労使関係事項への関心も薄かったので、プロセスを支配することはきわめて容易になった。こうして、労使関係の責任者はとても控えめなやり方でパワーを行使する力をもった。さらに重要なのは、プロセスに正当性と公式性が備わったので、労使関係は制度的に所有されることになり、その結果、責任も集団のものになったのである。こうなると、抵抗勢力や政治上の敵が攻撃をうまく仕掛けることは非常に難しくなる。彼らが攻撃してきたとしても、標的は一個人にならず、多くの人間が広範に関与する、合法なプロセス全体を相手にすることになってしまうのだ。

委員会の責任者が、攻撃対象とならずに改革を実行しようと、改革を制度化し正当化するためにいろいろな委員会をつくる例はほかにもある。パワーをうまく使う効果的な戦略としてこれを実行するには、委員会への人員配置を非常に慎重に行なう必要がある。取り組もうとしている課題への、自分の関心と専門知識が委員会のメンバーのものよりも大きければ、より速やかにこのプロセスを引っ張れるだろう。この二つの条件を満たせないと、つくった委員会や評議会の器が自分の手を離れて、独立したパワー拠点になってしまう可能性が高い。自分の管理下にとどまったとしても、信頼できるパワーユニットにはならないだろう。

ヘンリー・キッシンジャーは、特に既存のタスクフォースや委員会を使って構造に介入し、パワーを行使するのに長けていた。一九六八年にニクソン大統領の国家安全保障担当大統領補佐官に任命されると、彼は大統領と一緒にホワイトハウスの外交政策に絡むパワーの統合に踏みこんでいった。特に国務省を信用せず、自分たちの見解や関心を共有しようとはしなかった。ニクソンは、CIAもアイビーリーグ出身のリベラルなインテリで固められていると思い込み、信頼しなかった。したがってキッシンジャーの最初の仕事は、外交政策担当機関のコントロールを握ることだった。

キッシンジャーは、三〇歳で国防総省の副アシスタントだったモートン・ハルパーリンをスタッフに採用し、システム分析技法とその外交政策への活用に関する論文を準備するよう命じた。

ハルパーリンはチャンスを活かし、国家安全保障担当大統領補佐官の手にほぼあらゆる権力を集めるための大まかな覚書の草案に取り組んだ。キッシンジャーが自分を必要としているのと同じように、自分もこの上司が必要なのをよく理解していた。この練りこまれたシステムによって、国家安全保障会議の議題を決める権限がキッシンジャーの手に渡り、官僚の作成するさまざまなオプション・ペーパーをまとめる検討部会の長も彼が務めることになった。……さらに、ハルパーリンの覚書により、キッシンジャーには国務省や他の機関に、特定課題に関するオプション・ペーパーの準備を命じる直接の権限も生まれたのである。[11]

このハルパーリンの覚書はキッシンジャーの名で出され、ニクソン大統領が承認する構造になった。

キッシンジャーには、大部分の外交政策機関に対する直接権限が与えられただけでなかった。この覚書の最後には、一見重要には見えない一文が埋めこまれていたのだ。そこには、国務省が率いるグループによる競合が排除されていたのである。

私の覚書の最後の部分には当たり障りのない一文がある。「精密に設計されたNSC（国家安全保障会議）機関は、既存のSIG（上級各部局グループ）の今後の機能を不要とする」。SIGは……一九六七年に設置され、内閣のすぐ下のレベルにある政府の最高官僚で構成され、……国務長官が議長だった。その任務は、NSCに出された選択肢を検討し、下された決定をフォローアップすることだった。いうまでもなく、これは外交政策における国務省の優位性を公式に記すものだったので、国務省はこの仕組みを官僚機構上の大勝利と考えていた。[12]

SIGの排除により、外交政策決定プロセスのコントロールには、キッシンジャーが提案した組織配置と競合するものがなくなった。しかも、キッシンジャーはこの新しい機構が認めたものとして、ＮＳＳＭ（国家安全保障研究覚書）に直接準拠し始めたのである。

最初に出されたもろもろの「要請」には三つの目的があるようだった。第一に、それは外交上の問題に対するいろいろな選択肢を通じて官僚に考えさせる誠実な努力だということ。第二に、キッシンジャー機関の優越性を断言していること。第三に、膨大な調査を実行不能な短い期間で要求することによって「顔のない公務員」を飲み込もうとしていること、である。……就任して最初の一カ月に、キッシンジャーのスタッフは政権発足前のあらゆる重要課題に関する広範な研究を求める二二のＮＳＳＭを出した。しかし……最も重要な決定は、官僚には知らせないだけでなく、ＮＳＳＭも使わずに行なわれた。[13]

キッシンジャーの変えた委員会構造は、手続き的にも実質的にもより大きな支配権をもたらすと同時に、既存の対抗馬を忙殺することで壊滅させたのである。彼の当初のパワーはニクソンとの関係によるものだったが、官僚政治というゲームにおける上級プレーヤーとなることでパワーを拡大し、活用する力をもったのである。これを手にするプロセスで、彼はタスクフォース、委員会、公式構造の設計の重要性をよく理解していた。

この章では米国下院議会からアップルコンピュータまでを例に、組織におけるパワーと影響力の行使には、システムのもつ公式構造の重要性を認識することと、設計と再設計を活用する能力がいかに重要な道具になるかということを検討した。パワー行使における組織設計の役割を認識していれば、見た目にわかりやすいという理由で行なわれている組織再編の裏側に隠れているかもしれない計画に気づくことができる。またそうした再設計の中でどうやって生きていくかを判断するのにも使える。構造を理解し利用する技術は、物事を実行するためにパワーをつくり、活用するための我々の戦略と戦術の兵器庫にとっての貴重な装備のひとつなのだ。

CHAPTER 15

第15章 象徴的行為：言語、儀式、舞台

Symbolic Action: Language, Ceremonies, and Settings

大きなデスクは権限を示唆し、訪問者と聞き役を隔てる溝になってしまい、相手が自由に話しにくくなると考えたのである。

自分に影響する選択肢として、頭を使うか、心を使うかがあるなら、筆者は心を選ぶ。新しい車の購入を考えているときに『コンシューマー・レポート』をチェックするのは、頭が作用しているということだ。ポルシェやジャガーを買わせるのは、心の作用である。政治家の選挙演説を信じられない、あるいは信用できないと思うのは頭だが、優れた雄弁に反応するのは心だ。「つまらない」という印象をもった候補者には、それが国政の代表者を選ぶための理由となるかどうかにかかわらず、投票しないものだ。「人間は理屈によって説得されるが、動かされるのは感情によるものだ」[1]。我々はパワーと影響力を使うが、成功するのは、人々に彼らが行なおうとしていることを心地よく感じさせる言葉、シンボル、儀式、舞台を繊細に利用する場合である。ある友人が話してくれたことがある。組織を繁栄させるためには、人々がしなければならない、する必要があることを、本人たちがしたくなるようにするのがマネジメントという仕事だ。同じように、こちらが成し遂げたいと思っていることを、相手が心地よく行なえるようにするのが、パワーと影響力の活用に関心のある人たちの仕事なのだ。これには象徴的マネジメントの実行が必要になる[2]。

　象徴的マネジメントは、つきつめれば幻想の原則で動

くものだ。政治的言語、舞台、儀式を効果的に使い、人々の心から強い感情を引きだす。そしてこの感情が理性的分析を妨げたり、曇らせる。マレー・エーデルマンは次のように述べている。「一方にはレトリックを与え、他方には決定を与えるのは珍しいことではない」。[3]

彼はさらに、政治演説は批判機能を鈍らせる儀式で、鋭くさせるものではない、という。[4] しかし、自分が要求する行為や決定を相手に心地よく感じさせるために象徴性や言語を使うことが、相手の利益に反する行為のように考えるのは正しくない。つまり、行為や決定が重要であるべきものなら、相手も同じように好感をもっておかしくないはずなのだ。

この章は、説得とパワー行使に対する合理的アプローチと感情的アプローチの検討から入る。次に、象徴的マネジメントの諸形態についての具体例を考え、言葉の重要性、そしてパワーや影響力行使の舞台と儀式の活用を論じる。

●合理性と感情

あらゆるタイプの経営と行政と多くの組織には、すべての階層に、よりよい意思決定能力の開発に焦点を置いた訓練とスキル教育がある。さらに、意思決定能力は合理的選択モデルへの適応度によって測定される。事実、数字、論理、分析技法の指示に従う合理的アナリストは、我々の社会で崇められてきた。こうした（その多くが若い）分析魔術師たちを「ロケット科学者」と言って尊敬と感嘆を表すこともある。フォード自動車の「若きやり手たち」や国防総省のシステム・アナリストはこうした新生アナリストの第一世代であり、こうしたマネジメント方式を数多くの組織に広げていった。フォードのロバート・マクナマラや防衛関連のメーカー、リットン・インダストリーズのテックス・ソーントンは、当時の実務家や提唱者の代表格である。デイヴィッド・ハルバースタム著『ベスト&ブライテスト』にあるマクナマラに関する次の記述は、こうしたスーパー・アナリストの特性を余すところなく描いている。

肉体は緊張し追いつめられていても、精神は数理的かつ分析的で、混沌から秩序と根拠を引きだす。求めるのはいつも理由だ。そして事実や統計が理由を支持し、彼は自分の合理性を事実によって証明し、相手を怖がらせるのである。チャートや統計には見事な手腕を発揮した。こんなこともあった。ＣＩＮＣＰＡＣで何百枚ものスライドがスクリーンに連射される場に八時間も座り、ベトナムへの補給路に何があり、すでに何が到着しているかの説明を見ている日があった。約7時間が経過したとき彼は言った。「プロジェクターを止めてください。このスライド八六九番はスライド一一番と矛盾します」。一一番があらためて映されると、彼が正しく、その二枚は矛盾するものだった。感心するだけでなく、ぎょっとした者も多かった。彼への評判が上がったのは間違いなかった。畏怖の念をもつ者もあった……。(5)

こうした形のパワー行使の問題のひとつは、ハルバースタムから引用した一節にすでに表されている。パワーは、事実を支配することと、自分の優秀さと能力で相手をおそれさせ、威圧しておくことによって行使される。しかし、誰かをおそれさせておくようなことは、その人間性についてあたたかな感情をもたれないことが多い。そんな人物の知的能力を賞賛し、頭脳の鋭さに打たれるかもしれないが、必ずしも好意という感情にはつながらない。ほぼあらゆる決定を正当化するのに、事実がどのように形成されうるかについての議論をしばし脇に置けば、対抗する相手を威圧することで、おそれさせるようなパワー行使は、友人関係のような好意ベースの同盟者をもたらす可能性は小さい。

人間はコンピュータではないし、感情や情感は我々の選択や活動の重要な構成要素なのだ。政治的な言語、儀式、舞台設定の活用について読んだり、議論するとしばしば不快感をもつのは、人生の感情的な面へのおそれと同様に、そうした現実と向き合いたくないという自分の気持ちのためでもある。自分にもそうした部分があることは、かなり本人を困惑させるし、できればそんなところなどないようなふりをしたくなるものなのだ。だが、そうして否認しようとするほど、感情的なアピールによる影響を受けやすくなっている。警戒を怠れば、さらに簡単に振り回される。筆者の経験では、エンジニアリングやビジネスの訓練を受けている人たちほど、感情的アピールに容易に誘惑されている。文学や演劇での訓練を受けている人たちは、感情への訴求技法の使われ方を理解し、それであるがゆえに賞賛もするが、やすやすとは引っかかるわけではないようだ。

我々は組織のダイナミクスを、誰が勝って、誰が負けたか、またそのコストはどうかといったことだけで考えることはできない。これらは重要な検討対象だが、行為や選択の結果は、状況に対する人々の感じ方を動かすために使われる象徴性や政治的行動にしばしば起源があることを忘れてはならない。エーデルマンは政治分析の複雑性を次のように説明している。

政治分析は二つの水準で同時に進めなければならない。政治的行為が、あるグループに彼らの求めるものをどう目に見える形にするか、を検証しなければならず……、同時に、同じ政治的行為が大衆に何を意味し、その行為で大衆がどのように鎮静したり覚醒するのかを調べなければならない。ヒンメルストランドの言葉でいえば、政治的行為は道具的であると同時に情緒的なのだ。[6]

政治的言語

米国在住の読者は今後、増税という言葉を目にすることはないだろうと筆者は確信している。我々が要求されるのは「歳入促進」とか「優遇税制」（例えば住宅ローン利率や医療費の引下げなど）の削減や廃止であり、もし運がよければ「税制公平化改革」の喜びに再び遭遇できるかもしれない。ハーバート・スタインはレーガン政権で通過した増税法案がいかに大きかったかを見事なリストで表している。「課税」や「増税」の文字がどこにもないことに注目していただきたい。

税公平性および国家歳入責任法（一九八二年）＝五五七億ドル
社会保障改正（一九八三年）＝三〇九億ドル
予算一致法（一九八七年）＝一三九億ドル
一九八六年度税改正法＝二四四億ドル[7]

「税公平性および国家歳入責任」と言われて誰が反対できようか。我々全員が、こうした高尚な言葉によって自分の財布からいくら抜かれていっているか、一度確認する必要があるだろう。レーガンはどのようにしてこれを実行し、しかも緊縮財政のシンボルのような自分のイメージを維持できたのだろうか。

レーガン大統領は、任期中のすべての増税策を自分の同意で実現したにもかかわらず、増税に対する世界最高の敵対者という肩書を維持していた。他の政治家にとっての教訓は、増税しないかのように話しつつ、いかに増税をやってのけるか、ということのようである。(8)

言語は社会的影響力を備えた強力な道具であり、政治的言語はあらゆるタイプの組織でパワーを行使する際の命になることが多い。物事は会話や議論の中で表現されて初めて我々の認識になる。孔子は国を統治する役目を任されたらどうするか、という問いに答えていわく、「私が最初に取り組むのは言語を定めること」。モリスは「言葉を他の人と共有することは、その人たちの行動を自分に有利にコントロールするための、最も繊細かつ最も強力な道具となる」(9)。

国政における政治的言語の利用の、もうひとつの古典的な例がカーター政権の末期に見られる。カリフォルニアで税金への反発が始まり、ロナルド・レーガンが減税と小さな政府という選挙公約で大統領に選出されようとしていたときに通過した、ウインドフォール・プロフィット・タックス法である。この税法は、通過時点では一〇年間で二二七〇億ドルの税収増をもたらすと計算されていた。国内の石油価格の規制が撤廃され、国際市場価格が上昇したときに、米国の石油企業が享受する経済的利益の一部を政府が得るべく考案されたものだった。しかし、この税の基準は石油会社の収益マイナス費用という伝統的な方式で定義される利益ではなく、実質的には石油価格に基づく売上税ないし消費税だったのである。だから、石油価格が下落して基準価格を下回り、税収が出ない水準になると、この税の廃止が議論され始める。法人税を消費者に転嫁するかどうかについてはエコノミストの間でかなりの論争があるが、認識がはっきり一致しているのは、需要と供給の弾力性に関する前提によって、消費税は消費者に重くのしかかるということだ。

このとき、石油や石油製品の消費者に対する二二七〇億ドルもの課税法案がいかにして通過しえたのか？　この税金を消費税とか石油売上税、もちろん「苦労して稼いだ利益にかける税」などとは呼ばなかった。この法案がうまく通過した重要な鍵は、その呼び名「ウインドフォール・プロフィット・タックス」にある。経済システムにおける利益の役割を、多くの市民が理解していないことが世論調査で示される社会では、ウインドフォール・プロフィットは特に不愉快の対象となる。「ウインドフォール」とは「棚からぼたもち」[10]のことである。はじめからまったく期待していなかったものへの課税に反対する人はいないのだ。もちろん、これが利益に対する税金ではないことを十分理解している人も多い。多くの社説の中でも特に『ウォールストリートジャーナル』紙が、この税金の本当の性質に注意するよう呼びかけた。だが「棚ぼた利益に対する税」と、ある程度、ある期間言えば、この名前が含む意味は知性ではなく、情緒に訴えかけ、その効果は強力である。

言葉は影響力の行使において重要であり、それは組織で物事を成し遂げるリーダーやマネジャーの職務である。だから、多くの文献がマネジメントの職務にはシンボルや政治的言語の活用が大切だと説いてきたのだ。カール・ワイクは次のように述べている。

マネジャーの仕事は、神話、イメージ、象徴、ラベルを管理することだと見ることができる。組織が「最終損益」をしつこく要求するのは、神話とまで言わなくとも、シンボルである。……マネジャーはイメージを売ることがとても多いので、マネジャーにふさわしい役割は、会計士よりも伝道者だといえるかもしれない。[11]

トム・ピーターズは語る。「シンボルは経営行動の本質だと言える。つきつめて言えば、経営者の仕事は化学物質の調合でも荷揚げ運搬車の操縦でもない。操縦しているのはシンボルなのだ」。[12]ニクソンは言う。「指導者は、シンボル、イメージ、歴史の力となるアイディアに電気ショックを与えることを大量に扱わなければならない」。[13]

ルー・ポンディはリーダーシップについて、指導者の最も重要な仕事のひとつは、行なうことにラベルをつけ、組織のメンバーにとって意義のあるものにすることだ、と述べる。

……リーダーの有効性は、自分の役割セットにある活動を意義あるものにする能力にかかっている。……つまり、人々に彼らが行なっていることを理解しているという感覚を与え、それを言葉で表し、特に彼らの行動の意味について自分たちで意思疎通できるように表現する能力が大切になる。物事を意味づけ、多くの人に意味の伝わる言葉に置き換える二重能力は、この力をもつ人に計り知れない影響力《レバレッジ》をもたらす。(14)

象徴的行為や政治的言語をこのように論じることで提起される重要な問題のひとつは、事実をベースにした合理的分析を用いて提案される行為や選択の価値への懸念である。大多数の人は、自分の提案が徹底した定量的合理性と分析によって裏づけられているとよいと信じている。ブリティッシュ・スティールが資本投資に関する大きな意思決定を行なう内容のビデオ教材を使うと、このプロジェクトのリーダーが何の数字ももっていないか、あっても使う気がないようで、逆に多彩な情緒的訴えや対人影響テクニックにずいぶん依存している、という意見をもつ学生やマネジャーが多い。しかし、その方式でコントロールするのが最適な状況があるのだ。特に、触れる情緒が効く場合、およびプロジェクトが速やかに完了できる、あるいは少なくとも、そのプロジェクトに組織が後戻りできないコミットをする決定の場合は、数字ではなくシンボルで主張するほうに多くの利点がある。数字は常に討論の対象になり反論がある。自分の出した数字に異議が出れば、誰の仮説がより理にかなっているかを決めようとして調査になってしまうこともあろう。問題はそうこうしている間に、プロジェクトが時間も勢いも失っていくことだ。シンボルより数字について主張するほうが簡単なので、やはりシンボルだけ、あるいは分析にシンボルを組み合わせて使う理由が出てくる。

タイム社が『週刊TVケーブル』の創刊を検討していたとき、立ち上げチームにかかわっていた人たちは、このプロジェクトがどういったものかを市場可能性によって、簡潔かつ簡明に説明する方法が必要だと思っていた。

本社の最上級役員の前で大事なプレゼンテーションを行なう準備をしながら、事業化側の五人のメンバーは、プロジェクトを提示する単純な方法を考案しようとした。その中のひとり、ハーバードのＭＢＡがこう提案した。「ビジネススクールでやった、『相手に言える場合は、ひとつのことだけを』方式でやってみないか？」[15]

……チームの誰かが……、それが誰かは誰も覚えていないが……、一枚の紙切れに二本の線を引いた。これで一億ドル相当の事業を始めようというのだ。まず縦線を引き、これに交差する横線を引いた。……

縦線の右側が「自由市場」で、雑誌が売店などの旧来の手段で読者に届く部分。……左側はケーブル事業者との共同販売で雑誌を出す市場。横軸の上側は週刊誌、下側は月刊誌。……そして……右下のセクションに来るのが共同販売の週刊誌で、ここには競合誌がひとつもない。まったく空のマーケットが待っているのだ。最終的な重役向けのメモは、言葉が一切ない、ただ紙切れに二本の直線が交差しているだけの文書だった（図15－1）。[16]

図15-1　重役向けのメモ

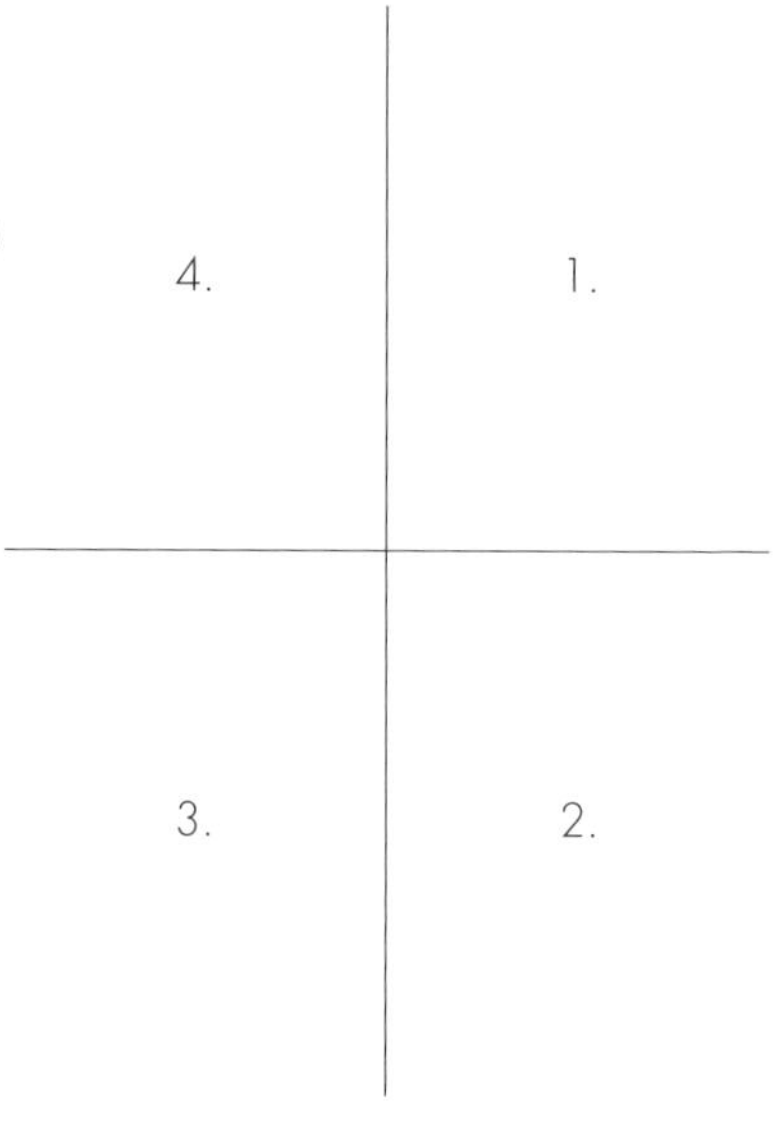

この雑誌のコンセプトのためにシンプルなプレゼンテーションをという発見が重大だったというのは、決してオーバーな話ではない。これは本社の役員ミーティングと取締役会で実際に使われた。コンセプトに象徴的な演出を施す能力が、このプロジェクトを前進させる強い力になったのだ。もちろん、次のあからさまな質問をするものは社内に誰もいなかったのである。ひとつのセクションが空いているのはなぜなのか？　この領域はビジ

ネスとして成り立たないからなのではないか、と（そして少なくとも当時は、それが現実となった）。

ほぼ同じ時期、西海岸の別の会社でも、言葉のパワーのもつ重要性が証明されていた。一九八三年の秋は、アップルコンピュータにとって厳しい時期だった。九月最終週の『ビジネスウィーク』のカバー・ストーリーは、パソコン戦争の勝者はＩＢＭだと宣言していた。アップルⅢが失敗し、リサの売上げも芳しくなく、アップルⅡの売上げも、ＩＢＭがＰＣジュニアとして知られることになる「ピーナッツ」を販売するというので、落ちこむばかりだった。営業部隊の懸念は募り、士気は低かった。しかもコンピュータ販売は「予測が自己充足するようになるので、信用の低下が売上げ低下を意味し、売上げ低下はさらに大きな損失となり、損失の拡大は信用をさらに落下させるという悪循環で、会社全体が価値を失っていくという展開しか見えなかった」[17]。秋の営業会議では、出席する営業部隊と独立系の販社への動機づけがきわめて重大だった。

ジョブズとマレーは玄関の外の床に腹ばいになって、ジョブズの演説原稿を書いていた。

> 厳密な論理規則で描写するなら、マッキントッシュとはエレクトロニクスを操作するために設計された、シリコンと金属の人工的配列だった。だが、マッキントッシュのアピールは論理を超越していたから、演説のトーンも共振することになる。これは単なる「生産性向上の道具」などではなく、人間の精神を解放するマシンなのだ。……これは神秘的な体験なのだ。みんなこれを使いたかった。つまり、みんな「反応」したかった。これは心の直観なのだ。だから売るためには、ジョブズはその情緒を演じさえすればよかった[18]。

ジョブズの演説は、マッキントッシュが公開された一九八四年一月の年次総会でも繰り返され、ゼログラフィ《乾式複写》の権利を買わず、ミニ・コンピュータないしパソコンを真剣に扱わないというＩＢＭの過ちに集中した。当時はパソコン産業が厳しい時期に入っていて、ＩＢＭがすべてを手に入れようとしている事実が明らかになっていた。

「ビッグ・ブルー《ＩＢＭ》」に情報時代全部を支配させるの

か?」締めくくりに彼が叫んだ。「ジョージ・オーウェルが『正しかった』のか?」。聴衆が叫び返す「ノー!」。……と同時に、巨大なスクリーンが天井から下りてくる。六〇秒間のマイクロバースト。「一九八四年版コマーシャル」ドラマの幕開けである。販売会議はこの瞬間に様相を一変した。あらゆる敗北意識が一掃され、会場は強力な高揚感に包まれた。(19)

アップルの市場ポジションが維持され、テクノロジーも変わらず、既存顧客も事実上残ったのは、販売会議と年次総会で見せたシンボリック・マネジメントの巧みな使い方によるものである。変化したのはその組織で、つまり、社員(だけでなく競争相手や潜在顧客)が状況をどうとらえるか、が変わったのだった。それがすべてであり、それで十分だったのだ。

言葉の巧みな利用は、組織にメリットとなることが多い。自分の提案が「清潔で」「しっかりしていて」「前向きだ」と見せることができ、他の提案が「ごちゃごちゃして」「漠然としている」と見せられれば、自分の提案の成功はかなりの確率で保証されるだろう。組織で苦痛や困難を伴う変化《トランジション》から、厳しさを和らげるために言葉が活用されることも多いものだ。自動車のある販売マネジャーは、決して解雇とは言わず、「キャリアの再修正」とだけ言う。一九九〇年にスタンフォード大学が管理部門を削減したとき、レイオフはしなかったが、「配置転換」は行なった。ある大手医療組織には、過失や医療過誤は存在せず、あるのはＰＣＥｓ(補償可能な事象《ポテンシャリー・コンペンサブル・イベンツ》)だけである。

リンドン・ジョンソンはシンボルや言葉を使う達人だった。いやな状況もよく見えるようにしたり、周りの人間を動機づけるのに長けていた。クレバーグ下院議員の秘書だったとき、彼についたアシスタントのひとりにジーン・ラティマーという男がいた。ラティマーは婚約者のそばにいたくてワシントンに就職したのだが、ジョンソン配下での業務スケジュールは厳しく、デートの時間はほとんどなかった。「彼がオフィスを出て彼女と会うことが許されていたのは日曜日の午後三時以降だった。日曜日の午後三時からだけ、である」(20)。アシスタントの賃金を節約して自分の用途に残すため、ジョンソンがラティマーに払う給料は非常に低かった。しかし、ラティマーの辛抱が限界にきたと見るや、ジョンソンは象徴的なジェスチャーで懐柔する方法を知っていた。

「ジョンソンは同情たっぷりに耳を傾け……、それから、私の仕事ぶりがいかに素晴らしく、それにどうやって報いようかといつも考えている、と話すのだ。そしてようやく決定したのが、私の名前が秘書アシスタントとして、事務所の文具に記されるという恩典だった。こうした手配がいかに栄誉で品格を高めることかと話されると、私はちょっとばかり、出世した気分ではあったかもしれませんね」。[21]

人々が組織における自分の地位や組織が行なっていることについて好感をもつように、肩書などの象徴的報酬が活用されるのはまことに一般的であり、うまくいっていることがとても多い。ジョンソンがラティマーにやって見せたのが典型で、部下は実質的に自分の人生すべての時間を、上司のための仕事にあてたのだった。

政治的言語が機能するのは、ひとつには「利益を共有するグループに彼らの状況に目を向けさせ、求めている一連の行動が彼らの利益の拡大につながる」と知らせることである。[22] それに、政治的言語が効果的なことが多いのは、人間は自分が行なっていることの現実性よりも、むしろ自分の意図、つまり自分が達成しようとしていることのもつ象徴性で判断するためである。ジョージ・ギャラップは次のように言う。「人間がある人物を判断するのは、その人の目標、つまりその人が何をしようとしているかによってであり、必ずしも、何を成し遂げるか、いかにうまくやるかではない」。[23]

言葉は影響力のかくもパワフルな道具なので、筆者は時折、人々に自分の組織における言語を診断することを勧めている。この診断は組織が自己とその諸活動をどう考えているかについて多くのことを教えてくれるだろう。それによって、言語が行動の有力な予測指標となりうるはずである。

とても面白い診断結果のひとつは、組織で使われる代名詞の形態である。「私が」「私に」で語られる組織があれば、「私たちが」「私たちに」で語られる組織もある。また、社内の他の部門や人を「彼らが」「彼らに」で呼ぶ組織もある。こうした言葉は組織の文化や健康状態を語るだけでなく、影響力を行使する際にそうした言葉自体が大切な役割を果たしているはずなのだ。

クリーブランドを拠点とする大手法律事務所JDR&P（ジョーンズ、デイ、リービス&ポグー）の分裂を例に考えてみよう。このワシントン・オフィスは、経営パートナーのアラン・ホームズが、ワシントン・オフィスからエルドン・クロウェルを解任し、彼の政府契約担当部門を外そうとしたときに事実上、分裂した。クロウェルがパートナーから降りるように言われてから起こった出来事は興味深い面が多く、言葉の利用が特に教訓的である。ホームズ派もクロウェル派もパートナーとアソシエイトたちにメモを送り、それぞれの自分側への支持を呼びかけ、関係を強化しようとした。もちろん、パートナーたちはJDR&Pに残ることもできたし、新事務所クロウェル&モーニングに移ることもできた。筆者は双方のメモの写しを入手したが、両者の言葉遣いには目を見張るものがあった。これが、プロフェッショナル・サービスを販売する目的で存在する法律事務所における、教育水準の高い専門職たちの支援と忠誠心を得るための競争だった、ということを念頭に置いて読んでいただきたい。

ホームズ派ないしクリーブランド・グループのメモの宛名は、「ワシントンのパートナー各位」で、図表15-2のような書き出しだった。

次のページには「JDR&Pパートナー各位」で始まり、図表15-2の下段のように書かれていた。

このページには一人称代名詞が七つ使われており（しかも第一段落に四つ）、最初のページから第二ページに続く段落の終わりまでに九つある。読者のみなさんも、この法律事務所がどのように経営されていたか、想像していただきたい。選出された役員会によってなのか、それとも、事実上のCEOとしてのパワーをもった一人の強力な経営パートナーによってなのか。解答は、言語の中にある。おそらくより重要なのは、まだ意思を決めていないワシントンのパートナーの立場に立ってみたら、この言葉でどんな気持ちになるか、ということだ。自分に手が差し伸べられているのか、それとも親のような人物に、彼の見る法律実務の世界を教えられている気分になるのか。

対照的に、クロウェル派のメモは「JDR&Pの私た

図15-2 ホームズ派のメモ

● 1枚目

ワシントンのパートナー各位

ここに添付したのは、我々が今朝、ワシントン・オフィスの役員会各位に送付したポジション・ペーパーの写しです。

我々の大多数は、……標記の日程の大半をワシントン・オフィスに滞在する計画であり……、我々の本部の計画についてもっと深く議論されたい方々と、話し合えれば幸甚です。

● 2枚目

ＪＤＲ＆Ｐパートナー各位

クリーブランド・オフィスでのパートナーシップ会議で……、私がこの議論について報告しました。……私が出張中でしたので……起こっている問題のあらゆる側面について私の不在中に検討するよう、求めておりました。ここに彼らの意向がわかりましたので、この状況について熟慮を重ねた私の判断をもうみなさんにお伝えしてもよいと思います。

私は我々のパートナーの大多数が法律業務の需要の性質が劇的に変化していることを理解されていると信じています。……旧来の業務しか提供しない企業法律事務所は、私の判断では、今日の企業実務で起こっている変化の中ではうまく生き残れないでしょう。私が取引ベースと呼んでいる業務に対応する能力のある大手法人だけが……今後、繁栄するでしょう。

図15-3　クロウェル派のメモ

ＪＤＲ＆Ｐの私たちのパートナー各位

過去３週間、ワシントン役員会のメンバーとワシントンのパートナーの大多数はしかるべき時間を費やし、ワシントン・オフィスとわが法律事務所のそれ以外の部分との関係について話し合いを重ねてまいりました。こうした議論の焦点は、足並みをそろえて既存の関係を強化し……私たちの仲間とパートナーが協力して前進し、米国で最も優れた法律事務所を築くという私たちの共有する目標を完全に達成するため……ワシントン在住の私たちのパートナーは、ジョーンズ、デイとの提携に大きなプライドをもっております。……私たちはこれらの見解を朝の会合で発表しました。……また私たちは、これから続くたくさんの会議のこれが第一歩となればとの私たちの心からの希望も述べました。……私たちは、ホームズ氏から……「政府契約担当部門」が全国展開する法人という彼の構想に一致しないという結論を告げられ、大変落胆いたしました。

ちのパートナー各位」で始まる（図15－3）。

クリーブランド・グループのメモはアラン・ホームズを筆頭に五人の弁護士の署名がある。クロウェル・グループのメモは「ワシントン役員会」の署名である。後者のメモには「私が」や「私の」は使われておらず、演説口調が少なく、そのトーンははるかに届きやすいものだ。クロウェルと仲間たちが、実際にパートナーとアソシエイトをうまく自分側に引き寄せたのには多くの理由があるが、彼らの言葉遣いと態度がその成功に大きく貢献したことも明らかだといえる。この二つのメモは、言葉がパワーと統治構造の診断にどう役立つか、そして、言葉遣いがパワーや影響力の行使に、いかに重大な戦術となるかを鮮明に表している。

●儀式

儀式は政治的支援を動かすだけでなく、反対勢力を静かにさせる機会になる。成すべきことを実行することについて、組織メンバーに好感をもたせる好機となるのが儀式の場なのだ。また、組織内部での大きな政治闘争の一部としても使える。組織で定期的に催される儀式や儀式的行事には、年次総会、販売会議、研修、代表者会議などの集会から、上級役員の交代、退職行事、業績達成祝いまで数多くある。どの場合の課題もその儀式をどう活用するかである。取りこむグループに象徴的な安心感を与えるためなのか、あるいはその儀式が政治闘争の一部として使うのなら、対抗勢力の武装解除に成功するかどうかを問う必要がある。

前述のように、アップルの一九八四年の年次総会は政治的言語の利用の成功例である。これは組織の多くの階層に重要な意味をもつ儀式だった。アップルは北カリフォルニアのオフィスをすべて休みにし、全従業員が会議に出られるよう交通手段を提供し、これがいかに重大なイベントなのかというシグナルを送った。この大会はマッキントッシュの祭典という形で、社内に共同体意識を構築することをねらっていた。しかし当時は、マッキントッシュはまだ市場に出ておらず、リサは不調でアップルⅢは撤退、会社を牽引しているのは明らかにアップルⅡだった。だが、こうした事実は儀式の中では触れられなかった。マッキントッシュ・チームを会場の最前列に据え、マッキントッシュ・チームの映像をはじめとした特別扱いと、新製品だけに絞りこむことによって、この儀式はアップルII事業部の社員にはその地位が二軍落ちとなり、組織におけるパワーを喪失したことをあらためて印象づけた。

組織のあるグループに、彼らが大切なのだと安心させるために開催される会議も多い。そんなグループのために会議を開くこと自体も象徴的な安心感を与えるが、会議で何が起こるかも重要である。ロバート・フォモンのリーダーシップで率いられていたE・F・ハットンでは、リテール仲介部門が会社の方向性に不満を募らせていた。この部門は放置され、軽い存在で無視されていると感じていたのである。何年か前に、ジョージ・ボールがDAC（取締役顧問協議会）をつくり、「ハットンの好業績ブローカーによるエリート集団としていた。……想定では、DACは本社の取締役会にブローカーがどう考えているかに関する情報を送り、彼らを代表して改革のための働きかけをするものだった」。(24) もちろん、この実際の目的は、ブローカーに重視されているという感覚と会社の統治に関与しているという感覚をもたせることだった。フォモンに不満だったDACは会議を招集し、彼の出席を要求した。自分と会社に対するブローカーたちの気持ちを好転させる可能性がこの儀式にはあったが、フォモンはそのチャンスを逃した。

ミラーを現場の責任者に任命する舞台としてDACの会議を使えば、フォモンは憤りを大いに発散させ、現場にすぐ対応できるのだと誇示できたはずだ。だが……フォモンの反応は違い、さっさと席を立ち会議を後にした。出て行ってしまったのである。それはまるで、こんな地位の低い株式ブローカーや彼らの哀れな愚痴など気にしていられない、というかのような態度だった。(25)

代表者会議や特別集会も、適切に運営されれば、組織の中の利害を吸収し、関連する参加者全員にパワーやステータスを示すという二つの目的を実現できる。同じような成果は企業の研修にも表れることが多い。賢明な組織は、研修や一日の終わりのディスカッションや気楽な懇親会の場に、最上層の経営職を送っている。こうした儀式は研修を受講中の管理職に、彼らが組織にとって重要なのだというメッセージになる。組織のトップダウンによる意思決定では、実質的にはその存在が考慮されていなくても、やはり上層部の人物と接触をもち、有力な経営職が出席するイベントに加えられることで、引き立てられた気分になるものなのだ。どの役職やどの経営職がそうしたイベントに出席しているかも、組織におけるパワーやステータスを象徴化するのに役立つ。品質が課題で品質を管理する人物が注目されていれば、そうした人物と研修プログラムで出会うと、単なる出席者ではなく、講師や同席する経営職と見てもらえるだろう。その会社が財務中心なら、投資家による会社の評価に関する財務的プレゼンテーションがあるだろうし、資本市場がどう機能し、自社がどう価値づけられるかといった解説もあるだろう。後者の焦点は、以前からウェスティングハウスの研修の主要テーマであり、会社のコングロマリット構造と強力な財務志向性を反映している。保険会社のように社外関係や広報の問題に直面している企業であれば、その職能の代表者が大きな役割を演じるはずだ。つまり、研修の参加者は、いろいろなグループの相対的なパワーを示すだけでなく、こうした明確な表象性により、競合する部署を土台にしてそのパワーを強化できるのである。

予算、業績、製品の検討などの定期、継続型の会議にも儀式的側面があり、部門別、階層別のパワーを見せつける場になる。ITT（国際電信電話）のハロルド・ジェニーンによる事業ユニット管理職との月例検討会議は悪名高いものだった。業績を管理者ごとにスポットを当てることによって、ジェニーンは自らのパワーを堅持した。しかも、同僚の前での見栄えをよくするために、これらの管理職は、とにかくITTのシステムで測定される以上、よりよい結果を出そうと競争したのである。

階層のパワー、そして上司への忠誠がディスプレイされるのが、GMの会議だった。デロリアンは会社の上級者会議はトップの二、三人がパワーと権限を誇示する場になっていたと述べている。

一四階の会議では、一四、五人の役員が出席していても実際の発言権はコール、ガーステンバーグ、マーフィーの三人だけが握っていることが多かった。その他の者は黙っているだけで……意見を述べたとしても……この三人の誰かがすでに発言したことをなぞるだけのものだった。[26]

トップが正確な事実をつかんでいて、これを使って会議で部下を怖気づかせ、あらためて組織における自分のパワーを再認識させるのはよくあることだ。これを熟知していたのがフレデリック・ドナーだった。

ある日の経営委員会で、彼はGMのトラック・バス事業部長に質問した。

「先月のバスの生産台数は？」。

「約三〇〇〇台でした」と事業部長が返答する。

ドナーは顔をしかめてすぐさま言い返す。……「先月の生産台数は三〇〇〇と一〇〇と八七台だ」。何の数字であれ、正確だった。……ドナーが見せつけようとしているのは、「いいかい、このビジネスを把握しているのは私だ。……私がいかにシャープか忘れないように！」[27]ということだ。

会議が儀式の場だと思えば、最後まで座り続ける忍耐力が得られるかもしれないし、その経験から楽しみを見つけられることさえあるかもしれない。どんなタイプの会議も実際の内容はもとより、その象徴性に注目することで組織のパワーや影響力を診断するのに役立つし、さまざまな背景で象徴性が果たしていることへの感覚を高められるだろう。

経営職の交代や継承も重要な儀式の場になることがしばしばある。何か不正や不適切な行ないをした企業にとっては経営職の交代により、会社としてそうした行為を許容しないとか、今後は起こさないという安心感を提供できる。一九七〇年代の初め、選挙運動への不正献金や事業獲得のため外国政府への贈賄が露見したとき、ガルフオイルもノースロップも経営責任者が辞任した。E・F・ハットンでは不正な手形の振り出しや無記名証券への利益計上が見つかったときに二人の上級役員が解雇されたが、CEOは別だった。誰かがこうした犯罪行為の責任をとらなければならず、責任が明らかになると、組織の儀式的な浄化のために解任されるのである。

企業の犯罪行為の責任が、本当にひとりや数人の人間に限定されうることはほとんどないはずだ。企業は文化と標準的な業務手続きを共有しているので、ひとりや二人の解雇がそれほど大きな違いをもたらすとは思いがたい。しかも、過去に儀式的な解雇を行なった会社のいくつもが（航空宇宙企業のように）、新たな不正行為が表面化すると、再び（そして再び）儀礼的解雇を繰り返しているのだ。上級経営職の解雇、特に社長やCEOの解任は、会社が改善しようとしているのを世間に伝えるシグナルでもある。プロスポーツの監督たちは、解雇されるために雇われるのだ、とさえ言う。つまり、オーナーたちが成績低迷を許さないのだということをファンに約束し、チームを立て直すというポーズなのである。企業や他の組織の管理職も同じような機能を果たしている。事実、最近の調査では、業績の悪い中小企業では、社外からのCEOに交代することで、市場平均以上に株価が改善することが示されている。[28] つまり、少なくとも市場は、トップの交代は企業存続のための当然の出来事なのだと信じているのだ。

継承も事実上の儀式である。会社がこの儀式を利用したいのであれば、既存の諸問題が前任者の施策によるものだと伝える情報を大量に流す必要がある。後継者の選抜と就任は、さらに多くの社外向けメッセージの衣装をまとっているべきである。後継者には将来が実に素晴らしいものだと約束される、輝かしい経歴書が与えられるべきである。前述のように、アーチー・マカーデルは財務業績が振るわずゼロックスを去った。にもかかわらず、インターナショナル・ハーベスターが彼を迎えたときは、まるで二〇世紀最高のビジネスの天才であるかのようにアナウンスした。企業は新任経営職を迎えるときに、負け犬を雇うようなことは絶対に認めないが、経営職をカットするときには、不十分な人材だったと必ず認めるものなのだ。

継承の儀式は、組織内部のいろいろな政治派閥にとっては影響力を示す機会でもある。新しい経営職が代理するのは特にどのグループなのか。組織の指導者の選抜は実質的な重要性と同時に象徴的な重要性を表すため、この決定が非常に政治的で激しい闘争になることがしばしばある。[29] E・F・ハットンがCEOにブローカー出身者を任命するのをやめたときは、この会社のパワーがリテール側から離れたことを示す決定的な証拠となった。

アップルにジョン・スカリーが任命されたのは、会社が成長を遂げたことだけでなく、マーケティングと組織がテクノロジーよりも重要だとみなされたことを意味していた。一九七〇年代のベツレヘム・スティールのトップに会計士が任命されたのは、会社が財務的資産の集合体とみなされたことを示すものだった。鉄鋼部門が推していた対抗馬が負けたのは、米国産業全体における鉄鋼の衰退だけでなく、この会社の内容も伝えていた。

儀式には多くの機会があり、こうしたイベントが重要なのは、それが組織におけるパワーと影響力を内包することと、組織を構成するさまざまな人たちに影響が及ぶからである。パワーの形成と行使には言語と儀式がかくも重要なので、私は意欲ある経営リーダーには演劇、文学あるいは英語の講義を受けることを勧めることがある。同僚の中には、スタンフォードのMBA履修生が演劇の講義をとるのは、単位を取りやすいからだと言う人もいるが、私はこうした講義は従来の多くの選択科目より実用性が高いと考えている。

舞台設定

前述のように、舞台設定や物理的空間はパワー分布の診断に使える。パワーと影響力の物理的な表象性はそれ自体に固有の生命を吹きこみ、パワーのある人たちにはその維持に役立つと同時に、パワーの弱い人たちの意欲を遮断する働きもある。しかし、それ以上に面白いのは、物理的空間がパワーや影響力行使の道具として使われるときの様式である。

GMはおそらくいまでも、上下関係のとても厳しい組織である。パワーはトップに集中していて、下位階層の管理職が行使できる影響力はほとんどないといってよい。こうしたトップへのパワー集中は、本社ビルのデザインにも認められる。

GMで「一四階」という言葉が出るときには畏敬の念がこもっている。これは上級役員専用で……GMの大多数の社員にとっては、一四階に上ることが米国の典型的な出世物語の夢に出てくる最後の場面なのだ。

……一四階の雰囲気は素晴らしい静寂に包まれており……凛とした静けさが強力なパワーのオーラを映しだしている。それほど静かなのは、GMの強力な役員がそれぞれのオフィスでハードに働いているからに違いない。……一四階には電子ロックがかかっており、フロア入り口の外の、大きく飾りのないウェイティング・ルームにいる受付嬢がデスク下のスイッチで開けるようになっている。……GMの役員は普段は役員専用階直通のエレベーターでオフィスに往来する。

彼らの執務室は重要度の順に配置されている。……役員の中には自分のオフィスと会長や社長との近さがどうかでひどく嫉妬する者もいる。……どれもブルーのカーペット、ベージュの壁、薄色のオークのパネルとクラシックな家具で統一して装飾されている。……例外は少数の最上級の役員で、彼らは自分でオフィスの装飾を選ぶことができる。[30]

対照的にアップルは組織の上下階層が少なく、パワーもそれほどトップに集中していない。これは経営責任者のスカリーのためのオフィス配置にも表れている。

スカリーの執務室は本人のワードローブのように控えめで普段着のようだった。ピンクパレスの奥まった角の小さな四角い部屋で、見えるのも一方の窓が洗車場で他方が駐車場だった。オフィス家具も他の役員と同じ標準仕様だった。……壁は秘書が座っている場所が見えるように全面ガラスで、オープンだと錯覚するほどだった。[31]

階層的パワーの違いは、物理的な設定によってすぐに象徴化され、創出される。アップルとGMのオフィス環境の描写で考えてみると、自分が中間管理職だったら、どちらにいるほうが、CEOに話しかけやすいだろうか。どちらにいるほうが、決定事項に質問したり異議を唱えやすそうか。どちらのほうが、上層部の役員を近しく感じるだろうか。高圧的で威圧的な物理的環境にぶつかれば、そうではない状況にいるより、自分にはパワーや影響力がないように感じるのではないか。こうして、空間はパワーと影響力を生みだすと同時に、それを反射するのである。

ジム・ライトが議長だったときの下院の民主党院内総

務トーマス・フォーリーは、自分が仕事をどう見ているかを映しだせるよう、慎重に仕立てた執務室をもっていた。

その執務室は居間のようなしつらえで、子供用の寝室にあるような小さなデスクが窓際に置かれているだけだった。フォーリーの職務は陳情に耳を傾けることだった。大きなデスクは権限を示唆し、訪問者と聞き役を隔てる溝になってしまい、相手が自由に話しにくくなると考えたのである。彼は自分の見解は押しつけず、ていねいに耳を傾けていた。[32]

物理的環境は、ヨコのパワー闘争の印にもなる。マッキントッシュ事業部が優勢になり、アップルII事業部が勢力を失っていったとき、後者はバンドリー通りの社屋から追いだされ、一マイル離れた賃貸ビルに入り、代わりにマッキントッシュ事業部がそこを占めることになった。しかもアップルII事業部がそこを占めていたときには二〇〇人の社員がいたのに、マッキントッシュはその半数で、ゆったりと使うことになった。[33] ジョブズの下でマッキントッシュ・チームがパワーを拡大していったのは、見た目にも明らかで、この事業部の物理的位置の豊かさは、特に本社と近いという点で、会社の資源と注目を集める争いでも有利だった。

人間関係のレベルでも、空間がパワー行使に使われることがある。上座と下座のように、特定の位置関係が直接パワーを意味するパワー・ポジションがあるのだ。大きなオフィス、立派な机や椅子、訪問者を遮るようなオフィス配置などを手にすることは、いずれの場合も、微妙にパワーを強化しているものだ。

言語や儀式のように、背景設定もパワーと影響力の行使において大切なので、設定は慎重に検討し、戦略的に利用すべきである。手に入ったから、便利だから、あるいは安いからという理由で空間を選ぶのがよい結果になることはめったにない。物理的環境について敏感になる必要があるのは、相互行為のネットワークに対する効果だけでなく、パワーがあるとかないという印象を伝達するためでもある。

言語、儀式、背景設定が影響力の行使にとって非常に重要だという理由のひとつは、我々が自分たちに対してもつこれらの効果をほとんど意識しないことが多いからである。適切に選択された言葉、うまく執り行なわれた儀式、慎重に設計された環境のもつ影響力は、我々の意識的な注意から外れるのだ。しかも我々は合理性や分析性に注目するので、こうした象徴性のもつ潜在力を見くびりやすい。重大な課題に関する事項についての大切な話し合いの場で、別の会議場所を要求したり、言葉遣いの修正を求めたりする人がどれくらいいるだろうか。だが、そこで使われる言語、儀式、環境設定への感度を上げていなければ、いつしかパワー的に不利になっていたり、そのことに気づいてさえいないといった事態になっているかもしれない。

第 4 部

パワー・ダイナミクス：パワーはどう失われ、組織はどう変わるのか

Power Dynamics: How Power Is Lost and How Organizations Change

パワーの源泉に関するミクロ水準の解説や、パワーと状況の診断、パワーを使うための戦略と戦術の議論に目を奪われると、本書の本当のテーマである「組織においてて物事を成し遂げる」ことが視野から外れかねない。我々の関心は、自分自身と所属する組織を共にもっと効果的でさらに成功させるための手段としてのパワーにある。第4部は、パワーはどのようにして失われるのかという、やや警告的な考え方から始まる。パワーとそのダイナミクスを理解するひとつの方法は、パワーがどう侵食されるかをよく考えることである。第16章では、いかに有力な存在も衰退することを見つめ、パワー、影響力と自分の個人的な関係について考えるのに、これが何を意味しているかを検討する。

第17章は、パワー・ダイナミクスが組織にとっていかに、生産的または非生産的になりうるかを詳細に見つめる。本書の主題はパワーによるマネジメントであり、また、パワーをマネジメントすることなのだ。パワー・ダイナミクスが組織にどのように作用するのかを検討することも大切なのだが、パワー・ダイナミクスを生産的にマネジメントするときの問題と潜在可能性を理解することはそれ以上に重要だと言える。

最終章は、パワーが学問的関心にとどまらないということをあらためて考える。高速道路を建設するかしないか、輸血用血液が汚染されるかどうか、製品を投入するのか、技術が無駄になるのか、これらはいずれも我々が物事を実行する能力に左右される。だが、実際には能力以上のものが関与する。政治的スキルはもとより、政治的意思、リチャード・ニクソンの言葉を借りれば、自分の周囲の世界に影響を及ぼす「舞台に《アリーナ》」いようという欲望、少なくともその意欲である。第1章では、パワーについては相反感情があり、パワーとは何か汚く、邪悪で、避けるべきものと考える傾向があることを述べた。実際に本書で、パワー、その源泉、どう利用されるかといったことの詳細な臨床的診断を進めることで、きっとこの相反感情は強まったはずである。ほとんどすべての人が、拡大レンズを通して見た感覚になっているといってもよいはずだ。どんなに美しい人でも、その全体像から一部分を切り離して、その毛穴や小さな欠陥を拡大して調べたら、魅力的には見えないだろう。まったく同じ意味で、パワーや影響力が形成され、利用されるさまざまな様式の細部だけしか見なければ、社会的《人と人との間の》相互行為は魅力的には思えないはずだ。

第4部でも、特に最終章で再確認するのは、我々の住む世界は、本書で検証してきた多くの理由から、物事を実行するのにはパワーと影響力の理解と活用が必要だということだ。相手に影響したり、過ちを犯すことよりも大きな罪が存在するのではないか。つまり、何もしないこと、大きな挑戦や機会に直面して受け身でいること、さらには大きな問題を前にして何もしないでいることははるかに大きな罪なのではないか。パワーとはどのようなもので、どこから生まれ、どのように利用され、なぜそうなるかということを理解するだけでは不十分なのだ。この知識は自分のパワーを強化し、身につけた力によって、積極的にかかわっていこうという意欲を生むものでなければならない。周りを見てみよう。自分の組織の問題や自分の住む町の問題は、やり過ぎとか拙速ということよりも、とるべき行動をとらなかった、あるいは決定を実行しなかったことによるものであることがずっと多いはずだ。個人として能力を高めるためには、少なくとも二つのことが要求される。物事がどのように成し遂げられるのかを知ること、そして物事を成し遂げようという意欲をもつことである。

CHAPTER 16

第16章

強者も衰退する——パワーはいかに失われるか

Even the Mighty Fall: How Power Is Lost

パワーのある人たちは、異議をつきつけられたり、悪いニュースを伝えられることがまれだし、意見具申があっても、自分に合わない情報を拒否する傾向がある。

必ずではないが、組織改編はパワー分布の変更につながることがしばしばある。アップルコンピュータにとって、法人市場をこじ開け、個人向製品と対応するシステムをつくりあげるためには、パワーを反体制的文化のパソコン小僧たちから、ウォートンでＭＢＡを取り、ペプシコで正統的な企業キャリアを積んだジョン・スカリーのような人物、つまり、アメリカの企業社会を理解し、企業を理想や使命より、ビジネスと見る人物に移転する必要があった。ゼロックスは失った勢いを取り戻し、複写機と事務用品事業の品質問題を解決するために、パワーを財務屋からデビッド・キアンズの手に渡した。ＩＢＭ元役員で消費者にしっかりサービスを提供する重要性を認識し、会社の問題の修復に必要なことは何でもやる意欲のある人物が必要だったのだ。一九八〇年代に組織変換を進め、米国の大手自動車メーカーとして最高の収益を達成すべく、フォードはマクナマラの時代から全般的に会社を統制してきた財務屋からドナルド・ピーターソンにパワーを移した。技術と製品畑での経歴と資質があり、会社を改善する努力には従業員全員の参画が大切だということを、ラインの管理職として理解している人物が必要だったのだ。こうしたパワーやビジョンの変更がスムーズに進んだ組織もあるが、手遅れになったり、抗争になる組織もある。しかしいずれにしても、パワーのダイナミクスは組織のダイナミクスと密接不可分にリンクしているので、組織がどのように変わるかを理解するためには、パワーがどのように失われるかを知っていなければならない。

大型システムの利益と個人の利益の違いは、パワー喪失の事例を検証することで最も明らかになるだろう。個人にとってパワーや地位の喪失は痛みを伴い、破滅的なことさえあるかもしれない。組織にとってのパワーのシフトは治療的なものなどではなく、新しいアイデア、新しい情報、新しい技術を認めつつ、前の体制の下で発生していたであろう重大な問題を引き継ぎ、解決することなのだ。もちろん、パワーの継承がよりよい時代をもたらすという保証はない。だが、そうした影響力のシフトには必ずといってよいほど、改革あるいは少なくとも適応のための潜在力がついてくるはずだ。

パワーシフトはほぼ確実に起こるので、パワーを得れば、それはいずれ失われるといって差し支えない。注目されることや物事の中心に位置することは、他の人たちからの競合を招くことが多く、どうしても自身や自分の行為に注目を集めてしまう。ジム・ライトを描いた伝記作家はこのことを鋭く見抜いていた。「自分を露出させればさせるほど、自らを標的にし、その弱点をさらすことになった。今日ではそうした弱点が掘り返えされ、調査され、強調され、試され、この圧力に耐えうるかどうかが監視されている」。[1] ご自身の財務関係や税金還付を、現在の米国で、選挙で当選した人たちの財務履歴検査において考えてみていただきたい。パワーのある地位に就くことは、よりこまごまと監視されることであり、この監視下でミスを犯せるゆとりはほとんどない。この章のねらいは、読者がようやく獲得したパワーを維持するのを単に手伝おうということではない。もちろん、これもひとつの目標なのだが、それよりもむしろ、ほぼ確実にパワーを失う結果になる力学を理解することである。これによって、自分たちの組織における影響力の展開に前もって注意することができるだけでなく、これに十分に対応できるはずだ。

●時代は変わる。人は変わらない

一九七七年一二月二一日、カーター大統領は一〇月にCAB（民間航空理事会）がパンナム航空に認めたはずのダラス－ロンドン間就航の決定を覆し、この路線をブラニフ航空に与えた。この決定はテキサス州選出下院議員団が大統領に政治的圧力をかけたためだとみたパンナム会長ウィリアム・シーウェルは激怒した。このころにアヴェレル・ウィリアムの自宅で開催されたパーティーの場で、元運輸長官でパンナム取締役ウィリアム・コールマンは、政治に積極的なワシントンの四八歳の弁護士バール・バーンハードを脇へと誘い、彼の法律事務所がパンナムの代理人になる気はないかと尋ねた。この話は進み、一九七八年一月一日、パンナムは「ワシントンの法律委託業務をJDR&P（ジョーンズ、デイ、リービス&ポグー）法律事務所からVLB&M（ヴァーナー、リープファート、バーンハード&マクファーソン）法律事務所に正式に移した」。(2)パンナムは当時、JDR&Pのワシントン・オフィスの最大のクライアントで、一九七七年の総収入約一〇〇〇万ドルの一割がパンナムからの手数料だったのだ。(3)

そのパンナムを失うことは、ワシントン・オフィスのトップ、ウェルチ・ポグーがもはや事務所の稼ぎ頭ではなくなることを意味した。彼は当時七〇代だったので、後継者の選考について頻繁に話が出ていた。ポグーは紳士で、法律業務も紳士的視点に立っていた。彼は一九四〇年代前半にCAB理事長を務めており、退任後にポグー&ニール法律事務所を設立して一般業務を始めていた。一九六七年にジョーンズ&デイという事務所の小さなワシントン・オフィスと合併し、今日では大手と言われるまでに成長していた。一九七八年にジョンーンズ&デイは全国六位の法律事務所となり、本部をクリーブランドに置き、ワシントンだけでなくロサンゼルスにもオフィスを構えていた。ポグーは普段は連邦議会でのロビー活動はしていなかった。「彼は影響力を売り歩こうとしなかった。その種の仕事、つまり政治業務がこのコミュニティでの弁護士の尊厳を必ず損ねることになるという信念があった」。(4)

ワシントン・オフィスの継承をめぐって起こった対立

は、第15章で論じたこの事務所の分裂の主因になった。ポグーは経営パートナーから外され、投票で選ばれた役員会が取って代わった。分裂のわずか数カ月前のことである。この事務所の弁護士の多くがポグーに対して尊敬と親しみを抱いていたにもかかわらず、彼はパンナムというアカウントを失ったことで自分のパワー基盤をなくしたのである。しかも、この顧客を失った事実にはもっと根本的なことが反映していた。ワシントンにおける法律業務がすでに変化していたのに、彼は旧態然たるままだったことである。ポグーもジョーンズ&デイのクリーブランド本部も、長期的な関係を事業基盤として、少数の大きなクライアントに専念するという考え方しかなかった。

> ……パンナムの利益は、その最大のライバルが開催したパーティー以降に注意が向けられたのであり、そのパーティーの主たる目的は、パンナムに利害関係のある人、ブラニフに利害関係のある人、そして他の多くの人々から、政府のある政策への支持を集めることだったのだ。互いに利益を上げられるようにしようという、こうした人々全員の能力が、民間の利益集団であれ公共の利益集団であれ、そのときの互いのつながりを超越したのである。彼らが職務やクライアントをすっかり変えてからも、本人たちが互いに友人関係でいることは間違いないのだ。[5]

ワシントン的な法律業務のやり方は変化していたのに、ポグーは法務についての自分の従来の考えから離れなかった。パワーが失われる最も典型的な形のひとつがこれである。環境や問題が変われば、要求されるアプローチもスキルも関係も刷新されねばならない。誰でも柔軟性を備えているのだが、そのレベルには明らかに差があり、一般的にはやはりイノベーションに抵抗するものだ。我々は特定の方法で物事を行なうように学習するため、自分のとった選択や行為にこだわりやすく、専門知識の独特の形式とか、接触や交友関係の自分固有のネットワークに引っかかってしまうのである。つまり、能力は挟まり、柔軟でいることはおろか、変化の必要性を認識することさえできなくなるのだ。

フィオレロ・ラガーディアはニューヨーク市長を三期

務めた。在任中には、米国で最も腐敗した町のひとつを大掃除し、膨大な公共事業を行ない、社会的サービスや計画を実現したことで、ニューヨークは多くの都市から羨望を浴びるまでになった。まともな公共サービスがなく機能不全に陥り、統治不可能と思われていたような町を引き受け、都市改革の模範にまでしたのである。しかし一九四〇年代の半ばになると、ラガーディアの人気は落ちていた。四期目への出馬を辞退したが、世論調査では他の二人の候補にすでに大差をつけられていた。出馬していたとしても落選していた可能性が高い。では一体何が起こっていたのか。時代が変化していたのである。ラガーディアのスタイルと展望は、もう適合していなかったのだ。

しかし、彼の政治スタイルは前の時代、前の感覚には合っていた。彼は貧しい人たちや援助の必要な人たちにあたたかな思いを抱き、大恐慌によって失業した膨大な数の人々には手厚く、有効だった。だが、アメリカが戦後のにわか景気に沸き、個人が自分の利益へと傾倒していく中では、引きつけるものは何もなかった。彼は古い価値観を強調したが、アメリカ人が大恐慌や戦争で課されていた規制からの解放感に満ち始めると、貧しい人や傷ついた人への注目を求める主張は魅力に欠け、そうした人たちが再び少数派になっていくと、さらに声は届かなくなった。……彼は家賃規制に賛成していたが、抑制された市場に耐えてきた自由主義の起業家たちは、アパートの家賃値上げを請求する用意をしていた。(6)

リンドン・ジョンソンが大幅にパワーを失ったのも、周りの環境が変化したときに自分のアプローチやスタイルを変えなかったからである。ベトナム戦争の泥沼から抜けだせぬまま、一九六八年春には翌年の大統領選への不出馬を発表した。しかし彼の問題は戦争以上に、外交政策上ほとんど意味のない一連のコミットメントから米国を救いだせない無能さにあった。ジョンソンは、あることはあるグループに、別のことは別のグループに話しながら内密にことを進めるというプライベートで密室型の取引方式で、自分のキャリアを形成していた。だが一九六〇年代はテレビニュースが時代を先導するようになった。この戦争はテレビで毎晩放送され、戦争の実態を米国の大衆から遠ざけておけなくなっていた。北ベトナム軍の船舶が米国軍艦を攻撃したとされる事件がベトナムの領海外で起こり、紛争が激化したことに端を発するトンキン湾事件に関する決議で、ジョンソンは戦争をエスカレートさせる議会承認を得ていた。この事件に関する後の調査では、これは議会を刺激してジョンソンが求めていたアクションをとらせるために無理やりつくられた事件らしいという証拠が出てきた。ジョンソンは友人でアーカンソー州選出の上院議員ウィリアム・フルブライトを説き伏せ、決議に関する実際の聴聞会は開かず、異議を唱える二度の投票だけで上院を通過させようとした。その後、フルブライトは謀《はか》られたことに気づき、戦争反対派の中心的リーダーになった。

米国の外交政策の重大な疑義を問う中で、上院とフルブライトが推進派に説得力が欠けていることに注目していればトンキン湾決議が時代の区切りとなり、米国の外交政策の主要前提すべてが問い直される新しい時代が幕を開けていたはずだ。フルブライトは少なくとも個人的に裏切られたという感覚からジョンソンには背を向け、ホワイトハウスから広められる噂を一切信用しない、敵対的で辛らつな反対派のリーダーとなったのだろう。……古い秩序は終焉《しゅうえん》を迎える。執行者に近い人間が内部の情報に通じ、いろいろ詳しいはずだという前提は崩れた。必然的な結果としてアメリカ大統領は信頼しうるものだという前提も消えた。(7)

このエピソードをはじめ他の逸話からも、問題は戦争だけでなく、ジョンソンの信用度だったことがわかる。誠実さや信頼性をテレビやメディアを通じて国民に納得させることが大統領の職務に加わると、控え室の政治学と私的な調整の時代には素晴らしく機能した政治スタイルが役に立たなくなった。

では、なぜジョンソンは新しい方式に変えられなかったのか。テキサスの田舎からアメリカ大統領に上りつめるまで、彼が使ったのは、まったく同じ行動、同じ方式だった。だが、時代が変わるとその方式が信用、同盟者、パワーを彼から奪うことになった。トンキン湾決議は通したが、この短期的勝利は膨大な長期的犠牲として跳ね返ってきたのだ。

パワー喪失を避けるために、環境の微妙な変化に、折に触れ注意し、特定のスタイル、特定の活動セット、特定のアプローチが効果的なのは、特定の時代の慣習や関心と合っているからなのだと認識する必要がある。また、新しい現実に適応するためには、慣れ親しんだ習慣を捨て、自分の行動を順応させる柔軟性もいる。パワーのある人たちは、異議を突きつけられたり、悪いニュースを伝えられることがまれだし、意見具申があっても、自分に合わない情報を拒否する傾向がある。ある様式で物事を実行したり問題について考える特定の技術に長ける人が、別の方式も学べるとはかぎらない。だから、環境の変化によってギャップが生じると、パワーを失わせるような力学が働くことが多いのだ。

得やすいものは失いやすい

苦労せずに、つまりパワーを獲得したり維持する経験をせずに、そうした地位を得た人がパワーを失うことが多いのは、パワーの力学への洞察力がないためである。

パワーある高い職位に苦労せずに任命されるのは好運のめぐり合わせのように思えるが、好運が短命なことは少なくない。人は苦労してある仕事に就く間に、諸関係のネットワークを育て、部外者のもっていない特殊な制度的知識を得るものなのだ。この現象は、組織を立ち上げた企業家が、組織が成長し発展するとパワーから引き降ろされることが多い理由でもある。組織の誕生からトップにあり、後の脅威となるパワー関係のニュアンスに対する感受性がないことが多いのだ。

GMの海外非自動車業務のトップだったセモン・ヌードセンは、一九六七年秋の次期社長レースでエドワード・コールに敗れた。上級役員で億万長者だったが、ヌードセンは社長を逃したことに落胆し、その気持ちをそれとなく他に伝えた。ヘンリー・フォードが陰で秘密裏に動き、ヌードセンに会ってフォードの社長職をオファーした。ヌードセンはそれを一九六八年二月の話だと回顧している。ヌードセンの父親は一九二一年にフォードを解雇され、後にGMのシボレー事業部のトップになり、自動車市場でフォードに勝利を収めていた。息子の彼もGMで二九年余り勤務経験があり、自動車産業との歴史的、個人的なつながりのある著名な上級役員であり、さまざまな意味でフォードの看板役員のひとりだった。

それから一九カ月後のヌードセンの突然の解雇は、一般にはほとんど語られなかった。しかし資料によると、彼には二つの問題があった。①彼の経営方式が強硬すぎて、フォードや他の上級役員がうんざりしていた。②リー・アイアコッカや、自分に報告する他の役員との政治的な関係のマネジメントがひどかった。ヌードセンは部外者として組織入りしたため、既存のパワーセンターに関する知識がほとんどなかった。こうした権力拠点は、そこに属する役員たちが油断なく守りを固めている世襲的領地のようなものだった。しかも、フォードの役員たちは、パワーには互いにライバル意識をもっているくせに、長年の仲間意識と現実的な関係によって強い連帯感があった。ヌードセンは外様として、簡単に標的にされたのである。

GMを述べたあらゆる資料から、GMは階層を非常に重視し、秩序ある継承と計画が代名詞となるような組織だったことがわかる。フォードはそれよりもはるかに揺れる組織で、計画され整然とした役員継承などは起こりえず、きわめて政治的だった。ヌードセンは社長の肩書によって、役職名のとおりの公式権限が自分にあると思っていた。マスタングとマーヴェリックの責任者だったアイアコッカとは、スタイリングをめぐり大きく対立した。ヌードセンは、取締役会のメンバーで、問題の領域については自分より優位にいるこの男に挑戦する形になったのだった。

ここで、考えていただきたい。まず、なぜ彼はフォードに採用されたのか。GMに一撃を加えるためか。フォードがGMの上級役員を雇えることを見せつけるためか。昔フォードを追われ、後にGMの成長に貢献した人物の息子をGMから採用することで、過去の過ちを償うためか。この説明はどれもある程度正しく、ヌードセンを採用したことでフォードの諸目標はかなり達成されていた。ただ、入社してからは、彼はひとりきりで、会社の中の地雷原を独力で進まなければならなくなった。本人がこのことを知っていたかどうか、また、組織の中で肩書以上のパワーを生むコネクションや経験があったかどうかも明らかではない。

法務省勤務の三一歳の弁護士が大統領顧問に任命されたのはなぜか、そして、事実上のウォーターゲート事件の隠蔽《いんぺい》工作を含む、非常にセンシティブな課題の重責を任された理由は何のだろうか。つまり、ジョン・ディーンはニクソン大統領官邸にとってかくも魅力的な候補となったのはなぜなのか。彼には経験も政治的接触もまったくといってよいほどなかったことがおそらく理由である。彼の職は、自分を雇ってくれたハルデマンとアーリックマンに依存していた。当然、この二人は彼の貢献と忠誠を確実に計算していたはずである。ディーンには独立したパワー基盤がなく、ニクソンとホワイトハウスのスタッフに依存し、それに非常に畏怖してもいた。だから最終的に有罪の判決を受け、服役することになる多数の違法行為に引きこまれても、抵抗するのは難しかったのだ。自分の努力で大統領のスタッフになったのではなく、ましてやワシントンの有力者のコネでなったのでもなかった。そのため、気にかけてくれる同盟者も支持者もないまま、きわめて政治的な策謀が動く、難しい仕事環境に放りこまれたのである。

スティーブ・ジョブズが、アップルの創業者という立場にあったがゆえに、取締役会のメンバーや年上の経営幹部との同盟を構築しなくてもよいかのように感じていたことはすでに述べた。このパターンは企業の創業者にとても一般的である。特にテクノロジー系のスター創業者には顕著で、それがゆえに自社の成長過程で排除される例がよく見られる。この現象を観察して、企業の発展段階で求められる技術と能力が違うのが原因だという人もいる。創業時に必要なのは製品で、続いて技術的なブレイクスルーが起こり、次いで、財務、マーケティング、それに総合管理のスキルがより重要になってくる、という主張である。組織の成長によって求められる諸能力という点で、進化が存在するのも確かだが、創業者の真の問題は、組織内にパワー基盤を築く重要性を理解していないことだと筆者は考えている。企業の成長によってビジネスの課題が変わることもさることながら、生き残る創業者と失職する創業者の違いはこちらにあるように思われるのだ。

ここでの教訓は、まず第一に、自分が妥当だと考えるよりも高いプレステージや大きなパワーのある地位をオファーしてくる人がいたら、彼らの動機が何なのか、その状況の落とし穴が何なのかを検討すべきだということだ。我々は関係性や組織の固有の知識といったパワー基盤がなくても、ある想定課題に利用する目的で採用されることもあるので、それが何なのかに注意する必要がある。第二に、創業者であれ社長であれ、ホワイトハウス顧問であれ、公式な地位が持続する期間はパワーを維持できるなどと思い込んではならないことだ。これまで論じてきたように、パワーには多くの源泉があり、地位はそのひとつでしかない。長期の生き残りを考えるなら、速やかに自分の立場を活用してパワーの他の源泉を構築すべきであり、地位だけで見かけ以上の安全が保障されるなどとは決して思わないことだ。

●プライド、特権、忍耐

パワーが失われるのは、環境の変化によってそれまでの技術やネットワークが時代遅れになること、そして組織におけるパワー・ダイナミクスについて十分に学習せずに地位を得ている人が多いためである。また、いったんパワーのある地位に就くと、その地位にある恩恵にすぐさまあずかりたいというあらがいがたい誘惑にかられやすいこともパワーを失う原因である。権限は常にパワーのある人とパワーを認める人との関係がもたらす結果であることを忘れ、パワーにうぬぼれることがあるのだ。プライド、特権の奪取、忍耐の欠如が時として複合し、パワーの地位にある人を転落させる。

一九九〇年には世界最大の会計法人のひとつ、KPMGピートマーウィックで、会長ラリー・ホーナーがその座を追われた。ピートマーウィックの国際事業は会社の業務の中核であり、将来の成長の大きな源泉だったのだが、国際経験がほとんどないジョン・マドンナが後任になった。なぜホーナーが解任されたのか。この件については、彼のプライドと特権の求め方が大きな役割を演じていた。会長としての最終年俸は一二〇万ドルで、その年のピートマーウィック最下位のパートナーの年収の一〇倍、前年の同社のパートナーの平均年収のほぼ一〇倍にもなる額だった。彼が一九八四年に会長としてカリフォルニアから赴任してきたとき、ニューヨークに二〇〇万ドルのアパートを購入する補助として、会社は一〇〇万ドルを最優遇貸出金利に〇・一%プラスしただけのローン利率で認めていた。出張の際には必ず運転手つきの高級キャディラックをつけていた。そして一九八七年には、同社のパートナーの退職に設定されていた二〇万ドルの上限を撤廃し、報酬の最大四〇％を受け取れるようにする変更にもパートナーたちは同意していた。[8]

こうした特権は破格だったが、問題はこれではなかった。ピートマーウィックは会長を退陣させる歴史があり、強い大衆迎合傾向が会社全体に流れていた。ホーナーはすでに九席あった副会長職に三席追加し、会社には一二人の高給取りの副会長がいることになった。当時の会長選挙に投票できたパートナー一八五〇人のうち、七五一人はその六年間でパートナーになっていた。[9] これも社内の迎合感覚を増した。社内には年功序列の意識がほとんどなかったから、年長者に敬意を払う者も少なかった。ホーナーは会社の統治構造を調査するタスクフォースを任命したが、この委員会の構成を見れば何の改革も提案しないのは明らかだった。しかも、パートナーシップ選挙の副候補に選んだのは、（結局、彼の後任になる）マドンナではなく、デイン・ブックシャーという「まったく期待がもてず、カリスマ性もない、とパートナーたちが口を揃える」[10] 人物だった。全国のパートナーが別の副候補を出すように強く主張したにもかかわらず、ホーナーは頑なに拒み、期限ぎりぎりになって、彼の選出はどうしても無理だとなってようやく候補から下ろしたのである。ホーナーは、会長を選挙で選ぶ組織にあって、自分に投票する人たちの気持ちに応えようとしなかった。歳の若いパートナーたちの多くが、自分が推す者とは違う副候補を選び、自分の同意しない組織再編を実行するよう圧力をかけてくるのが容認しがたかったのは無理もない。会社の会長であり、組織のために多くの素晴らしいことを行なってきており、パートナーたちへの依存を象徴的に示すような行為はとりたくなかったのだ。この意味でのプライドは、パワーを維持せんとする本人の行動に高くついた。

プライドを保つとは、自分がまず間違いなく正しいと考え、相手の欲求に屈しないことである。自分を相手と分けて上位に置くから、相手から支持を失うのだ。これはロバート・モーゼスがキャリアの終盤に経験したように、自らを攻撃に弱くしてしまう行動様式である。モーゼスの零落の原因は一九五六年ニューヨーク、セントラルパークにあるレストラン、タヴァン・オン・ザ・グリーンの駐車場ビルをめぐる出来事から始まった。このレストランはアーノルド・シュライファーの所有で、彼が総所得の五％を市に払う契約で市が貸していた。このレストランは立地が素晴らしく、値段が高かった。しかも、シュライファーの賃借条件には、レストランの改修や改装が許され、かかった費用を家賃の支払いから差し引いてよいことになっていた。レストランは四年間で一七八万六〇〇〇ドルを売上げていたが、改装の諸経費を差し引いた後、市に支払われたのはわずか九〇〇〇ドルで売上げの〇・五％にも満たなかった。[11] この取り決めはモーゼスが施した特権の典型で、これによって資本活用には煩雑で扱いにくい市の予算手続きを一部バイパスし、また他の予算制限を迂回できた。

こうした特権が気前よく与えられるのは、モーゼスのおかげだとわかっていたので、この利益を享受する業者らは大掛かりなパーティー、豪華な晩餐会や歓迎会など、モーゼスが指示する形で金を使うようなことを喜んで引き受けていた。

著名人や金持ちを含む母親中心のグループが、駐車場の建設計画があり、そのために小さな沢を壊すことを、作業員たちが昼食に出かけたときに広げられたままになっていた図面から知ることになった。彼女たちはただちに反対運動を組織し始めた。この運動は後に違うタイプだとわかるのだが、公園反対にも自分のやり方を通すのに慣れていたモーゼスは、こうした状況の処理に鈍感で軽率になっていた。

公園の「改良」に対する地域の反対は、……モーゼスにとってはいつもながらのことにすぎず、退屈なことだった。公園コミッショナーになってからというもの、「改良」計画を隠し、さっさと建設を進めたり、反発などまるでなかったかのように無視して計画を実行してしまうことで、こうした反対運動を最小限に抑えてきた。……事実、モーゼスが大衆の動揺を記した記録には、タヴァン・オン・ザ・グリーン反対運動は記載されていない。たった二三人の母親などとるにたらなかったのだ。彼はブロンクス交差高速道路のセクションを一区画移動させる作業を終えたところだったが、それによって立ち退かせた母親は数百人単位だった。それだけではない、マンハッタンタウンのために五〇〇〇人の母親を、リンカーン・センターのために四〇〇〇人の母親を強制移住させる作業の真最中だったのである。[12]

だがこの反対運動は違っていた。反対運動の中心の母親たちは裕福で教育があり、メディアの使い方を知っていたのだ。一九五〇年代はもう三〇年代や四〇年代と同じではなかった。時代は変わり、それとともに、大きな空間を占め、大勢の人々を強制的に移住させる大型公共事業に対する人々の態度も変わっていた。しかも、これは公共住宅の問題でも道路建設の問題でもなく、セントラルパークにある一軒の高級レストランのための駐車場建設だった。モーゼスは木々を切り倒す計画だったが、反対派には運動を演出する技術があった。乳母車に赤ん坊を乗せた母親たちを用意し、ニュースメディアが必ずこれを写真に撮るよう手配していた。新聞はこれを「セントラルパークの戦い」と名づけた。

深夜にフェンスが建てられたことで、四月二四日に建設が始まっても、母親も子どもたちも現場には近づけなかった。警察、作業員、受注業者はいずれもモーゼスに自分たちの生活の借りがあるのを知っており、統制されていた。モーゼスは勝ち抜けるかに見えたが、それは一時的にすぎなかった。彼の他の多くの事業がそうだったように、作業は闇にまぎれて始まったが、今回はそれがメディアはもとより、自分の支持者からさえも怒りと猛烈な反発を引き起こした。

三〇年前、モーゼスは一躍、新聞の第一面に躍り出た。記事は彼を公園の戦士として、また私欲なき誠実な公務員として描いていた。……このイメージは、まったく覆された。一九五六年四月二四日火曜日、モーゼスが自分の部隊をセントラルパークに送り込んだこの日が、当人にとってまさに暗黒の火曜日となった。このとき、彼は自分の最も大切な資産を失った。評判が地に落ちたのである。三〇年間続いたモーゼス・ブームはこの日をもって終焉した。[13]

モーゼスは三〇年間の公務員人生で、実に多くの反対者と戦い、その大多数に勝利していた。そのため反対行為を意に介さなくなり、自分の能力を過信した。この駐車場問題をめぐる論争のさなか、妻とスペインへ二四日間の旅行に出てしまった。もちろん、このコストは公園の戦いに負けたことだけではすまなかった。最終的には彼が引き下がり、駐車場の代わりに運動公園がつくられた。この評判への打撃は、公務員としての評判、無敵で争うのは避けるべき人物としての評判を失墜させた。

無敵という、それまで彼に非常に重要だったオーラ、三〇年間も続いたオーラは、無敵神話が破壊されたこの日、崩壊し消滅した。(14)

プライドと傲慢《ごうまん》、自分のパワーへ思い込みから敵を軽視したモーゼスには、その後はすべてが変わった。敵を甘く見てはいけない。準備に慎重になりすぎたり、数多い事前警告に気をめぐらしすぎれば、かなりの努力がむだになるかもしれない。だが、自分が対峙していることを見くびれば、戦いに負ける可能性が生まれ、たったひとつの敗北でもパワーが落ちだしたというシグナルとなりかねないのだ。

忍耐力の欠如により、多くのことをやろうとしすぎる、あまりにも急にやろうとする、勝利による新たな利権の奪取に欲張りすぎるといったことでもパワーは失われる。リーマン・ブラザーズ証券からピーター・ピーターソンを追いだした後のルー・グラックスマンに起こったのがこれである。一九八三年七月二六日、グラックスマンは会社を完全に掌握した。七月初め、彼を責任者とする経営委員会は、ボーナスと自社株の配分を決める会議を始めた。彼はリーマンの投資銀行側にいく利潤配分が多すぎ、つり合いがとれていないと考え、かねてより憤っていた。彼は営業とトレーディング出身だったので、そうした部門が最近は銀行業務よりもずっと高い収益をあげていることから、もっと多くの利潤配分があって当然だと考えていた。そしてCEOになるとさっそく動いた。非常に素早く、彼は友人を有力な職位につけ、報酬を自分とその同盟者に分配していった。

一九八三年秋までには、グラックスマンは社内の一二の部門のほとんどのトップを自分の腹心に替えていた。これには、かなりおかしな幹部変更も含まれていた。リチャード・フュルド・ジュニアは、それまで固定収入部門を管理していたが、固定収入と株式両部門を見ることになった。彼はまだ三七歳で、「反抗的なまでに非社交的」[15]と呼ばれるほどで、ほとんどのパートナーには未知の人間だった。営業とトレーディングの経験しかないシェルドン・ゴードンには投資銀行部門の管理が任された。自分の右腕だったロバート・ルービンを正式に社長に就けるのは待ったものの、会社の日々の業務を束ねていた七名による業務委員会に彼を入れ、最も高い経営ランクに移動させ、プロセスをスタートさせている。ルービンは優秀な男として知られていながら、やはり他のパートナーたちから好かれてはおらず、しかも怒りっぽく、孤独を好むとみなされていた。

グラックスマンは社外から二人のパートナーを入れ、かなりの数の株を与えたが、それについて取締役会の同意はとらず、周知も十分に行なってはいなかった。それに、こうした友人たちへのボーナスと株の配分については特に貪欲だった。会長就任からわずか二カ月後の、九月二一日の取締役会で、会社と利益に関する彼の計画が明らかになった。

グラックスマンと他の四人の上級役員が、ボーナスプール総額の二五％を受け取る。一九八三年九月のグラックスマンのボーナスは一二五万ドルから一五〇万ドルに……シェルドン・ゴードンのは四〇万ドルから一〇〇万ドルへと急上昇した。グラックスマンの持ち株は三五〇〇から四五〇〇に急増し、ルービンは二五〇〇から二七五〇に、ゴードンとフェルドの合計は二五〇〇から二七五〇になった。……圧倒的に多数を占めるバンカーの取り分が減り、その分がトレード部門間で再配分されることになったのだ。[16]

取締役会は同意したが、多くのパートナーは怒っていた。パートナーシップにおいては信頼がすべてだが、グラックスマンは三カ月もたたぬうちに、会社の投資銀行業務部門からの信頼を打ち壊し、自分の同盟者の一部さえも失望させた。その年度末までに、六人のパートナーが退社の意思を表明し、そして一緒に流出する資本は、ますます競争が激化する一九八〇年代の証券業界では死活問題のはずだった。資本流出の脅威、そして資本への疑念が、最終的にこの会社をアメリカン・エキスプレスに売約される事態に導いた。だが、パートナーシップを困惑させ、最終的に会社の売却とグラックスマンの辞任をもたらしたのは本人の性急な行動だったのだ。彼は大変な努力を重ねてリーマンの階段を上ってきた。そして共同ＣＥＯのピーターソンを排除する闘争も戦い抜いた。だが、いったんパワーを得てしまうと、勝利の恩典の享受に溺れ、その結果、手にした会社を自らの手で売り渡すことになった。一九八四年四月、リーマンは未公開共同経営を止め、現在はシェアソン＆アメリカン・エキスプレスの傘下にある。

グラックスマンのパワー喪失の教訓は、元パートナーが次のようにまとめている。「もし自分がマキャベリなら……自分のボーナスや株には控えめな態度をとっただろう。そして銀行業務にあった自らの弱点を強化したはずだ」[17]。組織には相互依存性がある。どんなパワーや地位にも、他の人たちへの依存性は残るのである。自分が必死に働いて獲得したパワーであればこそ、また多大な犠牲を払って得たものであればこそ、喜び浮かれる誘惑は強い。しかし、性急に過大なメリットを求めるのは、自分のパワー基盤を間違いなく損ねるはずだ。

時は過ぎゆく

ＣＢＳのウィリアム・ペイリーの伝記によれば、彼は年をとるほどに頑固になり、最後にはこう聞くようになったという「なぜ私は死ななければならないのか」[18]。オクシデンタル・オイルのアーマンド・ハマーはＣＥＯの地位を握ったまま九二歳で亡くなった。ロバート・モーゼスはもろもろの地位から退任するよう圧力を受け、州知事ネルソン・ロックフェラーがそれを突きつけたとき、完全にパワーを失った。そのとき彼は七〇代になっていたので、州が義務づける退職法の適用の特別免除の承認を知事に願い出なければならないことにわずらわされるようになっていた。ウェルチ・ポグーは七九歳でなおジョーンズ＆デイのワシントン・オフィスの経営パートナーだった。年をとるのは避けられない。そしてこれが限界となり、いかに富、名声、優秀性を誇ろうとも、また、今日では多くの地位に設定されている法律には反するが、退職義務ではなくとも、病気や死が必ずパワーを奪っていくのだ。

引き際の心理学の議論は本書の対象ではないが、一生懸命働いてパワーのある地位に到達し、付随する役得を手にした人が静かに引退するのが難しい理由は単純である。しかし例外もある。元フォード社長でスタンフォード・ビジネススクールの学長でもあったアージェイ・ミラーは、同校の元学長で企業の経営職も務めたアーニー・オーバックルの助言をよく引用していた。ある地位について一〇年たったら、移動すべきだ。オーバックルはウェルズ・ファーゴの上級役員、スタンフォードの学長、サガ・フードの会長を一〇年ずつ務めている。こうした感覚に拍手を送りたくなるが、自分の指導者も同じ考え方をしているはずだと思うのは早計である。

こうなると、パワーの喪失に対処する最良の方法は、そのプロセスを制度化することかもしれない。在任期間を定めることによって、義務的交代の仕組みを決めること、つまり、継承を正規の手続きにすることによって、パワー喪失が不名誉のようになりにくくし、これを事象の正常な流れの一部にするのである。そうすることで、関係者や組織にとってのトラウマを小さくできる。ジョーンズ&デイの分裂を早め、今日では一五〇人以上の弁護士を抱えるクロウェル&モーニングを創設した政府契約担当の弁護士エルドン・クロウェルは、ウェルチ・ポグーから大切なことを学んだ。彼の新しい法律事務所は投票で選ばれた経営委員会で統治される。そして、誰であろうと、少なくとも一年は統治部門から離れなければ、一期一年として連続三期以上は務められないという規定もある。共同創設者で自分の名前を冠するパートナーであるクロウェルも、もちろんこのルールに従った。そしてパワーを分配することを自分自身にも強制することで、より健全な組織を構築した。組織がひとりの人間への依存度を小さくすることで、本人の人生もずっと健康的になったのだ。

我々が学びたいのは、早まってパワーを失うことを避ける方法と優雅に地位を去る方法である。組織が動き、統治されるシステムにおける自分たちの役割を理解することが、この二つの目標の達成に役立つだろう。

CHAPTER 17

第17章 政治的なダイナミクスを生産的に管理する

Managing Political Dynamics Productively

「諸君、計画とは昨年自分のやったこととは違うことを来年やろうとすることではないのかね」

ゼロックスがコピー機事業の市場シェアを半減させてしまったとき、改革が必要なのはもう明らかなはずだった。だが一九八〇年代初めにデビッド・キアンズがパワーをとったときに直面したのは、疑念と反発だった。GMは一九八〇年代に市場シェアの三分の一を失った。だが、ここでも改革を嫌がる空気、例えばトヨタとの共同事業からは学ぼうとせず[1]、新しく育った経営者にコントロールを委ねることには反発し、文化の建て直しも認めようとしない雰囲気があった。会社の方向性に明らかな問題があったにもかかわらず、ジョン・スカリーをアップルに招き、新たな製品戦略を導入しようとする改革は挫けた。改革と適応は、組織内部の大きく、いつもの政治的な闘争の後にのみやってくる。改革がかくも難しいのはなぜか。そして実際に、適応や革新がパワーと政治力学を操縦したときのみ実現するのが普通だというのなら、パワーの機能不全や、政治力学を生産的に管理するときに必要なトレードオフと判断について、この事実がつきつけるのは何なのか。本章はこれらのトピックを考える。

●キャリア・ダイナミクスの政治学

人々が組織に入ると、上位の職への昇進と非公式のパワーや地位から見て、いずれ優劣の差が出てくる。[2] 認識しているかどうかにかかわらず、組織にはある活動とスキルには、他と比べて高い報酬を与え、将励するキャリア制度が存在する。例えばこれまで見てきたように、一九六〇年代から七〇年代の米国自動車産業では、財務や分析のスキルが崇拝されたが、実際に車を製造することや販売することは価値がかなり低く見られていた。ほぼ同じころのウォール・ストリートでは、E・F・ハットンを含む多くの証券会社がリテールに対して集中力を失い、M&A市場を追いかけ、主に法人向けに販売する新しく、洗練された財務ツールをつくりだしていた。報酬の高いキャリアとスキルが、組織の戦略の一部として意識的に選ばれることもあれば、そうではないこともある。ある種類の活動や能力への報酬を高くするキャリア制度があるのは、必然的だし、常にそうなので、これが問題になることはまずない。

したがって、影響力のある地位に上る人たちやそのキャリア制度から恩恵を受ける人たちは特定のスキルセットをもっており、対応する活動セットを遂行しており、そのことがその制度に気に入られるのだ。では、変化が必要な場合、つまり古い方式、古いキャリア制度が、変化する環境状況の対処に求められる能力をもたらさなくなったときはどうなるか。特定の能力セットを求めるキャリア制度によって昇進し、報酬を受けてきた人たちが、その制度を否定するようなことは起こりにくい。それは特に、一番頂点にいる人間以外は、実際には組織の階段を上っている最中だからだ。ルールを変えることは、自分たちの成功の源泉そのものを破壊することであり、さらに上にいくチャンスを消すことなのだ。頂点の人物（つまり、将来の昇進可能性から見て失うものが最も少ない人）が変化を求めたとしても、すぐ下の階級にいる人たちは成功の基準を変えることで得るものはなく、失うものだけが大きい。

それに、彼らが自分を現在の地位に就けてくれた過去に固執していなかったとしても、そもそも彼らには変化する能力はないのだ。教育と経験は我々の理解を豊かにし、深めてくれるが、ある種の目隠しのセットにもなる。古いことわざにある。「教育とは身につければつけるほど失っていくものも多い」ということである。組織における経験についても同じことがいえる。ベトナムの解釈を誤った、ケネディとジョンソン両政権のロバート・マクナマラをはじめとする優秀な人材についてよく考えることから学べる、説得力のある教訓がこれなのだ。彼らの出世は、特定の形態の分析的洞察力を培ったことによるものだ。自分の不得意なものを選んで自らの能力の評価を落とすようなことはしないはずだというだけでなく、もてる技術と能力が自らの目を隠し、他の方式の意思決定の可能性を考えなくなるのだ。

だとしたら、組織の変革は一体どこから生まれるのか。知識ゆえに盲目になり、既得権益をもつ内部の者からではないはずだ。むしろ、イノベーション、適応、変革は、ほぼ常に、少なくとも主流派の外の人間から起こるものだ。時には、その人物がアップルのジョン・スカリーやナビスコのロス・ジョンソンのように、文字どおり部外者だという場合もある。スタンダード・ブランズがナビスコと合併し、ロス・ジョンソンが統合後の組織の社長兼COOになると、彼はすぐに組織文化と業務方法の改革を始めた。ナビスコが過去の成功に頼って生きている会社だったからだ。

七〇年代、ナビスコは過去の栄光を崇拝する文化を支え、行儀よく動きの遅い役員たちが経営していた。みんなよい人たちだったが、改革の推進者ではなかった。……ナビスコは停滞していた。だが、誰も解雇されず、みんな五時に退社し、発言する者もいなかった。……そしてロス・ジョンソンに同調した。(3)

ジョンソンとスタンダード・ブランズ側からの人間は、会議の場では反論もし、社員の時間の使い方がどうなっているのか、集中すべき点は何なのかを問い、改革の精神を伝えようとした。

ナビスコの役員は、自分たちが入念に計画してきた手続き、積み上げている分厚い複数年計画と業務の概要を誇っていた。ジョンソンはそれらをすべて放り捨てて言った。「諸君、計画とは、昨年自分がやったこ

とは違うことを、来年やろうとすることではないのかね？」(4)

改革の実行人《チェンジ・エージェント》が、フォードのドナルド・ピーターソン、ゼロックスのデビッド・キアンズ、あるいはGMのロバート・ステンペルのように、パワー構造の主流からわずかながら離された人たちだというケースもある。例えば、ステンペルは次のように言われている。

　ステンペルはかなりノン・トラディショナルな存在であった。……彼には批判に聞こえないように異議を述べることができるという稀有な才能があった。……彼は自分の部下の言うことに、本当に耳を傾ける上司として知られていた。(5)

もちろん、部外者が組織の主流から外れすぎていて、自分の構想を実現するためにはそこを去り、自分の会社をつくるか、自分の見解を認めてくれる会社に入るかしか道がないという場合もある。例えば、レン・ザフィロプロスは科学機器メーカのヴァリアンにいたころに、静電気プリンター開発のアイデアがあった。コンピュータ・テープの情報をグラフィックな形態に変換し、紙の上で可視化するというものである。会社がこのアイデアに興味を示さなかったので、彼は自分でヴァーサテック社をつくった。この会社は一九七〇年代後半にゼロックスが買収するほどまで伸びた。筆者が最後に確認したときには、ヴァーサテックは創業者がかつて勤めていたヴァリアンよりも大きくなっていた。シリコンバレーのスタートアップ企業の多くは、他の地域の新興企業と同様に、創業者が貪欲に金持ちになろうとしてできたのではなく、それ以外に自分のアイデアを実行する方法が見つけられなかったがゆえに創設されたのである。

　よって、課題は組織のパワー分布をシフトさせがちな新しい視点や新しい構想を、組織を壊すような大きなトラウマや混乱を招かずに、いかにしてプロセスに組みこんでいくかにある。パワー力学は組織の適応と変革の要になる。政治的なプロセスを押しつぶして適応能力を破壊したり、逆に、対立を放置して組織が自爆するような混乱を招かずに、変革を実現させるようにダイナミクスを管理するのが理想ではある。言うまでもなく、バランスが要求される場合のほとんどがそうであるように、こうしておけばよいという法則はない。課題とトレードオフをいくつか考えることもできるが、こうした構想の応用は、特定の状況によって変わることが多い。

パワー・ダイナミクスに伴う問題

物事を実行する手段としての階層や共通ビジョンにはそれぞれに難点があるように、パワーと影響力にも問題点がある。組織におけるパワー・ダイナミクスに伴う潜在的な障害物を検討すると、適応の源泉としてパワーがいかに重要か、そして政治プロセスを抑制するトレードオフは何かを正しく認識できるはずだ。

パワー・ダイナミクスにある問題のひとつは、組織内での影響力行使に関与するのは時間、エネルギーも労力もかかり、こうした努力が組織資源の浪費とみなされるケースである。例えば二人のエコノミストが次のように書いている。

影響の諸活動（やこれに対処するために）費やされる時間と努力は、貴重な他の目的に使えるはずの資源である。だが、組織のメンバーの間での、諸決定の実際のメリットの配分をずらそうとする程度の影響行動では、かかるコストを差し引くと、組織には何の効率改善ももたらさない。(6)

こうしたエコノミストが指摘する問題は、組織の意思決定における、いわゆるエージェンシー問題と呼ばれるものだ。意思決定のためのパワーを与えられる人もいるのだが、それを実現するためには、組織の他の人たちからの情報提供に依存しなければならないことが多い。下す決定が情報を提供する人々に影響されかねないということは、結果的に、その情報を彼らが変形させ、自分たちに有利な決定を誘導しうる、という利害関係をもつことである。決定に影響を受ける人たちはそれぞれに、この政治的活動に関与するインセンティブが同じようにあるので、本当に生産的なことは実現されずに、多くのエネルギーが政治的行動に費やされかねないのだ。

この問題を改善する方法のひとつは、政治的活動に関与する理由やインセンティブを小さくすることだ。例えば、組織の報酬をより均等に分配することがある。影響の企てから得られるものが実質的に何もないとなれば、いずれにしても誰にとっても成り行きはほぼ同じになるので、そうした動きは消えるはずである。例えば、組織メンバー間の賃金格差を縮小するのが有効なこともあろう。これで、昇進や賃金といったキャリアの成果に対して影響しようとする試みが弱まるだろう。一般に、（予算、追加人員などの）組織資源をより平等に配分することは、影響行動やそれで消耗する時間や労力を減らす効果的な方法となりうる。

影響行動が時間と労力を浪費させるのはたしかだ。リーマン・ブラザーズの支配をめぐる闘争はパートナー会議、ピーターソンの財務問題の解決交渉、取締役会、と会議に次ぐ会議をもたらした。パートナーが集まって噂話をしている間は仕事は進まない。しかもグラックスマンが実権を握ると、会社の株式と利潤の分配をめぐりさらに政治的行動が続き、これがさらに多くの会議と非公式の話し合いをもたらした。グラックスマンが過去の慣習を変更し、報酬体系を統合しようとしている事実が明らかになると、この報酬をめぐる戦いはさらに激化した。かかわる利害関係があまりにも大きかったのだ。他社でもまったく同じことが起こっている。

「ハットンの報酬システムは、報酬と呼んでよいのならだが、美人コンテストと綱引きの組み合わせのように運営されていた」。（社外コンサルタントの）ニール・エルドリッジはそう回顧する。……「ここの企業報酬システムは、ギーギー音をたてる車輪のようだった」。(7)

このスムーズに回らないシステムの問題は、会社にもっと利益をもたらしていたはずの他の活動から、その軋《きし》みによる副産物が労力を奪ってしまうことである。事実、フォモン体制になると、あらゆる階層での継承にあまりにも政治的行動が絡んだため、E・F・ハットンの経営システムは事実上機能停止状態になり、組織を逆境へと導いていった。

影響力への闘争を最小化するために配分を平等化することにも、条件型の配分方式を利用する可能性を排除してしまうという問題がある。業務部門を横断し、主要予算を均等に配分するのは、資産を最も生産的に使うための再配分にはならない。より均等な基準で給与を配分することは、それがなければ給与の配分が少ない者には嬉しいだろうが、それがなければ高い給与を得ているはずの高業績の社員には不満なだけであり、組織を去るということもありえよう。しかし、すぐに理解され、曖昧なところなく適用されれば、組織にメリットとなるさほど極端ではないルールもある。組織が目標や目標達成に向かう進捗度に合意できるかぎりは、影響活動は削減されうる。しかし、この条件がなければ、影響コストは「取引」コストという形で、不確実性と異質性という条件下での意思決定特有の管理コストとなる。

健康な組織ではどれくらいのコンフリクトが存在しうるのかを測定するときには、コンフリクトがすべて有害だというわけではないことをしっかり認識すべきである。手に入るすべての情報と視点を考慮して判断を形成するためには、見解のもつ相違点は有益で重要である。アルフレッド・スローンが一九二〇年代から三〇年代にGMを経営していたとき、会議の場で提案されていることに強い反論を述べる者がいない場合は、そこで決定することを拒否したという話がある。決定されようとしていることに誰も何の反対もないのは、検討中の問題について十分に時間がかけられていないか、しっかり考えられていないためだというのだ。スローンは、組織における重要な課題にはすべて、複数の次元があることを認識しており、ひとつの問題のあらゆる側面を、徹底的に検討してから物事を決めたいと考えていた。しかし、コンフリクトが個人的な色合いでとられ、課題とか内容はそっちのけで、対立するグループや個人を打ち負かすことにしか関心がなくなることもある。コンフリクトは苦々しく、個人の性格のせいにされ、啓発どころか非生産的にしかならないこともある。パワー闘争が有害なコンフリクトになっている間は、組織は損傷を受ける。

メリルリンチにいたロバート・リッターライザーがハットンの社長になり、フォモンの正式な後継者になると、自ら選んだ人材を連れて来て主要職務に配置した。だが彼はこうした人材をソロモン・ブラザーズ、アメリカン・エキスプレス、シティコープ、デロイト・ハスキンス・セルズ、大手監査法人など外部のいろいろな組織から引っ張ってきた。リッターライザーは強力な指導者ではなく、採用された多彩な人材も、それまでは互いに関係がなく、共通の展望もなく、会社のためといった共有ビジョンもなかった。その結果、地位をめぐる多くの画策が起こった。

「それはパワー流行熱《フィーバー》だった。リッターライザーの経営委員会にいる全員がかかり、うなされていた。会社を復活させようとする努力より、互いに階級と地位と勢力をめぐる争いにうつつを抜かしていた」[8]。

ゼロックスでは、コンピュータ産業への参入のために買収したSDS（サイエンティフィック・データ・システムズ）の社員がPARC（パロアルト研究所）の職員と競合した。

SDSはPARCのアイデアそのものを見くびり、発明を製品化する能力がなかった。PARCのコンピュータ科学者の多くはSDSの素質をあざ笑った。……PARCとSDSは初めから互いを敵対視していたのだ[9]。

PARCが競合会社のコンピュータを使ってタイム・シェアリング・システムを開発すると、SDSが激怒し、敵対意識はさらに強まった。言うまでもなく、こうした敵意は部門間の協力やコンピュータ産業で有望な製品の開発の役に立つわけがなかった。

部門間コンフリクトは、相互依存性と視点の多様性が共存していれば、避けられないものではない。アップルの部門間コンフリクトは、他の事業部に対するスティーブ・ジョブズの態度が助長していた[10]。リーマンでは、ピーターソンが社外関係に夢中だったのに、社内ではパートナーとの付き合いがないことがグラックスマンの憤りにつながり、互いに潰し合う対立の温床になっていた。ジョーンズ＆デイのワシントン・オフィスとクリーブランド本部の間のコンフリクトは、この二つのオフィスの経営方式が、一度もかみ合ったことがないことにも起因している。ワシントン・オフィスは合併によってこの事務所に組みこまれており、以前は名称も違い、報酬制度も経営構造も異なり、法律業務のタイプも違っていたのである。こうした相違点を橋渡しする努力は、ほとんどなされなかった。

部門間コンフリクトの原因が、いろいろなメンバーや経営職の特殊な個人的な特異性にある場合もある。このようなコンフリクトが悪化するのは、対立を建設的に管理し、共通のビジョンや外部の共通の脅威を見据えて、組織をまとめる努力を怠るときである。この点では、アップルコンピュータ、リーマン・ブラザーズ、ゼロックス、あるいはジョーンズ&デイでさえ、どれも次の二つの特性を共有しているように見えても驚かないだろう。それは強力で統率力のあるリーダーシップの欠如と、社内の人間に協力して働くよう動機づけるような脅威がない、のんびりした経済環境である。

パワー・ダイナミクスがうまく管理されないときに起こりうる第二の問題は遅れである。パワーと影響のプロセスには時間がかかり、決定と行動の遅れになって表れるのだ。これについては、筆者が大手食料雑貨販売チェーンのエグゼクティブ・トレーニングを行なっていたときのことが思い出される。当時、この会社は内部での意見対立に満ちていた。グループのひとつは本業の食料品店の経営陣と業務担当者たちで構成されていた。彼らは店舗での経験が成功には不可欠だと見ており、業務を会社のより強力な焦点にすることに関心があった。これと意見を異にしていたのが財務系のグループだった。財務グループは、食料雑貨販売事業が良好で、安定してキャッシュを生むビジネスだが、利幅が小さく、競争は激しく、成長の限界にきていると主張していた。会社が食料雑貨事業にそこまで集中し続けると、何らかの敵対的買収の対象となるような熟し方をしてしまう（結果論だが、この予測は業界で起こっているLBOやTOBを考えると、鋭い予知だった）。財務グループは多くの戦略分析を行なったうえで、薬局、託児所、会社の直営販売店舗があり、食品や乳製品加工業者も同じショッピングセンターに同居するような小売事業へと多角化したいと考えていた。だがこの会社は地理的に分断されていた。カリフォルニアではとても強い存在感があったが、米国の他の地域や海外でも営業していた。いろいろな事業部間で、互いに資金を奪い合っていた。カリフォルニア事業部は、他の業務部の損失や資本支出を埋め合わせしているが、利益をもっと自事業部に残したいと主張した。他の地域は競争の少ない環境で営業しているから、会社に成長の機会を提供していると主張した。本社には大変強力な法務部があり、とりうるすべての措置を独占禁止法と労働法に対するインパクトによって評価する傾向があった。それに、不動産事業部は、会社は事実上その競争優位的成功の大部分を、優れた不動産的立地条件から得ているのだと主張した。この事業部はこうした強みを基準にして、社内にある不動産の専門知識を利用するために、ショッピングセンターと小売開発にもっと力を入れるべきだと考えていた。

それぞれの見解にメリットがあり、またどの見解も会社の最上部の委員会にいる強力な支持者を代理していた。問題は何をすべきかに関する討論が延々と際限なく続いている間に、下位層のマネジャーたちが不安になり、ほとんど動きがとれなくなっていたことである。「象と象がけんかすると、蟻が踏み潰される」という表現を初めて実感したのがこの会社だった。もっとも実際には蟻は急いで物陰に隠れ、そして先延ばしにできることなら何もやらない。店舗改装に関する決定は延期され、地域拡大に関する決定はずいぶんたってからようやく出されたが、本当に拡大するのか、するのならどこになどの具体的なことは決められなかったので、好条件の候補地は他社がとっていってしまった。この会社はいろいろな利害対立で組織が麻痺していたのである。

こうした記述から、この組織には当時強力な社長がいなかったのではないかと推測されよう。そのとおりで、社長は若く、経験は浅いのに、家族がこの会社の株式を大量に保有しているということもあって就任していた。このことがひとつ下の階層での地位争奪の画策を悪化させていた。組織が何をしようとしているのかについての意識と、明確なビジョンや戦略的意図がない中で争いが続けば、組織は利益も事業発展の機会も失う。

パワー・ダイナミクスの中で発生しうる第三の問題は、不完全な分析である。筆者は分析があらゆる事業や組織の決定課題を解決できるとは信じていない。もちろん、何をすべきかについて、情報と知性に基づく決定を行なうためにはデータや情報が有効かつ必要である。第13章で検討したように、組織におけるパワーと影響力は病理現象を蔓延《まんえん》させる原因にもなる。そうなると情報は無視されたり、戦略的に焦点を絞った方式で集められるので、プロセスが妥当なデータをもたらさなくなるのだ。

米国における軍用物資とサービスの調達と採用ほど、

政治や影響力が分析に取って代わるという問題を明確に示すケースはないだろう。ニック・コッツが、大きくは軍用調達システムに、そして個別ケースとしてB1型爆撃機について鋭い分析を述べている。[11] 空軍は、ミシガン州選出の下院議員からB1計画への支持を得ようと、ミシガン州北部にあるワーツミス空軍基地を閉鎖すると脅した。ミシガン州オスコダの商工会議所の昼食会で、空軍兵站《へいたん》司令部副司令官アール・オラフリン中将は次のように警告した。

「ミシガンにはB1計画を擁護しない国会議員がいる。B1に反対する州は真っ先にカットすべきだ！……オラフリン中将は会議所に強く求めた。……B1に反対する立場をとっている（上院議員）レヴィンとリーグルに抗議の手紙を送る運動を支援するように、……」。[12]

この圧力は明らかに効いた。

記者会見や委員会の公聴会を通じて、レヴィンは州にメッセージを送った。「B1の生産には反対してはいたが、すでに生産は始まっており、ワーツミスはB1の基地として最適である」……、この政治過程で欠けていたのは、国防のために何が最善かについての真剣な討論だけだった。[13]

この爆撃機は結局、次の基地を拠点とすることになった。テキサス州のダイス空軍基地、これでジョン・タワーの介入と彼の空軍への支援に報い、カンザス州ウィチタに近いマッコネル空軍基地、これはロバート・ドール上院議員の影響力と介入による。そして軍事的な意味合いから、国内の他の二つの基地が選定されていた。テキサスの基地は、この爆撃機をソ連に飛ばすためには複雑な再給油を必要とした。カンザスの基地も人口集中地に近いだけでなく、ボーイング社が使用する離着陸の多い滑走路だったため、戦略的に十分な立地ではなかった。しかも、B1型爆撃機がマッコネルを基地にするには、核兵器を格納する施設がなかったので、四〇〇〇万ドルのコストが余計にかかった。しかし、ドールが軍用調達とレーガンの税制改革への支持が危うくなると言うと、マッコネルに決まったのだった。

B1型爆撃機をめぐる経緯はすべて、戦略的ニーズ、コスト、代替案の分析を（完全に沈めこんではいないなくとも）政治的に踏み潰す歴史である。この爆撃機は、その必要性に関する戦略的分析のためではなく、いや、戦略的分析にもかかわらず、生産されたのだ。B1計画の歴史は、さまざまな利害のもつパワーに基づく決定が、分析を幾度もごり押ししたり、抑えこんだりするのをあからさまに証明している。軍用調達の領域の多数の事例が、分析が実行されないときや無視されるときに起こりうる問題を解説している。

それに、こうした状況にもトレードオフが絡む。爆撃機の拠点に関する戦略的、軍事的帰結は、結局、米軍の軍備に、どこにどれだけの金を使うか、ということから生じる一連の結果のひとつにすぎない。爆撃機や軍用調達は経済的メリットを提供し、地域によっては、実質的な活性化になるところがある。軍事的抑止力というメリットと、いくつかの地域への経済的なメリットを同時に実現するために爆撃機基地を置くのは、ずいぶん高価な方法だ。要は、ほとんどの決定には多数の次元が関与し、我々が無関係だと思う次元が決定に組みこまれているときは、決定には根本的な欠陥がありうることだ。欠陥でなければ、アナリストがたったひとつの次元で最適化した内容でこうすべきだ、ということは違うという意味だ。すでに学んだように、数字は使い方次第でたいていのことを示せる。しかし、自分の反応は数字を懐疑的に扱うだけという場合でも、数字はもたなければならない。トレードオフは常に必要で、そのコストを認識することが大切なのだ。

利益や見通しの競合は、政治力学を生産的に管理するという難しい課題を生み、我々が学んだ諸条件とまったく同じように、まずパワーと影響力の状況をつくりだす。パワーの作用を除去するためには、組織の報酬の分配を均一化すること、視点の同質性を創出すること、見解の相違を水面下に維持することなどがあるが、どれにもコストがかかる。組織でパワーを管理するには、妥協する能力も必要になる。

政治的ダイナミクスを管理することについては、もうひとつポイントがある。経営コンサルティング会社ストラテジック・デシジョンズ・グループの友人が観察したことだが、組織管理の問題のひとつは、組織がどの段階にあるか、あるいは組織があるべき状況のとらえ方について混乱があることだ。企業には、意思を決定する必要があるとき、変革が必要なとき、実行が必要なとき、がある。何かを実行するのに必要なスキルは、方向や政策を変更するのに必要なスキルとは異なる。どちらの状況でも、まず何をすべきかを描きだすのに必要なものとは別のスキルが要求される。だから、パワー・ダイナミクスを生産的に管理する際に重要な任務のひとつは、組織がどの局面にあるべきなのか、そこで要求される決定や行為のモードで組織を効果的に動かすにはどうするのかを解決することなのだ。第二の重要な任務は、組織をあるステージから別の段階に移動させることである。

組織によってはどう実行するかで膠着しているのに、自分たちが実行している内容の再検討をしないところもある。これはロバート・モーゼスのころの公園委員会にもあった問題である。優れた技術的洞察と分析が示せても、なかなか物事を実行できない組織もある。一九七〇年代のゼロックスがそれだ。良質の情報を使う意思決定が得意で、決定事項を実行する技術にも長けている組織も、変化する環境を認識したり、根本的な変革を成し遂げる場合には問題があるところもある。GMが古典的な例で、多くの組織がこれに当てはまる。

政治的ダイナミクスに潜む問題と機能不全は、組織の段階とプロセスによって異なる。変革を実行するために必要な影響スキルのタイプは、優れた分析を動機づけるスキルや、基本的な合意を実行するのに要求されるスキルとはかなり違うのだ。パワーや影響力から発生する潜在的問題に対する感受性、さまざまなトレードオフの考慮、組織の意思決定の段階への気づきは役には立つものの、こうしたダイナミクスを生産的に管理するために必要な洞察に必ずつながるわけではない。

パワーと業績

組織内の政治的プロセスから問題が発生する可能性があるため、パワーや影響の作用と業績の関係を見ることも大切だ。パワーや影響の作用が小さい組織なら、業績がよりよいと言えるのだろうか。あるいは、パワーと業績の関係は、もっと複雑で条件がいろいろに絡むものなのだろうか。

組織のパワーと影響のプロセスは業績を阻害する、という最も一般的な仮説を明記しておこう。ある日、トム・ピーターズがパワーに関する筆者の前の著書を借りていった。[14] 彼は明らかに自分を抑えようとしていた形跡があるのだが、それでも返ってきた本の余白にはいくつかの「効果的な組織なら違う」とのメモが書きこまれていた。彼の考えでは、その本で記述されていたコンフリクトや政治性は、最も優れた組織では明白とは言えないというのだ。おそらく彼が正しいのだろう。だから、そうした企業の多くが数年後にはもはやそれほど卓越しているとはみなされなくなった理由なのだ。[15] パスカルが記しているように、ここにはパラドックスが存在する。一方には、組織戦略、人員配置、構造、戦略などなどを適合させるための処方箋《しょほうせん》があるが、他方では、組織のすべての構成要素間の適合が強すぎ、補完性が強すぎると、組織は新しい状況に適応するような変革ができないケースもある。このジレンマが刺激となり、パスカルは組織がいかに変化するか、つまり自己をどう変形させるかを理解すべく、フォード、ホンダ、ＧＥをはじめとする大企業の詳細な事例研究を行なったのである。

パスカルの分析は計画化された努力を焦点にしているが、必ずしも包括的な計画が対象ではない。そこには、人々が問題を認識している、あるいは問題について何をすべきかを理解しようとしているという意識がある。また時には、成功や失敗の決定を補助していないという意識もある。他の点では優れているこの分析に欠けているのは、個人の動機や利益、あるいは組織の動機や利益に対する意識である。これらは試みられていることと、最終的に実行されることの決定に確実に作用しているはずなのだ。

戦略、テクノロジー、市場へのアプローチ、労働者の管理を含む根本的な変革が要求されていないのなら、言い換えれば、組織の既存の経営と文化が結果を出しており、想定しうる先までは、そのまま継続可能だという場合なら、パワーや影響のプロセスは、いずれも不要だし非効率でもある。パワーや政治をエージェンシー理論から考える、エコノミストなどの人たちが暗黙に前提にしているのがこの状況である。この前提には、組織を代表して意思決定を行なう、かなり知的でモチベーションの高いプリンシパルの存在がある。そのプリンシパル個人は、情報や分析能力をもっていない可能性があり、それでエージェントに頼るのだが、このエージェントはエージェント自身の利益や、所属するユニットの利益を拡大するのを目的に、戦略的に情報を提示しようとする可能性がある。しかし、プリンシパル本人の利益は、経済効率性と組織の安泰を前提としているのだ。問題は、現実の世界では、誰がプリンシパルで誰がエージェントかは、必ずしもはっきりしていないことだ。CEOでさえ、組織の利益ではなく、パワーやコントロールの維持、自分の遺産とする組織や建物の建設など、個人的な利益で行動することも多い。組織に関するいくつかのモデルにある、冷静に効率を最大化する存在が、実際の組織にあるかどうかも不確かなのである。意思決定者の動機や利益が信頼しうるという意味で、意思決定に問題がなく、しかも環境が安定していれば、政治的な内部抗争は時間とエネルギーの浪費である。

キャサリン・アイゼンハートとジェイ・ブルジョワは、マイクロコンピュータ産業における規模の小さなハイテク企業八社の調査を行なった。[17] 従業員は最も大きい会社で五〇〇人、最も小さい会社で五〇人だった。調べたのは、戦略的方向性と製品開発に関係する重要な決定で、意思決定が独裁的な経営責任者に集中されているほど、政治性が高いことが見出された。彼らは「CEOが強力であるほど、他の役員の間にパワーを結集し、結託行動や謀反行動が表れる傾向が強い」[18]と記している。政治性と業績の関係を検証すると、「効率的な会社のトップ経営職のチームが政治性を避けているのに対し、業績の低い会社の経営チームは政治を利用する傾向があった」[19]。これには次の三つの理由があった。①政治は時間を消耗し、経営職のエネルギーを浪費させる。②政治性は情報の流れを制限する。③政治的に活発な経営上層部では、他者の見解に関する感覚が歪むようになる。

アイゼンハートとブルジョワの調査は慎重に行なわれ、組織における政治と業績の関係を実証的に検証したきわめて数少ないもののひとつなので、その成果はていねいに検討されてよい。第一点は、彼らが述べているように、政治性が低業績の原因になっているだけでなく、低業績が政治的行動をもたらしている可能性である。経営職は低業績により自分の地位に不安を(当然ながら)感じるもので、これが地位の争奪や責任回避の企てを多発させているかもしれない。第二点は、政治性と専制型経営職がほぼ完全に相関することである。専制型経営職は、変化のスピードが速く、技術的に複雑な環境では有能とは言えない傾向がある。これらは小企業で、確たる市場ポジションがなく、社員の他社への流動性の高い領域で事業を行なっている。専制型経営スタイルは、技術面で重要な社員の意欲を下げ、離職を高めやすい。だから低業績と政治性の関係が直接原因かどうかとか、この事例における政治性が専制型経営スタイルに関連していることが間接的に表れているかどうかは、わからない。最も重要なのは、これらの企業がエコノミストのモデルの前提にあるのと最も近い文脈を提供していることだ。これらの小さな組織は、プリンシパルのほとんどはトップの経営者であり、たぶんはっきりと所有者の地位にある。ハットンやゼロックスで見られたような、自分のためにパワーを維持するというインセンティブはほとんどない。むしろ、非常に競争の激しい環境特性と資本への強い関心が、CEOに組織の利益を最高にするための行動をとらせやすいのだ。こうした状況では、政治性と情報歪曲は最も質の高い意思決定に反する働きでしかない。成果がきわめてスピーディにわかるのも、こうした競争的で急速に変化する環境なのである。

対比として、ポラリス・システムのような国防システムの開発の例を考えてみよう。ポラリスは米国が着手した兵器開発計画で、最も効果的で成功したもののひとつとして賞賛されている。優れた経営事例のモデルと考えられ、米国の核抑止能力の開発に重要な役割を果たした兵器システムだと無条件のように認められている。兵器システムの開発は、マイクロコンピュータ企業のように、成功や効率性によってただちに評価できるものではない。ポラリスの優れた事例研究を書いたサポルスキーは「批判がないということは……成功の印と見ることができるが、その意味は、特定の計画や組織のオペレーションを、誰も自分自身の利益や目標に反するとは見ていないこと、そしてそれが有益だとさえ思う人がいるということだ」[20]と語る。

ポラリスの成功は、計画が始まったときから約束されていたわけではなかった。戦略的攻撃型ミサイルの主導権をめぐり陸海空三軍が競合していたので、この計画は

「管轄の競合と組織間調整という問題」[21]にぶつかった。ここでの問いは、ポラリス計画のパフォーマンスにおける政治の役割はどうだったか、である。アイゼンハートとブルジョワが観察した組織のように、政治性は計画の有効性を損ねたのか、あるいはポラリス計画の成功は、パワーや影響をめぐる闘争がなかったためなのか。

サポルスキーは、成功の主因はポラリス計画の管理者と後援者の官僚的政治スキルだと結論づけている。国会からの支援と行政の支援は得られた。三軍間の対抗意識は管理された。計画に必要な科学的専門知識は集結された。機関間ネットワークおよび組織間契約関係はうまく管理された。だが様子は少し違うようだ。

この成功はポラリス計画を推進し、保護した人たちの能力によるものだった。競争相手は除去しなければならなかった。諸機関の検査は出し抜かなければならなかった。国会議員も海軍提督も新聞記者も学者も取りこまれねばならなかった。政治はシステムの必要条件である。政府内の計画を区別するのは、政治的役割を演じる者の有無ではなく、うまく演じる者とそうではない者がいるということである。[22]

サポルスキーはPERTやクリティカル・パス分析のような、この計画のために開発された有名な管理手法さえ、体裁を整えたり支持を集める目的で利用されていたと指摘する。これらの分析手法は、計画の管理や評価には、実質的な重要性は必ずしもなかったというのだ。

経営管理手法におけるこの計画の革新性は、私が示そうとしてきたように、技術的には雨乞いの踊り程度のものだったのに、政治的にはきわめて有効だった。この特殊プロジェクト・オフィスは、経営効率性の評判により、開発計画には……何人たりとも異議を唱えられないことをすぐに悟った。[23]

環境が違うというのは、成功には政治のスキルが鍵になるという意味である。そして同じような結果が、病院の組織開発に関するフィン・ブラウンの調査にも表れた。[24]ブラウンの調査は、組織開発への介入の一部として行なわれた。共通目標とコンセンサスを前提として組織の上層部と一緒に進める、典型的な組織開発手法は控え、ブラウンらは外科ユニットの職員と一緒に働き、まず下位階層の職員のパワーを強化することを主軸に効率を改善しようとした。この介入戦略には、現在のシステムで苦労している人たちが変革を実行できるだけのパワーをもつまでは何も変わらない、という前提がある。「この戦略には、コンフリクトの中で立場の弱い者が、立場の強い相手に対するパワーポジションを改善するステップを置いている。具体的には、弱い側のパワー基盤を強化するか、強い側のパワー基盤を弱めるかである」。㉕

外科ユニットの抱える問題には次のものがあった。①仕事量の変動に、人員配置のパターンの変動が十分に対応していない。②ユニット（ほぼ全員が女性のサポート人員で構成されている）と（男性）外科医の関係の悪さ。③ストレスと不満が目立つ脆弱《ぜいじゃく》な組織風土。コンサルタントは、このユニットのパワーを強化することに集中し、そこから他の人たち、特に外科医との作業協定の変更の交渉に入れるように努めた。介入は成功した。外科手術ユニットのスタッフが結果に喜んだだけでなく、外科医たちも満足な状況になった。そしてほとんどの基準から見て、このユニットはずっと効果的に機能するようになったのである。

この調査は、業績と効率の問題とは、あるグループが、自分たちの構想や提案を真剣に取り上げてもらうには、パワーが不均衡だったり、パワーが欠如していたり、その能力がないという、パワーと政治の問題でということを思い出させてくれる。もちろん、こうした問題は病院のような環境で起こりやすい。こうした場には、業績が組織全体のレベルでは評価しにくく、マイクロコンピュータ企業にみられるような競争圧力や短期成果を求める圧力がないのだ。

政治と業績の関係は、条件でこのように変わるものなのだ。パワー・ダイナミクスから発生する問題が効率を阻害するのは明らかで、これを緩和するために措置がとられれば、ある程度は業績は上向くだろう。しかし、より集権化されたコントロールと制度化されたパワーのある大型の組織で、そこからさらに変革を実行するためには、パワーや影響力のスキルが不可欠だと言えると思う。オーナー経営者で、はっきりと測定可能な結果が出る、フィードバック・サイクルの短い、小さな組織では、パワーや影響力は業績の妨げになろう。重要なのは、政治的活動がない場合、組織はその環境に反応するのかどうか、あるいはそうした活動が組織変革のプロセスの統合的役割になるのかどうか、である。

だが残念ながら、これには何の保証もない。大型の組織でも、パワーと影響力のプロセスが組織を効率的にするわけではないのだ。一般の電力会社はすべて、過去数十年間、大きく変化する環境と向き合ってきた。そしてどの会社でも、法務と財務のパワーが拡大している。しかし、前述のようにPG&Eほど法務と財務に支配されているところは少ない。PG&Eは企業目標を変え、新しい財務計画と統制システムを実行し、多くの業務部門のトップを弁護士が務める組織になった。この変化はPG&Eが新しい環境に効果的に対処するのに役立ってきたのだろうか？

ある事例研究では、決定的ではないものの、非常に効率的だという企業の姿はデータからは見えてこない。PG&Eと南カリフォルニアエジソンを比較すると、いずれも業務は同じ州の規制環境にあり、景気と諸条件も追い風で同様な恩恵を受けているのだが、同じように弁護士に支配される構造にはなっていない。一九七七年の南カリフォルニアエジソンは収益が二〇億六〇〇〇万ドルで、一株当たり利益は一ドル九〇セントだった。一九八五年には収益は五一億七〇〇〇万ドルに伸び、一株当たり利益も三ドル二六セントと七一・六％伸びた。PG&Eは一九七七年の収益が三五億ドルで、一株当たり利益が三ドル一五セントだった。PG&Eも同一期間に収益が劇的に伸び、一九八五年には八四億ドルになったが、一株当たり利益は二ドル六五セントに落ちた。この期間で区切ったのは、一九七九年から一九八四年までの時期に、弁護士がPG&Eの実質的なコントロールを握ったからである。この移行期間に面白い結果が表れているのである。

この比較は公平ではないと言う人がいるだろうし、たしかにその指摘には正しい面もある。PG&Eの財務成績が振るわなかった理由のひとつは、原子力発電所の問題があったからだ。例えば一九八三年、PG&Eはハンボルト湾原子力発電所の第三号機の廃用を決めた。州の規制委員会はそのコスト全額を費用として計上することを認めなかったので、会計損失が三七〇〇万ドルに上った。それに、有名なディアブロ峡谷原子力発電所の問題もあった。この発電所の業務許可には大きな反対運動があり、発電所の操業にこぎつけるまでに大変な遅れが出て、大幅なコスト超過になっていた。だからたしかに、弁護士と財務屋が台頭する何年も前につくられた、問題のある原子力技術にのめりこみすぎたゆえの難題で、彼らの体制を責めることはできない。

しかし、彼らにまったく責任がないかというとそうでもない。電力、特に原子力は、きわめて政治的な課題だからだ。弁護士に想定される優位性のひとつは、政治的に課せられた規制環境で効果的に経営する能力のはずだ。一九八〇年代の中ごろには、CPUC（カリフォルニア公共公益事業委員会）が公益事業規制に関する新しい見解が目立ってきていることを指摘している。この新しい立場は、資本投資と業務手順の工学的正当性と経済的正当性にもっと力点を置き、より多くの公益事業担当職員が技術的、経済的、環境的諸問題を議論するもっと密に接触するよう主張していた。CPUCの職員はほぼ例外なく、PG&Eの方式に不満を述べており、南カリフォルニアエジソンとの関係のほうを好ましいと思っていることを明言していた。この二つの電力会社に対する認識の違いが、すべて両社の財務問題の違いになるわけではないが、これ以外はとてもよく似た二社の利益率がこのように違うことに、しかるべき影響があると考えられる。

この事例は、大型組織における変化は、しばしば政治的プロセスの結果であり、そこではパワー・ダイナミクスが顕著な役割を果たしていることを示している。ただし、こうした変化が組織にとって好ましい結果を約束するわけではない。パワーと政治性は環境の状況変化に組織を適合させるのに役に立ち、必要かもしれないが、そのプロセスが必ずうまく機能する保証はない。さまざまな参加者の間の政治的スキルと利益の分布状況に依存する部分がほとんどなのだ。言えることは、パワー・ダイナミクスは組織の適応にしばしば有益であり、そしてそれらがもたらす変化が、組織の有効性や業績にとってメリットにつながるのかどうかについては、断言できないということだ。

CHAPTER 18

第18章

パワーによるマネジメント

Managing with Power

問題は、われわれが世界を善玉悪玉がはっきり別れた崇高な道徳劇と見たがることだ。パワーを獲得することは必ずしも魅力的なプロセスではなく、その利用も同じだ。

パワーを診断する方法、パワーの源泉が何か、パワーを使うための戦略と戦術は何か、パワーがいかにして失われるか、ということからパワーを理解することはもちろんだが、世間に広く存在する知識を活用することも大切である。パワーや影響に関する知識を実行に移すこと、つまりパワーによるマネジメントは、物事を達成しようとしている人たちにとって不可欠なのだ。

「データゼネラルでしばらく働くつもりなら、学ぶべきことがある」と西部ハードウェア事業部のエド・ラサラは言う。「自分がプッシュしなければ、何も動かない、ということだ」。(1)

変革を提唱する人たちがパワーを効果的につくりだし、利用する方法を学んでいなければ、コンピュータはつくられず、町は再建されず、疫病との戦いもなかった。一九八〇年代初期の血液バンクは、輸血によるエイズ感染の検査を拒否し、感染血液の供給が重大な健康リスクになることさえ否定した。一九八〇年代には、エイズ・ロビーの政治的技術が強まり、いまでは別のグループがその戦術を借用している。

乳癌の女性はエイズ支援団体の教訓を学び、政治的行動を使って、連邦政府と州政府にこの病にもっと注意を向けるよう強く要求している。「彼らが政府にわからせる方法を見せてくれた。……私たちが物言わず死んでいっているときに、彼らは古めかしい体制に挑み、方向を転換させた」。(2)

女性の健康問題は人口比率から見て圧倒的に不十分な資金しか向けられておらず、この状況はパワーと影響力を行使しなければ変わらない。さらに大事なのは、医学研究に資金を出し、医薬品業界を規制している組織「の中で」パワーと影響力を使わないかぎり変化は起きないということだ。

企業、公的機関、大学、政府でも、課題は、物事をどのように実行し、どのように前進させ、あらゆるタイプや規模の組織が直面する多くの問題をどう解決するかである。パワーを形成し、行使するには、意欲と技術の両方を備えることが要求される。しばしば欠けていると思われるのが意欲である。パワーと影響力にはネガティブな意味合いがある。我々は政治家を執務室から追い払い、物事を別の形で、またはよりよい形で行なおうとして、制度や個人を倒そうとする。若きヘンリー・フォード二世は、その名前を冠する会社に一九四〇年代に起こったトラブルに対処した。彼が行なったことを実行できる精神力や勇気のある者は、我々の中にどれくらいいるのだろうか？

フォード自動車はヘンリー・フォード二世の祖父によって創建された。この老フォードはエンジニアリングの天才だった。T型フォードは実際に米国を変えた。だが晩年の彼は頑固で、硬直し、独裁的になり、新しい技術もスタイリングも拒み、事実上、会社を壊してしまった。フォードはT型への批判を自分への非難と見てしまい、シボレーの競争圧力には価格引下げで対抗した。一九二〇年から一九二四年にかけて八回、一九二六年には二回以上の値引きを行なったのである。(3) 一九二七年にA型が導入されても、会社の衰退は止まらなかった。かつてのフォードは優秀な技術者と革新的な管理職に囲まれていたのに、まもなくボディガードやいかつい連中を取り巻きにするようになっていた。その中には銃を携帯し、なかには訪問者と話している最中に射撃練習をしてみせたという悪名高いハリー・ベネットもいた。

A型の一時的な勝利も、会社の下降スパイラルを止められなかった。フォードは過去に閉じこもったままだった。どんどん気まぐれになり、最後はぼけていた。人生を終えるころには、第二次世界大戦さえなかったと思い込み、新聞社が軍需産業を助けるためにつくりあげた策略だと信じていた。……この劇的なまでの自己破綻により、この米国の巨大企業に昔日の姿は見る影もなかった。(4)

第二次大戦当時に、連邦政府がフォードの接収を検討していたのは事実である。経営も財務状態も切迫しており、いつ倒産してもおかしくなく、政府は戦時の生産能力をなんとしても確保しておく必要があったためである。一九四三年には海軍長官フランク・ノックスが、二六歳だったヘンリー・フォード二世を海軍から除隊させた。彼にはもっと大きく、ずっと重要なこと、つまりフォードを継いで、救うという職務があったからである。その父、エドセル・フォードがこの年、胃癌のため四九歳で亡くなっていた。紳士的で頭脳明晰と評されながら、彼は老フォードに完全に支配され、会社で重要な役割を果たしたことは一度もなかった。会社にはフォードの第二世代を破滅させ、そして第三世代にも喜んで同じことをしようという連中がいた。

老フォードが年をとり、ぼけるにつれ、会社の実権はハリー・ベネットの手に移っていった。暴力団、ギャング、元警官といった物理的な力でコントロールを行使する事実上の秘密警察として、非常に怖れられていたフォード・サービス事業部のトップだった。ある社員が会社の喫煙規則を破ったとき、ベネットは彼の口に葉巻をくわえさせ、それを自ら銃で撃ったという話があるほどだ。エドセルが亡くなると、ヘンリー・フォードはますます衰えていった。こうした状況で、会社の実権をベネットから引き剥がせる唯一の切り札がヘンリー・フォード二世だったのだ。

フォード二世は会社にいて肩書も副社長だったが、ベネットは（父のエドセルにしたように）彼を軽んじていた。しかも、老フォードはあろうことか、会社の経営を一〇年間はフォード二世を含まない一〇人構成の取締役会に渡すということを明記した補足書つきの遺書を作成していた。フォード二世は激怒し、この遺言が変更されなければ辞任すると迫った。さらに、会社の残念な状況についてディーラー各社に通知すると警告した。母（エドセルの妻）、エレノア・クレイ・フォード（ハドソン百貨店一族の親戚）はフォード二世に会社の実権が渡されるべきで、さもなければ自分の所有する株式を売却するといった。祖母（老フォードの妻）クララ・フライアント・フォードはエレノアを支持した。一九四五年九月二〇日、フォード二世はフォード自動車の社長に就任し、翌日この決定が取締役会で承認された。

彼はすぐにベネットを解雇した。二九年在職し、その大半を実質的なボスとして過ごした男を除去したのである。財務管理がなく、経営陣が混乱し、毎月一〇〇〇万ドルの損失を出す会社を引き継いだフォードは財務の専門家を採用した。そこには会社の帳簿と記録を正常にするためにアージェイ・ミラー、経営を補助するためにベンディクスから招かれたアーニー・ブリーチが含まれていた。

実権を奪って最初の数カ月で、フォードはベネットの取り巻き多数を含む一〇〇〇人以上の経営職、管理職を解雇した。一九四九年までに、フォードは全米自動車労働者組合とともに、業界初の年金プランを制度化し、まったくの新車を市場に投入した。一九五〇年には、会社は二億五六〇〇万ドルの利益をあげていた。フォードと新しく採用した人たちが会社の業績を回復させたのだが、これを実現するためには、組織内のきわめて手強い連中と対決する勇気と意欲を要した。フォード二世はパワーによってマネジメントを行なったのである。

では、パワーによるマネジメントとはどういうことなのか？

第一に、どの組織にも、さまざまな利害があることを認識することである。我々が第一にすべきことは、政治的状況を診断し、かかわる利害が何か、そして組織を特徴づける重要な政治的サブユニットがどれかを理解することである。みんなが必ず自分の友人になるとか、自分に同意するとか、まして好みが一致し、共有されているなどと決めつけないことが大切である。組織内には利害が渦を巻いており、それがどこにあり、誰に属すのかを理解する必要がある。

第二に、そうした人間やサブユニットが、自分の利益が絡む課題をどう見ているかを理解することである。また、そうした視点の裏にある理由も理解する必要がある。視点の異なる人たちについて、自分ほど賢くない、情報がない、洞察力がないといった思い込みは、かなり簡単に生ずるものだ。そうしたは思い込みは、ある行動をとらせる傾向がある。中には、破滅的な事態を招くようなものもある。例えば、自分に同意しない人たちを軽蔑する態度をとる。そうした人たちが自分ほど有能でもなく、洞察力もないのなら、彼らの言うことをまともに考える必要があるのだろうか、となるだろう。逆に、自分と性格や意見が似ている人たちとやっていくのが難しいということは少ない。組織における成功の真の秘密とは、なすべきことを実行するために、自分と違う人たち、自分が必ずしも好きではない人たちとやっていく能力なのだ。また、我々が間違った情報を受けていると思う人たちがいると、彼らに「知らせよう」、あるいは、事実や分析で彼らを納得させようとする傾向もある。うまくいくこともあるが、そうはいかないことも多い。彼らの反論が情報の欠如によるものではなく、情報が意味することへの視点の違いから来ているかもしれない。利害関係のあるグループの視点と同時に、彼らの立場の根拠を診断することは、相手との交渉やいろいろな仕掛けに対する反応を予測するのに役立つはずだ。

パワーによるマネジメントの第三の意味は、物事を成し遂げるためにはパワーがいるということ、しかも抑えなければならない相手よりも大きなパワーが必要だということであり、そのためには、パワーがどこから来て、そうしたパワー源はどうしたらつくれるのかを理解することが不可欠だということだ。だが、パワーを獲得したり利用したりすることをはっきりと意図的に、あるいは戦略的に考えることに抵抗を覚えることもある。我々には最善を尽くし、一生懸命働き、よい人であれば、物事は最良の形で進むだろうと思い込む傾向がある。もちろん、一生懸命働くな、優れた決定をしようと思うな、よい人物であるなと言おうとしているわけではない。こうした陳腐な決まり文句は、自分の組織において物事を実行するときには、役に立たないことが多いということだ。我々はパワーを知り、手に入れる必要がある。我々は自分のパワー源を構築するために努力を惜しまない気持ちをもつべきで、その意思がなければ、お祈りほどの効力もないだろう。

パワーによるマネジメントの第四は、組織において形成され利用されるパワーを使った戦略と戦術を理解することである。これには、タイミングの重要性、構造の利用、コミットメントや他の形態の対人影響力に関する社会心理学が含まれる。これらを理解することによって、我々は洞察力をもって他者の行動を観察できるはずだ。パワーとその現れ方を理解するほど、我々の診断スキルも向上する。もっと基本的に言えば、パワーを使う戦略と戦術を理解する必要があるのは、自分が使えるアプローチのレパートリーを検討し、効果の高いものを使えるようになるためだ。あらためていうが、パワー源を構築する事例で見たように、我々はこうしたことを考えようとしない傾向があり、自分のパワーの利用について意図的、戦略的であろうとすることを避けるものなのだ。これは間違いである。さまざまな良心の呵責を感じるかもしれないが、良心の呵責もない人たちもいるのだ。パワーなき知識は使いものにならないし、効果的に使う技術のないパワーも無駄だといってよい。

パワーによるマネジメントとは、本書で論じた諸概念を知ることだけではない。それはヘンリー・フォード二世のように、その知識を使って物事を実行する意思をもつことだ。物事を実行するには政治的手腕と課題を強行する意欲が必要なのだ。

米国では長い間、雇用、居住、公的宿泊施設の領域で広がっていたマイノリティへの差別を終わらせるために、デモ活動や反対運動、裁判所の決定や法案提出が行なわれてきた。公民権法案を通すことはケネディ大統領の最優先事項でもあった。だが、カリスマを備えたケネディでさえ、政治戦術に関する知識に欠け、もっと強力な方策を使ってでも自分の法案を通すという意思がなかったようだ。パワーと影響力を熟知した人物の手の中にあれば、南部の下院議員や上院議員の反対にあっても、この法案はすぐに通過していたはずなのだ。

一九六五年三月、米国は南部で起こった公民権運動のデモ行進に対する暴力的反応によって大混乱に陥った。差別主義者がデモ行進の列に襲いかかり、多くの死傷者が出たのに、地元警察当局はまったくといってよいほど介入しなかった。リンドン・ジョンソンが合衆国議会両院合同会議に向かうときに、ホワイトハウスの向かい側ではデモ参加者が徹夜の座りこみをしていた。一九四八年に連邦反リンチ法に対し、この問題は州に任せるのが適切だと主張し、法制化に反対したのも同じリンドン・ジョンソンだった。若い議員秘書として、後に下院議員として、保守派には保守的に、リベラル派にはリベラルに話し、そして多くの人から、無意味な賛成しかしない、と言われたのも同じジョンソンだった。下院に八年いたのに重要な法案をひとつも出さず、国家的に重要な課題についてほとんど何も発言しなかったのも、このジョンソンだった。下院にいる間、連邦コミュニケーション委員会の同僚に影響力を及ぼし、テキサス州オースティンのラジオ局を手に入れ、この局に膨大な利益が転がり込んで価値が上がるように営業免許証変更を手伝わせ、自分の懐を肥やしていたのもこのジョンソンだった。一九六八年に、アメリカ国民を誤解させたまま、自分のベトナム戦争への関与と多くのアメリカ人が大統領職に根本的な不信感をもっているという理由で再選不出馬を決めたのもこのジョンソンだった。だが、その夜は、ジョンソンは公民権運動を助けるために、自分のパワーと政治的技術を精力的に使おうとした。

ジョンソンの演説のほぼ最初の言葉で、聴衆は彼がそれまでとは違った水準で公民権の理想を取り上げようとしているのがわかった。……彼は新しい公民権法案を提案する……そしてこれまでの法案よりはるかに強力なものだ。……「公民権の理想は、我々の理想でなければならないのです」とジョンソンは言った。「偏見と権利の侵害によって損なわれた遺産を乗り越えなければならないのは黒人だけでなく、我々全員なのだから……だから我々は必ず克服する」[5]。

ジョンソンは演説を終え、議場を後にすると、下院司法委員会の七六歳の委員長エマニュエル・セラーを探した。

「エマニュエル、今夜公聴会を始めてもらいたいのだが」とジョンソンは言った。「大統領、私は委員会を強制できません。やれば手に負えなくなります。公聴会は来週に日程を組んでいるところです」と反論した。……ジョンソンは両目で不快を表し、顔をこわばらせた。彼の右手はセラーと握手していたが、左手は上がり、指は開き、その先端が突きつけられていた。そして言った。「『今週』開始するんだ、マニー」「それに、夜の時間帯のセッションも組んでおくように」(6)。

物事を実行するにはパワーが必要である。問題は、我々が世界を善玉悪玉がはっきり別れた崇高な道徳劇と見たがることだ。パワーを獲得することは必ずしも魅力的なプロセスではなく、その利用も同じだ。しかも、我々の平衡感覚をかなり乱すのが、私の学生たちの言葉で言えば、リンドン・ジョンソンのようにいろいろな点で薄っぺらな人物が、米国の歴史上、他の誰よりも短い時間で、より大きな効力の公民権法をこともなげに通したという事実だ。我々は目的と手段という課題に悩まされる。「悪い」人たちがたまにすごいこと、素晴らしいことをし、「良い」人たちがたまに「悪い」ことを、そして多くの場合何もしない、という事実に当惑する。民間組織の管理職や公的組織の管理職が、物事を実行するためにパワーを手に入れ、使うのは毎日のことだ。こうしたことの中には、後から見るとミスもあるかもしれないが、これも見る側の視点に大きく左右されることが多い。読者の中で常に正しいことをしている人がいたら、すぐに筆者に連絡してほしい。一緒に裕福な気分にひたろうではないか。ミスや反発は避けることができぬものだ。甘受しうるのは、何でも受け身になることだ。努力などせず、物事を達成しようと追い求めたりしないことである。

多くの活動領域で、我々は誰も驚かさないように、ミスをしないようにという強迫観念にとらわれ、何もしないことを選んでいる。場所を間違うかもしれない、方向も間違えるかもしれないと思い、サンフランシスコの高速道路を再建せず何もしない。その結果、十分な輸送路がないまま町の経済は衰える。例えばパソコンのような新製品には問題が起こる可能性があるからと、研究と分析にいたずらに時間をかけているうちに、市場機会を失う。分析や用心はもちろん大切だ。よくないのは、改革に必ずついてくる反対を抑える技術がないことや、実行に関心がないことから来る麻痺や不作為なのである。

セオドア・ルーズベルトはソルボンヌで行なった一九

一〇年の講演で次のように語った。

計算する批評家のものではない。強い人間がどのようにつまずくか、立派な行為をした人にどこならばそれをもっとうまくできたかを指摘する者のものでもない。信用とは、現場にいて、埃と汗と血が顔にまみれている人物のものだ。勇敢に努力する者。間違いをし、到達できなかったことも一度ならず。努力には失敗や欠落はつきものだ。だが、大切なことを本当に実行しようと努力をする人間がいる。偉大な熱意と偉大な献身を知る者がいる。自分を価値ある理想に捧げる者。最高のときは、高き到達点という勝利を知り最悪のときも、少なくとも敢然と挑みながらの失敗を知る者。だから、彼のいるところに、勝利も敗北も知らぬ枯れた臆病な魂はなど存在しない。(7)

パワーがないと感じるのは楽で、しばしば心地もよいものだ。「どうしたらよいかわからない。物事を実行するためのパワーもない。争いに巻きこまれるなんて、まっぴらだ」と。自分の組織で何らかのミスとぶつかって「これは本当は自分の責任ではない、それについてはもうどうしようもない、会社がそうしたいと言うのなら、そう、上の役員は高い金をもらっているのだから、彼らの責任でしょう」と言うのも簡単だし、よくあることだ。こう考えることで自分が物事を成し遂げられないことを正当化する。反対を押さえこもうとしなければ、敵をつくらずにすみ、自分が困ることもあまりない。しかし、こうした考え方と振る舞いは組織と個人を失敗に導くものなのだ。これが、パワーと影響力をもつことが組織のもっとも汚い秘訣でなく、個人と組織の両方にとっての成功の秘訣である理由なのだ。ほぼあらゆる領域での革新と改革に、パワーをつくる技術と物事を実行するためにパワーを使う意欲が要求される。ある地方ラジオ局のニュースキャスターはこう言っている。「そのニュースが嫌いなら、出かけていって自分のニュースをつくるしかない」。

謝辞

私がこの本を書いたのは主としてスタンフォード大学の同僚、ジーン・ウェブとハル・レビットのおかげである。レビットは何年も前から、学生や経営者にわかりやすい本をたまには書いてはどうかと私に勧めてくれていたのだが、私は長いこと彼の忠告に耳を貸そうとしなかった。ウェブは副学部長の地位を退いたのちに、Power and Politics in Organizations（組織における権力と政治）というテーマのクラスを担当することになったが、もとはといえばそれは私が開発し自分で教えてもいたテーマであった。彼はそのクラスに新しい文献や新しいアイデアを持ちこんだが、ある年私がかつて執筆した *Power in Organizations*（組織における権力）と題するテキストを使うのをやめてしまった。このテキストは私も授業で定期的に使っていたものだ。一九七〇年代初期、私がまだスタンフォードの博士課程の学生だった頃にウェブは私の論文審査委員会のメンバーを務めていた。私は彼を友人と考えていた。友人と考えている教授が私の本をテキストとして使うのをやめたならば、それは明らかに何か手を打つべき時期がきたという意味であろう。

それまで何年か、私は「組織における権力」に関する新しいアイデアや見識を温めていた。企業管理職を対象としたコースを担当していたので、問題点の重要性がわかったし、さまざまなアイデアや資料に管理職がどのような反応を示すかを目の当たりにしてきた。スタンフォード大学の選択課程の授業も継続的に行っていたので、何年かにわたり学生たちから逸話や感想を山ほど聞かせてもらっていた。あるとき私は、コロンビア大学のマイク・タシュマン、カリフォルニア大学バークレー校のチャールズ・オライリーとともに、Managing Strategic Innovation and Change（戦略的革新と改革の管理）と題する一週間のコースを米国国内および海外の企業向けに行なったことがある。そのコースではマイクとチャールズから、革新と改革の政治力学や権力と政治学の役割に関して多くを学ばせていただいた。彼らも学生たちも、私に新しい本を書くべきだと熱心に勧めてくれていた。

執筆を勧めてくださった皆さんには、何かしら代償を払っていただくことになった。Power and Politics in Organizations コースの学生諸君には、手書きの初期段階の原稿をテキストとして使ってもらった。かつての教え子の中でもフラン・コンリーにもコピーを読んでもらった。強く執筆を勧めてくれた方々には、コメント提供という課題を引き受けていただいた。また、チップ・ヒース、ダン・ジュリアス、ロデリック・クラマー、桑田耕太郎、チャールズ・オライリー、ドナルド・パーマー、マイク・タシュマン、ジーン・ウェブの各人から（特にウェブからは並々ならぬ）ご支援をいただいた。執筆時に作業を手伝ってくれた博士課程の学生たちは、呼びかけに応じて感想や支援を提供してくれた。ベス・ベンジャミンは論文執筆で忙しい時期にもかかわらず事例やコメントを提供してくれた。同僚の方々や学生の皆さんには本当にお世話になった。おかげさまで執筆にあたり皆さんからの意見や見識がこの上なく役立った。

また、スタンフォード大学ビジネススクール秘書の、ナンシー・バンクスとカトリーナ・ジャガーズには格別にお世話になった。教授陣が秘書の方々に様々な側面でいかに支えられているかを改めて痛感し、スクールからの多方面にわたるご支援とご支持に対し心より感謝申し上げる。

一九八五年一月、私はキャサリン・ファウラーと出会った。キャサリンは大学教授と交際するのが初めてだったので、私の仕事について興味津々だった。私は物を書いていると答えたが、何か執筆したものを見せて欲しいと言われ、***Power in Organizations***にサインをして一部手渡した。彼女はそれを読んでくれた。しかも徹夜までして最後まで読んでくれたのだが、「もっとわかりやすいものは書けないの？」と言われてしまった。翌年七月に私たちは結婚した。妻が結婚祝いに腕時計をくれたので本書をお返しにしたい。少し遅くなったが、人生は更に面白くなってきた。

訳者紹介

東洋大学経営学部教授．博士（商学：早稲田大学）．滋賀大学教授から名古屋市立大学大学院，東京理科大学を経て2020年より現職．ノースウエスタン大学ケロッグ経営大学院 DRRC（紛争解決研究センター）フェロー（1994－2018）のほか，フランス ESSEC 経営大学院，スペイン・セビリア大学大学院心理学研究科等で客員教授を務めた．主な著訳書に『ロースクール交渉学』（共著，白桃書房），『組織のイメージと理論』（共著，創成社），訳書に『予測できた危機をなぜ防げなかったのか？：組織・リーダーが克服すべき３つの障壁』（東洋経済新報社），『交渉力のプロフェッショナル：MBA で教える理論と実践』（ダイヤモンド社），『「話し合い」の技術：交渉と紛争解決のデザイン』『交渉の認知心理学：戦略的思考の処方箋』『マネジャーの仕事』（以上，白桃書房）がある．
Academy of Management Journal, Journal of Applied Psychology, Negotiation Journal, Management and Organization Review, Journal of Experimental Psychology, Journal of International Management などに論文が掲載されている．専門は交渉と紛争解決，組織行動とリーダーシップ．

影響力のマネジメント

2008年８月14日　第１刷発行
2020年11月６日　第３刷発行

訳　者　奥村哲史《おくむらてつし》
発行者　駒橋憲一
発行所　〒103-8345 東京都中央区日本橋本石町1-2-1　東洋経済新報社
電話 東洋経済コールセンター03(6386)1040
印刷・製本　丸井工文社

Printed in Japan　ISBN 978-4-492-53243-0　https://toyokeizai.net/

索　引

■サ行■

■タ行■

■ナ行■

■ハ行■

■マ行■

■ヤ行■

■ラ行■

■ワ行■

参考文献

Achen, Christopher H. 1986. *The Statistical Analysis of Quasi-Experiments.* Berkeley: University of California Press.

Allen, Robert W., et al. 1979. "Organizational Politics: Tactics and Characteristics of Its Actors." *California Management Review*, 22: 77-83.

Archibald, W. Peter. 1974. "Alternative Explanations for Self-Fulfilling Prophecy." *Psychological Bulletin*, 81: 74-84.

Argyris, Chris. 1974. *Behind the Front Page.* San Francisco: Jossey-Bass.

Aronson, Elliot. 1972. *The Social Animal.* San Francisco: W. H. Freeman.（古畑和孝訳『ザ・ソーシャル・アニマル』サイエンス社，1984年）

Aronson, E., and J. Mills. 1959. "The Effect of Severity of Initiation on Liking for a Group." *Journal of Abnormal and Social Psychology*, 59: 177-181.

Arther, R.O., and R.R. Caputo. 1959. *Interrogation for Investigators.* New York: William C. Copp and Associates.

Auletta, Ken. 1985a. "Power, Greed and Glory on Wall Street: The Fall of Lehman Brothers." *New York Times Magazine*, February 17, 1985.

———. 1985b. "The Fall of Lehman Brothers: The Men, The Money, The Merger." *New York Times Magazine*, February 24, 1985.

Bach, Steven. 1985. *Final Cut: Dreams and Disaster in the Making of Heaven's Gate.* New York: William Morrow.（浅尾敦則訳『ファイナル・カット』筑摩書房，1993年）

Bachrach, Peter, and Morton S. Baratz. 1962. "Two Faces of Power." *American Political Science Review*, 56: 947-952.

Barry, John M. 1989. *The Ambition and the Power.* New York: Viking.

Bass, Bernard M. 1988. "Evolving Perspectives on Charismatic Leadership" in *Charismatic Leadership*: 40-77. Jay A. Conger, Rabindra N. Kanungo and Associates (eds.). San Francisco: Jossey-Bass.

Bavelas, Alex. 1950. "Communication Patterns in Task Oriented Groups." *Journal of Acoustical Society of America*, 22: 725-730.

Bazerman, Max H., and Margaret A. Neale. 1983. "Heuristics in Negotiation: Limitations to Dispute Resolution Effectiveness" in *Negotiating in Organizations*: 51-67. M. H. Bazerman and R. J. Lewicki (eds.). Beverly Hills, CA: Sage.(Bazerman, Max H. and Margaret A. Neale, *Negotiating Rationally*, 1992, Free Press, 奥村哲史訳『マネジャーのための交渉の認知心理学』白桃書房，1997年）

Bem, Darly J. 1972. "Self-Perception Theory" in *Advances in Experimental Social Psychology*, vol. 6: 1-62. Leonard Berkowitz (ed.). New York: Academic Press.

Bennis, Warren, and Burt Nanus. 1985. *Leaders: The Strategies for Taking Charge.* New York: Harper and Row.（小島直記訳『リーダーシップの王道』新潮社，1987年）

Benson, P.L., S.A. Karabenic, and R.M. Lerner. 1976. "Pretty Pleases: The Effects of Physical Attractiveness on Race, Sex, and Receiving Help." *Journal of Experimental Social Psychology*, 12: 409-415.

Berlew, David E., and Douglas T. Hall. 1966. "The Socialization of Managers: Effects of Expectations on Performance." *Administrative Science Quarterly*, 11: 207-223.

Bernstein, Aaron. 1990. *Grounded: Frank Lorenzo and the Destruction of Eastern Airlines*. New York: Simon and Schuster.

Bernstein, Peter W. 1980. "Upheaval at Bendix." *Fortune*, November 1, 1980: 48-56.

Berscheid, Ellen, and Elaine Hatfield Walster. 1969. *Interpersonal Attraction*. Reading, MA: Addison-Wesley.

Beyer, Janice M., and Thomas M. Lodahl. 1976. "A Comparative Study of Patterns of Influence in United States and English Universities." *Administrative Science Quarterly*, 21: 104-129.

Blau, Peter M. 1964. *Exchange and Power in Social Life*. New York: John Wiley.（間場寿一他訳『交換と権力』新曜社 , 1974 年）

Borum, Finn. 1980. "A Power-Strategy Alternative to Organization Development." *Organization Studies*, 1: 123-146.

Bradford, David L., and Allan R. Cohen. 1984. *Managing for Excellence*. New York: John Wiley.

Brass, Daniel J. 1984. "Being in the Right Place: A Structural Analysis of Individual Influence in an Organization." *Administrative Science Quarterly*, 29: 518-539.

Brehm, Jack W. 1966. *A Theory of Psychological Reactance*. New York: Academic Press.

Brett, Jeanne M., Stephen B. Goldberg, and William L. Ury. 1990. "Designing Systems for Resolving Disputes in Organizations." *American Psychologist*, 45: 162-170.（Ury, William L., Jean M. Brett and Stephen B. Goldberg, *Getting Disputes Resolved: Designing Systems to Cut the Costs of Conflict*, 1998, Jossy-Bass，奥村哲史訳『「話し合い」の技術』，白桃書房，2002 年）

Brewer, Marilynn B., and Roderick M. Kramer. 1985. "The Psychology of Intergroup Attitudes and Behavior." *Annual Review of Psychology*, 36: 219-243.

Brown, Richard Harvey. 1978. "Bureaucracy as Praxis: Toward a Political Phenomenology of Formal Organizations." *Administrative Science Quarterly*, 23: 365-382.

Burgelman, Robert A. 1991. "Intraorganizational Ecology of Strategy-Making and Organizational Adaptation: Theory and Field Research." *Organization Science* (in press).

Burrough, Bryan, and John Helyar. 1990. *Barbarians at the Gate: The Fall of RJR Nabisco*. New York: Harper and Row.（鈴田敦之訳『野蛮な来訪者』日本放送出版協会，1990 年）

Byrne, D. 1969. "Attitudes and Attraction" in *Advances in Experimental Social Psychology*, vol. 4: 35-89. Leonard Berkowitz (ed.). New York: Academic Press.

Byron, Christopher. 1986. *The Fanciest Dive*. New York: W.W. Norton.

Caro, Robert A. 1974. *The Power Broker: Robert Moses and the Fall of New York*. New York:

Random House.
———. 1982. *The Path to Power: The Years of Lyndon Johnson.* New York: Alfred A. Knopf.
———. 1990. *Means of Ascent: The Years of Lyndon Johnson.* New York: Alfred A. Knopf.
———. 1991. "My Search for Coke Stevenson." *The New York Times Book Review,* February 3, 1991, 1 and following.
Chaiken, S. 1979. "Communicator Physical Attractiveness and Persuasion." *Journal of Personality and Social Psychology,* 37: 1387-1397.
Chakrabarti, Alok K. 1990. "Organizational Factors in Post-Acquisition Performance." *IEEE Transactions on Engineering Management,* 37: 259-268.
Christie, Richard, and Florence L. Geis. 1970. *Studies in Machiavellianism.* New York: Academic Press.
Cialdini, Robert B. 1984. *Influence: How and Why People Agree to Things.* New York: William Morrow.
———. 1988. *Influence: Science and Practice,* 2d ed. Glenview, IL: Scott, Foresman.（社会行動研究会訳『影響力の武器』誠信書房，1991 年）
Clancy, Paul, and Shirley Elder. 1980. *TIP: A Biography of Thomas P. O'Neill Speaker of the House.* New York: Macmillan.
Cowan, Alison Leigh. 1990. "The Partners Revolt at Peak Marwick." *New York Times,* November 18, 1990.
Crozier, Michel. 1964. *The Bureaucratic Phenomenon.* Chicago: University of Chicago Press.
Cyert, Richard M., and James G. March. 1963. *A Behavioral Theory of the Firm.* Englewood Cliffs, NJ: Prentice-Hall.（松田武彦監訳『企業の行動理論』ダイヤモンド社 , 1967 年）
Cyert, Richard M., Herbert A. Simon, and Donald B. Trow. 1956. "Observation of a Business Decision." *Journal of Business,* 29: 237-248.
Davis, Otto A., M.A.H. Dempster, and Aaron Wildavsky. 1966. "A Theory of the Budgeting Process." *American Political Science Review,* 60: 529-547
Davis, Stanley. 1984. *Managing Corporate Culture.* Cambridge, MA: Ballinger.（河野豊弘，浜田幸雄訳『企業文化の変革』ダイヤモンド社，1985 年）
Deal, Terrence, and Allan A. Kennedy. 1982. *Corporate Cultures.* Reading, MA: Addison-Wesley.（城山三郎訳『シンボリック・マネジャー』岩波書店，1997 年）
Dean, John. 1976. *Blind Ambition.* New York: Simon and Schuster.（読売新聞外報部訳『陰謀の報酬』読売新聞社 , 1978 年）
DiMaggio, Paul J., and Walter W. Powell. 1983. "The Iron Cage Revisited: Institutional Isomorphism and Collective Rationality in Organizational Fields." *American Sociological Review,* 48: 147-160.
Dixon, N. 1976. *On the Psychology of Military Incompetence.* New York: Basic Books.
Dornbusch, Sanford M. 1955. "The Military Academy as an Assimilating Institution." *Social Forces,* 33: 316-321.
Edelman, Murray. 1964. *The Symbolic Uses of Politics.* Urbana: University of Illinois Press.（法貴良一訳『政治の象徴作用』中央大学出版部 , 1998 年）

Edwards, Richard C. 1979. *Contested Terrain: The Transformation of the Workplace in the Twentieth Century*. New York: Basic Books.

Efran, M.G., and E.W.J. Patterson. 1976. "The Politics of Appearance." Unpublished manuscript, University of Toronto.

Eisenhardt, Kathleen M., and L.J. Bourgeois. 1988. "Politics of Strategic Decision Making in High-Velocity Environments: Toward a Midrange Theory." *Academy of Management Journal*, 31: 737-770.

Emerson, Richard M. 1962. "Power-Dependence Relations."*American Sociological Review*, 27: 31-41.

Feldman, Martha S., and James G. March. 1981. "Information in Organizations as Signal and Symbol," *Administrative Science Quarterly*, 26: 171-186.

Festinger, Leon. 1954. "A Theory of Social Comparison Processes." *Human Relations*, 7: 117-140.

———. 1957. *A Theory of Cognitive Dissonance*. Stanford, CA. Stanford University Press.

Festinger, L., S. Schacter, and K. Back. 1950. *Social Pressures in Informal Groups*. Stanford, CA: Stanford University Press.

Fisher, Roger, and William Ury. 1981. *Getting to Yes: Negotiating Agreements without Giving In*. Boston: Houghton Mifflin.（金山宣夫，浅井和子訳『ハーバード流交渉術』阪急コミュニケーションズ，2005 年）

Fligstein, Neil. 1987. "The Intraorganizational Power Struggle: Rise of Finance Personnel to Top Leadership in Large Corporations, 1919-1979." *American Sociological Review*, 52: 44-58.

Freeman, Linton C. 1979. "Centrality in Social Networks: Conceptual Clarifications." *Social Networks*, 1: 215-239.

French, John R.P., Jr., and Bertram Raven. 1968. "The Bases of Social Power" in *Group Dynamics*, 3rd ed.: 259-269. Dorwin Cartwright and Alvin Zander (eds.). New York: Harper and Row.

Frey, Donald. 1990. "The Techies' Challenge to the Bean Counters." *The Wall Street Journal*, July 16, 1990: A12.

Friedman, Stewart D., and Harbir Singh. 1989. "CEO Succession and Stockholder Reaction: The Influence of Organizational Context and Event Content." *Academy of Management Journal*, 32: 718-744.

Galbraith, Jay R. 1973. *Designing Complex Organizations*. Reading, MA: Addison-Wesley.

Gandossy, Robert P. 1985. *Bad Business: The OPM Scandal and the Seduction of the Establishment*. New York: Basic Books.

Gandz, Jeffrey, and Victor V. Murray. 1980. "The Experience of Workplace Politics," *Academy of Management Journal*, 23: 237-251.

Gardner, John W. 1990. *On Leadership*. New York: Free Press.（加藤幹雄訳『リーダーシップの本質』ダイヤモンド社，1993）

Ginzel, Linda E. 1990. "The Impact of Biased Feedback Strategies on Performance

Judgments." Palo Alto, CA: Graduate School of Business, Stanford University, Research Paper No. 1102.

Gouldner, Alvin W. 1960. "The Norm of Reciprocity: A Preliminary Statement." *American Sociological Review*, 25: 161-178.

Gross, Jane. 1991. "Turning Disease Into a Cause: Breast Cancer Follows AIDS." *New York Times*, January 7, 1991: A1, A10.

Hackman, Judith Dozier. 1985. "Power and Centrality in the Allocation of Resources in Colleges and Universities." *Administrative Science Quarterly*, 30: 61-77.

Halberstam, David. 1972. *The Best and the Brightest*. New York: Random House.（浅野輔訳『ベスト＆ブライテスト』サイマル出版会，1983年）

———. 1986. *The Reckoning*. New York: William Morrow.（高橋伯夫訳『覇者の驕り』新潮社，1990年）

Hannan, Michael T., and John Freeman. 1984. "Structural Inertia and Organizational Change." *American Sociological Review*, 49: 149-164.

———. 1989. *Organizational Ecology*. Cambridge, MA: Harvard University Press.

Harder, Joseph W. 1989. *Play for Pay: Salary Determination and the Effects of Over- and Under-Reward on Individual Performance in Professional Sports*. Unpublished doctoral dissertation, Stanford University.

Heider, Fritz. 1958. *The Psychology of Interpersonal Relations*. New York: John Wiley.（大橋正夫訳『対人関係の心理学』誠信書房，1978年）

Helmich, Donald L., and Warren B. Brown. 1972. "Successor Type and Organizational Change in the Corporate Enterprise." *Administrative Science Quarterly*, 17: 371-381.

Hersh, Seymour M. 1983. *The Price of Power: Kissinger in the Nixon White House*. New York: Summit Books.

Hickson, D.J., et al. 1971. "A Strategic Contingencies' Theory of Intraorganizational Power." *Administrative Science Quarterly*, 16: 216-229.

Hills, Frederick S., and Thomas A. Mahoney. 1978. "University Budgets and Organizational Decision Making." *Administrative Science Quarterly*, 23: 454-465.

Hinings, C.R., et al. 1974. "Structural Conditions of Intraorganizational Power." *Administrative Science Quarterly*, 19: 22-44.

Hochschild, Arlie R. 1983. *The Managed Heart*. Berkeley: University of California Press.（石川准，室伏亜希訳『管理される心』世界思想社，2000年）

Holland, Max. 1989. *When the Machine Stopped*. Boston: Harvard Business School Press.（三原淳雄，土屋安衛訳『潰えた野望』ダイヤモンド社，1992年）

Horwitch, M. "Managing the U.S. Supersonic Transport Program (A)," 678-749. Boston: Harvard Business School, 1977.

House, Robert J. 1977. "A 1976 Theory of Charismatic Leadership" in *Leadership: The Cutting Edge*. J.G. Hunt and L.L. Larson (eds.). Carbondale: Southern Illinois University Press.

House, Robert J., William D. Spangler, and James Woycke. 1989. "Personality and

Charisma in the U.S. Presidency: A Psychological Theory of Leadership Effectiveness." Unpublished manuscript, Wharton School, University of Pennsylvania.

Jacobs, R.C., and D.T. Campbell. 1961. "The Perpetuation of an Arbitrary Tradition Through Successive Generations of a Laboratory Microculture." *Journal of Abnormal and Social Psychology*, 62: 649-658.

Jacoby, Sanford M. 1985. *Employing Bureaucracy: Managers, Unions, and the Transformation of Work in American Industry, 1900-1945*. New York: Columbia University Press.（荒又重雄他訳『雇用官僚制』北海道大学図書刊行会，1994 年）

Janis, Irving L. 1972. *Victims of Groupthink*. Boston: Houghton Mifflin.

Johnson, H. Thomas, and Robert S. Kaplan. 1987. *Relevance Lost: The Rise and Fall of Management Accounting*. Boston: Harvard Business School Press.（鳥居宏史訳『レレバンス・ロスト』白桃書房，1992 年）

Kahn, Robert L., et al. 1964. *Organizational Stress: Studies in Role Conflict and Ambiguity*. New York: John Wiley.（奥田俊介他訳『組織のストレス』産業能率短期大学出版部，1973 年）

Kahneman, Daniel, and Amos Tversky. 1984. "Choices, Values, and Frames." *American Psychologist*, 39: 341-350.

Kanter, Rosabeth M. 1977. *Men and Women of the Corporation*. New York: Basic Books.（高井葉子訳『企業のなかの男と女』生産性出版，1995 年）

———. 1979. "Power Failure in Management Circuits." *Harvard Business Review*, 57（no. 4）: 65-75.

Keller, Maryann. 1989. *Rude Awakening: The Rise, Fall, and Struggle for Recovery of General Motors*. New York: William Morrow.（鈴木主税訳『GM 帝国の崩壊』草思社，1990 年）

Kessner, Thomas. 1989. *Fiorello H. La Guardia and the Making of Modern New York*. New York: McGraw-Hill.

Kidder, Tracy. 1981. *Soul of a New Machine*. Boston: Atlantic-Little, Brown.（風間禎三郎訳『超マシン誕生』ダイヤモンド社，1982 年）

Kissinger, Henry. 1979. *The White House Years*. Boston: Little, Brown.（斎藤彌三郎他訳『キッシンジャー秘録』小学館，1979-1980 年）

Konrad, Alison M., and Jeffrey Pfeffer. 1990. "Do You Get What You Deserve? Factors Affecting the Relationship Between Productivity and Pay." *Administrative Science Quarterly*, 35: 258-285.

Kotter, John P. 1978. "Power, Success, and Organizational Effectiveness." *Organizational Dynamics*, 6（no. 3）: 27-40.

———. 1982. *The General Managers*. New York: Free Press.（金井壽宏他訳『ザ・ゼネラル・マネジャー』ダイヤモンド社）

———. 1985. *Power and Influence: Beyond Formal Authority*. New York: Free Press.（加護野忠男，谷光太郎訳『パワーと影響力』ダイヤモンド社，1990 年）

Kotz, Nick. 1988. *Wild Blue Yonder: Money, Politics, and the B-1 Bomber*. New York: Pantheon Books.

Krackhardt, David. 1990. "Assessing the Political Landscape: Structure, Cognition and

Power in Organizations." *Administrative Science Quarterly*, 35: 342-369.
Kramer, Fred A. 1975. "Policy Analysis as Ideology." *Public Administration Review*, 35: 509-517.
Kuhn, Thomas S. 1970. *The Structure of Scientific Revolutions*, 2d. ed. Chicago: University of Chicago Press.（中山茂訳『科学革命の構造』みすず書房，1971年）
Latane, Bibb, and John M. Darley. 1968. "Group Inhibition of Bystander Intervention in Emergencies." *Journal of Personality and Social Psychology*, 10: 215-221.
Lax, David A., and James K. Sebenius. 1986. *The Manager as Negotiator*. New York: Free Press.
Leavitt, Harold J. 1951. "Effects of Certain Communication Patterns on Group Performance." *Journal of Abnormal and Social Psychology*, 46: 38-50.
———. 1986. *Corporate Pathfinders*. Homewood, IL: Dow Jones-Irwin.
Lemann, Nicholas. "The Split: A True Story of Washington Lawyers." *Washington Post Magazine*, March 23, 1980.
Lerner, M.J., and C.H. Simmons. 1966. "Observer's Reaction to the 'Innocent Victim': Compassion or Rejection?" *Journal of Personality and Social Psychology*, 4: 203-210.
Lewis, Michael. 1990. *Liar's Poker: Rising Through the Wreckage on Wall Street*. New York: Penguin.（東江一紀訳『ライアーズ・ポーカー』パンローリング，2006年）
Livingston, J. Sterling. 1969. "Pygmalion in Management." *Harvard Business Review*, 47 (July-August): 81-89.
Lodahl, Janice, and Gerald Gordon. 1972. "The Structure of Scientific Fields and the Functioning of University Graduate Departments." *American Sociological Review*, 37: 57-72.
———. 1973. "Funding the Sciences in University Departments." *Educational Record*, 54: 74-82.
Long, Norton E. 1962. "The Administrative Organization as a Political System," in *Concept and Issues in Administrative Behavior*. S. Mailick and E.H. Van Ness (eds.). Englewood Cliffs, NJ: Prentice-Hall.
Mackenzie, Kenneth D. 1975. *A Theory of Group Structures*. London: Gordon and Breach.
Madison, Dan L., et al. 1980. "Organizational Politics: An Exploration of Managers' Perceptions." *Human Relations*, 33: 79-100.
March, James G., and John P. Olsen. 1976. *Ambiguity and Choice in Organizations*. Bergen, Norway: Universitetsforlaget.（遠田雄志，アリソン・ユング訳『組織におけるあいまいさと決定』有斐閣，1986年）
Matthews, Christopher. 1988. Hardball: *How Politics Is Played—Told By One Who Knows The Game*. New York: Summit Books.
McCartney, Laton. 1988. *Friends in High Places: The Bechtel Story*. New York: Simon and Schuster.（広瀬隆訳『ベクテルの秘密ファイル』ダイヤモンド社，1988年）
McClelland, D.C. 1975. *Power: The Inner Experience*. New York: Irvington.
McClelland, D.C., and R.E. Boyatzis. 1982. "Leadership Motive Pattern and Long-term

Success in Management." *Journal of Applied Psychology*, 67: 737-743.

McClelland, D.C., and D. Burnham. 1976. "Power Is the Great Motivator." *Harvard Business Review*, 54 (no. 2): 100-111.

Mechanic, David. 1962. "Sources of Power of Lower Participants in Complex Organizations." *Administrative Science Quarterly*, 7: 349-364.

Menzies, Hugh D. 1982. "The Boardroom Battle at Bendix." *Fortune*, January 11, 1982: 54-64.

Merriam-Webster, Inc. 1981. *Webster's Third New International Dictionary*. Springfield, MA: Merriam-Webster, Inc.

Meyer, Herbert E. "Shootout at the Johns-Manville Corral." *Fortune*, October 1976: 146-154.

Meyer, John W., and Brian Rowan. 1977. "Institutional Organizations: Formal Structure as Myth and Ceremony." *American Journal of Sociology*, 83: 340-363.

Meyer, John W., and W. Richard Scott. 1983. *Organizational Environments: Ritual and Rationality*. Beverly Hills, CA: Sage.

Milgram, Stanley. 1974. *Obedience to Authority*. New York: Harper and Row.（岸田秀訳『服従の心理』河出書房新社，1995 年）

Milgrom, Paul, and John Roberts. 1988. "An Economic Approach to Influence Activities in Organizations." *American Journal of Sociology*, 94 (Supplement): S154-S179.

Miyazawa, Setsuo. 1986. "Legal Departments of Japanese Corporations in the United States: A Study on Organizational Adaptation to Multiple Environments." *Kobe University Law Review*, 20: 97-162.

Moore, William L., and Jeffrey Pfeffer. 1980. "The Relationship Between Departmental Power and Faculty Careers on Two Campuses: The Case for Structural Effects on Faculty Salaries." *Research in Higher Education*, 13: 291-306.

Morris, C.W. 1949. *Signs, Language and Behavior*. New York: Prentice-Hall.（寮金吉訳『記号と言語と行動』三省堂，1960）

Nisbett, R.E., and L. Ross. 1980. *Human Inferences: Strategies and Shortcomings of Social Judgment*. Englewood Cliffs, NJ: Prentice-Hall.

Nixon, Richard M. 1982. *Leaders*. New York: Warner Books.（徳岡孝夫訳『指導者とは』文藝春秋，1986 年）

O'Reilly, Charles. 1989. "Corporations, Culture, and Commitment: Motivation and Social Control in Organizations." *California Management Review*, 31: 9-25.

Pascale, Richard T. 1984. "Perspectives on Strategy: The Real Story Behind Honda's Success." *California Management Review*, 26: 47-72.

———. 1985. "The Paradox of 'Corporate Culture': Reconciling Ourselves to Socialization." *California Management Review*, 27: 26-41.

———. 1990. *Managing on the Edge*. New York: Simon and Schuster.（崎谷哲夫訳『逆説のマネジメント』ダイヤモンド社，1991 年）

Pasmore, William A. 1988. *Designing Effective Organizations: The Sociotechnical Systems*

Perspective. New York: John Wiley.

Patchen, Martin. 1974. "The Locus and Basis of Influence in Organizational Decisions." *Organizational Behavior and Human Performance*, 11: 195-221.

Perrow, Charles. 1970. "Departmental Power and Perspectives in Industrial Firms," in *Power in Organizations*: 58-89. Mayer N. Zaid (ed.). Nashville, TN: Vanderbilt University Press.

Peters, Thomas J. 1978. "Symbols, Patterns, and Settings: An Optimistic Case for Getting Things Done." *Organizational Dynamics*, 7: 3-23.

Peters, Thomas J., and Robert H. Waterman, Jr. 1982. *In Search of Excellence.* New York: Harper and Row.（大前研一訳『エクセレント・カンパニー』英治出版，2003 年）

Pettigrew, Andrew M. 1972. "Information Control as a Power Resource." *Sociology*, 6: 187-204.

———. 1973. *Politics of Organizational Decision-Making.* London: Tavi-stock.

Pfeffer, Jeffrey. 1981. *Power in Organizations.* Marshfield, MA: Pitman Publishing.

Pfeffer, Jeffrey, and Alison Davis-Blake. 1987. "Understanding Organizational Wage Structures: A Resource Dependence Approach." *Academy of Management Journal*, 30: 437-455.

Pfeffer, Jeffrey, and Alison Konrad. 1991. "The Effects of Individual Power on Earnings." *Work and Occupations.* In press.

Pfeffer, Jeffrey, and William L. Moore. 1980. "Average Tenure of Academic Department Heads: The Effects of Paradigm, Size, and Departmental Demography." *Administrative Science Quarterly*, 25: 387-406.

———. 1980b. "Power in University Budgeting: A Replication and Extension." *Administrative Science Quarterly*, 25: 637-653.

Pfeffer, Jeffrey, and Gerald R. Salancik. 1974. "Organizational Decision Making as a Political Process: The Case of a University Budget." *Administrative Science Quarterly*, 19: 135-151.

———. 1977. "Administrator Effectiveness: The Effects of Advocacy and Information on Resource Allocations." *Human Relations*, 30: 641-656.

———. 1978. *The External Control of Organizations: A Resource Dependence Perspective.* New York: Harper and Row.

Polsby, Nelson W. 1960. "How to Study Community Power: The Pluralist Alternative." *Journal of Politics*, 22: 474-484.

Pondy, Louis R. 1978. "Leadership is a Language Game" in *Leadership: Where Else Can We Go?*: 87-99. Morgan W. McCall, Jr., and Michael M.Lombardo (eds.). Durham, NC: Duke University Press.

Purkayastha, D. 1981. "Note on the Motorcycle Industry—1975." #578-210. Boston: Harvard Business School. Rafaeli, Anat, and Robert I. Sutton. 1987. "Expression of Emotion as Part of the Work Role." *Academy of Management Review*, 12: 23-37.

———. 1989. "The Expression of Emotion in Organizational Life," in *Research in*

Organizational Behavior, vol. 11: 1-42. Barry M. Staw (ed.). Greenwich, CT: JAI Press.

———. 1991. "Emotional Contrast Strategies as Means of Social Influence: Lessons from Criminal Interrogators and Bill Collectors." *Academy of Management Journal*. In press.

Reinganum, Marc R. 1985. "The Effect of Executive Succession on Shareholder Wealth." *Administrative Science Quarterly*, 30: 46-60.

Reiterman, Tim, and John Jacobs. 1982. *Raven: The Untold Story of the Rev, Jim Jones and His People*. New York: E.P. Dutton.（越智道雄監訳『人民寺院』ジャプラン出版，1991 年）

Roberts, Nancy C., and Raymond Trevor Bradley. 1988. "Limits of Charisma" in *Charismatic Leadership*: 253-275. Jay A. Conger, Rabindra N. Kanungo and Associates (eds.). San Francisco: Jossey-Bass.

Rose, Frank. 1989. *West of Eden: The End of Innocence at Apple Computer*. New York: Viking Penguin.（渡辺敏訳『エデンの西』サイマル出版会，1990 年）

Ross, Jerry, and Kenneth R. Ferris. 1981. "Interpersonal Attraction and Organizational Outcomes: A Field Examination." *Administrative Science Quarterly*, 26: 617-632.

Salancik, Gerald R. 1977. "Commitment and the Control of Organizational Behavior and Belief" in *New Directions in Organizational Behavior*: 1-54. Barry M. Staw and Gerald R. Salancik (eds.). Chicago: St. Clair Press.

Salancik, Gerald R., and Jeffrey Pfeffer. 1974. "The Bases and Use of Power in Organizational Decision Making: The Case of a University." *Administrative Science Quarterly*, 19: 453-473.

———. 1977. "Who Gets Power—and How They Hold on to It: A Strategic Contingency Model of Power." *Organizational Dynamics*, 5: 3-21.

Salancik, Gerald R., Jeffrey Pfeffer, and J. Patrick Kelly. 1978: "A Contingency Model of Influence in Organizational Decision Making." *Pacific Sociological Review*, 21: 239-256.

Salancik, Gerald R., Barry M. Staw, and Louis R. Pondy. 1980. "Administrative Turnover as a Response to Unmanaged Organizational Interdependence." *Academy of Management Journal*, 23: 422-437.

Sapolsky, Harvey M. 1972. *The Polaris System Development*. Cambridge, MA: Harvard University Press.

Schelling, Thomas C. 1963. *The Strategy of Conflict*. New York: Oxford University Press.（河野勝監訳『紛争の戦略』勁草書房，2008 年）

Schwartz, Barry. 1974. "Waiting, Exchange, and Power: The Distribution of Time in Social Systems." *American Journal of Sociology*, 79: 841-870.

Selznick, Philip. 1949. *TVA and the Grass Roots*. Berkeley: University of California Press.

Sheridan, John E., et al. 1990. "Effects of Corporate Sponsorship and Departmental Power on Career Tournaments." *Academy of Management Journal*, 33: 578-602.

Sherif, M., et al. 1961. *Intergroup Conflict and Cooperation: The Robbers' Cave Experiment*. Norman: University of Oklahoma Institute of Intergroup Relations.

Shilts, Randy. 1987. *And the Band Played On: Politics, People, and the AIDS Epidemic*. New York: St. Martin's Press.（曽田能宗訳『そしてエイズは蔓延した』草思社，1991）

Smith, Douglas K., and Robert C. Alexander. 1988. *Fumbling the Future:How Xerox Invented, Then Ignored, the First Personal Computer.* New York: William Morrow.（山崎賢治訳『取り逃がした未来』日本評論社，2005 年）

Smith, Hedrick. 1988. *The Power Came: How Washington Works.* New York: Ballantine.

Smith, Sally Bedell. 1990. *In All His Glory: The Life of William S. Paley.* New York: Simon and Schuster.

Snyder, Mark. 1982. "Self-fulfilling Stereotypes." *Psychology Today,* 16 (July): 60-68.

Staw, Barry. 1980. "Rationality and Justification in Organizational Life" in *Research in Organizational Behavior,* vol. 2: 45-80. B.M. Staw and L.L. Cummings (eds.). Greenwich, CT: JAI Press.

Staw, Barry M., and Jerry Ross. 1980. "Commitment in an Experimenting Society: An Experiment on the Attribution of Leadership from Administrative Scenarios." *Journal of Applied Psychology,* 65: 249-260.

Stein, Herbert. 1989. "Confessions of a Tax Addict." *The Wall Street Journal,* October 2, 1989: A14.

Stevens, Mark. 1989. *Sudden Death: The Rise and Fall of E.F. Hutton.* New York: Penguin.（植山周一郎訳『ウォール街の突然死』NTT 出版，1990 年）

Strauss, George. 1962. "Tactics of Lateral Relationship: The Purchasing Agent." *Administrative Science Quarterly,* 7: 161-186.

Strickland, Lloyd H. 1958. "Surveillance and Trust." *Journal of Personality,* 26: 200-215.

Sutton, Robert I. 1991. "Maintaining Organizational Norms About Expressed Emotions: The Case of Bill Collectors." *Administrative Science Quarterly,* 36: 245-268.

Sutton, Robert I., and Anat Rafaeli. 1988. "Untangling the Relationship Between Displayed Emotions and Organizational Sales: The Case of Convenience Stores." *Academy of Management Journal,* 31: 461-487.

Tajfel, Henri, and Joseph P. Forgas. 1981. "Social Categorization: Cognitions, Values and Groups" in *Social Cognition: Perspectives on Everyday Understanding*: 113-140. Joseph P. Forgas (ed.). New York: Academic Press.

Thompson, James D., and Arthur Tuden. 1959. "Strategies, Structures and Processes of Organizational Decision" in *Comparative Studies in Administration*: 195-216. J.D. Thompson, et al. (eds.). Pittsburgh: University of Pittsburgh Press.

Tidd, K.L., and J.S. Lockard. 1978. "Monetary Significance of the Affiliative Smile." *Bulletin of the Psychonomic Society,* 11: 344-346.

Tillinghast, Diana. 1980. "The Los Angeles Times: Weakening of Territorial Imperative." *Newspaper Research Journal,* 1: 18-26.

Tushman, Michael L., William H. Newman, and Elaine Romanelli. 1986. "Convergence and Upheaval: Managing the Unsteady Pace of Organizational Evolution." *California Management Review,* 29: 29-44.

Tushman, Michael L., and Elaine Romanelli. 1983. "Uncertainty, Social Location and Influence in Decision Making: A Sociometric Analysis." *Management Science,* 29: 12-23.

Weber, Max. 1947. *The Theory of Social and Economic Organization.* New York: Free Press.

Weick, Karl E. 1979. "Cognitive Processes in Organizations" in *Research in Organizational Behavior,* vol. 1: 41-74. Barry M. Staw (ed.). Greenwich, CT: JAI Press.

Welsh, M. Ann, and E. Allen Slusher. 1986. "Organizational Design as a Context for Political Activity." *Administrative Science Quarterly,* 31: 389-402.

Whisler, T.L., et al. 1967. "Centralization of Organizational Control: An Empirical Study of Its Meaning and Measurement." *Journal of Business,* 40: 10-26.

White, Joseph B., and Gregory A. Patterson. 1990. "GM Begins Quest to Win Back Consumer Confidence." *The Wall Street Journal,* May 4, 1990: B1.

Winter, David G. 1987. "Leader Appeal, Leader Performance, and the Motive Profiles of Leaders and Followers: A Study of American Presidents and Elections." *Journal of Personality and Social Psychology,* 52: 196-202.

Wortman, Camille B., and Joan A. Linsenmeier. 1977. "Interpersonal Attraction and Techniques of Ingratiation in Organizational Settings" in *New Directions in Organizational Behavior*: 133-178. Barry M. Staw and Gerald R. Salancik (eds.). Chicago: St. Clair Press.

Wright, J. Patrick. 1979. *On a Clear Day You Can See General Motors.* Grosse Point, MI: Wright Enterprises.（風間禎三郎訳『晴れた日には GM が見える』新潮社，1986 年）

Zaid, Mayer N. 1965. "Who Shall Rule? A Political Analysis of Succession in a Large Welfare Organization." *Pacific Sociological Review,* 8: 52-60.

Zaieznik, Abraham, and Manfred F.R. Kets de Vries. 1975. *Power and the Corporate Mind.* Boston: Houghton Miffiin.

Zucker, Lynne G. 1977. "The Role of Institutionalization in Cultural Persistence." *American Sociological Review,* 42: 726-743.

巻末注

第1章

(1) Randy Shilts, *And the Band Played On: Politics, People, and the AIDS Epidemic* (New York: St. Martin's Press, 1987). 曽田能宗訳『そしてエイズは蔓延した』草思社, 1991.

(2) Ibid., 207.

(3) Ibid., 220.

(4) Ibid., 308.

(5) Ibid., 411.

(6) Ibid., 599.

(7) Douglas K. Smith and Robert C. Alexander, *Fumbling the Future: How Xerox Invented, Then Ignored, the First Personal Computer* (New York: William Morrow, 1988). 山崎賢治訳『取り逃がした未来』日本評論社, 2005年.

(8) Richard M. Nixon, *Leaders* (New York: Warner Books, 1982), 5. 徳岡孝夫訳『指導者とは』文藝春秋, 1986年.

(9) Norton E. Long, "The Administrative Organization as a Political System," *Concepts and Issues in Administrative Behavior*, eds. S. Mailick and E.H. Van Ness (Englewood Cliffs, NJ: Prentice-Hall, 1962), 110.

(10) Nixon, *Leaders*, 330. 徳岡孝夫訳『指導者とは』文藝春秋, 1986年.

(11) John W. Gardner, *On Leadership* (New York: Free Press, 1990). 加藤幹雄訳『リーダーシップの本質』ダイヤモンド社, 1993年.

(12) Michael T. Hannan and John Freeman, *Organizational Ecology* (Cambridge, MA: Harvard University Press, 1989).

(13) Gardner, *On Leadership*, 55-57. 加藤幹雄訳『リーダーシップの本質』ダイヤモンド社, 1993年.

(14) Warren Bennis and Burt Nanus, *Leaders: The Strategies for Taking Charge* (New York: Harper and Row, 1985), 6. 小島直記訳『リーダーシップの王道』新潮社, 1987年

(15) Ibid., 15-17.

(16) Nixon, *Leaders*, 324. 徳岡孝夫訳『指導者とは』文藝春秋, 1986年.

(17) Rosabeth Moss Kanter, "Power Failure in Management Circuits," *Harvard Business Review* 57 (July-August 1979): 65.

(18) Jeffrey Gandz and Victor V. Murray, "The Experience of Workplace Politics," *Academy of Management Journal* 23 (1980): 237-251.

(19) Tim Reiterman with John Jacobs, *Raven: The Untold Story of the Rev. Jim Jones and His People* (New York: E.P. Dutton, 1982), 305-307. 越智道雄監訳『人民寺院』ジャプラン出版, 1991年.

(20) Nixon, *Leaders*, 326. 徳岡孝夫訳『指導者とは』文藝春秋, 1986年.
(21) Abraham Zaleznik and Manfred F.R. Kets de Vries, *Power and the Corporate Mind* (Boston: Houghton Mifflin, 1975), 109.
(22) Henry Kissinger, *The White House Years* (Boston: Little, Brown, 1979), 39. 斎藤彌三郎他訳『キッシンジャー秘録』小学館, 1979-1980年.
(23) Elliot Aronson, *The Social Animal* (San Francisco: W.H. Freeman, 1972), chapter 4, 古畑和孝訳『ザ・ソーシャル・アニマル』サイエンス社, 1984年, 第4章 ; Barry M. Staw, "Rationality and Justification in Organizational Life," *Research in Organizational Behavior*, eds. B.M. Staw and L.L. Cummings (Greenwich, CT: JAI Press, 1980), vol. 2, 45-80; Gerald R. Sa-lancik, "Commitment and the Control of Organizational Behavior and Belief," *New Directions in Organizational Behavior*, eds. Barry M. Staw and Gerald R. Salancik (Chicago: St. Clair Press, 1977), 1-54.
(24) Leon Festinger, *A Theory of Cognitive Dissonance* (Stanford: Stanford University Press, 1957). 末永俊郎監訳『認知的不協和の理論』誠信書房, 1965年.
(25) Nixon, *Leaders*, 329. 徳岡孝夫訳『指導者とは』文藝春秋, 1986年.
(26) Alok K. Chakrabarti, "Organizational Factors in Post-Acquisition Performance," *IEEE Transactions on Engineering Management* 37 (1990): 259-268.
(27) Ibid., 259.
(28) Ibid., 266.
(29) D. Purkayastha, "Note on the Motorcycle Industry—1975," #578-210. Boston: Harvard Business School, 1981.
(30) Richard T. Pascale, "Perspectives on Strategy: The Real Story Behind Honda's Success," *California Management Review* 26 (1984): 51.
(31) Ibid., 54.
(32) Ibid., 55.
(33) William A. Pasmore, *Designing Effective Organizations: The Sociotechnical Systems Perspective* (New York: John Wiley, 1988); David L. Bradford and Allan R. Cohen, *Managing for Excellence* (New York: John Wiley, 1984).
(34) Mark Stevens, *Sudden Death: The Rise and Fall of E.F. Hutton* (New York: Penguin, 1989), 98. 植山周一郎訳『ウォール街の突然死』NTT出版, 1990年.
(35) Ibid., 121.
(36) Thomas J. Peters and Robert H. Waterman, Jr., *In Search of Excellence* (New York: Harper and Row, 1982), 大前研一訳『エクセレント・カンパニー』英治出版, 2003年 ; Terrence Deal and Allan A. Kennedy, *Corporate Cultures* (Reading, MA: Addison-Wesley, 1982), 城山三郎訳『シンボリック・マネジャー』岩波書店, 1997年 ; Stanley Davis, *Managing Corporate Culture* (Cambridge, MA: Ballinger, 1984), 河野豊弘, 浜田幸雄訳『企業文化の変革』ダイヤモンド社, 1985年.
(37) Richard T. Pascale, "The Paradox of 'Corporate Culture': Reconciling Ourselves to Socialization," *California Management Review* 26 (1985): 26-41; Charles O'Reilly, "Corporations, Culture, and Commitment: Motivation and Social Control in

Organizations," *California Management Review* 31 (1989): 9-25.
(38) Sanford M. Dornbusch, "The Military Academy as an Assimilating Institution," *Social Forces* 33 (1955): 316-321.
(39) Richard Harvey Brown, "Bureaucracy as Praxis: Toward a Political Phenomenology of Formal Organizations," *Administrative Science Quarterly* 23 (1978): 365-382.
(40) Janice Lodahl and Gerald Gordon, "The Structure of Scientific Fields and the Functioning of University Graduate Departments," *American Sociological Review* 37 (1972): 57-72.
(41) Thomas S. Kuhn, *The Structure of Scientific Revolutions*, 2d ed. (Chicago: University of Chicago Press, 1970). 中山茂訳『科学革命の構造』みすず書房，1971年.
(42) Irving L. Janis, *Victims of Groupthink* (Boston: Houghton Mifflin, 1972).
(43) Frank Rose, *West of Eden: The End of Innocence at Apple Computer* (New York: Viking Penguin, 1989), 81. 渡辺敏訳『エデンの西』サイマル出版会，1990年.
(44) Ibid., 85.
(45) Ibid., 97.
(46) Thomas J. Peters, "Symbols, Patterns, and Settings: An Optimistic Case for Getting Things Done," *Organizational Dynamics* 7 (1978): 3-23.
(47) Jeffrey Pfeffer, *Power in Organizations* (Marshfield, MA: Pitman Publishing, 1981); Kanter, "Power Failure in Management Circuits"; Richard M. Emerson, "Power-Dependence Relations," *American Sociological Review* 27 (1962): 31-41.

第２章

(1) John P. Kotter, "Power, Success, and Organizational Effectiveness," *Organizational Dynamics* 6, no. 3 (1978): 27-40; and *Power and Influence: Beyond Formal Authority* (New York: Free Press, 1985). 加護野忠男，谷光太郎訳『パワーと影響力』ダイヤモンド社，1990年.
(2) Martin Patchen, "The Locus and Basis of Influence in Organizational Decisions," *Organizational Behavior and Human Performance* 11 (1974): 195-221.
(3) Jeffrey Gandz and Victor V. Murray, "The Experience of Workplace Politics," *Academy of Management Journal* 23 (1980): 237-251.
(4) Dan L. Madison et al., "Organizational Politics: An Exploration of Managers' Perceptions," *Human Relations* 33 (1980): 79-100.
(5) Jeffrey Pfeffer and Gerald R. Salancik, *The External Control of Organizations: A Resource Dependence Perspective* (New York: Harper and Row, 1978), 40.
(6) Douglas K. Smith and Robert C. Alexander, *Fumbling the Future: How Xerox Invented, Then Ignored, the First Personal Computer* (New York: William Morrow, 1988), 14. 山崎賢治訳『取り逃がした未来』日本評論社，2005年.
(7) Ibid., 148.
(8) M. Ann Welsh and E. Allen Slusher, "Organizational Design as a Context for

Political Activity," *Administrative Science Quarterly* 31 (1986): 389-402.

(9) Rosabeth M. Kanter, *Men and Women of the Corporation* (New York: Basic Books, 1977). 高井葉子訳『企業のなかの男と女』生産性出版, 1995年.

(10) Gerald R. Salancik and Jeffrey Pfeffer, "The Bases and Use of Power in Organizational Decision Making: The Case of a University," *Administrative Science Quarterly* 19 (1974): 453-473.

(11) Frederick S. Hills and Thomas A. Mahoney, "University Budgets and Organizational Decision Making," *Administrative Science Quarterly* 23 (1978): 454-465.

(12) Jeffrey Pfeffer and William L. Moore, "Power in University Budgeting: A Replication and Extension," *Administrative Science Quarterly* 25 (1980): 637-653.

(13) Ibid., 650-651.

(14) James D. Thompson and Arthur Tuden, "Strategies, Structures and Processes of Organizational Decision," *Comparative Studies in Administration*, eds. J.D. Thompson et al. (Pittsburgh: University of Pittsburgh Press, 1959): 195-216.

(15) David Halberstam, *The Reckoning* (New York: William Morrow, 1986). 高橋伯夫訳『覇者の驕り』新潮社, 1990年.

(16) J. Patrick Wright, *On a Clear Day You Can See General Motors* (Grosse Point, MI: Wright Enterprises, 1979), 33. 風間禎三郎訳『晴れた日にはGMが見える』新潮社, 1986年.

(17) Salancik and Pfeffer, "Bases and Use of Power."

(18) Chris Argyris, *Behind the Front Page* (San Francisco: Jossey-Bass, 1974).

(19) Diana Tillinghast, "The Los Angeles Times: Weakening of Territorial Imperative," *Newspaper Research Journal* 1 (1980): 18-26.

(20) Herbert E. Meyer, "Shootout at the Johns-Mansville Corral," *Fortune* (October 1976): 146-154.

(21) Ibid., 154.

(22) Hugh D. Menzies, "The Boardroom Battle at Bendix," *Fortune* (January 11, 1982): 54-64.

(23) John P. Kotter, *The General Managers* (New York: Free Press, 1982) (金井壽宏他訳『ザ・ゼネラル・マネジャー』ダイヤモンド社, 1984年), "Power, Success, and Organizational Effectiveness," and *Power and Influence* (加護野忠男, 谷光太郎訳『パワーと影響力』ダイヤモンド社, 1990年).

第3章

(1) Andrew M. Pettigrew, *Politics of Organizational Decision-Making* (London: Tavistock, 1973), 240.

(2) David Krackhardt, "Assessing the Political Landscape: Structure, Cognition and Power in Organizations," *Administrative Science Quarterly* 35 (1990): 342-369.

(3) Jeffrey Pfeffer and Gerald R. Salancik, "Administrator Effectiveness: The Effects of

Advocacy and Information on Resource Allocations," *Human Relations* 30 (1977): 641-656.

(4) Mark Stevens, *Sudden Death: The Rise and Fall of E.F. Hutton* (New York: Penguin, 1989), 52-53. 植山周一郎訳『ウォール街の突然死』NTT 出版, 1990 年.

(5) Ibid., 51-52.

(6) Ibid., 215.

(7) Henri Tajfel and Joseph P. Forgas, "Social Categorization: Cognitions, Values and Groups," *Social Cognition: Perspectives on Everyday Understanding*, ed. Joseph P. Forgas (New York: Academic Press, 1981), 113-140.

(8) Marilynn B. Brewer and Roderick M. Kramer, "The Psychology of Intergroup Attitudes and Behavior," *Annual Review of Psychology* 36 (1985): 219-243.

(9) Charles Perrow, "Departmental Power and Perspectives in Industrial Firms," *Power in Organizations*, ed. Mayer N. Zald (Nashville, TN: Vanderbilt University Press, 1970), 59-89.

(10) C.R. Hinings et al., "Structural Conditions of Intraorganizational Power," *Administative Science Quarterly* 19 (1974): 22-44.

(11) Jeffrey Pfeffer and Gerald R. Salancik, "Organizational Decision Making as a Political Process: The Case of a University Budget," *Administrative Science Quarterly* 19 (1974): 135-151; Jeffrey Pfeffer and William L. Moore, "Power in University Budgeting: A Replication and Extension," *Administrative Science Quarterly* 25 (1980): 637-653.

(12) Martin Patchen, "The Locus and Basis of Influence in Organizational Decisions," *Organizational Behavior and Human Performance* 11 (1974) : 195-221.

(13) Nelson W. Polsby, "How to Study Community Power: The Pluralist Alternative," *Journal of Politics* 22 (1960): 474-484.

(14) Pfeffer and Salancik, "Organizational Decision Making"; Pfeffer and Moore, "Power in University Budgeting."

(15) Stevens, *Sudden Death*, 160. 植山周一郎訳『ウォール街の突然死』NTT 出版, 1990 年.

(16) T.L. Whisler et al., "Centralization of Organizational Control: An Empirical Study of Its Meaning and Measurement," *Journal of Business* 40 (1967): 10-26.

(17) Michael Lewis, *Liar's Poker: Rising through the Wreckage on Wall Street* (New York: Penguin, 1990), 59. 東江一紀訳『ライアーズ・ポーカー』パンローリング, 2006 年.

(18) John R.P. French, Jr., and Bertram Raven, "The Bases of Social Power," *Group Dynamics*, eds. Dorwin Cartwright and Alvin Zander, 3rd ed. (New York: Harper and Row, 1968), 259-269 三隅二不二訳編『グループダイナミックス』誠信書房, 1959 年 ; Patchen, "Locus and Basis of Influence," 210.

(19) Stevens, *Sudden Death*. 植山周一郎訳『ウォール街の突然死』NTT 出版, 1990 年.

第4章

(1) Michael L. Tushman, William H. Newman, and Elaine Romanelli, "Convergence and Upheaval: Managing the Unsteady Pace of Organizational Evolution," *California Management Review* 29 (1986): 29-44.
(2) R.E. Nisbett and L. Ross, *Human Inferences: Strategies and Shortcomings of Social Judgment* (Englewood Cliffs, NJ: Prentice-Hall, 1980).
(3) Linda E. Ginzel, "The Impact of Biased Feedback Strategies on Performance Judgments," Research Paper #1102 (Palo Alto, CA: Graduate School of Business, Stanford University, 1990).
(4) Ibid., 26.
(5) Robert W. Allen et al., "Organizational Politics: Tactics and Characteristics of Its Actors," *California Management Review* 22 (1979): 77-83.
(6) David G. Winter, "Leader Appeal, Leader Performance, and the Motive Profiles of Leaders and Followers: A Study of American Presidents and Elections," *Journal of Personality and Social Psychology* 52 (1987): 196-202.
(7) Ibid., 200.
(8) Christopher H. Achen, *The Statistical Analysis of Quasi-Experiments* (Berkeley: University of California Press, 1986).
(9) Andrew M. Pettigrew, *Politics of Organizational Decision-Making* (London: Tavistock, 1973), 17.
(10) Ibid., 31.
(11) D.J. Hickson et al., "A Strategic Contingencies' Theory of Intraorganiza-tional Power," *Administrative Science Quarterly* 16 (1971): 216-229.
(12) Martin Patchen, "The Locus and Basis of Influence in Organizational Decisions," *Organizational Behavior and Human Performance* 11 (1974): 209.
(13) Ibid., 213.
(14) George Strauss, "Tactics of Lateral Relationship: The Purchasing Agent," *Administrative Science Quarterly* 7 (1962): 161-186.
(15) Michael L. Tushman and Elaine Romanelli, "Uncertainty, Social Location and Influence in Decision Making: A Sociometric Analysis," *Management Science* 29 (1983): 12-23.
(16) Gerald R. Salancik, Jeffrey Pfeffer, and J. Patrick Kelly, "A Contingency Model of Influence in Organizational Decision Making," *Pacific Sociologi-cal Review* 21 (1978): 239-256.
(17) Ibid., 253.
(18) Bernard M. Bass, "Evolving Perspectives on Charismatic Leadership," *Charismatic Leadership*, eds. Jay A. Conger, Rabindra N. Kanungo and Associates (San Francisco: Jossey-Bass, 1988), 40-77. 片柳佐智子他訳『カリスマ的リーダーシップ』流通科学大学出版，1999 年.

(19) Robert J. House, William D. Spangler, and James Woycke, "Personality and Charisma in the U.S. Presidency: A Psychological Theory of Leadership Effectiveness," unpublished, Wharton School, University of Pennsylvania, 1989.
(20) Ibid.; Robert J. House, "A 1976 Theory of Charismatic Leadership," *Leadership: The Cutting Edge*, eds. J.G. Hunt and L.L. Larson (Carbondale: Southern Illinois University Press, 1977).
(21) House, Spangler, and Woycke, "Personality and Charisma."
(22) Nancy C. Roberts and Raymond Trevor Bradley, "Limits of Charisma," *Charismatic Leadership*, eds. Jay A. Conger, Rabindra N. Kanungo and Associates (San Francisco: Jossey-Bass, 1988), 253-275. 片柳佐智子他訳『カリスマ的リーダーシップ』流通科学大学出版, 1999年.
(23) Ibid., 254.
(24) Ibid., 260.
(25) Ibid., 263.
(26) Ibid.
(27) Ibid., 264.
(28) Ibid., 269.
(29) Ibid.
(30) Ibid., 268.

第5章

(1) Robert A. Caro, *The Power Broker: Robert Moses and the Fall of New York* (New York: Random House, 1974).
(2) Robert A. Caro, *The Path to Power: The Years of Lyndon Johnson* (New York: Alfred A. Knopf, 1982), 261.
(3) Ibid., 263.
(4) Ibid., 264-265.
(5) David Halberstam, *The Reckoning* (New York: William Morrow, 1986) 高橋伯夫訳『覇者の驕り』新潮社, 1990年; Maryann Keller, *Rude Awakening: The Rise, Fall, and Struggle for Recovery of General Motors* (New York: William Morrow, 1989). 鈴木主税訳『GM帝国の崩壊』草思社, 1990年.
(6) Douglas K. Smith and Robert C. Alexander, *Fumbling the Future: How Xerox Invented, Then Ignored, the First Personal Computer* (New York: William Morrow, 1988). 山崎賢治訳『取り逃がした未来』日本評論社, 2005年.
(7) Max Holland, *When the Machine Stopped* (Boston: Harvard Business School Press, 1989). 三原淳雄, 土屋安衛訳『潰えた野望』ダイヤモンド社, 1992年.
(8) Jeffrey Pfeffer and Gerald R. Salancik, *The External Control of Organizations: A Resource Dependence Perspective* (New York: Harper and Row, 1978), 48-49.
(9) Richard C. Edwards, *Contested Terrain: The Transformation of the Workplace in the*

Twentieth Century (New York: Basic Books, 1979).

(10) Sanford M. Jacoby, *Employing Bureaucracy: Managers, Unions, and the Transformation of Work in American Industry, 1900-1945* (New York: Columbia University Press, 1985). 荒又重雄他訳『雇用官僚制』北海道大学図書刊行会, 1994年.

(11) John M. Barry, *The Ambition and the Power* (New York: Viking, 1989).

(12) Ibid., 68.

(13) Ibid., 69.

(14) Ibid., 70.

(15) Ibid.

(16) Richard M. Emerson, "Power-Dependence Relations," *American Sociological Review* 27 (1962): 31-41; Peter M. Blau, *Exchange and Power in Social Life* (New York: John Wiley, 1964). 間場寿一他訳『交換と権力』新曜社, 1974年.

(17) Otto A. Davis, M.A.H. Dempster, and Aaron Wildavsky, "A Theory of theBudgeting Process," *American Political Science Review* 60 (1966): 529-547; Jeffrey Pfeffer and Gerald R. Salancik, "Organizational Decision Making as a Political Process: The Case of a University Budget," *Administrative Science Quarterly* 19 (1974): 135-151; Jeffrey Pfeffer and William L. Moore, "Power in University Budgeting: A Replication and Extension," *Administrative Science Quarterly* 25 (1980); 637-653.

(18) Daniel Kahneman and Amos Tversky, "Choices, Values, and Frames," *American Psychologist* 39 (1984): 341-350.

(19) Gerald R. Salancik and Jeffrey Pfeffer, "The Bases and Use of Power in Organizational Decision Making: The Case of a University," *Administrative Science Quarterly* 19 (1974): 135-151; Pfeffer and Moore, "Power in University Budgeting."

(20) Janice Lodahl and Gerald Gordon, "Funding the Sciences in University Departments," *Educational Record* 54 (1973): 74-82.

(21) Paul J. DiMaggio and Walter W. Powell, "The Iron Cage Revisited: Institutional Isomorphism and Collective Rationality in Organizational Fields," *American Sociological Review* 48 (1983): 147-160.

(22) Robert P. Gandossy, *Bad Business: The OPM Scandal and the Seduction of the Establishment* (New York: Basic Books, 1985), 5.

(23) Ibid., 11.

(24) Ibid., 38-39.

(25) Ibid., 39.

(26) Ibid., 41.

(27) Ibid., 44.

(28) Ibid., 52.

(29) Ibid., 53.

(30) Ibid., 215.

(31) Jeffrey Pfeffer and Alison Konrad, "The Effects of Individual Power on Earnings,"

Work and Occupations (in press, 1991).
(32) Halberstam, *The Reckoning.* 高橋伯夫訳『覇者の驕り』新潮社，1990 年.
(33) Ibid., 136.
(34) Ibid., 141.
(35) Ibid., 148.
(36) Ibid., 156.
(37) Ibid., 183.
(38) Barry, *The Ambition and the Power*, 18.
(39) Bryan Burrough and John Helyar, *Barbarians at the Gate: The Fall ofRJR Nabisco* (New York: Harper and Row, 1990), 35. 鈴田敦之訳『野蛮な来訪者』日本放送出版協会，1990 年.
(40) Barry, *The Ambition and the Power*, 71.
(41) Ibid., 76.
(42) Ibid., 84.
(43) J. Patrick Wright, *On a Clear Day You Can See General Motors* (Grosse Point, MI: Wright Enterprises, 1979), 41. 風間禎三郎訳『晴れた日には GM が見える』新潮社，1986 年.
(44) Donald L. Helmich and Warren B. Brown, "Successor Type and Organizational Change in the Corporate Enterprise," *Administrative Science Quarterly* 17 (1972); 371-381.
(45) Alvin W. Gouldner, "The Norm of Reciprocity: A Preliminary Statement," *American Sociological Review* 25 (1960): 161-178.
(46) Caro, *The Power Broker.*
(47) Burrough and Helyar, *Barbarians at the Gate*, 33. 鈴田敦之訳『野蛮な来訪者』日本放送出版協会 , 1990 年
(48) Ibid., 37.
(49) Hugh D. Menzies, "The Boardroom Battle at Bendix," *Fortune* (January 11, 1982): 62.
(50) Burrough and Helyar, *Barbarians at the Gate*, 63. 鈴田敦之訳『野蛮な来訪者』日本放送出版協会，1990 年.
(51) Ibid., 64.
(52) Frank Rose, *West of Eden: The End of Innocence at Apple Computer* (New York: Viking Penguin, 1989), 132. 渡辺敏訳『エデンの西』サイマル出版会，1990 年.
(53) Ken Auletta, "Power, Greed and Glory on Wall Street: The Fall of Lehman Brothers," *New York Times Magazine* (February 17, 1985): 34.

第６章

(1) Linton C. Freeman, "Centrality in Social Networks: Conceptual Clarifications," *Social Networks* 1 (1979): 215-239; Daniel J. Brass, "Being in the Right Place: A Structural

Analysis of Individual Influence in an Organization," *Administrative Science Quarterly* 29 (1984): 518-539.

(2) Freeman, "Centrality in Social Networks."

(3) Alex Bavelas, "Communication Patterns in Task Oriented Groups," *Joural of Acoustical Society of America* 22 (1950): 725-730; Harold J. Leavitt, "Effects of Certain Communication Patterns on Group Performance," *Journal of Abnormal and Social Psychology* 46 (1951): 38-50.

(4) Kenneth D. Mackenzie, *A Theory of Group Structures* (London: Gordon and Breach, 1975).

(5) Jay R. Galbraith, *Designing Complex Organizations* (Reading, MA: Addison-Wesley, 1973). 梅津祐良訳『横断組織の設計』ダイヤモンド社，1980年.

(6) Ibid.

(7) Hickson et al., "A Strategic Contingencies' Theory of Intraorganizational Power," *Administrative Science Quarterly* 16 (1971): 216-229.

(8) Andrew M. Pettigrew, "Information Control as a Power Resource," *Sociology* 6 (1972): 190-191.

(9) Brass, "Being in the Right Place," 519.

(10) Ibid., 525.

(11) Ibid., 532.

(12) David Krackhardt, "Assessing the Political Landscape: Structure, Cognition and Power in Organizations," *Administrative Science Quarterly* 35 (1990): 342-369.

(13) Jeffrey Pfeffer and Alison Konrad, "The Effects of Individual Power on Earnings," *Work and Occupations* (in press, 1991).

(14) Frank Rose, *West of Eden: The End of Innocence at Apple Computer* (New York: Viking Penguin, 1989), 244-245. 渡辺敏訳『エデンの西』サイマル出版会，1990年.

(15) Ibid., 298.

(16) Robert A. Caro, *The Path to Power: The Years of Lyndon Johnson* (New York: Alfred A. Knopf, 1982), 266.

(17) Mark Stevens, *Sudden Death: The Rise and Fall of E.F. Hutton* (New York: Penguin, 1989), 161. 植山周一郎訳『ウォール街の突然死』NTT出版，1990年.

(18) Henry Kissinger, *The White House Years* (Boston: Little, Brown, 1979), 47. 斎藤彌三郎他訳『キッシンジャー秘録』小学館，1979-1980年.

(19) David Halberstam, *The Reckoning* (New York: William Morrow, 1986) 高橋伯夫訳『覇者の驕り』 新潮社，1990年；Neil Fligstein, "The Intraorganizational Power Struggle: Rise of Finance Personnel to Top Leadership in Large Corporations, 1919-1979," *American Sociological Review* 52 (1987): 44-58.

(20) Maryann Keller, *Rude Awakening: The Rise, Fall, and Struggle for Recovery of General Motors* (New York: William Morrow, 1989), 58. 鈴木主税訳『GM帝国の崩壊』草思社，1990年.

(21) Ibid., 60-61.

(22) L. Festinger, S. Schacter, and K. Back, *Social Pressures in Informal Groups* (Stanford, CA: Stanford University Press, 1950).
(23) John P. Kotter, "Power, Success, and Organizational Effectiveness," *Organizational Dynamics* 6, no. 3 (1978): 27-40.
(24) Christopher Byron, *The Fanciest Dive* (New York: W.W. Norton, 1986).
(25) J. Patrick Wright, *On a Clear Day You Can See General Motors* (Grosse Point, MI: Wright Enterprises, 1979). 風間禎三郎訳『晴れた日にはGMが見える』新潮社, 1986年.
(26) Rosabeth M. Kanter, *Men and Women of the Corporation* (New York: Basic Books, 1977). 高井葉子訳『企業のなかの男と女』生産性出版, 1995年.

第7章

(1) *New York Times* (July 15, 1978): 23.
(2) Sally Bedell Smith, *In All His Glory: The Life of William S. Paley* (New York: Simon and Schuster, 1990), 397.
(3) David Mechanic, "Sources of Power of Lower Participants in Complex Organizations," *Administrative Science Quarterly* 7 (1962): 349-364.
(4) John W. Gardner, *On Leadership* (New York: Free Press, 1990), 24. 加藤幹雄訳『リーダーシップの本質』ダイヤモンド社, 1993年.
(5) Stanley Milgram, *Obedience to Authority* (New York: Harper and Row, 1974). 岸田秀訳『服従の心理』河出書房新社, 1995年.
(6) Max Weber, *The Theory of Social and Economic Organization* (New York: Free Press, 1947).
(7) Steven Bach, *Final Cut: Dreams and Disaster in the Making of Heaven's Gate* (New York: William Morrow, 1985), 54. 浅尾敦則訳『ファイナル・カット』筑摩書房, 1993年.
(8) Lynne G. Zucker, "The Role of Institutionalization in Cultural Persistence," *American Sociological Review* 42 (1977): 726-743.
(9) R. C. Jacobs and D.T. Campbell, "the Perpetuation of an Arbitrary Tradition Through Successive Generations of a Laboratory Microculture," *Journal of Abnormal and Social Psychology* 62 (1961): 649-658.
(10) Zucker, "The Role of Institutionalization," 732.
(11) Ibid., 732-733.
(12) J. Sterling Livingston, "Pygmalion in Management," *Harvard Business Review* 47 (July-August 1969): 81-89; W. Peter Archibald, "Alternative Explanations for Self-Fulfilling Prophecy," *Psychological Bulletin* 81 (1974): 74-84.
(13) Mark Snyder, "Self-fulfilling Stereotypes," *Psychology Today* 16 (July 1982): 60-68.
(14) Lloyd H. Strickland, "Surveillance and Trust," *Journal of Personality* 26 (1958): 200-215.
(15) Rosabeth M. Kanter, *Men and Women of the Corporation* (New York: Basic Books,

1977). 高井葉子訳『企業のなかの男と女』生産性出版，1995 年.

(16) David E. Berlew and Douglas T. Hall, "The Socialization of Managers: Effects of Expectations on Performance," *Administrative Science Quarterly* 11 (1966): 207-223.

(17) Maryann Keller, *Rude Awakening: The Rise, Fall, and Struggle for Recovery of General Motors* (New York: William Morrow, 1989), 66-67. 鈴木主税訳『GM 帝国の崩壊』草思社，1990 年.

(18) Ibid., 67.

(19) Smith, *In All His Glory*, 150.

(20) Ibid., 152.

(21) Ibid., 153.

(22) Ibid., 156.

(23) Henry Kissinger, *The White House Years* (Boston: Little, Brown, 1979), 45. 斎藤彌三郎他訳『キッシンジャー秘録』小学館，1979-1980 年.

(24) Ibid., 47.

(25) David Halberstam, *The Best and the Brightest* (New York: Random House, 1972), 79. 浅野輔訳『ベスト & ブライテスト』サイマル出版会，1983 年.

(26) Ibid., 80.

(27) M.J. Lerner and C.H. Simmons, "Observer's Reaction to the 'Innocent Victim': Compassion or Rejection?" *Journal of Personality and Social Psychology* 4 (1966): 203-210.

(28) John M. Barry, *The Ambition and the Power* (New York: Viking, 1989), 154.

(29) Joseph W. Harder, *Play for Pay: Salary Determination and the Effects of Over- and Under-Reward on Individual Performance in Professional Sports* (Stanford, CA: Stanford University, unpublished doctoral dissertation, 1989).

(30) Robert A. Caro, *The Power Broker: Robert Moses and the Fall of New York* (New York: Random House, 1974), 463.

(31) James G. March and John P. Olsen, *Ambiguity and Choice in Organizations* (Bergen, Norway: Universitetsforlaget, 1976). 遠田雄志，アリソン・ユング訳『組織におけるあいまいさと決定』有斐閣，1986 年.

(32) Gardner, *On Leadership*, 8. 加藤幹雄訳『リーダーシップの本質』ダイヤモンド社，1993 年.

(33) Martha S. Feldman and James G. March, "Information in Organizations as Signal and Symbol," *Administrative Science Quarterly* 26 (1981): 171-186.

第８章

(1) Michael Lewis, *Liar's Poker: Rising through the Wreckage on Wall Street* (New York: Penguin, 1990), 61. 東江一紀訳『ライアーズ・ポーカー』パンローリング，2006 年.

(2) William L. Moore and Jeffrey Pfeffer, "The Relationship Between Departmental Power and Faculty Careers on Two Campuses: The Case for Structural Effects on

Faculty Salaries," *Research in Higher Education* 13 (1980): 291-306.
(3) Jeffrey Pfeffer and Alison Davis-Blake, "Understanding Organizational Wage Structures: A Resource Dependence Approach," *Academy of Management Journal* 30 (1987): 437-455.
(4) John E. Sheridan et al., "Effects of Corporate Sponsorship and Departmental Power on Career Tournaments," *Academy of Management Journal* 33 (1990): 578-602.
(5) John M. Barry, *The Ambition and the Power* (New York: Viking, 1989),
(6) Janice Lodahl and Gerald Gordon, "The Structure of Scientific Fields and the Functioning of University Graduate Departments," *American Sociological Review* 37 (1972): 57-72.
(7) Janice Lodahl and Gerald Gordon, "Funding the Sciences in University Departments," *Educational Record* 54 (1973): 74-82.
(8) Jeffrey Pfeffer and William L. Moore, "Power in University Budgeting: A Replication and Extension," *Administrative Science Quarterly* 25 (1980): 637-653.
(9) Rosabeth M. Kanter, *Men and Women of the Corporation* (New York: Basic Books, 1977). 高井葉子訳『企業のなかの男と女』生産性出版，1995 年.
(10) Gerald R. Salancik, Barry M. Staw, and Louis R. Pondy, "Administrative Turnover as a Response to Unmanaged Organizational Interdependence," *Academy of Management Journal* 23 (1980): 422-437; Jeffrey Pfeffer and William L. Moore, "Average Tenure of Academic Department Heads: The Effects of Paradigm, Size, and Departmental Demography," *Administrative Science Quarterly* 25 (1980): 387-406.
(11) Alison M. Konrad and Jeffrey Pfeffer, "Do You Get What You Deserve? Factors Affecting the Relationship Between Productivity and Pay," *Administrative Science Quarterly* 35 (1990): 258-285.
(12) Janice M. Beyer and Thomas M. Lodahl, "A Comparative Study of Patterns of Influence in United States and English Universities," *Administrative Science Quarterly* 21 (1976): 104-129.
(13) Pfeffer and Moore, "Average Tenure of Academic Department Heads"; Salancik, Staw, and Pondy, "Administrative Turnover."
(14) D.J. Hickson et al., "A Strategic Contingencies' Theory of Intraorganiza-tional Power," *Administrative Science Quarterly* 16 (1971): 216-229.
(15) Setsuo Miyazawa, "Legal Departments of Japanese Corporations in the United States: A Study on Organizational Adaptation to Multiple Environments," *Kobe University Law Review* 20 (1986): 97-162.
(16) Ibid., 135.
(17) Ibid., 126.
(18) John Dean, *Blind Ambition* (New York: Simon and Schuster, 1976), 30.
(19) Ibid., 38.
(20) Ibid., 40.
(21) Richard M. Emerson, "Power-Dependence Relations," *American Sociological Review* 27

(1962): 31-41; Peter M. Blau, *Exchange and Power in Social Life* (New York: John Wiley, 1964). 間場寿一他訳『交換と権力』新曜社，1974 年.

(22) Michel Crozier, *The Bureaucratic Phenomenon* (Chicago: University of Chicago Press, 1964).

(23) Robert A. Caro, *The Power Broker: Robert Moses and the Fall of New York* (New York: Random House, 1974), 464.

(24) Ibid., 464-465.

(25) Hickson et al., "A Strategic Contingencies' Theory"; C.R. Hinings et al., "Structural Conditions of Intraorganizational Power," *Administrative Science Quarterly* 19 (1974): 216-229.

第9章

(1) John P. Kotter, *The General Managers* (New York: Free Press, 1982). 金井壽宏他訳『ザ・ゼネラル・マネジャー』ダイヤモンド社，1984 年.

(2) Hedrick Smith, *The Power Game: How Washington Works* (New York: Ballantine, 1988), 61-62. 蓮見博昭監訳『パワー・ゲーム』時事通信社 , 1990 年.

(3) Robert Caro, *The Path to Power: The Years of Lyndon Johnson* (New York: Alfred A. Knopf, 1982), 218.

(4) Ibid., 226.

(5) Ibid., 235.

(6) Robert Caro, *The Power Broker: Robert Moses and the Fall of New York* (New York: Random House, 1974), 227.

(7) Sally Bedell Smith, *In All His Glory: The Life of William S. Paley* (New York: Simon and Schuster, 1990), 394.

(8) John W. Gardner, *On Leadership* (New York: Free Press, 1990), 48. 加藤幹雄訳『リーダーシップの本質』ダイヤモンド社，1993 年.

(9) Robert Caro, *Means of Ascent: The Years of Lyndon Johnson* (New York: Alfred A. Knopf, 1990).

(10) Caro, *The Path to Power*.

(11) Caro, *The Power Broker*, 229.

(12) Kotter, *The General Managers*. 金井壽宏他訳『ザ・ゼネラル・マネジャー』ダイヤモンド社，1984 年.

(13) Smith, *In All His Glory*, 395.

(14) John M. Barry, *The Ambition and the Power* (New York: Viking, 1989), 20.

(15) Douglas K. Smith and Robert C. Alexander, *Fumbling the Future: How Xerox Invented, Then Ignored, the First Personal Computer* (New York: William Morrow, 1988), 50. 山崎賢治訳『取り逃がした未来』日本評論社，2005 年.

(16) Ibid., 131-132.

(17) Gardner, *On Leadership*, 1. 加藤幹雄訳『リーダーシップの本質』ダイヤモンド社，

1993 年.

(18) Jeanne M. Brett, Stephen B. Goldberg, and William L. Ury, "Designing Systems for Resolving Disputes in Organizations," *American Psychologist* 45 (1990): 162-170; Roger Fisher and William Ury, *Getting to Yes: Negotiating Agreements Without Giving In* (Boston: Houghton Mifflin, 1981). 金山宣夫, 浅井和子訳『ハーバード流交渉術』阪急コミュニケーションズ, 2005 年.

(19) Max H. Bazerman and Margaret A. Neale, "Heuristics in Negotiation: Limitations to Dispute Resolution Effectiveness," *Negotiating in Organizations*, eds. M.H. Bazerman and R.J. Lewicki (Beverly Hills, CA: Sage, 1983), 51-67.

(20) Gardner, *On Leadership*, 50-51. 加藤幹雄訳『リーダーシップの本質』ダイヤモンド社, 1993 年.

(21) Barry, *The Ambition and the Power*, 12.

(22) Paul Clancy and Shirley Elder, *TIP: A Biography of Thomas P. O'Neill Speaker of the House* (New York: Macmillan, 1980), 4.

(23) Smith, *In All His Glory*, 391.

(24) Ibid.

(25) Ibid., 404.

(26) Caro, "My Search for Coke Stevenson," *The New York Times Book Review* (February 3, 1991), 28.

(27) Gardner, *On Leadership*, 53. 加藤幹雄訳『リーダーシップの本質』ダイヤモンド社, 1993 年

(28) Aaron Bernstein, *Grounded: Frank Lorenzo and the Destruction of Eastern Airlines* (New York: Simon and Schuster, 1990), 167.

(29) Richard Christie and Florence L. Geis, *Studies in Machiavellianism* (New York: Academic Press, 1970), 312.

(30) Gerald R. Salancik and Jeffrey Pfeffer, "Who Gets Power—and How They Hold on to It: A Strategic-Contingency Model of Power," *Organizational Dynamics* 5 (1977): 3-21.

(31) James D. Thompson and Arthur Tuden, "Strategies, Structures and Processes of Organizational Decision," *Comparative Studies in Administration*, eds. J.D. Thompson et al. (Pittsburgh: University of Pittsburgh Press, 1959), 195-216.

(32) Robert L. Khan et al., *Organizational Stress: Studies in Role Conflict and Ambiguity* (New York: John Wiley, 1964). 奥田俊介他訳『組織のストレス』産業能率短期大学出版部, 1973 年.

(33) Thomas C. Schelling, *The Strategy of Conflict* (New York: Oxford University Press, 1963,), 13. 河野勝監訳『紛争の戦略』勁草書房, 2008 年.

(34) Hedrick Smith, *The Power Game: How Washington Works* (New York:Ballantine, 1988), 6i. 蓮見博昭監訳『パワー・ゲーム』時事通信社 , 1990 年.

(35) David Halberstam, *The Best and the Brightest* (New York: Random House, 1972), 30. 浅野輔訳『ベスト & ブライテスト』サイマル出版会, 1983 年.

(36) Caro, *The Power Broker*, 448.
(37) Ibid., 449.
(38) Ibid., 448.
(39) Bryan Burrough and John Helyar, *Barbarians at the Gate: The Fall of RJR Nabisco* (New York: Harper and Row, 1990), 19. 鈴田敦之訳『野蛮な来訪者』日本放送出版協会, 1990 年.
(40) Ibid., 21.
(41) Ibid., 34.
(42) Ken Auletta, "Power, Greed and Glory on Wall Street: The Fall of Lehman Brothers," *The New York Times Magazine* (February 17, 1985).
(43) Ibid., 36.
(44) Smith, *In All His Glory*, 408.
(45) Laton McCartney, *Friends in High Places: The Bechtel Story* (New York: Simon and Schuster, 1988), 170. 広瀬隆訳『ベクテルの秘密ファイル』ダイヤモンド社, 1988 年.
(46) Ibid.
(47) Ibid., 172.
(48) Ibid., 179.
(49) Ibid.
(50) Ibid., 180.

第10章

(1) Robert B. Cialdini, *Influence: Science and Practice*, 2d ed. (Glenview, IL: Scott, Foresman, 1988). 社会行動研究会訳『影響力の武器』誠信書房, 1991 年.
(2) Ibid.
(3) Douglas K. Smith and Robert C. Alexander, *Fumbling the Future: How Xerox Invented, Then Ignored, the First Personal Computer* (New York: William Morrow, 1988). 山崎賢治訳『取り逃がした未来』日本評論社, 2005 年.
(4) Gerald R. Salancik, "Commitment and Control of Organizational Behavior and Belief," *New Directions in Organizational Behavior*, eds. Barry M. Staw and Gerald R. Salancik (Chicago: St. Clair Press, 1977).
(5) Dary J. Bem, "Self-Perception Theory," *Advances in Experimental Social Psychology*, ed. Leonard Berkowitz, vol. 6 (New York: Academic Press, 1972), 1-62.
(6) E. Aronson and J. Mills, "The Effect of Severity of Initiation on Liking for a Group," *Journal of Abnormal and Social Psychology* 59 (1959): 177.
(7) John W. Gardner, *On Leadership* (New York: Free Press, 1990). 加藤幹雄訳『リーダーシップの本質』ダイヤモンド社, 1993 年.
(8) Bary M. Staw and Jerry Ross, "Commitment in an Experimenting Society: An Experiment on the Attribution of Leadership from Administrative Scenarios," *Journal of Applied Psychology* 65 (1980): 249-260.

(9) Steven Bach, *Final Cut: Dreams and Disaster in the Making of Heaven's Gate* (New York: William Morrow, 1985), 181. 浅尾敦則訳『ファイナル・カット』筑摩書房，1993 年.
(10) Ibid., 187.
(11) Ibid., 189.
(12) Ibid., 191.
(13) Ibid., 192.
(14) Ibid., 196.
(15) Tracy Kidder, *Soul of a New Machine* (Boston: Atlantic-Little, Brown, 1981), 65-66. 風間禎三郎訳『超マシン誕生』ダイヤモンド社，1982 年.
(16) Christopher Matthews, *Hardball: How Politics Is Played—Told By One Who Knows The Game* (New York: Summit Books, 1988), 60.
(17) Ibid., 62-63.
(18) Aaron Bernstein, *Grounded: Frank Lorenzo and the Destruction of Eastern Airlines* (New York: Simon and Schuster, 1990), 133.
(19) Ibid., 134.
(20) Ibid., 136.
(21) Ibid., 137.
(22) Jack W. Brehm, *A Theory of Psychological Reactance* (New York: Academic Press, 1966).
(23) Cialdini, *Influence: Science and Practice*, 232. 社会行動研究会訳『影響力の武器』誠信書房，1991 年.
(24) Ibid.
(25) Frank Rose, *West of Eden: The End of Innocence at Apple Computer* (New York: Viking Penguin, 1989), 78. 渡辺敏訳『エデンの西』サイマル出版会，1990 年.
(26) David Halberstam, *The Best and the Brightest* (New York: Random House, 1972), 78. 浅野輔訳『ベスト & ブライテスト』サイマル出版会，1983 年.
(27) Ibid., 410.
(28) Ibid., 245.

第 11 章

(1) Leon Festinger, "A Theory of Social Comparison Processes," *Human Relations* 7 (1954): 117-140.
(2) Ellen Berscheid and Elaine Hatfield Walster, *Interpersonal Attraction* (Reading, MA: Addison-Wesley, 1969); D. Byrne, "Attitudes and Attraction," *Advances in Experimental Social Psychology*, ed. Leonard Berkowitz, vol. 4 (New York: Academic Press, 1969), 35-89.
(3) Robert B. Cialdini, *Influence: Science and Practice*, 2d ed. (Glenview, IL: Scott, Foresman, 1988), 112. 社会行動研究会訳『影響力の武器』誠信書房，1991 年.
(4) Ibid., 123.

(5) Bibb Latane and John M. Darley, "Group Inhibition of Bystander Intervention in Emergencies," *Journal of Personality and Social Psychology* 10 (1968): 215-221.
(6) Joseph B. White and Gregory A. Patterson, "GM Begins Quest to Win Back Consumer Confidence," *The Wall Street Journal* (May 4, 1990): B1
(7) Robert P. Gandossy, *Bad Business: The OPM Scandal and the Seduction of the Establishment* (New York: Basic Books, 1985), 11.
(8) Ibid., 12-13.
(9) Steven Bach, *Final Cut: Dreams and Disaster in the Making of Heaven's Gate* (New York: William Morrow, 1985). 浅尾敦則訳『ファイナル・カット』筑摩書房, 1993年.
(10) Ibid., 76-77.
(11) Christopher Byron, *The Fanciest Dive* (New York: W.W. Norton, 1986).
(12) Seymour M. Hersh, *The Price of Power: Kissinger in the Nixon White House* (New York: Summit Books, 1983).
(13) Ibid., 24.
(14) Cialdini, *Influence: Science and Practice*, 157. 社会行動研究会訳『影響力の武器』誠信書房, 1991年.
(15) Frank Rose, *West of Eden: The End of Innocence at Apple Computer* (New York: Viking Penguin, 1989), 274. 渡辺敏訳『エデンの西』サイマル出版会, 1990年.
(16) Ibid., 276.
(17) Jerry Ross and Kenneth R. Ferris, "Interpersonal Attraction and Organizational Outcomes: A Field Examination," *Administrative Science Quarterly* 26 (1981): 617-632.
(18) M.G. Efran and E.W.J. Patterson, "The Politics of Appearance," *University of Toronto*, 1976.
(19) Cialdini, *Influence: Science and Practice*, 162. 社会行動研究会訳『影響力の武器』誠信書房, 1991年. Cialdini also cites P.L. Benson, S.A. Karabenic, and R.M. Lerner, "Pretty Pleases: The Effects of Physical Attractiveness on Race, Sex, and Receiving Help," *Journal of Experimental Social Psychology* 12 (1976): 409-415; and S. Chaiken, "Communicator Physical Attractiveness and Persuasion," *Journal of Personality and Social Psychology* 37 (1979); 1387-1397.
(20) Cialdini, *Influence: Science and Practice*. 社会行動研究会訳『影響力の武器』誠信書房, 1991年
(21) Bryan Burrough and John Helyar, *Barbarians at the Gate: The Fall of RJR Nabisco* (New York: Harper and Row, 1990), 69. 鈴田敦之訳『野蛮な来訪者』日本放送出版協会, 1990年
(22) Camille B. Wortman and Joan A. Linsenmeier, "Interpersonal Attraction and Techniques of Ingratiation in Organizational Settings," *New Directions in Organizational Behavior*, eds. Barry M. Staw and Gerald R. Salancik (Chicago: St. Clair Press, 1977), 133-178.
(23) Robert A. Caro, *The Power Broker: Robert Moses and the Fall of New York* (New York: Random House, 1974), 454.

(24) Ibid., 455.
(25) Ibid., 457.
(26) Ibid., 458.
(27) Gandossy, *Bad Business*, 19.
(28) Ibid., 26.
(29) Laton McCartney, *Friends in High Places: The Bechtel Story* (New York: Simon and Schuster, 1988), 156. 広瀬隆訳『ベクテルの秘密ファイル』ダイヤモンド社, 1988年.
(30) Mark Stevens, *Sudden Death: The Rise and Fall of E.F. Hutton* (New York: Penguin, 1989), 81. 植山周一郎訳『ウォール街の突然死』NTT出版, 1990年.
(31) Ibid., 82-83.
(32) Ibid., 84.
(33) M. Sherif et al., *Intergroup Conflict and Cooperation: The Robbers' Cave Experiment* (Norman: University of Oklahoma Institute of Intergroup Relations, 1961).
(34) Cialdini, *Influence: Science and Practice*, 171. 社会行動研究会訳『影響力の武器』誠信書房, 1991年.
(35) Ibid., 172.
(36) Fritz Heider, *The Psychology of Interpersonal Relations* (New York: John Wiley, 1958). 大橋正夫訳『対人関係の心理学』誠信書房, 1978年.
(37) Arlie Hochschild, *The Managed Heart* (Berkeley: University of California Press, 1983). 石川准, 室伏亜希訳『管理される心』世界思想社, 2000年.
(38) Ibid., 96-97.
(39) Anat Rafaeli and Robert I. Sutton, "The Expression of Emotion in Organizational Life," *Research in Organizational Behavior*, ed. Barry M. Staw, vol. 11 (Greenwich, CT: JAI Press, 1989), 15-16.
(40) Robert I. Sutton and Anat Rafaeli, "Untangling the Relationship Between Displayed Emotions and Organizational Sales: The Case of Convenience Stores," *Academy of Management Journal* 31 (1988): 465.
(41) Anat Rafaeli and Robert I. Sutton, "Expression of Emotion as Part of the Work Role," *Academy of Management Review* 12 (1987): 23-37.
(42) R.O. Arther and R.R. Caputo, *Interrogation for Investigators* (New York: William C. Copp and Associates, 1959), 75-76.
(43) K.L. Tidd and J.S. Lockard, "Monetary Significance of the Affiliative Smile," *Bulletin of the Psychonomic Society* 11 (1978): 344-346.
(44) Robert I. Sutton, "Maintaining Organizational Norms About Expressed Emotions: The Case of Bill Collectors," *Administrative Science Quarterly* 36 (1991): 245-268.
(45) Anat Rafaeli and Robert I. Sutton, "Emotional Contrast Strategies as Means of Social Influence: Lessons from Criminal Interrogators and Bill Collectors," *Academy of Management Journal* (in press).
(46) Rafaeli and Sutton, "Expression of Emotion," 31.

第12章

(1) Thomas C. Schelling, *The Strategy of Conflict* (New York: Oxford University Press, 1963). 河野勝監訳『紛争の戦略』勁草書房，2008年.
(2) Peter W. Bernstein, "Upheaval at Bendix," *Fortune* (November 1, 1980): 48-56.
(3) Ibid., 52-53.
(4) Hugh D. Menzies, "The Boardroom Battle at Bendix," *Fortune* (January 11, 1982): 56.
(5) Ibid., 60.
(6) Ibid., 62.
(7) Ibid.
(8) M. Horwitch, "Managing the U.S. Supersonic Transport Program (A)," 678-749. Boston: Harvard Business School, 1977.
(9) Robert A. Caro, *The Power Broker: Robert Moses and the Fall of New York* (New York: Random House, 1974), 203.
(10) Aaron Bernstein, *Grounded: Frank Lorenzo and the Destruction of Eastern Airlines* (New York: Simon and Schuster, 1990), 84-85.
(11) Barry Schwartz, "Waiting, Exchange, and Power: The Distribution of Time in Social Systems," *American Journal of Sociology* 79 (1974): 843-844.
(12) Ibid., 844.
(13) Ibid., 857.
(14) Ibid., 859.
(15) Bryan Burrough and John Helyar, *Barbarians at the Gate: The Fall of RJR Nabisco* (New York: Harper and Row, 1990), 24. 鈴田敦之訳『野蛮な来訪者』日本放送出版協会，1990年.
(16) *Chicago Daily News* (December 27, 1972): 4.
(17) Seymour M. Hersh, *The Price of Power: Kissinger in the Nixon White House* (New York: Summit Books, 1983), 44.
(18) *Journal of the House*, Alabama State Legislature (1977): 2698.
(19) Bernstein, *Grounded*, 42.
(20) Gerald R. Salancik, "Commitment and the Control of Organizational Behavior and Belief," *New Directions in Organizational Behavior*, eds. Barry M. Staw and Gerald R. Salancik (Chicago: St. Clair Press, 1977), 1-54.
(21) Peter Bachrach and Morton S. Baratz, "Two Faces of Power," *American Political Science Review* 56 (1962): 947-952.
(22) Neil Fligstein, "The Intraorganizational Power Struggle: Rise of Finance Personnel to Top Leadership in Large Corporations, 1919-1979," *American Sociological Review* 52 (1987): 44-58.
(23) David Halberstam, *The Best and the Brightest* (New York: Random House, 1972), 435-436. 浅野輔訳『ベスト&ブライテスト』サイマル出版会，1983年.

(24) Ibid., 437.

第13章

(1) David Halberstam, *The Best and the Brightest* (New York: Random House,1972), 285. 浅野輔訳『ベスト & ブライテスト』サイマル出版会, 1983 年.
(2) Ibid., 53.
(3) John W. Meyer and Brian Rowan, "Institutional Organizations: Formal Structure as Myth and Ceremony," *American Journal of Sociology* 83 (1977) 340-363; John W. Meyer and W. Richard Scott, *Organizational Environments: Ritual and Rationality* (Beverly Hills, CA: Sage, 1983).
(4) Martha S. Feldman and James G. March, "Information in Organizations as Signal and Symbol," *Administrative Science Quarterly* 26 (1981): 171-186.
(5) Fred A. Kramer, "Policy Analysis as Ideology," *Public Administrative Review* 35 (1975): 509.
(6) Richard M. Cyert, Herbert A. Simon, and Donald B. Trow, "Observation of a Business Decision," *Journal of Business* 29 (1956): 237-248.
(7) Donald Frey, "The Techies' Challenge to the Bean Counters," *The Wall Street Journal* (July 16, 1990): A12.
(8) Maryann Keller, *Rude Awakening: The Rise, Fall, and Struggle for Recovery of General Motors* (New York: William Morrow, 1989), 216. 鈴木主税訳『GM 帝国の崩壊』草思社, 1990 年.
(9) Ibid., 105.
(10) Mark Stevens, *Sudden Death: The Rise and Fall of E.F. Hutton* (New York: Penguin, 1989), 277. 植山周一郎訳『ウォール街の突然死』NTT 出版, 1990 年.
(11) Halberstam, *The Best and the Brightest*, 304-305. 浅野輔訳『ベスト & ブライテスト』サイマル出版会, 1983 年.
(12) Ibid., 562-563.
(13) Douglas K. Smith and Robert C. Alexander, *Fumbling the Future: How Xerox Invented, Then Ignored, the First Personal Computer* (New York: William Morrow, 1988). 徳岡孝夫訳『指導者とは』文藝春秋, 1986.
(14) Ibid., 134.
(15) Ibid., 218.
(16) H. Thomas Johnson and Robert S, Kaplan, *Relevance Lost: The Rise and Fall of Management Accounting* (Boston: Harvard Business School Press, 1987). 鳥居宏史訳『レレバンス・ロスト』白桃書房, 1992 年.
(17) Christopher Byron, *The Fanciest Dive* (New York: W.W. Norton, 1986), 56-57.
(18) Jeffrey Pfeffer and Gerald R. Salancik, *The External Control of Organizations: A Resource Dependence Perspective* (New York: Harper and Row, 1978).
(19) Gerald R. Salancik and Jeffrey Pfeffer, "The Bases and Use of Power in

Organizational Decision Making: The Case of a University," *Administrative Science Quarterly* 19 (1974): 462-463.

(20) Rosabeth M. Kanter, *Men and Women of the Corporation* (New York: Basic Books, 1977). 高井葉子訳『企業のなかの男と女』生産性出版，1995年.

(21) David Halberstam, *The Reckoning* (New York: William Morrow, 1986) 高橋伯夫訳『覇者の驕り』新潮社，1990年 ; Max Holland, *When the Machine Stopped* (Boston: Harvard Business School Press, 1989). 三原淳雄，土屋安衛訳『潰えた野望』ダイヤモンド社，1992年.

(22) Jeffrey Pfeffer and Gerald R. Salancik, "Administrator Effectiveness: The Effects of Advocacy and Information on Resource Allocations," *Human Relations* 30 (1977): 641-656.

(23) N. Dixon, *On the Psychology of Military Incompetence* (New York: Basic Books, 1976), 147.

(24) Smith and Alexander, *Fumbling the Future*. 山崎賢治訳『取り逃がした未来』日本評論社，2005年.

(25) Meyer and Rowan, "Institutional Organizations."

(26) Smith and Alexander, *Fumbling the Future*, 190. 山崎賢治訳『取り逃がした未来』日本評論社，2005年.

(27) Byron, *The Fanciest Dive*, 274-275.

(28) Ibid., 277.

第14章

(1) Maryann Keller, *Rude Awakening: The Rise, Fall, and Struggle for Recovery of General Motors* (New York: William Morrow, 1989), 50. 鈴木主税訳『GM帝国の崩壊』草思社，1990年.

(2) John M. Barry, *The Ambition and the Power* (New York: Viking, 1989), 67.

(3) Ibid., 99.

(4) David Halberstam, *The Best and the Brightest* (New York: Random House, 1972), 105. 浅野輔訳『ベスト＆ブライテスト』サイマル出版会，1983年.

(5) Barry, *The Ambition and the Power*, 78.

(6) Ibid., 81.

(7) Ibid., 82.

(8) Ibid., 83.

(9) Ibid.

(10) Philip Selznick, *TVA and the Grass Roots* (Berkeley: University of California Press, 1949).

(11) Seymour M. Hersh, *The Price of Power: Kissinger in the Nixon White House* (New York: Summit Books, 1983), 29.

(12) Henry Kissinger, *The White House Years* (Boston: Little, Brown, 1979), 42. 斎藤彌三郎

他訳『キッシンジャー秘録』小学館，1979-1980年.
(13) Hersh, *The Price of Power*, 35.

第15章

(1) Richard M. Nixon, *Leaders* (New York: Warner Books, 1982), 4. 徳岡孝夫訳『指導者とは』文藝春秋，1986年.
(2) Jeffrey Pfeffer, *Power in Organizations* (Marshfield, MA: Pitman Publishing, 1981).
(3) Murray Edelman, *The Symbolic Uses of Politics* (Urbana: University of Illinois Press, 1964), 39. 法貴良一訳『政治の象徴作用』中央大学出版部，1998年.
(4) Ibid., 124.
(5) David Halberstam, *The Best and the Brightest* (New York: Random House, 1972), 217. 浅野輔訳『ベスト＆ブライテスト』サイマル出版会，1983年.
(6) Edelman, *The Symbolic Uses of Politics*, 12. 法貴良一訳『政治の象徴作用』中央大学出版部，1998年.
(7) Herbert Stein, "Confessions of a Tax Addict," *The Wall Street Journal* (October 2, 1989): A14.
(8) Ibid.
(9) C.W. Morris, *Signs, Language and Behavior* (New York: Prentice-Hall, 1949), 214. 寮金吉訳『記号と言語と行動』三省堂，1960.
(10) Merriam-Webster, Inc., *Webster's Third New International Dictionary* (Springfield, MA: Merriam-Webster, Inc., 1981), 2619-2620.
(11) Karl E. Weick, "Cognitive Processes in Organizations," *Research in Organizational Behavior*, ed. Barry M. Staw, vol. 1 (Greenwich, CT: JAI Press, 1979), 42.
(12) Thomas J. Peters, "Symbols, Patterns, and Settings: An Optimistic Case for Getting Things Done," *Organizational Dynamics* 7 (1978): 10.
(13) Nixon, *Leaders*, 4. 徳岡孝夫訳『指導者とは』文藝春秋，1986年.
(14) Louis R. Pondy, "Leadership Is a Language Game," *Leadership: Where Else Can We Go?*, eds. Morgan W. McCall, Jr., and Michael M. Lombardo (Durham, NC: Duke University Press, 1978), 94-95.
(15) Christopher Byron, *The Fanciest Dive* (New York: W.W. Norton, 1986), 63.
(16) Ibid., 64-65.
(17) Frank Rose, *West of Eden: The End of Innocence at Apple Computer* (New York: Viking Penguin, 1989), 124. 渡辺敏訳『エデンの西』サイマル出版会，1990年.
(18) Ibid., 130.
(19) Ibid., 131.
(20) Robert A. Caro, *The Path to Power: The Years of LyndonJohnson* (New York: Alfred A. Knopf, 1982), 235.
(21) Ibid., 236.
(22) Edelman, *The Symbolic Uses of Politics*, 123. 法貴良一訳『政治の象徴作用』中央大学出

版部，1998年.
(23) Ibid., 78.
(24) Mark Stevens, *Sudden Death: The Rise and Fall of E.F. Hutton* (New York: Penguin, 1989), 191. 植山周一郎訳『ウォール街の突然死』NTT出版，1990年.
(25) Ibid., 194.
(26) J. Patrick Wright, *On A Clear Day You Can See General Motors* (Grosse Point, MI: Wright Enterprises, 1979), 39. 風間禎三郎訳『晴れた日にはGMが見える』新潮社，1986年.
(27) Ibid., 44.
(28) Marc R. Reinganum, "The Effect of Executive Succession on Shareholder Wealth," *Administrative Science Quarterly* 30 (1985): 46-60; Stewart D. Friedman and Harbir Singh, "CEO Succession and Stockholder Reaction: The Influence of Organizational Context and Event Content," *Academy of Management Journal* 32 (1989): 718-744.
(29) Mayer N. Zald, "Who Shall Rule? A Political Analysis of Succession in a Large Welfare Organization," *Pacific Sociological Review* 8 (1965): 52-60.
(30) Wright, *On a Clear Day*, 16-18. 風間禎三郎訳『晴れた日にはGMが見える』新潮社，1986年.
(31) Rose, *West of Eden*, 139. 渡辺敏訳『エデンの西』サイマル出版会，1990年.
(32) John M. Barry, *The Ambition and the Power* (New York: Viking, 1989), 77.
(33) Rose, *West of Eden*, 98. 渡辺敏訳『エデンの西』サイマル出版会，1990年.

第16章

(1) John M. Barry, *The Ambition and the Power* (New York: Viking, 1989), 5.
(2) Nicholas Lemann, "The Split: A True Story of Washington Lawyers," *Washington Post Magazine* (March 23, 1980): 20.
(3) Ibid., 19.
(4) Ibid.
(5) Ibid., 20.
(6) Thomas Kessner, *Fiorello H. La Guardia and the Making of Modern New York* (New York: McGraw-Hill, 1989), 570.
(7) David Halberstam, *The Best and the Brightest* (New York: Random House, 1972), 511. 浅野輔訳『ベスト＆ブライテスト』サイマル出版会，1983年
(8) Alison Leigh Cowan, "The Partners Revolt at Peat Marwick," *New York Times* (November 18, 1990).
(9) Ibid., 10.
(10) Ibid.
(11) Robert A. Caro, *The Power Broker: Robert Moses and the Fall of New York* (New York: Random House, 1974), 998.
(12) Ibid., 986.

(13) Ibid., 996.
(14) Ibid., 1003.
(15) Ken Auletta, "The Fall of Lehman Brothers: The Men, The Money, The Merger," *New York Times Magazine* (February 24, 1985): 37.
(16) Ibid., 40.
(17) Ibid.
(18) Sally Bedell Smith, *In All His Glory: The Life of William S. Paley* (New York: Simon and Schuster, 1990).

第17章

(1) Richard T. Pascale, *Managing on the Edge* (New York: Simon and Schuster, 1990). 崎谷哲夫訳『逆説のマネジメント』ダイヤモンド社，1991年.
(2) Robert A. Burgelman, "Intraorganizational Ecology of Strategy-Making and Organizational Adaptation: Theory and Field Research," *Organization Science* (in press).
(3) Bryon Burrough and John Helyar, *Barbarians at the Gate: The Fall of RJR Nabisco* (New York: Harper and Row, 1990), 32. 鈴田敦之訳『野蛮な来訪者』日本放送出版協会，1990年
(4) Ibid., 33.
(5) Maryann Keller, *Rude Awakening: The Rise, Fall, and Struggle for Recovery of General Motors* (New York: William Morrow, 1989), 228. 鈴木主税訳『GM帝国の崩壊』草思社，1990年.
(6) Paul Milgrom and John Roberts, "An Economic Approach to Influence Activities in Organizations," *American Journal of Sociology* 94 (supplement, 1988): S156-S157.
(7) Mark Stevens, *Sudden Death: The Rise and Fall of E.F. Hutton* (New York: Penguin, 1989), 160. 植山周一郎訳『ウォール街の突然死』NTT出版，1990年.
(8) Ibid., 219.
(9) Douglas K. Smith and Robert C. Alexander, *Fumbling the Future: How Xerox Invented, Then Ignored, the First Personal Computer* (New York: William Morrow, 1988), 144. 山崎賢治訳『取り逃がした未来』日本評論社，2005年.
(10) Frank Rose, *West of Eden: The End of Innocence at Apple Computer* (New York: Viking Penguin, 1989), 92. 渡辺敏訳『エデンの西』サイマル出版会，1990年
(11) Nick Kotz, *Wild Blue Yonder; Money, Politics, and the B-1 Bomber* (New York: Pantheon Books, 1988).
(12) Ibid., 11.
(13) Ibid., 14.
(14) Jeffrey Pfeffer, *Power in Organizations* (Marshfield, MA: Pitman Publishing, 1981).
(15) Pascale, *Managing on the Edge*, 16. 崎谷哲夫訳『逆説のマネジメント』ダイヤモンド社，1991年.

(16) Ibid.
(17) Kathleen M. Eisenhardt and L.J. Bourgeois, "Politics of Strategic Decision Making in High-Velocity Environments: Toward a Midrange Theory," *Academy of Management Journal* 31 (1988): 737-770.
(18) Ibid., 742-743.
(19) Ibid., 760.
(20) Harvey M. Sapolsky, *The Polaris System Development* (Cambridge, MA: Harvard University Press, 1972), 232.
(21) Ibid., 242.
(22) Ibid., 244.
(23) Ibid., 246.
(24) Finn Borum, "A Power-Strategy Alternative to Organization Development," *Organization Studies*1 (1980): 123-146.
(25) Ibid., 129.

第18章

(1) Tracy Kidder, *Soul of a New Machine* (Boston: Atlantic-Little, Brown, 1981), 111. 風間禎三郎訳『超マシン誕生』ダイヤモンド社, 1982年.
(2) Jane Gross, "Turning Disease Into a Cause: Breast Cancer Follows AIDS," *New York Times* (January 7, 1991): A1.
(3) David Halberstam, *The Reckoning* (New York: William Morrow, 1986), 90. 高橋伯夫訳『覇者の驕り』新潮社, 1990年.
(4) Ibid., 91.
(5) Robert A. Caro, *Means of Ascent: The Years of Lyndon Johnson* (New York: Alfred A. Knopf, 1990), xix-xx.
(6) Ibid., xxi.
(7) Richard M. Nixon, *Leaders* (New York: Warner Books, 1982), 345. 徳岡孝夫訳『指導者とは』文藝春秋, 1986年.